MW01593472

C. H. Spurgeon (1834–1892)

clv

C.H. SPURGEON

Auf Dein Wort

Andachten für jeden Tag

CLV
Christliche
Literatur-Verbreitung e.V.
Postfach 110135 • 33661 Bielefeld

1. Auflage 1984
2. Auflage 1986
3. Auflage 1988
4. Auflage 1990
5. Auflage 1992
6. Auflage 1994
7. Auflage 1996
8. Auflage 1999
9. Auflage 2004
10. Auflage 2011

© 1984 by CLV · Christliche Literatur-Verbreitung
Postfach 11 01 35 · 33661 Bielefeld
Internet: www.clv.de

Bearbeitung: Wolfgang Bühne
Umschlag: OTTENDESIGN.de, Gummersbach
Druck und Bindung: GGP Media GmbH, Pößneck

ISBN 978-3-89397-305-7

1. Januar

„Der Herr aber sprach zu Mose: Ist denn die Hand des Herrn ver-
kürzt?" 4. Mose 11,23

Oft benimmt sich die Gemeinde Gottes so, als sei sie davon überzeugt, daß die Hand des Herrn verkürzt ist. Sie glaubt zwar, daß die
göttliche Hand einst mächtig genug war, an einem Tag dreitausend
Menschen durch die einfache Predigt des Petrus zu bekehren. Sie
glaubt, daß ihr Gott in alten Tagen so gewaltig war, daß ihre armen,
ungebildeten Evangelisten es mit den Schülern des Sokrates aufnehmen konnten und imstande waren, die Götter der Heiden zu stürzen. Sie glaubt das alles, und doch handelt sie heute oft so, als sei
das Evangelium kraftlos geworden und als hätte sich der Geist Gottes völlig von ihr zurückgezogen! In jenen ersten Tagen sandte sie
ihre Missionare bis an die Enden der Erde. Sie waren ohne Mittel
und zogen aus ohne Tasche und Beutel in dem festen Glauben, daß
der, welcher sie berief, auch für ihren Unterhalt sorgen werde. Sie
wagten ihr Leben, aber sie gewannen auch viele Menschen für Christus, und es gab kaum einen Flecken Erde, der den Menschen jener
Zeit bekannt gewesen wäre, wo der Name Jesu nicht gepredigt wurde. Aber wir - die entarteten Söhne herrlicher Ahnen -, wir fürchten
uns nun, Gott zu vertrauen. Oh, hätten wir mehr Berufene des
Herrn, die das Evangelium im Glauben an seine innere Kraft verkündigten, mit der Zuversicht, daß sich der Geist Gottes dazu bekennen wird! Die Zweifel, die Befürchtungen, die Berechnungen,
die klugen Pläne der Vernunft einer zu großen Zahl von Christen
beweisen meine Behauptung, daß die Gemeinde des Herrn glaubt,
daß des Herrn Hand verkürzt sei. O Zion, zähle nicht mehr deine
Heerscharen, denn deine Stärke ist deine Ohnmacht; berechne nicht
länger deinen Reichtum, denn dein Reichtum ist oft deine Armut
gewesen und deine Armut dein Reichtum. Denke nicht an die Bildung oder Beredsamkeit deiner Boten; denn wie oft stehen diese
Dinge dem ewigen Gott im Wege! Tritt vielmehr im einfältigen Vertrauen auf seine Verheißungen hervor, und du wirst sehen, ob er
nicht nach seinem Wort tun wird.

2. Januar

„Alles, was ihr im Gebet verlangt, glaubet, daß ihr es empfangen habt,
so wird es euch zuteil werden!"
Markus 11,24

O Gott, du hast uns eine mächtige Waffe gegeben; aber wir haben sie verrosten lassen. Wir haben diese gewaltige Macht liegen und schlafen lassen. Würde es nicht ein Verbrechen am eigenen Leibe sein, wenn einem Menschen ein Auge verliehen wäre, und er wollte es nicht öffnen, oder eine Hand, und er wollte sie nicht erheben? Und was sollen wir nun erst von uns selbst sagen, denen Gott mit dem Gebet eine Kraft verliehen hat, eine unvergleichliche Kraft für uns und für viele andere, und wir lassen diese Kraft ungenutzt? O Gott, du gabst der Sonne ihr Licht, und sie leuchtet damit. Du gabst auch den Sternen ihren Schimmer, und sie blinken. Du gabst dem Wind Stärke, und er weht. Aber deinen Kindern hast du eine Gabe verliehen, die noch besser ist als all dies; und doch lassen sie sie liegen. Sie haben fast vergessen, daß sie über eine solche Macht verfügen können, und machen nur selten von ihr Gebrauch, obwohl dies für Tausende zum reichen Segen sein könnte.

Konstantin, der römische Kaiser, sah, daß die Münzen früherer Zeiten die Kaiser in aufrechter, triumphierender Stellung zeigten. Er dagegen befahl, daß er auf den Münzen in kniender Stellung ausgeprägt werden wolle. „Denn", sprach er, „das ist die Weise, in der ich triumphiert habe." Wir werden niemals triumphieren, wenn wir nicht kniend gefunden werden. Wir werden nur deshalb in die Flucht geschlagen, weil wir nicht gebetet haben.

Oh, kehrt zu eurem Gott zurück und bekennt vor ihm, daß ihr zwar bewaffnet wart, daß ihr den Bogen führtet, aber daß ihr euch trotzdem am Tage der Schlacht zur Flucht gewandt habt. Geht zu eurem Gott und bekennt euer Versagen! Wenn keine Seelen bekehrt werden, so nicht deshalb, weil Gott keine Macht hätte zu erretten, sondern daher, weil ihr nie wie in Geburtsnöten um verlorene Sünder gerungen habt.

3. Januar

„Der Herr aber tat täglich solche, die gerettet wurden, zur Gemeinde hinzu." Apostelgeschichte 2,47

Die Gläubigen in jenen Tagen versuchten nicht, allein zum Himmel zu gehen. Die in unserem Text erwähnten verbanden sich sogleich mit der Gemeinde Gottes in Jerusalem. Ich darf wohl sagen, daß sie – selbst in jenen Tagen –, wenn sie die Gemeinde hätten kritisieren wollen, Fehler an ihr gefunden hätten. Aber diese Neubekehrten fühlten, daß diese Gemeinschaft der Gläubigen in Jerusalem die Gemeinde Gottes war; und deshalb schlossen sie sich ihr an. Wenn du auf eine vollkommene Gemeinde wartest, mußt du warten, bis du in den Himmel kommst; und wenn du doch eine vollkommene Gemeinschaft auf der Erde finden könntest, würde sie dich sicherlich nicht in ihrer Mitte aufnehmen, denn du selbst bist nicht vollkommen. Finde diejenigen Gläubigen heraus, die der Schrift am nächsten stehen, die in Lehren und Gebräuchen an der Wahrheit festhalten und der neutestamentlichen Gemeinde am meisten gleichen. Schließe dich ihnen an, und du wirst gesegnet werden. Wenn du den Meister liebst, so liebe die Diener; wenn du den Feldherrn liebst, so tritt ins Heer ein und in das Regiment, das sich nach deiner Meinung am genauesten an des Meisters Wort hält.

Es wird berichtet, daß der Herr hinzutat. Ich habe Sorge, daß wohl die Namen gewisser Personen zu der Gemeinde hinzugefügt werden, aber sie selbst nicht. Sie vergrößern unsere Zahl; sie werden hinzugetan wie Ziffern auf einer Tafel, aber sie vermehren nicht unsere Kraft. Die Gemeinde gleicht einem Baum. Wenn ihr zu einem Baum etwas hinzu tun wollt, könnt ihr nicht einen toten Zweig nehmen und ihn daran festbinden; sondern ein lebendiger Zweig muß mit dem lebendigen Stamm durch ein lebendiges Band verknüpft werden. Die wahre Gemeinde ist ein lebendiger Organismus; und nur solche Männer und Frauen, die durch den Geist Gottes lebendig gemacht worden sind, taugen zum Einpfropfen. Wenn ich die Uneinigkeit und Zwietracht unter manchen christlichen Bekennern sehe, kann ich wohl verstehen, daß nicht der Herr hinzugetan hat. Und es würde eine große Gnade für die Gemeinde sein, wenn er sie hinwegnehmen würde.

4. Januar

„Petrus aber sprach: Keineswegs, Herr; denn ich habe noch nie etwas Gemeines oder Unreines gegessen!" Apostelgeschichte 10,14

Unser alter Mensch kämpft gewöhnlich gegen geistliche Grundsätze. Dies ist der Punkt, in dem Petrus anderer Meinung war als sein Herr. Dies „keineswegs, Herr" bezog sich auf die Aufhebung des Zeremonialgesetzes. Petrus sollte lernen, daß die Zeremonialgesetze, die diese oder jene Speise verboten, jetzt abgetan werden sollten. Gott hatte sie gereinigt, und was Gott gereinigt hat, das sollte Petrus nicht gemein nennen. Petrus empörte sich zuerst dagegen, und viele hadern aus zeremoniellen Gründen bis auf diesen Tag mit dem Evangelium Gottes. Die Schrift sagt, daß die Menschen durch den Glauben errettet werden; aber die Formalisten sagen: „Gewiß, sie müssen in der Taufe wiedergeboren werden; sie müssen weiter durch das heilige Abendmahl genährt werden." Wir sind alle geneigt, in ähnlichen Dingen zu irren, denn wir haben einen Drang, Dingen ungeheure Wichtigkeit beizumessen, die an ihrem Platz passend und nützlich, aber keineswegs zum Heil wesentlich sind. Wo der Herr Jesus keine Regeln aufgestellt hat, sollten auch wir keine aufstellen. Wir sollten alle Menschen annehmen, die Christus annimmt. Niemand ist unrein, den er gereinigt hat; keiner soll beiseite geschoben werden, dem er Zugang zu seiner Liebe gestattet. Doch wird diese Lehre von denen nicht leicht angenommen, die dem Formalismus huldigen: Sie stellen die Errettung aller derer in Frage, die ihnen nicht folgen; und wenn sie geheißen werden, mit solchen Gemeinschaft zu haben, so fahren sie mit dem Ruf des Petrus in ihren Herzen und vielleicht sogar auf ihren Lippen zurück: „Keineswegs, Herr." Selbst bei der Ausbreitung des Reiches Gottes spielt der eigene Wille mit. Wir können es schlecht vertragen, daß Gott Menschen durch eine Gruppe segnet, der wir nicht angehören. „Laß Gott sie segnen, aber doch nicht durch Leute, gegen die man Einwände erheben kann!" Wir sind viel zu überheblich und fern davon, die uns gebührende Stellung als Knechte einzunehmen. Zuviel von Petrus klebt an uns, und unsere Zunge ist schnell bereit auszurufen: „Keineswegs, Herr."

5. Januar

In einigen Dingen war Petrus viel zu konservativ. Vielen geht es ähnlich; sie können geistlich keinen Millimeter vorwärts gehen. Der Gesang, den sie morgens vor dem Frühstück singen, lautet: „Wie es am Anfang war, jetzt ist und immer sein wird, in Ewigkeit. Amen." Sie wollen weder etwas tun, was nicht schon früher getan wurde, noch lernen, was sie nicht schon gelernt haben. Andere wollen nur so handeln, wie andere handeln; sie meinen, sich an der Mode orientieren zu müssen. Nun, dies ist eine Regel, die ich niemals angenommen habe; denn ich fühlte oft die Notwendigkeit, etwas zu tun, was niemand vor mir getan hatte. Man sieht sich gern um und sucht Methoden für seinen Dienst, die noch nicht angewandt worden sind; denn eine neue Form der Arbeit kann wie ein neues Stück Land sein, das eine bessere Ernte liefert als unser altes, abgebautes Land. Glaubt ihr nicht auch, daß viele Christen in Gefahr sind, in ihren Gewohnheiten zu erstarren? Sie müssen immer so und so viele Verse singen und nicht mehr; sie müssen immer zu einer gewissen Zeit beten und erst rund um Europa, Asien, Afrika und Amerika gehen, bevor sie ihr Gebet beenden. Gewisse Leute müssen immer tun, was sie früher getan haben, selbst wenn sie dabei einschlafen. Diese Art von Routine verbietet erweiterte Wirksamkeit, hindert sie, Leute mit dem Evangelium zu erreichen, die ihnen gewöhnlich nicht in den Weg kommen, und setzt allem Eifer einen Dämpfer auf. Laß dich ein bißchen aufrütteln, mein Bruder! Wenn du so unschicklich schicklich geworden bist, daß du nicht eine schickliche Unschicklichkeit begehen kannst, dann bitte Gott, dir zu helfen, weniger schicklich zu sein; denn es gibt viele, zu deren Errettung du niemals das Werkzeug sein kannst, solange Formalismus dein oberster Grundsatz bleibt.

6. Januar

„Was Gott gereinigt hat, das halte du nicht für gemein!"

Apostelgeschichte 10,15

Ein Evangelist bringt alle armen Leute der Nachbarschaft in die Versammlung. Auch die allerschlechtesten kommen, um die Botschaft zu hören. Dies sollte zu großer Freude Anlaß geben. Aber oft ist das nicht der Fall. Viele nehmen Anstoß daran und sprechen: „Keineswegs, Herr. Ich möchte nicht gern neben jemand sitzen, der so schlecht gekleidet ist und so häßlich riecht." Oh, ihr respektablen Leute, wenn ein Mann in einem Arbeitskittel oder mit einem schmutzigen Gesicht hereinkommt, wäre es euch lieber, wenn er in der letzten Bank säße als auf dem Stuhl neben euch? Ich weiß, ein Instinkt der Reinlichkeit läßt euch vor den Ungewaschenen zurückschrecken; aber der Instinkt des neuen Lebens führt den Gläubigen dahin, sich über die Errettung von Seelen zu freuen und dafür größere Unannehmlichkeiten zu ertragen als die, die durch das Zusammenkommen mit den Gefallenen entstehen können. Laßt uns niemals die Tyrannei einer Kaste aufrichten und die Scheidewand wieder aufbauen, die unser Heiland abgebrochen hat. Laßt uns keine Parteilichkeit kennen, sondern mit gleichem Ernst die Errettung des Barons, des Bettlers, der Dame und der Hure, des Gebildeten und des Vagabunden wünschen. Die Art, mit der einige Leute von ihren Mitmenschen sprechen, erregt bei mir Ekel. Sie reden von ihnen, als wären sie nur Schund und Auswurf und ihrer Beachtung nicht würdig.

Ein gewisser Prediger pflegte feierlich seine Hörer vor bösen Leuten wie Moody und Sankey zu warnen, weil sie den unteren Schichten das Evangelium brachten. Er sagte: „Einige Leute in der Nachbarschaft behaupten, sie hätten sich bekehrt; doch sind sie vorher nie in ein Gotteshaus gegangen. Deshalb glaube ich nicht an ihre Errettung; denn wenn Gott eine Anzahl erretten wollte, so würde er zuerst die erretten, die seit Jahren regelmäßig unsere Gottesdienste besuchen." Dies war ein Stück von petrusartiger Neigung zum Formalismus, die da zum Vorschein kam und sagte: „Keineswegs, Herr." Wenn irgend etwas davon in eurer Natur ist, so bittet Gott, es hinauszuwerfen.

„Petrus aber sprach: Keineswegs, Herr; denn ich habe noch nie etwas
Gemeines oder Unreines gegessen!"   Apostelgeschichte 10,14

Petrus war immer noch Petrus. Liebe Freunde, ich glaube, wenn ich
nie vorher diese Stelle in der Apostelgeschichte gelesen hätte, sondern nur das Leben des Petrus, wie es in den vier Evangelien beschrieben wird, und jemand hätte mir unseren Text gezeigt und gesagt: „Ich habe den Namen des Apostels ausgelassen, aber einer
von ihnen, der ein göttliches Gesicht gesehen hatte und wußte, daß
Gott zu ihm gesprochen habe, sagte unbekümmert: 'Keineswegs,
Herr.' Welcher Apostel war das?", so hätte ich nicht zweimal raten
müssen. Ich wäre sicher gewesen, daß es Petrus war. Von uns müssen wir wohl das gleiche sagen. Du, Thomas, der du so nachdenk-
lich und sorgsam zu sein pflegst und etwas eigen und ängstlich bist,
du bist ein Kind Gottes, aber du bist immer noch Thomas. Und du,
Johannes, du warst immer sehr liebevoll und herzlich, gleichzeitig
aber heiß in deinem Eifer; und nun, da du ein Jünger Christi geworden bist, wirst du sicher liebevoller sein als je; aber es würde mich
nicht wundern, wenn man dich jetzt sagen hörte: „Herr, willst du,
so wollen wir sagen, daß Feuer vom Himmel herabfalle und sie ver-
zehre." Der Mensch ist immer noch derselbe Mensch; er ist sehr verändert, aber er hat seine Identität nicht verloren. Was für eine Veränderung auch in ihm stattgefunden hat, Petrus ist Petrus. Ich
möchte, daß ihr Jungbekehrten mehr daran denkt. Vielleicht glaubt
ihr, daß ihr an dem Tag, als ihr bekehrt wurdet, euer altes Selbst
ganz und gar verloren habt. Ich kann euch versichern, daß das nicht
der Fall ist. Das heftige Temperament, die innewohnende Trägheit,
der Hang zum Trübsinn, die wankelmütige Laune wird noch da
sein. Ihr werdet damit zu kämpfen haben, solange ihr auf dieser
Erde seid. Ihr seid sehr verändert. Gott hat Wunder an euch getan.
Er hat euch ein neues Herz gegeben und ein neues Lied in euren
Mund gelegt, aber die Neigung zum Bösen ist nicht tot. Petrus ist,
nachdem der Heilige Geist auf ihn gefallen ist und er eine wundervolle, seelengewinnende Predigt gehalten hat, immer noch Petrus,
und der Ton seiner Worte verrät ihn.

8. Januar

„Ein jeder nun, der diese meine Worte hört und sie tut, ist einem klugen Manne zu vergleichen, der sein Haus auf den Felsen baute."

Matthäus 7,24

Prüfungen zeigen stets, ob unser Bekenntnis echt oder unecht ist. Der Regen kam sehr heftig herab und drohte, das Haus wegzuschwemmen, aber es war auf einen Felsen gebaut, und das Haus widerstand nicht nur, sondern der Bewohner bewahrte selbst in dem Unwetter große Ruhe. Er konnte hören, wie der Regen aufs Dach schlug, und dabei sogar noch singen. Dann kam die Flut. Wenn es möglich gewesen wäre, würde sie den Grund unterwühlt haben, aber dem Felsen konnte sie nichts anhaben. Obgleich der Wind um das Gebäude heulte, konnte der Mann doch glücklich und sicher im Hause sein, weil er es auf den Felsen gebaut hatte.

Der Christ ruht friedevoll auf Christus. Von Kummer und Verdruß bleibt der Christ nicht verschont; aber sie „fegen ihn nicht weg", sie machen ihm die auf Jesus Christus gegründete Hoffnung nur teurer. Und wenn zuletzt der Tod kommt, diese schreckliche Flut, die alles, was bewegt werden kann, mitnimmt, so kann sie des weisen Baumeisters Hoffnung nicht erschüttern. Er ruht auf dem, was Christus getan hat, und das kann der Tod nicht wegnehmen.

Aber blickt auf den Mann, der seine Hoffnung auf den Sand gebaut hatte! Er konnte kaum den Prüfungen des täglichen Lebens standhalten. Während der Stunde der Verfolgung drehte er den Mantel nach dem Wind; aber jetzt erwarteten ihn noch schwerere Prüfungen. Einige Heuchler befanden sich selbst in den letzten Augenblicken ihres Lebens noch im Irrtum, bis sie dann spürten, daß sie verloren waren.

Ach, lieber Freund, wenn du im Irrtum bist, möchtest du es jetzt merken und nicht erst auf dem Sterbebett! Möge dein Gebet sein: „Herr, zeige es mir, wenn es so mit mir steht. Wenn mein Bekenntnis falsch gewesen ist, dann hilf mir, jetzt auf den Fels des Heils zu bauen." Suche den wahren Heiland und sei nicht zufrieden, bis du ihn hast; denn wenn du verloren gehst, wird das Verderben schrecklich sein.

„Es gab aber auch falsche Propheten unter dem Volk, wie auch unter euch falsche Lehrer sein werden."   2. Petrus 2,1

„Vor Fälschungen wird gewarnt!" Man liest oft in der Zeitung eine solche Warnung, und ihr könnt nichts Besseres tun, als sie euch merken. Hütet euch vor Verfälschungen des Evangeliums, und zwar ganz besonders vor der Fälschung, die Priester an die Stelle Christi setzt, wo gelehrt wird, anstatt an das Blut der Versöhnung an den Priester zu glauben. Man braucht nur ein wenig hinzusehen, um die Fälschung zu entlarven.

Hütet euch vor der falschen Weisheit, die sich oft den Anschein von Wissenschaftlichkeit gibt. Man stellt Vermutungen auf und weist auf vermeintliche Tatsachen hin, um diese zu stützen. Eine Zeitlang schwören die Gelehrten auf die neue Ansicht, und man sagt euch, daß ihr euch nicht dem Fortschritt der Wissenschaft und dem Geist der Zeit entgegenstellen dürft. Aber schon nach kurzer Zeit wird die neuste Ansicht durch eine noch neuere vom Thron gestoßen. Die Weisheit von gestern erweist sich als Torheit, und sie dient der „unfehlbaren" Weisheit von heute als Hintergrund. Diese wird aber bald demselben Schicksal verfallen wie ihre Vorgängerin. Wir wollen gewiß die Erkenntnis nicht verachten, sondern nach ihr wie nach einem verborgenen Schatz suchen; aber wir wollen uns keineswegs durch unbewiesene Theorien zum Narren halten lassen.

Hütet euch auch vor falscher Frömmigkeit, einer Frömmigkeit, die den Kampf gegen den Feind aufgegeben hat, die nichts von dem innewohnenden Verderben weiß, die keine Übertretungen zu bekennen hat, die der Wachsamkeit und der Sorge um das Seelenheil nicht zu bedürfen glaubt. Es ist leicht, ein Scheinvermögen anzusammeln, indem man Papiere kauft, die nur einen Scheinwert besitzen; und es ist leicht, in den Ruf großer Frömmigkeit zu kommen, wenn man vorübergehende Regungen für Tatsachen und Einbildung für Wirklichkeit nimmt. Möge uns der Heilige Geist lehren, das Echte vom Unechten, das Wahre vom Falschen zu unterscheiden!

10. Januar

„Durch Glauben wurde Mose nach seiner Geburt von seinen Eltern drei Monate lang verborgen gehalten, weil sie sahen, daß er ein schönes Kind war.“

Hebräer 11,23

Die Mutter Moses hatte ihr Kind verborgen. Ich glaube, wenn sie und ihr Mann hier wären, würden sie eine lange Geschichte von den damaligen Ereignissen erzählen können. Sie könnten von den spionierenden Nachbarn erzählen und wie sie selbst wegen ihrer eigenen Kinder Furcht hatten, daß sie beim Spielen ihren kleinen Bruder durch ein unbedachtes Wort verraten könnten. Die Mutter mußte zu vielen Mitteln greifen, um ihren Sohn zu verstecken, und gebrauchte dazu all ihre Klugheit und ihren gesunden Menschenverstand.

Einige Leute meinen, wenn man Glauben hätte, könnte man wie ein Narr handeln. Aber der Glaube macht einen Menschen weise. Es ist einer der bemerkenswertesten Punkte beim Glauben, daß er geheiligter, gesunder Verstand ist. Er ist nicht Fanatismus. Glauben heißt, Gott zum größten Faktor in unseren Berechnungen machen und dann nach der gesündesten Logik rechnen. Es heißt nicht, unsere Hand in kochendes Wasser stecken in der Meinung, daß wir uns nicht verbrennen werden. Glauben bedeutet, auf Gott trauen und in bezug auf Gott handeln, wie wir es sollten. Es heißt, ihn nicht als eine Null behandeln, sondern als eine alles überragende Ziffer bei allen unseren Berechnungen. In diesem Sinne ist der Glaube wirklich Vernunft, die vergeistlicht und aus der gewöhnlichen Sphäre herausgehoben ist.

Die Mutter wünscht, daß der Herr ihr Kind bewahren möge; aber sie weiß: Gott will, daß sie das Werkzeug dazu sein soll, und deshalb verbirgt sie es.

Kritische Ausleger klagen, der Glaube dieser Eltern sei etwas schwach gewesen. Sie hätten das Kind in eine große Gefahr gebracht, indem sie es in einem Kästlein von Schilfrohr dem großen Strom aussetzen. Nun, ich sehe nichts davon. Durch den Glauben taten sie das Bestmögliche. Wenn Gott nichts von ihrem schwachen Glauben sagt, würde es Vermessenheit von unserer Seite sein, seinen Urteilsspruch zu ändern.

11. Januar

„Dann stieg er hinauf und legte sich auf das Kind und legte seinen Mund auf des Kindes Mund und seine Augen auf desselben Augen und seine Hände auf desselben Hände und breitete sich also über dasselbe."

2. Könige 4,34

Wir sehen in dieser Geschichte, daß wir, wenn wir einem Kind geistliches Leben bringen wollen, uns seinen Zustand vergegenwärtigen müssen. Es ist tot. Gott will, daß du fühlst, daß das Kind so tot in Übertretungen und Sünden ist, wie du es selbst einmal warst. Gott will, daß du, lieber Lehrer, mit diesem Tod in Berührung kommst, durch schmerzliches, zermalmendes, demütigendes Mitgefühl. Ein sterbender Mensch ist nötig, um sterbende Menschen aufzuwecken. Ich glaube nicht, daß man einen Brand aus dem Feuer reißen kann, ohne die Hand so nahe zu bringen, daß man die Hitze des Feuers fühlt. Du mußt ein Bewußtsein des furchtbaren Zornes Gottes und den Schrecken des zukünftigen Gerichts haben; sonst wird es dir an heiliger Energie in deiner Arbeit fehlen und damit an einer der wesentlichsten Voraussetzungen des Fruchtbringens.

Wenn du dich in den Zustand des Kindes hineinversetzt und deinen Mund auf den seinen und deine Hände auf seine Hände legst, mußt du bemüht sein, dich so weit wie möglich der Natur, den Gewohnheiten und dem Temperament des Kindes anzupassen. Dein Mund muß die Worte des Kindes ausfindig machen, so daß das Kind versteht, was du meinst. Du mußt die Dinge mit den Augen eines Kindes sehen; dein Herz muß die Gefühle eines Kindes haben, so daß du ihm ein Freund und Gefährte bist.

Der Prophet beugte sich über das Kind. Er war ein erwachsener Mann und der andere nur ein Knabe. Wer zu Kindern sprechen kann, ist deshalb noch kein Narr. Um die Kleinen zu lehren, haben wir unsere fleißigsten Studien, unsere ernstesten Gedanken, unsere reichsten Kräfte nötig. Du wirst ein Kind nicht lebendig machen können, ohne dich vorher zu ihm herabgebeugt zu haben. Der weiseste Mann muß alle seine Fähigkeiten anstrengen, wenn er mit Erfolg ein Lehrer der Jugend sein will.

12. Januar

„Und wenn er das Blut an der Oberschwelle und an den beiden Pfosten sehen wird, so wird er, der Herr, an der Tür vorübergehen und den Verderber nicht in eure Häuser kommen lassen, zu schlagen."

2. Mose 12,23

Wenn ihr in der Nacht des Passah durch die Straßen von Memphis oder Raemses gegangen wärt, hättet ihr an einem in die Augen fallenden Zeichen gewußt, wo Israeliten und wo Ägypter wohnten. Es wäre nicht nötig gewesen, unter dem Fenster zu horchen, um die Sprache der Leute zu vernehmen, oder zu warten, bis jemand auf die Straße käme, um ihn an seiner Kleidung zu erkennen. Dies eine hätte genügt – der Israelit hatte das Zeichen des Blutes über seiner Tür, der Ägypter hatte es nicht. Merkt euch, dies ist immer noch das große Unterscheidungsmerkmal zwischen Kindern Gottes und Kindern dieser Welt. Es gibt in Wahrheit nur zwei Denominationen auf dieser Erde – die Kirche Gottes und die Welt; die, welche in Christus gerechtfertigt sind, und die, welche in ihren Sünden gerichtet werden. Dies soll als untrügliches Zeichen eines rechten Israeliten feststehen: Er ist zu dem Blut der Besprengung gekommen, das besser redet als Abels Blut. Wer an den Sohn Gottes glaubt als an das eine, vollkommene Opfer für die Sünde, der hat das Heil; wer nicht an ihn glaubt, wird in seinen Sünden sterben. Der wahre Gläubige vertraut auf das Opfer, das einmal für die Sünde dargebracht worden ist. Es ist seine Ruhe, sein Trost, seine Hoffnung. Wer nicht auf das versöhnende Opfer vertraut, hat das Evangelium verworfen und muß seine eigene Missetat tragen.

Das Blut war nicht nur das Erkennungszeichen, sondern auch das errettende Zeichen. Was hielt den Engel des Todes mit seinem Schwert zurück? Allein das Blut an der Oberschwelle. Das Lamm ist geschlachtet worden, sie haben ihre Häuser mit dem Blut besprengt, und deshalb sind sie sicher. Die Kinder Israel waren weder reicher noch weiser noch stärker noch geschickter als die Ägypter; aber sie waren durch das Blut erlöst, und darum blieben sie am Leben, während alle anderen sterben mußten.

*„Da nun der Engel des Herrn solche Worte zu allen Kindern Israel
redete, erhob das Volk seine Stimme und weinte."*   Richter 2,4

Wie hoffnungsvoll! Sie alle waren aufmerksame Hörer. Es war nicht
einer da, der seine Augen umherschweifen ließ oder die scharfen
Worte vergaß, die gesprochen wurden. Alle schienen ihre Ohren
weit aufzutun, um die göttliche Ermahnung aufzunehmen. Dort
standen sie vor dem Herrn, erstaunt und verwirrt, während der Engel seine ernste Botschaft ausrichtete und dann zu dem zurückkehrte, der ihn gesandt hatte. Diese Israeliten hörten die Warnung und
nahmen die Wahrheit in sich auf. Sie waren aufmerksame Hörer,
und jeder würde gesagt haben: „Gelobt sei Gott! Diese Predigt hat
ein großes Werk getan." In der ganzen Versammlung war nicht
einer, der lachte; nicht einer, der gleichgültig war; nicht einer, der
die Botschaft verhöhnte und verachtete, sondern nach diesem Text
erhoben alle ihre Stimme und weinten. Ein Gefühl der Bedrückung
lag auf ihnen. Ihre Seelen waren tief betrübt; sie drückten ihren
Schmerz in einem bitteren Schrei aus, und mittlerweile flossen ihre
Tränen, so daß wir denken würden: Das ist verheißungsvoll!

Diese Menschen waren auch bekennende Hörer; denn sobald
dieser Gottesdienst vorüber war, „opferten sie daselbst dem Herrn".
Sie bekannten sich als des Herrn Knechte, nahmen das Opfer, welches er bestimmt, und opferten für ihre Sünden. Sie alle waren Verehrer des Höchsten und aufrichtig bußfertig.

Nun, liebe Freunde, alles dies sieht sehr hoffnungsvoll aus, weil
wir dieses Ergebnis erwarten, wenn Gott das Gesetz dem Gewissen
des Menschen vorstellt. Wenn einem Menschen seine Sünde vorgestellt wird, sollte er dann nicht weinen? Hoffnung glänzt in jeder
Träne. Oh, daß die Menschen anständig genug wären, ihre Übertretungen zu beweinen. Mich wundert, daß einige von euch ihre Bibel
mit trockenen Augen lesen können. Es ist nicht zu verwundern, daß
die Leute schreien und weinen; ein Wunder ist, daß nicht jeder Ort,
an dem das Gesetz und das Evangelium verkündigt werden, ein
„Bochim", ein Ort des Weinens, ist.

14. Januar

„Da nun der Engel des Herrn solche Worte zu allen Kindern Israel redete, erhob das Volk seine Stimme und weinte." Richter 2,4

Nun möchte ich euch die andere Seite zeigen, und ihr werdet feststellen, daß nichts Beständiges in den Wasserfluten Bochims war. Diese Leute wurden durch die Predigt des Engels zum Weinen gebracht; und wir dürfen uns durch ihr Weinen nicht täuschen lassen. Ich vermute, daß ihre Klagen und Tränen ebenso durch die Person des Predigers als durch irgend etwas anderes hervorgerufen werden konnte. Es war der Engel des Herrn, und wer würde in seiner Gegenwart nicht bewegt werden? Einige predigen so, daß es fast unmöglich ist, dabei unempfindlich zu bleiben. Sie verfügen über eine solche Ausstrahlungskraft oder einen so gewaltig hervortretenden Ernst, daß es eine ganz natürliche Folge ist, wenn die Gefühle des Hörers gerührt werden. Aber eine zeitliche Ursache kann nicht eine ewige Veränderung hervorbringen. Ihr müßt von neuem geboren werden – „nicht aus dem Geblüt, noch aus dem Willen des Fleisches, noch aus dem Willen des Mannes, sondern aus Gott". Es mag ein großer Segen für euch sein, einen eindringlichen Prediger zu hören, aber wenn ihr euch auch nur ein wenig auf ihn verlaßt, wird es schädlich für euch sein.

Weiter fürchte ich, daß die Buße dieser Leute sehr viel mit ihrer natürlichen Weichheit zu tun hatte. Ich liebe den starken Mann, der innerlich weint und sparsam mit dem äußeren Regenschauer ist. Ich kenne wahrhaft weichherzige Männer, die keine Träne vergießen können, wenn es ihr Leben gilt, aber einen viel tieferen Schmerz fühlen als die, deren Kummer oberflächlich und wässrig ist. Einige haben eine natürliche Weichheit, die das Erreichen geistlicher Empfindsamkeit verhindert. Diese Bereitwilligkeit zu weinen, diese Bereitschaft, das Wort mit Freuden aufzunehmen, sofort in den Glauben hineinzuspringen, mag vielleicht nichts als geistliche Schwäche sein. Einige Menschen weinen überreichlich, weil sie Trunkenbolde gewesen sind. Das ist eine elende Sache. Ein Gramm Glauben ist besser als eine Tonne Tränen. Ein Tropfen echter Buße ist köstlicher als ein Strom von Tränen.

20

„Da nun der Engel des Herrn solche Worte zu allen Kindern Israel redete, erhob das Volk seine Stimme und weinte." Richter 2,4

Ich fürchte, daß diese Israeliten nicht weinten, weil sie gesündigt hatten, sondern weil Gott gesagt hatte, daß er die Kanaaniter nicht mehr vor ihnen austreiben wollte. Jeder Mörder bereut unter dem Galgen; das heißt, er bereut, daß er gehenkt wird; aber er bereut nicht, daß er andere Leute getötet hat. Wir sollten klar zwischen dem natürlichen Erschrecken, das durch eine lebendige Beschreibung des zukünftigen Zorns hervorgerufen wird, und jener wirklichen, geistlichen Berührung Gottes, die das Herz bricht und es dann verwandelt, unterscheiden. Diese Leute täuschten sich über die Tiefe und Aufrichtigkeit ihrer eigenen Gefühle. Ohne Zweifel hielten sie sich für auserlesene Bußfertige, aber sie waren nur zitternde Feiglinge, die unter Eindrücken litten, die ebenso unnütz wie vorübergehend waren.

Diese Israeliten wurden durch Weinen nicht besser, denn sonst hätten sie ausgerufen: „Kommt, Brüder, greift zu den Schwertern! Laßt uns hingehen, um mit den Hevitern und den Hetitern zu streiten, ihre Altäre niederzureißen und ihre Götzenbilder und ihre Haine zu zerstören!" Nein, sie ließen das Schwert in der Scheide und schlossen mit den verurteilten Völkern Verträge. Sie bekannten und beklagten wahrscheinlich ihre eigene Lauheit und gingen soweit zu sagen: „Es ist traurig, daß wir so hartnäckig sind. Es ist wirklich eine schreckliche Sache."

Ich hörte jemand sagen: „Es ist furchtbar, ein Sklave des Weinbechers zu sein; ich wünschte, ich hätte ihn nie geschmeckt." Ach, er war am nächsten Tag wieder betrunken. Wenn ihr die Sünde bereut, dann nieder mit der Sünde! Wenn die Buße von Herzen kommt, dann ist sie sehr praktisch. Wenn sich einer wahrhaft zu Gott bekehrt, so kehrt er sich von der Sünde weg. Wenn Satan wirklich aus einem Menschen ausgetrieben wird, fegt der Befreite sein Haus und reinigt sich von dem Schmutz, den er früher beherbergt hat. Errettung liegt nicht im Fühlen, sondern im Glauben. Errettung liegt nicht im Weinen, sondern im Vertrauen auf Christus. „Zerreißt eure Herzen und nicht eure Kleider!"

16. Januar

„Aber nun sei stark, Serubbabel, spricht der Herr; auch du Josua, sei stark, du Sohn Jozadaks, du Hoherpriester, und alles Volk des Landes, seid stark, spricht der Herr, und arbeitet!"   Haggai 2,4

Mutlosigkeit in bezug auf gute Dinge ist ein Unkraut, das wächst, ohne gesät worden zu sein. Es gehört nicht viel dazu, die Hände sinken zu lassen – ein Wort oder ein Blick genügt oft. Mutlosigkeit kommt manchmal über uns wie damals über die Israeliten, wenn wir an die großen Dinge denken, die Gott von unseren Handen erwarten könnte, während wir ihm doch nur mit Kleinigkeiten dienen können. Wenn zu Haggais Zeiten die Leute an den Herrn und seinen Tempel dachten und dann den kleinen Raum ansahen, den sie dazu abgesondert hatten, dazu die gewöhnlichen Steine betrachteten, die als Fundament dienten, so schämten sie sich.

Habt ihr nicht auch schon das drückende Gewicht dieser Tatsache gefühlt, Brüder, daß alles, was wir tun, nur ein Geringes ist für unseren Gott; viel zu wenig für den, der uns geliebt und sich selbst für uns gegeben hat? Alabasterflaschen mit köstlicher Salbe sind viel zu gering für ihn. Es kommt unserer Liebe nicht in den Sinn, daß es eine Verschwendung sein könnte, unsere besten Flaschen zu zerbrechen und die duftende Narde reichlich auf ihn auszugießen. Was wir befürchten, ist vielmehr, daß unsere Nardenflaschen zu wenig sind und unsere Salbe nicht köstlich genug ist. Nachdem wir unser Äußerstes getan hatten, die Herrlichkeit unseres Herrn zu verkündigen, haben wir gefühlt, daß Worte zu gering und armselig sind, um die Herrlichkeit unseres anbetungswürdigen Herrn genügend hervorzuheben. So sind wir mutlos geworden, und der Feind hat uns zu sehr verkehrten Schlüssen verleiten können. Weil wir nicht viel tun konnten, kamen wir immer mehr dahin, nichts zu tun. Weil das, was wir taten, so gering und armselig war, waren wir geneigt, das ganze Werk aufzugeben. Der Feind weiß, sowohl Demut als Stolz zu seinen Zwecken zu benutzen. Ob er uns zuviel oder zuwenig von unserem Werk denken läßt, ist ihm gleich, solange er uns nur von demselben abhalten kann.

„Gott hat sie aus Ägypten geführt."   4. Mose 23,22

Wenn Gott in der Mitte seines Volkes ist, führt er es, so daß wir
fröhlich singen können: „Er führet mich!" Wir brauchen keinen an-
deren Führer in der Gemeinde, wenn wir Gott haben. Sein Auge
und Arm werden sein Volk leiten. Mir ist immer bange, menschliche
Regeln in der Gemeinde zu haben. Ich habe Furcht, wenn die
Macht einem, zwei oder zwanzig Menschen verliehen wird; die
Macht muß bei dem Herrn selber sein. Die Gemeinde, die den
Herrn Jesus in ihrer Mitte hat, wird durch das Wirken des Heiligen
Geistes regiert. Eine solche Gemeinde hält zusammen, ohne auf
Gleichförmigkeit abzuzielen, und geht zum Sieg, ohne Lärm zu ma-
chen. Die Bewegung, die von Gott geleitet wird, ist richtig, und die-
jenige wird sicher ganz falsch sein, die auf die bestmögliche Weise
geleitet wird, ohne daß Gott dabei ist. Organisation ist ein gutes
Ding, aber zuweilen fühle ich mich geneigt, mit Zwingli in der
Schlacht auszurufen: „Im Namen der heiligen Dreieinigkeit, laßt alles los!", denn wenn jeder frei ist, so wird, wenn Gott gegenwärtig
ist, jeder das Richtige tun. Wo Gott regiert, herrscht Ordnung.
Ebenso wie die Atome der Materie der Macht Gottes gehorchen, gehorchen die einzelnen Gläubigen dem Wirken des Heiligen Geistes.
Oh, daß Gott in der Gemeinde wäre und sie führte! Verliebe dich
nicht in ein besonderes System, und erhebe nicht diese oder jene
Methode des Arbeiters! Laß den Geist Gottes wirken. Dann wird
fast jede Gestalt, die das geistliche Leben annimmt, eine Form sein,
die dem vorhandenen Bedürfnis entspricht. Gott führt sein Volk nie
falsch. Ihre Sache ist es, der Wolken- und Feuersäule zu folgen.
Wenn sie uns durch eine Wüste leitet, werden wir gespeist werden.
Wenn sie uns in ein durstiges Land bringt, werden wir mit Wasser
aus dem Felsen getränkt werden. Wir müssen den Herrn bei uns haben, der uns in die verheißene Ruhe führen wird.

18. Januar

„Wer an ihn glaubt, soll nicht zuschanden werden."   1. Petrus 2,6

Habt ihr nie von dem Mann gehört, der sich eines Abends verirrte und, wie er meinte, an den Rand eines Abgrunds kam? Er befürchtete, von der Klippe hinabzufallen! In seiner Angst erfaßte er einen alten Baum und klammerte sich mit aller Kraft an diese schwache Stütze. Er war überzeugt, daß er, wenn er seinen Halt fahren ließe, an irgendeinem furchtbaren Felsen, der dort unten auf ihn wartete, zerschmettert werden würde. Da hing er nun mit Schweiß auf der Stirn und schmerzenden Gliedern. Fieber und Schwäche überfielen ihn, und zuletzt konnte er sich mit den Händen nicht länger halten. Er ließ los und fiel von seiner Stütze hinab. Ungefähr einen Fuß tiefer empfing ihn eine weiche Moosfläche, auf der er unverletzt und vollkommen sicher bis zum Morgen ruhte.

So denken in dem Dunkel ihrer Unwissenheit viele, daß sie verloren wären, wenn sie ihre Sünden bekennen, alle Hoffnung auf sich selbst fahren lassen und sich den Händen Gottes überlassen würden. Sie sind bange, die unsichere Hoffnung aufzugeben, an die sie sich geklammert haben. Laß alles los: das Vertrauen auf deine Werke, deine Gebete, deine Gefühle! Laß los! Weich und sicher wird der Boden sein, der dich empfängt. Jesus Christus in seiner Liebe, in der Kraft seines teuren Blutes, in seiner vollkommenen Gerechtigkeit, wird dir sofort Ruhe und Frieden geben. Trenne dich vom Selbstvertrauen und falle in Jesu Arme! Es besteht kein Grund zur Furcht. Nur die Unwissenheit vor dem, was eure ewige Sicherheit sein soll, verursacht Angst. Der Tod der fleischlichen Hoffnung ist das Leben des Glaubens. Laßt das Ich sterben, damit Christus in euch lebt! Klammere dich mit den Wurzeln deines schwachen Glaubens an den Felsen! Erfasse Jesum und halte ihn fest!

„Denn wir haben nicht einen Hohenpriester, der kein Mitleid haben könnte mit unsren Schwachheiten, sondern der in allem gleich (wie wir) versucht worden ist, doch ohne Sünde."   Hebräer 4,15

Die Wahrheit, daß mein Herr in den gleichen Versuchungen gewesen ist wie ich, ist meinem matten Herzen oft wie Nektar gewesen. Er ist in gleicher Weise wie wir versucht worden, und deshalb weicht nicht von ihm. Es ist ein dunkler Raum, durch den ihr geht, aber Jesus hat ihn vor euch durchschritten. Es ist ein harter Kampf, den ihr auszufechten habt, aber unser Herr hat mit demselben Feind gekämpft.

Für die Mazedonier war es bei ihren ermüdenden Märschen eine große Ermunterung zu sehen, daß Alexander ihre Beschwerden teilte. Wäre Alexander geritten, während die Soldaten marschierten, so würden diese bald ermattet aufgegeben haben. Aber er marschierte wie ein einfacher Soldat, und als das Wasser knapp wurde, durstete Alexander mit ihnen und wollte nicht einmal das bißchen Wasser trinken, das als königlicher Luxus aufbewahrt worden war. „Nein", sagte er, „ich will mit meinen Leuten leiden." Sie gewannen ihre Schlachten und trieben den persischen Haufen vor sich her, wie Löwen eine Herde Schafe treiben, und das hauptsächlich dank der persönlichen Tapferkeit Alexanders. Er war der erste, der in den Graben sprang, der erste, der über den Fluß ging, der erste, der den Wall erstieg, der erste, der alles für Tod oder Ruhm wagte. Und jeder Mann wurde beim Anblick dieses Helden selbst ein Held.

Laßt es mit den Nachfolgern Jesu ebenso sein! Jesus bleibt nicht im Zelt, wenn seine Brüder im Kampf stehen; er kleidet sich nicht in Scharlach wie ein König, der die Ruhe liebt, sondern er ist uns im Kampf vorangegangen.

O Freunde, laßt uns getrost sein! Christus kennt unseren Weg, und wir sehen vor uns gleichsam seiner Füße Spur im Sand. Er vergißt nicht die Versuchungen, durch die er gegangen ist, und er möchte uns darin beistehen.

20. Januar

„Denn worin er selbst gelitten hat, als er versucht wurde, kann er denen helfen, die versucht werden."   Hebräer 2,18

Ein altes Sprichwort sagt: „Die eine Hälfte der Welt weiß nicht, wie die andere lebt." Und das ist sehr wahr. Ich glaube, daß sich mancher Reiche von der Not der Armen keinen Begriff machen kann. Er kann sich nicht vorstellen, wie es ist, wenn man für sein tägliches Brot hart arbeiten muß. Aber unser Herr Jesus Christus kennt unsere Bedürfnisse. Versuchung und Schmerz hat er vor uns erduldet. Krankheit ertrug er, als er am Kreuz hing. Müdigkeit versteht er, denn er saß müde am Brunnen zu Sichar. Armut – er kennt sie, denn zuweilen hatte er außer jenem Brot, von dem die Welt nichts weiß, kein Brot zu essen. Obdachlos zu sein – er kannte es, denn „die Füchse haben Höhlen und die Vögel des Himmels Nester", er dagegen „hatte nicht, wohin er sein Haupt legte".

Lieber Christ, du kannst an keinen Ort gehen, wo dein Heiland nicht vorher gewesen ist – die Örter der Sünde ausgenommen. Im Tal des Todesschattens kannst du seine blutigen Fußtritte sehen. Ja, selbst an den tiefen Wassern des Jordan wirst du, wenn du ihm nahekommst, sagen: „Da sind Fußstapfen eines Mannes. Wer ist dort gewesen?" Wenn du dich dann niederbeugst, wirst du Nägelmale entdecken und sagen: „Das sind die Fußstapfen meines Heilandes!" Er ist vor dir dagewesen. Er hat den Weg geebnet. Er ließ sich in das Grab legen, um es zu einem Himmel der Erlösten zu machen, in dem sie ihre Werktagskleider ausziehen, um die Gewänder der ewigen Ruhe anzulegen.

Welche Wege wir auch geführt werden mögen, der Herr ist unser Vorläufer gewesen. Ich rede zu denen, die in großer Trübsal sind: Lieber Mitpilger, fasse Mut! Christus hat den Weg gebahnt und den „schmalen Pfad" in die königliche Heerstraße des Lebens umgewandelt.

„Ich bin der gute Hirt und kenne die Meinen, und die Meinen kennen mich, gleichwie der Vater mich kennt und ich den Vater kenne."

Johannes 10,14-15

Ich möchte darauf hinweisen, wie vollkommen der Herr Jesus als der gute Hirte seine Schafe kennt. Er kennt ihre Zahl; er wird nie eines verlieren. Er wird sie erneut zählen, wenn die Schafe wieder unter seine Hand kommen, und dann wird er genaue Rechnung machen. „Die du mir gegeben hast, habe ich behütet, und keiner von ihnen ist verloren gegangen." Er kennt die Zahl derer, für die er den Erlösungspreis gezahlt hat. Er kennt den Charakter und das Alter jedes der Seinen. Er versichert uns, daß selbst die Haare auf dem Haupt gezählt sind. Der Herr Jesus hat keine Schafe, die ihm unbekannt sind. Es ist nicht möglich, daß er eines übersehen oder vergessen haben sollte. Er hat eine so gute Kenntnis von denen, die er durch sein kostbares Blut erlöst hat, daß er nie eins mit dem andern verwechselt oder falsch beurteilt. Er kennt ihr Gemüt, er kennt die Schwachen, die Nervösen, die Schreckhaften, die Starken; die, welche eine Neigung zur Schwindsucht haben; die Tapferen, die Kranken; die Sorgenvollen, Ermatteten oder Verwundeten. Er kennt diejenigen, die der Teufel jagt, die sich zwischen den Klauen des Löwen befinden und geschüttelt werden, bis sie fast das Leben verlieren.

Er kennt unsere innersten Gedanken und Gefühle besser als irgend jemand von uns selbst. Er kennt unsere Prüfungen – die besondere Prüfung, unter der du jetzt niedergebeugt bist. Und die Schwierigkeiten, die besondere Schwierigkeit, die dir gerade jetzt innerlich in den Weg tritt, mein Bruder. Alles, was unser Leidenskelch enthält, ist ihm bekannt. Es ist unmöglich, sich eine Kenntnis zu denken, die vollkommener ist als die, welche der Vater von seinem eingeborenen Sohn hat, und ebenso unmöglich ist es, sich eine Kenntnis zu denken, die vollkommener ist als diejenige, welche Jesus Christus von jedem seiner Erwählten hat.

22. Januar

Herr, ich möchte gern zu dir kommen, aber gleich Mephiboseth bin ich an beiden Füßen lahm. Ich möchte gern zu dir hinfliegen; aber wenn ich überhaupt je Flügel gehabt habe, so sind sie zerbrochen. Ich kann nicht zu dir kommen. Ich liege wie tot und völlig kraftlos da. Es ist eine milde, huldvolle, aber mächtige Erweisung der göttlichen Kraft, die ich nötig habe und erflehe. Ich sage nicht: „Treibe mich!", sondern: „Herr, ziehe mich!" Ich sage nicht: „Wirf mich hierhin und zwinge mich, dorthin zu gehen!", sondern: „Herr, komme und ziehe mich!" Während du mich ziehst, bleibt mir die Freiheit zu laufen; ziehe mich, wir werden dir nachlaufen.

Wir haben nicht mehr nötig, von neuem geboren zu werden; an uns, die wir an Christus glauben, ist dieses Wunder bereits geschehen. Wir bitten nicht um Vergebung und Rechtfertigung; als Gläubige besitzen wir diese unschätzbaren Gaben schon. Was wir nötig haben, ist das Wirken des Heiligen Geistes, uns näher zu Christus zu bringen, und darum rufe ein jeder den Herrn an: „Ziehe mich!" Wir sind nicht tot; wir sind auferweckt und lebendig gemacht worden; unsere Trauer darüber, daß wir nicht so nah zu Christus kommen können, wie wir es gern möchten, beweist, daß wir lebendig sind.

Beachtet, daß dieser Vers sagt: „Ziehe mich dir nach, so laufen wir!" Mir gefällt der Wechsel der Fürwörter. Es ist, als ob ich beten sollte: „Herr, ziehe mich! Ich bin unter deinen Kindern in dieser Versammlung das schwerfälligste; aber ziehe mich. Wir wollen dir nachlaufen. Alle meine Brüder und Schwestern werden sogleich laufen, wenn du mich ziehst. In himmlischen Dingen sei schnell, meine Seele! Langsames Vorwärtskommen ist nur in deinem weltlichen Beruf erlaubt. Aber deinem Herrn mußt du nachlaufen!"

23. Januar

„Denn du begehrst kein Opfer, sonst wollte ich es dir geben; Brandopfer gefallen dir nicht. *Die Gott wohlgefälligen Opfer sind ein zerbrochener Geist; ein zerbrochenes und zerschlagenes Herz wirst du, o Gott, nicht verachten. "* Psalm 51,18-19

David war so erleuchtet, daß er weit über die sinnbildlichen Gebräuche und Ordnungen des Gesetzes hinaussah. Sein Glaubensauge haftete an dem Opfer für die Sünde. Er hätte mit Freuden Zehntausende von Opfern dargebracht, wenn er damit seine Sünde hätte sühnen können. Ja, jede Leistung, die der Herr von ihm gefordert hätte, würde er willig erbracht haben. Wir sind bereit, alles dranzugeben, wenn wir dadurch nur von unserer Schuld gereinigt werden könnten; und haben wir die Vergebung der Sünden aus freier Gnade empfangen, so ist unsere Dankbarkeit zu jedem Opfer bereit.

Wenn das Herz um die Sünde trauert, gefällt das dem Herrn besser, als wenn ein Opfertier unter dem Schlachtmesser blutet. Die Ausdrücke „zerbrochener Geist" und „zerschlagenes Herz" weisen auf tiefen, beinahe tötenden Schmerz im innersten Sitz des Lebens hin. So kostbar ist für Gott ein wahrhaft gebeugter, zermalmter Geist, daß er nicht nur ein Opfer, sondern der Inbegriff aller Opfer ist. Der Geruch der Salbe strömt nur aus, wenn das Gefäß zerbrochen wird; ebenso ist ein zerbrochenes Herz für Gott ein Wohlgeruch.

Menschen verachten solche, die in ihren eigenen Augen verächtlich geworden sind; aber der Herr sieht nicht, wie ein Mensch sieht. Er verachtet, was bei den Menschen wertgeschätzt wird, und er hält wert, was bei ihnen geringgeachtet wird. Noch nie hat Gott einen zerknirschten Sünder verschmäht und von sich gestoßen, und er wird es nicht tun, solange Gott die Liebe ist und es vom Herrn Jesus heißen kann: „Dieser nimmt die Sünder an." Farren und Böcke begehrt er nicht, aber es verlangt ihn nach zerbrochenen Herzen; ja, ein solches ist ihm mehr wert als all die vielen Opfer des alten israelitischen Gottesdienstes.

24. Januar

Ich tadle nicht gern, aber schreiende Übel fordern eine öffentliche Rüge. Meint ihr nicht auch, daß dieser Text auf viele unserer Gemeinden paßt? Sie haben kein Gedeihen, die Versammlungen sind klein, und – die Hauptursache von allem anderen Übel – sie haben kaum Gebetsversammlungen. An vielen Orten besteht ein solcher Mangel an Interesse, daß die Gebetsversammlungen nicht geschätzt, sondern als etwas Untergeordnetes angesehen werden. Kann das Segen bringen?

An einigen Orten werden die Gebetsversammlungen schlecht besucht, weil durch langatmige Gebete der Brüder, in denen sie sich selbst lange Ansprachen halten, ihre Erfahrungen mitteilen und ihre Bibelkunde ausbreiten, die Frische des Gebets verlorengegangen ist. Man hat mir erzählt, daß unsere Freunde von der Heilsarmee ein Lied anstimmen, sobald ein Freund langweilig oder weitschweifig wird; und ich habe große Sympathie für diese Praxis. Wenn Gebetsversammlungen in Geschwätz ausarten, dürfen wir uns nicht wundern, wenn kein Segen kommt. In solchen Fällen ist das Wort wahr: „Ihr erlanget es nicht, weil ihr nicht bittet."

Wenn irgendein Gläubiger da wohnen sollte, wo die Gebetsversammlungen vernachlässigt werden, soll er sich dazu entschließen, sie wieder zu beleben. Als an einem Ort beschlossen wurde, keine Gebetsversammlungen mehr abzuhalten, erklärte eine Frau, daß das nicht geschehen werde; denn wenn auch niemand anders da wäre: Sie würde am Platze sein. Sie blieb ihrem Wort treu, und als an einem Morgen jemand etwas scherzhaft fragte: „Habt ihr gestern abend Gebetsversammlung gehabt?", erwiderte sie: „Gewiß haben wir!"

„Ich habe aber doch gehört, daß Sie dort allein gewesen sind."

„Nein", sagte sie. „Ich war zwar die einzige sichtbare Person, aber der Vater war da, der Sohn war da, und der Heilige Geist war da, und wir stimmten im Gebet überein."

Es dauerte nicht lange, da schämten sich andere im Blick auf die Beständigkeit dieser armen, alten Frau; und bald gab es eine neubelebte Gebetsversammlung und eine aufblühende Gemeinde.

„Wer an mich glaubt – wie die Schrift sagt –, aus seinem Leibe werden Ströme lebendigen Wassers fließen. "   Johannes 7,38

Es ist sehr bedauerlich, wenn über das Werk des Heiligen Geistes auf eine Weise gepredigt wird, die das Werk Christi verdunkelt. Leider gibt es solche, die das tun. Sie stellen dem Sünder die inneren Erfahrungen der Gläubigen vor, anstatt vor allem auf den gekreuzigten Heiland hinzuweisen, auf den er blicken muß, um zu leben. Das Evangelium lautet nicht: „Siehe, der heilige Geist!", sondern: „Siehe, das Lamm Gottes!" Ebenso ist es zu beklagen, wenn Christus auf eine Weise gepredigt wird, die den Heiligen Geist ausschließt und die Wiedergeburt nicht erwähnt. Die Notwendigkeit der Wiedergeburt durch den Heiligen Geist wird in diesem Kapitel sehr deutlich gelehrt. Ebenso die Verheißung, daß alle, die an den Herrn Jesus glauben, errettet werden sollen. Wir müssen darauf bedacht sein, beide Wahrheiten deutlich zu betonen. Das Werk des Heiligen Geistes ist eng mit dem Werk Christi verbunden.

Solange der Herr Jesus noch nicht verherrlicht war, war der Heilige Geist noch nicht in der Fülle des Segens, wie er durch die Ströme des lebendigen Wassers dargestellt wird, auf dieser Erde. Aber war der Geist Gottes nicht auch in der Wüste bei dem Volk und mit allen Heiligen Gottes in früheren Zeiten? Sicherlich. Aber nicht in der Weise, in welcher der Heilige Geist jetzt in der Gemeinde Jesu und in jedem einzelnen Gläubigen wohnt. Wir lesen von den Propheten, daß der Geist Gottes auf sie kam, sie ergriff, sie bewegte und durch sie redete – er wohnte aber nicht in ihnen. Sein Wirken in ihnen war wie ein Kommen und Gehen. Sie wurden durch seine Kraft fortgetragen und kamen unter seine Macht, aber er ruhte nicht auf ihnen und wohnte nicht in ihnen. Er kam und ging wie die Taube, die Noah aus der Arche ließ, die hin und her flog und keine Ruhe fand. Der Heilige Geist war während ihres Wandelns mit Jesus bei den Aposteln, aber er war noch nicht in ihnen in dem Sinne, in welchem sie am Pfingsttag voll Heiligen Geistes wurden. Erst nachdem der Herr in die Herrlichkeit aufgenommen worden war, wurde der Heilige Geist auf die Erde gesandt, um inmitten der Gemeinde zu wohnen.

26. Januar

*„Die auf ihn blicken, werden strahlen, und ihr Angesicht wird nicht er-
röten.“*   Psalm 34,5

Ein Freund ist gekommen, um uns zu besuchen. Plötzlich wird er
blaß. Wir fragen ihn, was ihm fehlt, und er antwortet: „Ich habe
meine Brieftasche verloren, und sie enthält alles Geld, was ich besitze.“ Er rechnet die Summe bis auf den Pfennig aus und beschreibt
die Schecks, die Wechsel, die Banknoten und die Münzen.

Wir sagen ihm, das müsse ihm doch ein großer Trost sein, daß er
genau den Umfang seines Verlustes kenne. Er scheint den Wert unserer Versuche, ihn zu trösten, nicht einzusehen. Wir versichern
ihm, daß er dankbar sein solle, ein so klares Gefühl seines Verlustes
zu haben; denn viele hätten ihre Brieftaschen verloren, ohne imstande zu sein, ihren Verlust zu berechnen.

Unser Freund wird dadurch nicht im geringsten aufgeheitert.
„Nein“, sagt er, „daß ich weiß, was ich verloren habe, hilft mir
nicht, es wiederzufinden. Sage mir, wo ich mein Eigentum finden
kann; dann hast du mir einen wirklichen Dienst erwiesen. Aber das
bloße Bewußtsein meines Verlustes ist durchaus kein Trost für
mich.“

Ebenso ist es ganz recht zu glauben, daß du gesündigt hast und so
vor dem gerechten Gott nicht bestehen kannst. Dies Wissen allein
wird dich jedoch nicht erretten. Die Errettung geschieht nicht dadurch, daß wir unser eigenes Verderben erkennen, sondern indem
wir völlig die in Jesus bereitete Erlösung ergreifen. Ein Mensch, der
nicht auf den Herrn Jesus blicken will, sondern beharrlich nur auf
seine Sünde und sein Verderben, erinnert uns an den Jungen, der
einen Pfennig durch die Öffnung in einen Abflußkanal fallen ließ,
dann stundenlang davor stehenblieb und Trost darin fand zu sagen:
„Er rollte gerade hier hinein; ich sah ihn genau zwischen diesen
zwei eisernen Stangen hindurchfallen.“ Bleibe nicht dabei stehen,
die Größe deiner Schuld zu betrachten, sondern blicke auf den, der
auf Golgatha alle Schuld gesühnt hat.

„Und sie ist klein." 1. Mose 19,20

Diese Worte sind ein Ausruf Lots, aber ich möchte sie aus dem Zusammenhang herausnehmen und in einer anderen Weise anwenden. Der Vater der Lüge hält Tausende von Plänen bereit, durch die er die Seelen der Menschen verderben möchte. Er gebraucht falsche Gewichte und falsche Waagen, um sie zu betrügen. Manchmal benutzt er falsche Zeitmaße, indem er in der einen Stunde erklärt, daß es noch zu früh sei, den Herrn zu suchen; und zu einer anderen Stunde, daß es nun zu spät sei. Er bedient sich auch falscher Größenmaße, denn große Sünden erklärt er für kleine, und von den kleinen Sünden, die er überhaupt eingesteht, behauptet er später, daß es mit ihnen gar nichts auf sich habe – daß es höchst geringfügige Vergehen seien, die eigentlich schon an und für sich Vergebung verdienten.

Gottesfürchtige Menschen haben sich gerade vor den kleinen Sünden besonders gefürchtet. Die Märtyrer waren bereit, lieber die furchtbarsten Qualen zu erleiden, als nur einen Fingerbreit von der Wahrheit und Gerechtigkeit abzuweichen. Vielleicht habt ihr von Martin Arethusa gelesen. Er hatte den Götzentempel in der Stadt, in der er wohnte, vom Volk niederreißen lassen. Als nun der Kaiser Julian zur Herrschaft kam, befahl dieser, das Volk solle den Tempel wieder aufbauen. Bei Todesstrafe wurden sie zum Gehorsam gezwungen. Aber Arethusa erhob seine Stimme gegen diese Sünde, so daß sich der Grimm des Königs auf ihn lenkte. Sein Leben sollte ihm jedoch unter der Bedingung geschenkt werden, daß er nur ein paar Pfennige zum Bau des Tempels beisteuerte, ja noch weniger, wenn er dem falschen Gott nur ein wenig Weihrauch darbringen würde. Aber er fürchtete Gott und wollte auch nicht die winzigste Sünde begehen, um sein Leben zu retten. Dann wurde er mit Messern zerstochen und mit Honig beschmiert, so daß er den Wespen zur Beute fiel und totgestochen wurde. Er konnte seinen Leib den Wespen opfern, aber er konnte und wagte nicht, gegen Gott zu sündigen.

28. Januar

„Siehe, jene Stadt ist so nahe, daß ich dahin fliehen könnte; und sie ist klein. Ach, laß mich dahin fliehen! Ist sie nicht eine kleine Stadt?"

1. Mose 19,20

Hüte dich vor den „kleinen" Anfängen der Sünde. Mit den Anfängen der Sünde ist es wie wenn man eine Schleuse öffnet. Zuerst sickert kaum Wasser hindurch, dann kommt ein Tropfen hervor, darauf entsteht ein kleiner Fluß, endlich ein Wasserstrom und zuletzt eine Flut – und ein Erdwall wird davon weggefegt, ein ganzes Land wird überschwemmt. Kleine Sünden machen es wie Diebe, wenn sie in ein Haus einbrechen wollen. Sie nehmen dann oft ein kleines Kind mit sich, lassen das kleine Kind durch ein Fenster, das für sie selbst zu klein wäre, in das Haus, und dann geht das Kind und öffnet ihnen die Tür. Ein Verräter innerhalb eines Lagers braucht nur ein Zwerg zu sein, und doch vermag es die Tore einer Stadt zu öffnen und eine ganze Armee einzulassen. Zittere vor der Sünde, mag sie auch noch so klein sein. Du kannst nicht alles sehen, was in ihr verborgen liegt. Sie ist die Mutter von tausendfachem Unheil.

Wie bei allen kleinen Dingen, so besteht auch bei kleinen Sünden eine seltsame Macht der Verfielfältigung. Je geringfügiger die Schuld ist, desto häufiger tritt sie auf. Der Elefant hat nur wenig Nachkommenschaft und vermehrt sich langsam; aber die Blattlaus hat Tausende von Nachkömmlingen, die in einer einzigen Stunde entstehen. Ebenso ist es mit kleinen Sünden: Sie vermehren sich mit überwältigender, alle Begriffe übersteigender Schnelligkeit. Eine wird die Mutter von Tausenden. Und beachte wohl: Kleine Sünden richten durch ihr massenhaftes Auftreten ebensoviel Unheil an, als wenn es große Sünden wären. Sei auf der Hut vor diesem kleinen Ungeziefer von Sünden; sie können dein Verderben sein. Wenn dich Satan versucht und spricht: „Ist es nicht eine Kleinigkeit?", so erwidere ihm: „O Satan, so klein die Sünde auch sein mag, so kann sie doch meine Seele nicht vernichten, aber sie wird meinen Frieden untergraben. Du sagst, es sei nur eine Kleinigkeit, aber mein Heiland hat dafür auf Golgatha sterben müssen."

„Durch Glauben weigerte sich Mose, als er groß geworden war, ein Sohn der Tochter des Pharao zu heißen." Hebräer 11, 24

Denkt einmal darüber nach, was Mose aufgab, indem er auf die Seite des Volkes Gottes trat. Er gab Ehre auf – „Er weigerte sich, ein Sohn der Tochter des Pharao zu heißen". Er gab Vergnügungen auf – er wollte nicht die „zeitliche Ergötzung der Sünde haben". Er gab auch allen Reichtum auf, indem er die Schmach Christi auf sich nahm und den Schätzen Ägyptens entsagte. Wenn wahrer Glaube in dem Herzen eines Mannes ist, wird er nicht lange überlegen, was er wählen soll: Armut oder Kompromiß mit dem Irrtum. Er wird die Schmach Christi für größeren Reichtum halten als die Schätze Ägyptens.

Oh Mose, wenn du dich durchaus mit dem Volk Gottes verbinden mußt, hast du nichts zu gewinnen, sondern alles zu verlieren. Du kannst es nur aus Liebe zu Gott und aus voller Überzeugung von der Wahrheit tun. Du wirst Trübsal haben. Du wirst ein Narr genannt werden, und die Leute werden meinen, gute Gründe hierfür zu haben. Als ein eifriger Neubekehrter zu unserem Herrn sagte: „Herr, ich will dir nachfolgen, wohin du auch gehst!", erhielt er zur Antwort: „Die Füchse haben Gruben, und die Vögel des Himmels haben Nester; aber des Menschen Sohn hat nicht, wo er sein Haupt hinlegen kann." Bis heute bietet die Wahrheit außer sich selbst keine Mitgift an.

Schmähungen, Verachtung, Verspottung, Verkennung – dies ist der Lohn der Überzeugungstreue. Wenn jemand die edle Gesinnung besitzt, die Wahrheit um der Wahrheit willen zu lieben und Gott um Gottes willen und Christum um Christi willen, so möge er sich denen anschließen, die gleichen Sinnes mit ihm sind. Wenn es nicht genug Lohn ist, dem Herrn zu dienen, so mögen die, welche mehr suchen, ihre selbstsüchtigen Wege gehen. Mose handelte, als er sich dem Volk Gottes anschloß, entschieden und ein für allemal. Um des Herrn willen entsagte er allem, zufrieden, zu dem verachteten Volk Gottes zu gehören.

30. Januar

„Trachtet aber zuerst nach dem Reiche Gottes und nach seiner Ge-
rechtigkeit, so wird euch solches alles hinzugelegt werden. "

Matthäus 6,33

Ein alter Geschäftsmann sagte einst zu seinem Sohn: „Wilhelm, ich
freue mich ja, daß du Interesse an religiösen Dingen hast, aber
nimm meinen Rat an und sei vernünftig. Ich bin jetzt vierzig Jahre
im Geschäft gewesen, und ich bitte dich: Halte dich ans Geschäft,
verdiene Geld, und dann beobachte die Religion."

Dieser junge Mann hatte jedoch angefangen, selbständig zu denken, und seine Gedanken hatten die rechte Richtung eingeschlagen.
Er antwortete demgemäß: „Vater, ich bin immer dankbar für deine
guten Ratschläge. Entschuldige aber, daß ich dir diesmal nicht bei-
stimme. Heißt es nicht in der Schrift: 'Trachtet aber zuerst nach dem
Reiche Gottes und nach seiner Gerechtigkeit'? Ich kann mich deshalb nicht zuerst aufs Geldverdienen legen, sondern muß sofort
Gott dienen, hoffe aber, trotzdem nicht weniger aufmerksam und
rührig im Geschäft zu sein."

Dieser Sohn übertraf seinen Vater an Weisheit. Wahre Gottseligkeit ist zu allen Dingen nütze – für dieses Leben und auch für das
zukünftige. Stelle in der Zeitfolge die Sache des Herrn, die wahre
Herzensfrömmigkeit, obenan. Fange jede Woche damit an, daß du
den ersten Tag der Ruhe und Anbetung Gottes weihst. Beginne jeden Tag damit, daß du den Tau des Morgens zum Umgang mit Gott
benutzt. Fange dein eheliches Leben mit Gebet um den Segen des
himmlischen Vaters an; wählte dir eine Gefährtin, die in der Furcht
Gottes mit dir eins ist. Bei der Eröffnung eines Geschäfts heilige das
Unternehmen durch gemeinsames Gebet mit gläubigen Freunden
und laß dich bei jedem neuen Unternehmen von dem Herrn Jesus
leiten.

Trachte auch aus diesem Grunde zuerst nach dem Reich Gottes,
weil es wirklich den Vorzug verdient. Sollte es je zur Wahl zwischen
Gott und dem Mammon kommen, so zögere keinen Augenblick.
Wenn Reichtum und Gerechtigkeit miteinander um den Vorrang
ringen, so laß das Gold fahren und halte fest an der Gerechtigkeit.
Folge Christus, was es dich auch kosten mag.

„Trachtet aber zuerst nach dem Reiche Gottes und nach seiner Ge-
rechtigkeit, so wird euch solches alles hinzugelegt werden."

Matthäus 6,33

Es ist sehr zu befürchten, daß viele Christen ihre besten Kräfte weltlichen Zwecken opfern und für das Reich Gottes, für die Gottseligkeit, nur ihre Schwäche übrigbleibt. An der Kasse sind alle da, aber
zur Gebetsversammlung fehlen viele.

Dies erinnert mich an einen Bruder, dessen Stimme in der Gebetsstunde so leise war, daß man ihn kaum verstehen konnte, in seinem Laden hingegen konnte man ihn fast zu gut hören. Ist es richtig, wenn wir für unsere eigenen Interessen unsere ganze Tatkraft
einsetzen und der Herr Jesus mit dem Rest zufrieden sein muß?
Wenn wir je eifrig werden, sollte es für die edelste Sache, im Dienst
des besten Herrn und Meisters, sein. In seinem Werk können wir es
nie zu ernst nehmen, aber, ach, wie selten treffen wir jemand, dessen Eifer in der Sache des Herrn an Übertreibung grenzt! Für ihn,
der uns mit seinem Blut erkauft hat, können wir nie zuviel tun.

Manche Leute haben eine sehr große Buchführung und eine sehr
kleine Bibel. Das ist symbolisch: Ihr ganzes Herz schlägt für das Geschäft, und für das Reich Gottes bleibt wenig übrig. Das ist nicht
recht! Ich beanspruche für göttliche Dinge einen anderen Platz!
Räume dem, was das erste ist, auch den ersten Platz ein, so daß deine ganze Seele in der Liebe und im Dienst des Herrn aufgeht! Sei
zuerst ein Mann Gottes, ein wahrhaftiger Christ, und dann ein Ban-
kier oder Kaufmann, ein Handwerker oder Arbeiter.

Die, welche Gott aufrichtig dienen, werden sich nicht darüber beklagen können, daß er sie verlassen habe.

Während der Regierung der Königin Elisabeth wurde ein gewisser Herr von Ihrer Majestät aufgefordert, in Staatsangelegenheiten
ins Ausland zu reisen. Er entschuldigte sich damit, daß sein eigenes
Geschäft darunter leiden werde, worauf die Königin antwortete:
„Mein Herr, wenn Ihr Euch meines Geschäftes annehmt, so will ich
mich des Eurigen annehmen."

Seid dessen versichert, daß Gott für euch sorgen wird, wenn der
Dienst für ihn eure Freude ist.

1. Februar

„Da lieferten sie Jakob alle fremden Götter aus, die in ihren Händen waren, samt den Ringen, die sie an ihren Ohren trugen, und Jakob verbarg sie unter der Eiche, die bei Sichem steht."   1. Mose 35,4

Es ist eine gesegnete Sache, wenn ein Mann Gottes einen festen Standpunkt einnimmt und erfährt, daß seine Familienglieder bereit sind zu folgen. Sobald Jakob sprach, trennten sie sich von ihren Götzen und Ohrringen. Wenn ihr falsche Wege gegangen seid und euch entschlossen habt, umzukehren, werdet ihr feststellen, daß andere eurer Entschlossenheit folgen. Ihr solltet hieraus Mut schöpfen. Vielleicht wird gerade derjenige, den ihr am meisten fürchtet, am bereitwilligsten sein, nachzugeben und mitzuhelfen. Hier taten sie es. Alle gaben ihre Götzen auf und begruben sie. Gott gebe, daß ein Tag käme, an welchem alle Symbole und Zeichen des Aberglaubens unter der großen Eiche des Evangeliums begraben würden, um nie wieder zum Vorschein zu kommen.

Es wird weiter berichtet, daß sie aufbrachen und der Schrecken Gottes über die Städte um sie her kam. Ihr ahnt nicht, wieviel persönliche Not, die ihr jetzt zu tragen habt, aufhören wird, sobald ihr euch entschließt umzukehren. Ihr wißt nicht, wieviel Schwierigkeiten in der Familie verschwinden werden, wenn ihr selbst den Herrn fürchtet und entschlossen seid, das Rechte zu tun. Keine Gefahr soll dem Mann nahen, der mit Gott wandelt. Aber ihr wißt nicht, wie der Ausgang ist, wenn ihr einmal den Herrn verlaßt und seinen Gedanken zuwider handelt. Der Herr, dein Gott, ist ein eifersüchtiger Gott. Wenn du ihn nicht ehrst und mit heiliger Furcht vor ihm wandelst, wirst du seinen Zorn fühlen müssen.

Sie kamen nach Bethel. Ich könnte fast die dankbare Freude Jakobs malen, als er auf jenen großen Stein blickte, den er als einsamer Mann damals zu seinen Häupten gelegt hatte. Ich zweifle nicht, daß Jakob und sein Haus eine sehr glückliche Zeit in Bethel verlebten, wo Dankbarkeit die Trauer milderte und Freude die Buße versüßte. Er gedachte der Vergangenheit, freute sich der Gegenwart und hoffte für die Zukunft.

2. Februar

„Du bist mein Schirm, du wollest mich vor Gefahr behüten."

Psalm 32,7

Ich sah neulich ein merkwürdiges Bild, das mir den Weg des Heils durch den Glauben an den Herrn Jesus gut zu illustrieren schien. Jemand hatte ein Verbrechen begangen, für das er sterben mußte. Aber damals wurden die Kirchen als Zufluchtsstätten betrachtet, in denen sich Verbrecher verbergen und so dem Tod entgehen konnten. Nun seht diesen Menschen! Er stürmt auf die Kirche zu. Die Wachen verfolgen ihn mit gezogenen Schwertern und dürsten nach seinem Blut. Sie folgen ihm bis an die Kirchentür. Er stürzt die Stufen hinauf, und gerade, als sie im Begriff sind, ihn einzuholen und an der Schwelle der Kirche in Stücke zu hauen, tritt der Bischof heraus und ruft, das Kreuz emporhaltend: „Zurück! Zurück! Befleckt nicht die Schwelle des Gotteshauses mit Blut! Weicht zurück!" Die grimmigen Soldaten ziehen sich ehrfürchtig zurück, während sich der arme Flüchtling hinter den Gewändern des Bischofs verbirgt.

So ist es mit Christus. Der schuldige Sünder flieht zu ihm; und obwohl ihn die Gerechtigkeit verfolgt, hebt Christus seine durchbohrten Hände auf und ruft der Gerechtigkeit zu: „Geht zurück! Ich schütze diesen Sünder. Ich werde ihn nicht umkommen lassen, denn er setzt sein Vertrauen auf mich."

Sünder, flieh zu Christus! Je schlechter du bist, um so mehr ehrst du ihn, wenn du glaubst, daß er sogar dich beschützen kann. Wenn du eine unbedeutende Krankheit hast und deinem Arzt sagst: „Ich setze volles Vertrauen in Ihre Fähigkeiten", so liegt darin noch kein großes Kompliment. Es ist nicht schwer, einen schlimmen Finger oder leichtes Unwohlsein zu heilen. Aber wenn du schwer in einer gefährlichen Krankheit darniederliegst und doch sagst: „Ich suche keinen besseren Arzt. Ich will keinen anderen Rat als den Ihrigen und vertraue mich Ihnen mit Freuden an", welche Ehre erweist du ihm dann dadurch, daß du dein Leben seiner Hand anvertraust. Tu das gleiche mit Christus! Übergib deine Seele ihm und seiner Fürsorge!

3. Februar

„Vielleicht ist er darum auf eine kurze Zeit von dir getrennt worden, damit du ihn auf ewig besitzest."   Philemon 15

Hast du einen Sohn, der dein Haus verlassen hat? Ist er ein eigenwilliger junger Mensch, der weggegangen ist, weil er die Zucht in einer christlichen Familie nicht ertragen konnte? Es ist traurig, daß es so ist; aber verzage nicht. Du weißt nicht, wo er ist; aber Gott weiß es. Du kannst ihm nicht folgen; aber der Geist Gottes kann es. Er ist auf der Reise nach Schanghai, und es mag ein Paulus in Schanghai leben, der das Mittel zu seiner Bekehrung sein soll. Geht er nach Australien? Es mag dort ein Wort zu ihm gesprochen werden, das sein Herz erreicht. Ich kann es nicht sprechen, aber ein Mann dort wird es tun; und deshalb läßt Gott ihn in seinem Eigensinn von dannen gehen. Denn das ist für ihn der Weg, auf dem er schließlich heimfindet.

Ein Seemann schrieb mir einmal folgendes: „Meine Mutter bat mich, jeden Tag in der Bibel zu lesen. Aber ich tat es nie. In Havanna wurde ich in ein Krankenhaus eingeliefert, und es lag ein Sterbender neben mir, der kurz vor seinem Tod zu mir sagte: 'Kamerad, ich muß mit dir reden. Ich habe hier etwas, das mir sehr wertvoll ist. Ich war ein wilder Bursche, aber das Lesen dieser Predigten hat mich zum Heiland geführt. Wenn ich nun heimgegangen bin, dann nimm bitte diese Predigten und lies sie und schreibe dem Mann, der diese Predigten hielt und drucken ließ, daß Gott sie zu meiner Bekehrung gesegnet hat.'" Es war ein Paket mit Predigten von mir, und Gott segnete sie an diesem jungen Mann, der in dieses Krankenhaus geführt wurde, um dort zu Christus geführt zu werden.

Onesimus hätte zu Hause bleiben können und nie ein Dieb zu werden brauchen; aber er wäre vielleicht durch Selbstgerechtigkeit verlorengegangen. Jetzt wird seine Sünde offenbar. Der Taugenichts hat die Verderbtheit seines Herzens enthüllt, er kommt unter das Auge und Gebet des Paulus und wird bekehrt.

Ich bitte dich: Verzweifle niemals an einem Mann, einer Frau oder einem Kind, weil du ihre Sünde sofort erkennst. Hoffe auf Gott und halte an am Gebet.

„Ein Mensch hatte zwei Söhne. Und er ging zu dem ersten und sprach:
Sohn, mache dich auf und arbeite heute in meinem Weinberg!...Als
aber der Vater zu dem andern dasselbe sagte, antwortete dieser und
sprach: Ja, Herr! – und ging nicht."   Matthäus 21,28-29

Lieber Leser, der du Gottes Stimme schon viele Jahre hörst, du hast
dem großen Gott gesagt: „Ich gehe", aber du gingst nicht. Laß mich
ein Bild von dir malen: Du hast regelmäßig den Gottesdienst besucht und würdest davor zurückschrecken, in irgendeiner Weise den
Sonntag zu entheiligen. Äußerlich hast du gesagt: „Ja, ich gehe."
Wenn ein Lied angegeben wird, stehst du auf und singst, aber es
kommt nicht aus dem Herzen. Wenn gesagt wird: „Laßt uns beten!", so neigst du dein Haupt, aber du betest in Wahrheit gar nicht
mit. Du sagst höflich und freundlich: „Ja, ich gehe", aber du gehst
nicht. Du hast nichts gegen das Evangelium einzuwenden. Wenn ich
irgendeine Lehre erwähne, so erwiderst du: „Ja, das ist wahr; ich
glaube es." Aber dein Herz ist nicht davon erfaßt. Dein „Glaube" an
das Evangelium hat dein Herz nicht ergriffen, denn wenn es so
wäre, würde er sich auch auswirken.

Wenn jemand sagt: „Ich glaube, mein Haus steht in Flammen",
legt sich aber ins Bett und schläft ein, so hat es nicht den Anschein,
daß er wirklich glaubt; denn wenn das Haus in Flammen steht, eilt
man schnell hinaus.

Wenn du wirklich glauben würdest, daß es eine Hölle gibt und
auch einen Himmel, würdest du ganz anders handeln als jetzt.

Vielleicht sagst du sehr überzeugend und ernsthaft: „Ich gehe."
Du ziehst dich in dein Zimmer zurück und betest, so daß jeder
glaubt, daß es mit dir zur Bekehrung kommt. Aber es war nichts als
eine Gefühlsbewegung, die wie die Morgenwolke und der Morgen-
tau verschwindet. Du bist wie ein mit Schnee bedeckter Kompost-
haufen; solange der Schnee darauf liegt, erscheint er rein und weiß,
aber wenn der Schnee geschmolzen ist, tritt der Dreck zutage. Möge
der Herr dich an diesem Tage heimbringen. Möge Gott schenken,
daß du sprichst: „Durch die Gnade Gottes will ich nicht länger nur
ein Namenschrist sein. Ich will mich den liebenden Händen übergeben, die für mich geblutet haben, und von heute an Jesus nachfolgen."

5. Februar

„Ein Mensch hatte zwei Söhne. Und er ging zu dem ersten und sprach: Sohn, mache dich auf und arbeite heute in meinem Weinberg!"

Matthäus 21,28

Durch die Anrede „Sohn" wird die Arbeit, die wir für den Herrn tun sollen, schmackhaft gemacht. Wir sollen nicht als Sklaven oder Diener, sondern als Söhne arbeiten. Mose würde zu uns gesagt haben: „Diene, arbeite für deinen Lohn!" Aber unser himmlischer Vater spricht zu uns: „Sohn, mache dich auf!" Nicht mehr als Sklave, sondern als Sohn sollst du dem Herrn dienen.

O Volk Gottes, ich hoffe, daß ihr den Unterschied zwischen dem Bund der Werke und dem Bund der Gnade sehr deutlich erfaßt. Wenn ihr für Gott arbeitet, dann nicht, um errettet zu werden, sondern weil ihr errettet seid. Ihr gehorcht seinen Befehlen nicht, um dadurch seine Kinder zu werden, sondern weil ihr seine Kinder seid. Aus diesem Grund ist der Befehl um so wirksamer, weil er uns an die große Liebe erinnert, die uns zu dem gemacht hat, was wir sind. „Sehet, welch eine Liebe hat uns der Vater erzeigt, daß wir Gottes Kinder heißen sollen!"

Denkt aber auch an die Vorrechte, die uns dadurch verliehen worden sind. Sind wir Kinder Gottes, so sorgt der Herr für uns, kleidet uns, heilt uns, beschützt und erzieht uns. Er spricht gleichsam zu uns: „Mein Kind, ich habe dir unbegrenzte Vorrechte gegeben, indem ich dich zu meinem Kind gemacht habe. Ich habe dir diese Welt und die zukünftige gegeben; die Erde ist deine Herberge und der Himmel deine Heimat. Weil ich dies alles für dich getan habe, darum gehe hin und arbeite heute in meinem Weinberg."

Die Anrede „Sohn" setzt auch voraus, daß du die Eigenschaften besitzt, die dich befähigen, das zu tun, was er befiehlt. Der Sohn wird etwas von seinem Vater gelernt haben. Und ihr, die ihr den Herrn kennt, seid die einzigen Leute, die ihm in seinem Weinberg dienen können. Seelen für Christus gewinnen können nur diejenigen, die selbst gewonnen worden sind. Und was kann natürlicher sein, als daß sich der Vater, wenn Weinbergsarbeit zu tun ist, an euch wendet, die er so lange und innig geliebt hat.

6. Februar

„Sohn, mache dich auf und arbeite heute in meinem Weinberg!"

Matthäus 21,28

Ich kenne Menschen, die die Aufforderung „Arbeite!" nicht lieben und sehr finster dreinblicken, wenn ihnen etwas von Pflicht gesagt wird. Wer mit dieser Anordnung nicht zufrieden ist, ist mit Gott unzufrieden; das möge er bedenken. Wer den praktischen Teil des Christentums nicht liebt, mag mit den Lehren tun, was ihm beliebt; aber ihm fehlt das Wichtigste.

Der Text sagt: „Arbeite!" Das ist etwas Praktisches, etwas Wirkliches. Arbeite! Er sagt nicht: „Mein Sohn, denke und grüble, mache merkwürdige Versuche, finde neue Lehren und überrasche deine Mitmenschen mit deinen eigenen Grillen und Seltsamkeiten."

Es heißt hier nicht: „Besuche eine Konferenz nach der andern – das ganze Jahr hindurch – und lebe in einem fortwährenden Wirrwarr verschiedener Meinungen. Gehe von einer religiösen Versammlung und von einer religiösen Tätigkeit zur anderen und nähre dich von dem Fetten." Alles dieses ist an seinem Platz wohl richtig, aber hier heißt es: „Arbeite!" Wie viele Christen scheinen statt dessen zu lesen: „Mache Pläne!" Sie haben immer wunderbare Pläne für die Bekehrung der ganzen Welt, aber man findet sie nie bei der Arbeit, auch nur ein Kind zu bekehren; nie hört man sie ein Wort auch nur zu dem kleinsten Sonntagschüler sagen. Sie planen immer, aber nie führen sie etwas aus.

Der Text aber sagt: „Sohn, arbeite!" O ja, aber die, welche selbst nicht arbeiten mögen, beweisen ihre umwälzenden Fähigkeiten dadurch, daß sie bei denen, die arbeiten, Fehler entdecken. Sie erfassen auch sehr klar die Fehler und Gebrechen der besten Arbeiter, die sich durch Eifer und Fleiß auszeichnen. Der Text sagt aber nicht: „Kritisiere!", sondern ganz bestimmt: „Arbeite!"

Die Menschen gehen scharenweise ins Verderben, aber wir verbringen unsere Zeit damit, über diese oder jene Form, etwas zu tun, zu diskutieren. Wir wählen Komitees, die etwas beraten und beschließen sollen – und das Werk bleibt ungeschehen. Die beste Methode ist, Gottes Werk zu *tun*. Gott gebe, daß wir gehorsam sind!

7. Februar

„Sohn, mache dich auf und arbeite heute in meinem Weinberg!"

Matthäus 21,28

Nun kommt die Zeit. „Sohn, gehe *heute* hin", das heißt „sogleich".

Brüder und Schwestern, ich will nichts darüber sagen, was morgen eure Pflicht sein wird. Der morgende Tag wird für sich selbst sorgen. Ebenso wenig kann ich sagen, was du in zehn Jahren zu tun hast. Wenn du so lange lebst, wird dir dazu Gnade verliehen werden. Was ich dir in Gottes Namen zu sagen habe, ist: Arbeite heute – und wenn die Sonne schon untergegangen ist: Arbeite in der Nacht in meinem Weinberge, ehe ein neuer Tag anbricht. Und warum heute? Weil dein Vater es wünscht.

„Was steht ihr hier den ganzen Tag müßig?" Wenn du bisher nichts für Christus getan hast, so hast du genug Zeit verschwendet. Ruhe heute nicht, sondern geh an die Arbeit. Gott wünscht, daß du es jetzt tust, weil der Zustand der Reben gerade jetzt Arbeit erfordert. Es ist ein Trauriger da, der heute abend Trost braucht. Einen anderen quält sein Gewissen, und er muß noch heute abend auf den rechten Weg geführt werden. Wenn er heute abend keine Hilfe bekommt, so ist es, als wenn die Arbeit an den Reben in der rechten Zeit versäumt wird. *Jetzt* kannst du es tun, aber nicht an einem anderen Tag. Darum „gehe heute hin".

„Heute", denn es gibt Gefahren, denen diejenigen, die deine Hilfe brauchen, gerade jetzt ausgesetzt sind. Der Teufel versucht sie, und es ist nötig, daß du ihnen beistehst. Sie sind gerade jetzt verzweifelt. Es ist lebenswichtig, daß du sie mit einem Trostwort aus dem Mund deines Herrn aufrichtest. Sie sind vielleicht an diesem Abend im Begriff, eine große Sünde zu begehen. Vielleicht will der Herr, daß du dazwischentrittst, ehe sie zu Fall kommen.

Kind, arbeite heute; du bist nötig. Es gibt nur noch wenige Arbeiter; viele haben den Dienst gekündigt. Arbeite du heute, während sich die andern erholen, träge geworden sind oder schlafen. Jetzt, in diesem Augenblick, ist eine Lücke da. Es ist eine Zeit der geistlichen Hungersnot, und die Arbeit ist dringend. Gott sagt dir: „Gehe heute hin und arbeite!"

„Aber in der folgenden Nacht trat der Herr zu ihm und sprach: Sei getrost, Paulus! Denn wie du in Jerusalem von mir gezeugt hast, so sollst du auch in Rom zeugen." Apostelgeschichte 23,11

Der Hauptmann hatte Paulus dem wütenden Pöbel entrissen und ins Gefängnis geworfen. In der Stille der Nacht trat der Herr zu ihm und sprach: „Sei getrost!" Paulus konnte diesen Zuspruch gebrauchen, denn auch dem Mutigsten konnte unter solchen Umständen bange werden, wenn er an die Gefahren dachte, die ihm noch drohten. Aber jetzt stand der Herr bei ihm. Wenn ihn alle anderen verließen – er hatte ja den Herrn Jesus zum Freund. Wenn ihn alle verachteten, so wußte er, daß Jesus ihm zulächelte. Besser im Gefängnis mit dem Herrn als im Himmel ohne ihn. Wenn der Herr mit im Gefängnis ist, so mögen die Ketten klirren, wir sind doch nicht traurig. Der Herr stand ihm bei. Das gilt all denen, die Gott mit Eifer und Treue dienen. Wenn du, mein Bruder, für den Herrn arbeitest, wird er dich ganz gewiß nicht verlassen. Er steht dir gewiß bei, auch wenn dein Dienst Traurigkeit und Niedergeschlagenheit mit sich bringt. Hast du einmal einen Freund verlassen, der seine Kraft für dich geopfert hat? Dann kannst du doch deinem Herrn nicht zutrauen, daß er unedel gegen dich handeln könnte. Er ist treu und wahr. Wenn er zu deiner Rechten steht, kannst du nicht wanken, mögen dich auch alle deine bisherigen Gehilfen verlassen oder auf die Seite deiner Gegner treten.

Ein großer Trost für Paulus war, daß der Herr wußte, wo und in welcher Lage er sich befand. Vielleicht liegst du im Kerker der Schmerzen, oder du bist in der engen Zelle der Armut oder in der dunklen Kammer der Verlassenheit oder im Kerker der Bedrückung des Gemüts. Der Herr weiß, wo du bist!

Und nun noch ein weiterer Trost: „Denn wie du in Jerusalem von mir gezeugt hast, so sollst du auch in Rom zeugen." Der Herr tröstet uns mit der Aussicht, daß wir ihm auch künftig dienen dürfen. Frisch auf, mein müder Bruder, dein Tagewerk ist noch nicht getan. Das Sprichwort ist wahr: „Du bist unsterblich, bis dein Werk getan ist. Streife die Mutlosigkeit und Niedergeschlagenheit ab, denn du hast noch eine segensreiche Wirksamkeit vor dir!"

9. Februar

„Wohl dem, dessen Missetat vergeben, dessen Sünde bedeckt ist!"

Psalm 32,1

Die Gnade der Sündenvergebung ist über alles in der Welt zu schätzen, denn sie ist der einzige und untrügliche Weg zur Glückseligkeit. Die Glückseligkeit wird ja nicht dem Menschen zugeschrieben, der Gottes Gebote treu gehalten hat, sondern dem, der Gottes Gesetz übertreten hat, dem aber aus reicher, freier Gnade alles vergeben worden ist.

Dem verlorenen Sohn wird hier bei seiner Rückkehr der Willkommensgruß zugerufen; ihm gelten die Gesänge und der Reigen. Eine vollkommene, augenblickliche und unwiderrufliche Vergebung aller Übertretungen verwandelt des Sünders Hölle in einen Himmel und macht das Kind des Zornes zum Erben ewiger Herrlichkeit.

Vergeben heißt etwas weggeben, so daß es eben nicht mehr da ist. Welch eine Last war hier zu heben und wegzutragen! Es kostete unseren Heiland sein teures Leben, diese Last aufzuheben und sie völlig hinwegzutragen!

Unsere Übertretungen sind aber auch bedeckt, wie die Ägypter von den Meereswellen, wie die höchsten Berge der Erde von den Wassern der Sintflut bedeckt wurden. Was für eine Bedeckung muß das sein, welche alle Befleckung des Fleisches und des Geistes für immer vor dem allsehenden Gott verbirgt! Wer einmal die Sünde in ihrer Abscheulichkeit geschaut hat, der begreift, welch ein Glück es ist, sie nie mehr erblicken zu müssen. Wer die Heilstat von Golgatha verstanden und angenommen hat, der weiß sich ein für allemal angenehm gemacht in dem Geliebten und genießt ein in heiliger Erkenntnis begründetes Glück, welches der Vorgeschmack des Himmels ist.

Aus unserem Text geht klar hervor, daß der Mensch zu der Gewißheit kommen kann: Mir sind meine Sünden vergeben. Denn wie könnte von einer jetzt zu genießenden Seligkeit der Sündenvergebung die Rede sein, wenn man über diese keine Gewißheit haben könnte? Wir bekennen uns freudig zu dieser Wahrheit, und zwar aufgrund der Lehre des allein unfehlbaren Wortes Gottes.

„Und das Volk redete wider Gott und wider Mose: Warum habt ihr uns aus Ägypten geführt, daß wir in der Wüste sterben? Denn hier ist weder Brot noch Wasser, und unsre Seele hat einen Ekel an dieser schlechten Speise!"
4. Mose 21,5

Die Klage der Israeliten beinhaltet eine große Lüge. Es war Brot da. Sie mußten diese Tatsache auch im nächsten Atemzug zugeben, aber sie nannten das „Manna" nicht Brot. Sie gaben ihm einen unschönen Namen.

Habt ihr nicht Leute gekannt, denen Gott große Gnade gegeben hat und die doch reden, als wären sie ganz verlassen? Der Unglaube ist so blind, wie der Glaube weitsehend ist. Unglaube freut sich über nichts, während sich der Glaube an allem erfreut.

Denkt daran, daß sie sprachen: „Unsre Seele hat einen Ekel an dieser schlechten Speise." Sie wünschten Knoblauch, Zwiebeln und Lauch – etwas Scharfes und Starkes. Sie seufzten nach dem Fleisch, sie verlangten nach grober und gefährlicher Nahrung. Gott wußte, daß dies nicht die passende Speise für sie in der heißen Wüste war, und gab ihnen die beste Nahrung. Sie tadelten, wo sie hätten loben sollen.

Sind einige von uns auch in diesem Zustand? Seid ihr so entmutigt, daß ihr nicht länger im Glauben leben wollt? Seid ihr nicht länger mit dem alten Evangelium zufrieden? Verlangt euch nach einem gußeisernen Stück Philosophie, das euch jahrelang auf dem Verstand liegt? Ist es nicht sonderbar, daß solche, die sich Christen nennen, dieser Art Speise nachlaufen und von dem Evangelium, das sie retten und stärken kann, sprechen: „Es ist abgenutzt; wir haben es schon oft genug gehört."

„Der Herr hörte ihr Murren." Das ist eine ernste Sache. Es sind immer zwei Dinge, die Gott hört. Das erste ist die Stimme des Glaubens und das zweite die Stimme des Unglaubens. So sehr Gott den Glauben liebt, so sehr verabscheut er den Unglauben. Wenn wir stark im Glauben sind, kann Gott alles mit und für uns tun. Er wird uns Kraft in allen Schwierigkeiten geben, so daß wir mit Paulus sagen können: „Ich vermag alles durch den, der mich stark macht."

11. Februar

„Ich aber und mein Haus, wir wollen dem Herrn dienen!" Josua 24,15

Die rechte Entscheidung für Gott ist tief, ruhig, klar, bestimmt und wohlgegründet. Josua spricht seinen Entschluß nicht leichthin aus. Schaut auf das Angesicht des ernsten Kriegers, gezeichnet durch die Narben mancher Schlacht, gefurcht von mehr als hundertjähriger Erfahrung. Er sieht nicht aus wie ein Tändler. Er spricht nicht wie einer, der ein Liebeslied singt und es von seinen Lippen trillert, sondern seine Worte kommen mit der schroffen Ehrlichkeit und der tapferen Aufrichtigkeit eines Heerführers aus seinem Herzen. Es klingt, als hätte er gesagt: „Ich habe meinen Gott zu viele Jahre gekannt, um ihn nun zu verlassen. Ich habe nicht unter dem Schatten des Allmächtigen vierzig Jahre lang in der Wüste zugebracht, um nun am Ende die Götzen aufzusuchen." Er spricht wie einer, der die Sache gründlich erwogen hat und zu einer Entscheidung gekommen ist, die er gegen alle verteidigen kann. Ihr seht in ihm keinen Wetterhahn, der aus Menschengefälligkeit der öffentlichen Meinung beipflichtet, sondern ihr hört einen ehrlichen Mann, der sein Herz aufschließt und seine innersten Gefühle mit heiligem Ernst ausspricht. Er verkündet einen unumstößlichen Entschluß: „Ich aber und mein Haus, wir wollen trotz der Menge und trotz der Sitten, trotz Versuchungen und Trübsale, trotz der Götzen oder Teufel bis zum Ende dem Herrn dienen." Genauso sollte die Entschiedenheit eines jeden von uns sein, und ich wünsche ernstlich, sie wäre es.

Ich liebe an Josua, daß er niemand darüber im unklaren lassen will, wie er steht. Warum seid ihr nicht ebenso offenherzig, die ihr den Herrn liebt? Er hat sich nicht geschämt zu bekennen, daß er uns liebt. Sollten wir uns nun seiner schämen? Zieht die Flagge am Masten hoch, damit jedes Auge sie sehen kann. Und wenn jemand mit dem Herrn Jesus Krieg führt, führt er mit uns Krieg. Laßt Erde und Hölle dies ein für allemal wissen.

12. Februar

„Ich aber und mein Haus, wir wollen dem Herrn dienen!" Josua 24,15

Gott zu dienen ist die vernünftigste Sache der Welt. Er hat dich erschaffen; sollten deinem Schöpfer also nicht deine Dienste geweiht sein? Er ist es, der dich versorgt und am Leben erhält; sollte dieses Leben nicht zu seiner Verherrlichung eingesetzt werden?

Angenommen, du hättest einen Hund, der nie mit dem Schwanz vor dir wedelt, der, statt Notiz von dir zu nehmen, jedermann sonst auf den Fersen folgt – würdest du dieses Geschöpf nicht bald leid werden, das dich so wenig als seinen Herrn anerkennt? Wer würde sich eine Maschine anfertigen, wenn er nicht hoffte, daß sie ihm von Nutzen sein würde?

So hat Gott dich erschaffen, und wahrlich, dein Leib ist ein wundervoller Mechanismus; deine Seele ist gleichfalls etwas Wunderbares. Willst du Gott nicht gehorchen und ihm dienen?

„Ich habe Kinder großgezogen und erhöht, und sie sind von mir abgefallen. Ein Ochs kennt seinen Besitzer, ein Esel die Krippe seines Herrn; Israel kennt ihn nicht, mein Volk unterscheidet nicht" (Jesaja 1,2-3).

Zwanzig Jahre ohne Gott gelebt zu haben ist ein unverzeihliches Versäumnis; wie hast du das nur fertig gebracht! Dreißig oder vierzig Jahre gelebt zu haben, ohne je dem Ehrfurcht gezollt zu haben, der dir das Leben gegeben hat, ohne den du längst im Grab liegen würdest, ist eine gemeine Übertretung. Willst du nicht endlich den richtigen Weg einschlagen?

Es gibt Menschen, die es nicht ertragen können, fünf Minuten, ja nicht einmal fünf Sekunden lang gereizt zu werden. Aber von dir hat sich Gott jahrelang und noch länger – dreißig, vierzig, ja fünfzig Jahre lang – reizen lassen, und doch hat er es mit unendlicher Langmut und Geduld getragen. Wird es also nicht Zeit, daß du ihm dein Leben weihst? Da er uns erschaffen, erlöst und bewahrt hat, hat er das Recht, daß wir ihm als seine Kinder dienen.

13. Februar

„Ich aber und mein Haus, wir wollen dem Herrn dienen!" Josua 24,15

Ich höre jemand sagen: „Ich will kein Knecht, keine Magd sein."
Nun, mein Freund, daran kommst du nicht vorbei; du mußt irgend
jemandes Knecht sein. „Nun, dann will ich mir selbst dienen", sagt
jemand. „Entschuldige, Tapferer, wenn ich dir ins Ohr flüstere:
„Wenn du dir selbst dienst, dienst du einem Narren!" Wer sein eigener Diener ist, der ist ein Sklave eines Sklaven, und ich kann mir
keine erniedrigendere Stellung denken als die eines Menschen, der
der Sklave eines Sklaven ist. Du wirst sicherlich auch jetzt schon irgend jemand dienen. Du wirst auch Fesseln tragen, wenn du dem
Meister dienst, den sich die meisten Menschen erwählen. Gibt es
einen denkenden Menschen in Ketten, dem gleich, der sich „freisin-
nig" nennt? Gibt es einen Menschen, der so leichtgläubig ist wie
der, welcher nicht an die Bibel glauben will? Er verschluckt eine
Tonne von Schwierigkeiten, während er sich beklagt, daß wir ein
Gramm davon verschluckt haben. Eine gewisse Sorte von Menschen
braucht viel mehr Glauben, als wir haben, hat es der Unglaube doch
mit viel schwierigeren Problemen zu tun als der Glaube. Und sieh
dir den an, der seinen freien Gedanken nachlebt – welch eine
Knechtschaft ist sein Leben! Der elendeste Galeerensklave und der
bedauernswerteste Leibeigene ist nicht halb so geknechtet wie der
junge Mann, der, von seinen Lüsten geleitet, wie ein Ochse zur
Schlachtbank, seinem eigenen Verderben entgegengeht, indem er
sich zum Opfer seiner Leidenschaften macht. Wenn ich ein Sklave
sein müßte, wollte ich lieber der Sklave eines Wilden sein als mein
eigener Sklave, denn das wäre der tiefste Abgrund der Erniedrigung. Du mußt irgend jemandes Diener sein, ohne das kommt man
nicht durch die Welt. Wenn du aber dein eigener Sklave bist, ist deine Dienstbarkeit eine schreckliche. Oh, daß du in den Dienst Gottes
eintreten wolltest!

Es ist noch Raum für dich. Andere Stellen sind überfüllt. Hunderte von jungen Menschen gehen von einem Geschäft zum andern
und bitten um Beschäftigung, und manche laufen sich die Sohlen
ab, um Arbeit zu bekommen. Im Dienst Gottes ist Platz für alle;
und er ist willig, sie anzunehmen.

„Lehret sie halten alles, was ich euch befohlen habe." Matthäus 28,20

Manche Bekehrte gleichen gewissen Insekten, die das Erzeugnis eines sehr warmen Tages sind und sterben, wenn die Sonne untergeht. Sie leben wie die Salamander im Feuer, aber in einer vernünftigen Temperatur hauchen sie ihr Leben aus. Ich habe keine Freude an einem Glauben, der einen heißen Kopf nötig hat oder ihn erzeugt. Ich begehre die Frömmigkeit, die auf Golgatha gedeiht und nicht auf dem Vesuv. Der größte Eifer für Christus verträgt sich mit gesundem Verstand und mit Vernunft. Raserei, Geschrei, Fanatismus aber sind Erzeugnisse eines falschen Eifers, der mit „Unverstand" verbunden ist. Wir sollen Menschen für die Kammer des Königs vorbereiten und nicht für das ausgepolsterte Zimmer im Irrenhaus. Es tut mir leid, solch eine Warnung aussprechen zu müssen. Aber wenn ich an die tollen Einfälle wilder Erweckungsprediger denke, darf ich nicht weniger und könnte noch sehr viel mehr sagen.

Wie ist es nun mit dem wirklichen Gewinnen einer Seele für Gott? Ich glaube, daß eins der Hauptmittel darin besteht, die Menschen in der Wahrheit Gottes zu unterrichten. Unterweisung durch das Evangelium ist der Anfang aller wahren Arbeit an Menschenseelen. Mit Lehren beginnt das Werk der wirklichen Seelengewinnung. Das Evangelium ist gute Botschaft. Wenn man einige Prediger hört, könnte man jedoch denken, es sei eine Prise Schnupftabak, um die Leute aufzuwecken. Aber es ist eine Botschaft, es ist Belehrung über Dinge, welche die Menschen wissen müssen. Wenn wir die Menschen nicht unterweisen, mögen wir zwar rufen: „Glaubet! Glaubet!" Aber was sollen sie glauben? Jede Ermahnung setzt eine entsprechende Unterweisung voraus, sonst bedeutet sie nichts. „Entrinnet!" Wem denn? Also setzt diese Aufforderung die Lehre von dem kommenden Gericht über die Sünde voraus. Als Diener des Herrn haben wir die Menschen mit der Wahrheit so bekannt zu machen, daß sie dieselbe verstehen, glauben und anwenden können.

15. Februar

„Jesus spricht zu ihnen: Kommet zum Frühstück!"   Johannes 21,12

Der Herr Jesus wünscht nicht, daß seine Diener naß, kalt und hungrig sind, und sorgt deshalb für Abhilfe. Verlaßt euch darauf: Was der Herr Jesus nicht gern sieht, ist auch für uns nicht gut. So hilft es uns nicht weiter, unglücklich zu sein. Die Gedanken an euer eigenes Elend können nur euren Blick auf ihn verdunkeln und euch abhalten, ihm zu dienen. Deshalb möchte ich euch heute zu dem Kohlenfeuer einladen, das uns seine Liebe bereitet hat. Ich möchte euch die Speise heiliger Wahrheit vorsetzen, die sein Wort uns bietet.

Es ist wichtig, liebes Kind Gottes, daß du innerlich in einem guten geistlichen Zustand bist. Manche Schlacht wurde verloren, weil die Soldaten nicht auf den Kampf vorbereitet waren. Laßt es mit euch nicht so sein! Ihr braucht Kraft, wenn ihr lange und harte Arbeit für den Herrn Jesus und seine Wahrheit tun wollt; und ihr werdet diese Kraft nicht ohne himmlische Nahrung erhalten. Die erfolglose Arbeit der letzten Nacht hatte die Jünger müde gemacht. Viele Diener Gottes haben in der letzten Zeit keine Früchte ihrer Bemühungen gesehen. Sie haben nach Menschen gefischt, aber die Netze sind leer geblieben. Es macht traurig, die ganze Nacht hindurch zu arbeiten und nichts zu fangen. Du magst ein weit ausgebreitetes Netz in das große Meer werfen und eine endlose Menge Fische um dich her haben und dennoch nichts fangen. Die Arbeit der Jünger ergab nichts als Wasserplätschern, Ziehen der Netze, Enttäuschung und Müdigkeit. Wenn du in diesem Zustand bist, bedarfst du der Ermunterung. Du hast Zeiten der Erquickung von dem Angesicht des Herrn nötig. Der Heiland ruft dir zu: „Komm zum Frühstück! Verlaß das Boot und die Netze; vergiß die vergebliche Nachtarbeit und komm und habe Gemeinschaft mit mir!" Müder, sorgenvoller Arbeiter, hör auf zu klagen, setz dich nieder und iß die Speise, die der Herr Jesus für dich bereitet hat.

„Wie groß ist meine Sündenschuld? Tue mir meine Übertretungen und Missetaten kund!"   Hiob 13,23

Ich möchte heute denen einen Rat geben, die kein Gefühl für ihre Verlorenheit besitzen, aber Raum für die Buße suchen. Ich bitte euch: Sucht Botschafter Gottes auf wie Rowland Hill. Selbst derjenige, der bei seinen Predigten in der letzten Reihe auf der Empore saß und gar nicht von ihm gesehen werden konnte, glaubte, Rowland Hill habe es gerade auf ihn abgesehen und predige nur für ihn. Ich habe die Erfahrung gemacht, daß manche Prediger besser einwandfreie Vorlesungen halten und gefällige, dem fleischlichen Sinn schmeichelnde Dinge zum Vortrag bringen können, als Sündern das Evangelium zu predigen. Wir brauchen Männer wie Berridge, die keine schönen Worte machen – Männer, die scharf treffen, die den Bogen spannen, den Pfeil anlegen und wacker losschießen; die mit tödlichem Geschoß mitten aufs Herz und aufs Gewissen der Menschen zielen, tief verwunden, die geheimen Begierden und Sünden bloßlegen, die nicht im Allgemeinen steckenbleiben, sondern das Besondere hervorheben, die nicht über die Menschheit reden, sondern jeden Menschen einzeln und persönlich ansprechen. Seid dem Prediger nicht gram, wenn er euch zu nahe tritt, sondern bedenkt, daß dies seine Pflicht ist. Und wenn euch die Geißel trifft und verwundet, so dankt Gott dafür und freut euch darüber. Wenn ich unter der Kanzel sitze, so möchte ich einen Mann vor mir haben, der mir manchmal das Messer an die Kehle setzt, einen Mann, der mich nicht schont, einen Mann, der mir nicht schmeichelt. Wer mit Menschenseelen umgeht, soll ganz offen zu Werke gehen; die Kanzel ist nicht der Ort für zierliche Redensarten, wenn es sich um den Ernst der Ewigkeit handelt. So nehmt denn diesen Rat an und hört auf eine Predigt, die euch persönlich und scharf aufs Korn nimmt.

17. Februar

„ . . .damit er selbst gerecht sei und zugleich den rechtfertige, der aus dem Glauben an Jesus ist. "

Römer 3,26

Wir wissen von Brutus, daß er der unbeugsamste aller Gesetzgeber war und daß vor ihm kein Ansehen der Person galt, wenn er auf dem Richterstuhl saß. Die edelsten Senatoren werden zu Brutus geführt, ihres Verbrechens überführt und von Brutus erbarmungslos zum Tod verurteilt. Aber angenommen, des Brutus eigener Sohn würde vor den Richterstuhl gezogen – so geschah es in Wirklichkeit –, schau im Geist hin auf den Vater, der auf dem Richterstuhl sitzt, und staune, wenn er auch jetzt erklärt, daß vor seinem Richterstuhl alle gleich seien.

Kannst du die Furchtbarkeit des Gedankens fassen, daß nun der Sohn wirklich vom Vater verhört wurde und den Verdammungsspruch aus des Vaters eigenem Mund vernehmen mußte? Vor des Vaters Augen wird er gefesselt, während dieser Vater als unerbittlicher Richter dem Henker befiehlt, den Sohn zu peitschen, und endlich ausruft: „Führe ihn ab und gebrauche das Beil!" Da siehst du, wie der Römer sein Vaterland mehr liebt als seinen Sohn und wiederum die Gerechtigkeit mehr als beide. „Jawohl", spricht die Welt, „Brutus ist gerecht."

Hätte Gott jeden von uns verdammt, so würde seiner Gerechtigkeit sicher Genüge getan worden sein. Aber seht! Gottes eigener Sohn nimmt die Sünden der Welt auf sich und tritt so schuldbeladen hin vor seinen Gott. Er ist selbst ohne Sünde, aber er trägt die Sünden vieler auf seinen Schultern. Gott verurteilt seinen Sohn, er gibt ihn der Geißel der Römer preis, dem Hohn der Juden, dem Spott der Soldaten. Er überliefert seinen Sohn dem Richter und läßt ihn an das Kreuz nageln. Da die Menschen die Strafe, die Gottes Gerechtigkeit forderte, an ihrem eigenen Stellvertreter nicht selbst vollziehen konnten, schlägt Gott selbst seinen Sohn.

Seid ihr wegen dieses Ausdrucks betroffen? Lest Jesaja 53, und ihr werdet den Beweis dafür finden.

Fürwahr, wenn Gott seinen einzigen, geliebten Sohn schlägt, dann erhält die Gerechtigkeit mehr, als sie verlangt; denn Christus hat sich freiwillig selbst zum Opfer gegeben.

„Gebet mir ein sicheres Zeichen, daß ihr meinen Vater, meine Mutter, meine Brüder und meine Schwestern samt allen ihren Angehörigen am Leben lassen und unsre Seele vom Tode erretten wollt." Josua 2,12-13

Ich liebe dies an Rahab, daß sie nicht nur für ihre eigene Sicherheit sorgte. Ihre Sünde hatte ihr Herz nicht verhärtet, wie Sünde es in vielen Fällen tut. Sie dachte an ihren Vater, ihre Mutter, ihre Brüder und ihre Schwestern. Wo immer ein wahres Kind Gottes ist, da wird auch Sorge um die Angehörigen sein.

Ich kannte einen Mann, der am Sonntag zwanzig Meilen ging, um „die Wahrheit" zu hören. Aber wenn man ihn fragte, wohin seine Familie ging, sagte er, das sei nicht seine Sache – Gott würde seine Auserwählten retten. Solche Leute offenbaren sich nicht als Kinder Gottes, denn Kinder Gottes sind nicht schlechter als Heiden und Zöllner. Sie tragen Sorge für ihre eigenen Hausgenossen.

Oh, ihr christlichen Leute, bemüht euch, in euren verwandtschaftlichen Beziehungen gut zu sein. Aber bedenkt auch, daß Rahab ihre Angehörigen doch nicht retten konnte, wenn sie sich nicht unter dem Karmesinfaden sammelten. Wenn jemand von ihnen auf den Straßen blieb, während die Israeliten das Volk erschlugen, hätten sie zwar sagen können: „Wir gehören zu Rahab", aber die Antwort wäre gewesen: „Wir haben den Eid geschworen, in dem Haus, an dessen Fenster die rote Schnur geknüpft ist, alle zu schonen. Wenn ihr nicht dort seid, könnt ihr nicht verschont werden." Es nutzt nichts, auf dem Sterbebett zu sagen: „Meine Mutter betete für mich, meine Schwester rang heftig um meine Bekehrung." Nein, ihr müßt persönlich zu dem Herrn Jesus kommen, euch in ihm bergen und wirklichen Glauben an ihn haben, sonst können euch keine Gebete anderer nutzen. Aber es war Gnade, daß Gott der Rahab half, alle ihre Verwandten hereinzubringen. Gott gab ihr einen solchen Einfluß, so groß war die Macht ihres Glaubens, daß alle in dem Haus blieben und mit ihren Familien errettet wurden.

19. Februar

„Durch Glauben segnete Jakob bei seinem Sterben einen jeden der Söhne Josephs und betete an, auf seinen Stab gestützt."

Hebräer 11,21

Der Text drückt aus, daß der Glaube des Patriarchen fest war, während er im Sterben lag. Möge auch auf unserem Sterbebett die Gnade Gottes in unserem Glauben bewundert werden können!

Der alte Mann von 147 Jahren besaß noch vieles, was ihn auf dieser Erde hätte festhalten können. Nach einem sehr unruhigen Leben hatte er 17 Jahre außerordentlicher Bequemlichkeit genossen, so daß wir an seiner Stelle den bloßen Gedanken an das Weggehen gefürchtet hätten. Jedoch der ehrwürdige Patriarch hält den Stab in seiner Hand. Er ist zum Gehen bereit und sucht keinen Aufschub.

Die letzten 17 Jahre waren für den alten Mann glänzend und voller Ruhe. Aber Sinnlichkeit hatte seinen Glauben nicht getötet, und der Luxus hatte seine geistliche Gesinnung nicht vernichtet. Sein Herz ist immer noch in den Zelten, in denen er als Pilger Gottes gewohnt hatte. Und ihr könnt feststellen, daß er mit keiner Faser seiner Seele in Ägypten verwurzelt war. Sein erstes Anliegen ist, Sorge zu tragen, daß seine Gebeine nicht in Gosen bleiben. Durch seinen Auftrag, ihn in Mamre zu begraben, lehrte er seine Nachkommen, nicht zu fest an dem guten Land Gosen zu hängen. Ihr Erbe lag nicht an den Ufern des Nil, sondern jenseits der Wüste, in Kanaan; und sie sollten immer bereit sein, dorthin zu ziehen.

Der Segen, den er den Söhnen Josephs gab, war eine Äußerung festen Glaubens, der das Gegenwärtige fahren ließ und das Zukünftige ergriff; dem Zeitlichen entsagte und das Ewige festhielt; die Schätze Ägyptens zurückwies und sich an den Bund Gottes klammerte.

20. Februar

„In meines Vaters Hause sind viele Wohnungen . . . Und wenn ich hin-
gehe und euch eine Stätte bereite, so komme ich wieder und werde
euch zu mir nehmen, auf daß auch ihr seid, wo ich bin."

Johannes 14,2-3

„Es geht nach Hause!" Es liegt Musik in diesem einfachen Satz. In
jüngeren Jahren mag der Ton mehr anregend und trompetenartig
sein und unsere Jugend zur Tätigkeit anspornen, aber wenn wir älter werden und sich unsere Sonne dem Untergang zuneigt, ist die
Musik, die in diesen Worten liegt, süß und zart.

Dies ist unser großer Trost: Wie lang der Weg auch sein mag – es
geht nach Hause. Wir mögen achtzig oder neunzig Jahre alt werden;
aber zu seiner Zeit werden wir nach Hause kommen. Der Weg mag
rauh sein, aber es ist des Königs Hochstraße, und niemand kann
uns von diesem Weg herabzerren; auf diesem Weg werden wir das
Vaterhaus droben erreichen.

Wenn wir uns die vielen Versuchungen und Prüfungen vergegenwärtigen, fühlen wir uns verpflichtet, dem Herrn von ganzem Herzen zu danken, daß er uns bis zu diesem Tag bewahrt hat. Das Leben, das noch vor uns liegt, kann kaum noch mehr Wunder aufzu-
weisen haben als das hinter uns liegende. Nichts als die allmächtige
Gnade hat uns soweit bringen können, und diese Gnade ist ausrei-
chend, uns auch den Rest des Weges zu bewahren.

Brüder, es geht nach Hause! Wir werden gewißlich heimkommen;
und welche Freude wird das sein! Welch eine Freude, unseren Vater, unseren Heiland und alle die sehen zu können, die uns um Jesu
willen lieb und teuer sind! Wir werden ohne Zweifel dort viel Raum
und Gelegenheit zu völliger Gemeinschaft miteinander haben, und
besonders zur Gemeinschaft mit der anbetungswürdigen Person unseres hochgelobten Herrn. Wir werden heimkommen, denn der Vater selbst wird nicht ruhen, bis es geschieht, und er, der uns mit seinem teuren Blut erkauft hat, wird nicht zufrieden sein, bis er seine
Erlösten in ihren weißen Gewändern um sich her stehen sieht.

21. Februar

„Danach kommt der Teufel und nimmt das Wort von ihren Herzen weg, damit sie nicht zun Glauben gelangen und gerettet werden."

Lukas 8,12

Wer auch immer zögern mag – Satan tut es nie. Sobald ein Kamel in der Wüste verendet, erscheinen die Geier. Vorher war kein Vogel sichtbar, noch schien es möglich, daß sie sich in der Nähe aufhielten; doch schnell erscheinen Punkte am Himmel, und bald sättigen sich die Raubvögel mit Fleisch.

So erspähen auch die bösen Geister ihre Beute von fern und eilen an ihr zerstörendes Werk. Eine Verzögerung würde Gelegenheit zum Nachdenken geben, und das Nachdenken könnte zur Buße führen. Der Feind eilt, um den Hörer gar nicht erst zum Nachdenken über die gehörte Wahrheit kommen zu lassen. Wenn das Evangelium etwas bei dem Hörer bewirkt hat, dann ist der Teufel schneller als der Flug des Adlers, um das Wort wieder aus seinem Herzen wegzunehmen.

Ohne Zweifel beeinflußt Satan unmittelbar die Gedanken der Menschen. Er gab Judas persönlich den Gedanken ein, seinen Meister zu verraten. Da Satan unersättlich boshaft ist, kann er es nicht ertragen, daß eine einzige göttliche Wahrheit das Herz segne. Fürchterliche Lästerungen, schmutzige Phantasien, groben Unglauben oder eitle Geringfügigkeiten wirft der Teufel wie höllische Bomben in den Geist des Menschen, um jeden Gedanken zu zerstören, der sich auf Christus und die Erlösung bezieht. Manchmal bezaubert er den Geist, und zu einer anderen Zeit erschreckt er ihn, wobei sein einziges Ziel ist, die Gedanken des Menschen vom Evangelium abzuziehen und zu verhindern, daß es in Herz und Gewissen dringt.

Es macht wenig aus, ob der Same von schwarzen Raben oder von weißen Tauben weggeschnappt wird. Wenn er nicht im Herzen bleibt, kann er keine Frucht bringen.

Wenn der Teufel auch vielen Gottesdiensten fernbleibt, so ist er gewiß da, wenn eine Erweckung im Entstehen ist. Er läßt manche Kanzel ungeschoren; wenn aber ein ernster Christ zu predigen beginnt, so tritt alsbald Satan auf den Plan.

„Getrennt von mir könnt ihr nichts tun."   Johannes 15,5

Mein Herz sagt: „Herr, was gibt es, das ich ohne dich tun wollte? Die Abhängigkeit von dir ist meine Freude. Wenn ich etwas ohne dich tun könnte, so würde ich mich fürchten, solch eine gefährliche Macht zu besitzen. Ich freue mich, daß ich außer der Kraft, die von dir kommt, keine andere Kraft habe. Es belebt und erfrischt meine Seele, daß du mein Alles bist. Du hast mir mein eigenes Vermögen genommen, damit ich mir meine Hände von dir füllen lasse."

„Ohne mich könnt ihr nichts tun." Brüder, seid ihr alle damit einverstanden? Möchte jemand, der unseren Herrn liebt, es anders haben? Ich bin gewiß, daß ihr es nicht wollt; denn wenn wir etwas ohne Christus tun könnten, so würde er keine Ehre davon haben. Alle seine Heiligen zusammen können ohne ihn nichts tun. Die erhabene Gesellschaft der Apostel, die edle Schar der Märtyrer, die triumphierende Schar der durch Christi Blut Erlösten – alle zusammen können ohne Jesus nichts tun. Ihm, der in uns das Wollen und Vollbringen nach seinem Wohlgefallen wirkt, gebührt alle Ehre. Um unser selbst und um des Herrn willen freuen wir uns, daß es so ist.

Als ich über den Text nachdachte, mußte ich unwillkürlich lächeln. Ich dachte an die, welche die Lehre der Bibel in der Welt vernichten wollten. Mehrmals ist mir gesagt worden, daß ich der letzte Puritaner sei und daß das Geschlecht aussterben werde. Gelehrte und Ungelehrte vereinigten sich zu sagen: „Setzt die Nachtmütze auf, ihr guten evangelischen Leute, legt euch ins Bett und schlaft den Schlaf der Gerechten, denn euer Ende ist gekommen."

Wenn das Wort „Ohne mich könnt ihr nichts tun" den Jüngern Jesu gilt, wieviel mehr dann seinen Feinden! Wenn Jesu Freunde ohne ihn nichts tun können, so ist es sicher, daß auch seine Gegner nichts gegen ihn tun können, was er nicht zuläßt. Darum lache ich über ihren Spott und freue mich über ihre Verwirrung.

23. Februar

„Denn als Salomo alt war, neigten seine Frauen sein Herz fremden Göttern zu.“

1. Könige 11,4

Du meinst nach zehn, zwanzig oder dreißig Jahren als Christ dich doch sehr viel weiterentwickelt zu haben im Vergleich zu dem Menschen, der du warst, als du zuerst zu Christus kamst? Du kannst jetzt die Unvorsichtigkeiten deines ersten Eifers erkennen und blickst mit Mitleid auf jene jungen Leute nieder, die so wenig von dem Weg zum Himmel wissen, von dem du so viel weißt. Die so wenig Kraft haben, wovon du jetzt eine große Portion besitzt. Die so wenig die Anschläge des Satans kennen, vor denen du dich so geschickt behütet hast. Lieber Bruder, beglückwünschst du dich zu deiner Entwicklung? Sei versichert: Wenn wir dahin kommen, uns viel auf unsere erreichten Fortschritte zugute zu halten, so sind wir nahe daran, in Selbstvertrauen, fleischliche Sicherheit und schädlichen Hochmut zu verfallen. Liegt eure Stärke irgendwo anders als da, wo sie wirklich zu finden ist, nämlich in Christus? Seid ihr weiser, als ihr ward, oder habt ihr irgendeine Weisheit gefunden außer der, daß euch Christus zur Weisheit gemacht ist? Meint ihr wirklich, daß zwanzigjährige Erfahrung eure Verdorbenheit verändert hat, daß ihr jetzt frei von Leidenschaften seid, daß eure sündigen Neigungen nicht mehr so stark sind, wie sie waren, daß ihr es weniger nötig habt zu wachen, weniger nötig, allein auf das Opfer Christi und das Werk seines Geistes zu vertrauen? Meint ihr das? „Wer da steht, der sehe zu, daß er nicht falle!“ Ich habe gehört, daß mehr Pferde am Fuß eines Hügels fallen als an fast allen anderen Stellen; und ich weiß, daß mehr Christen gegen das Ende ihres Lebens hinfallen als zu jeder anderen Zeit. Die Verfehlungen, von denen das Alte und Neue Testament berichten, wurden nicht von jungen Männern in der Hitze der Leidenschaft begangen, sondern von Männern im hohen oder mittleren Alter. Lot war kein Knabe, als er nach Sodom zog. David war kein junger Mann, als er mit Bathseba sündigte. Petrus war kein Kind, als er seinen Herrn verleugnete. Ich verachte nicht die Erfahrung eines Christen, aber wenn sie zum Gott erhoben wird, möchte ich sie in Stücke brechen.

„Es ist nur ein Schritt zwischen mir und dem Tode!"   1. Samuel 20,3

Das Leben ist so kurz, daß es keine Übertreibung ist, es mit einem
Schritt zu vergleichen. Selbst wenn wir siebzig oder achtzig Jahre
lang leben, wie das bei einigen der Fall sein mag, so dauert das Leben doch nur eine kurze Zeit. Das Leben ist lang, wenn wir voraus-
blicken, aber ich frage jede alte Person, ob es beim Rückblick nicht
sehr kurz erscheint. Ihr jungen Leute, blickt auf einen Monat, als ob
er eine lange Zeitspanne wäre. Aber wenn ihr erst vierzig, fünfzig
oder sechzig Jahre alt seid, werdet ihr ein ganzes Jahr als eine sehr
kurze Zeit betrachten. Ich wundere mich nicht darüber, daß Jakob
von seinen Jahren sagte, daß ihrer wenige seien. Weil er ein alter
Mann war, hielt er sein Leben für kurz. Wenn er ein junger Mann
gewesen wäre, würde er gesagt haben, daß seiner Tage verhältnismäßig viele waren; aber wenn ein Mensch alt wird, kommen ihm
seine vielen Tage kürzer vor, als sie es waren.

Ich empfehle euch, oft über den Tod nachzudenken. Wenn ihr
nicht gern daran denkt, so nehme ich an, daß etwas bei euch nicht
in Ordnung ist. Wer sich vor ernsten Dingen fürchtet, hat wahrscheinlich ernsten Grund, sich zu fürchten. Wenn unser Leben kurz
ist, so ist es ein Jammer, ein einziges Jahr zu verlieren, geschweige
denn ein ganzes Leben.

Einst gab es auf dem Meer einen Sturm, und an Bord befand sich
ein junger Mann, der nicht gewöhnt war, Stürme zu erleben. Er geriet in große Angst, verkroch sich in eine Ecke und kniete nieder,
um zu beten. Doch der Kapitän, der gerade vorbeiging und das sah,
konnte diese Haltung nicht ertragen und rief ihm zu: „Steh auf, du
Feigling! Bete bei gutem Wetter!" Ich möchte an alle, die noch nicht
an den Tod denken, diesen guten Rat weitergeben: Betet bei gutem
Wetter. Fangt jetzt mit Gott an. Kommt und gebt meinem Herrn Jesus die Blüte eurer Jugend, das Beste eurer Tage.

25. Februar

„Da sandte der Herr feurige Schlangen unter das Volk, die bissen das Volk, so daß viel Volk in Israel starb." 4. Mose 21,6

Schaut sie an, die Gebissenen! Könnt ihr euch ihren Jammer und ihre entsetzlichen Krämpfe vorstellen, als das Schlangengift in ihren Adern wirkte? Die alten Berichte sagen, daß der Biß dieser Schlangen eine furchtbare Hitze im Körper entwickelte.

Nun, wir können freilich nicht sagen, daß die Sünde augenblicklich eine solche Wirkung bei denjenigen hervorbringt, über die sie Gewalt erlangt hat. Aber wir bezeugen, daß, wenn die Sünde ungehemmt wirkt, sie noch weit größeres Unheil und Elend anstiftet als jeder Biß einer feurigen Schlange.

Natürlich ahnt der junge Mann, der den Giftbecher der Verführung schlürft, nicht, daß eine Schlange darin verborgen ist. Gewiß ahnt die Hoffärtige nicht, die sich mit Juwelen behängt und sich in ihrem Stolz paradiert, daß sie mit einer Schlange umgürtet ist. Aber sie wird es erkennen, wenn die Tage ihrer Lust ein Ende nehmen. Auch weiß der Flucher, der Gott verflucht, nicht, daß ihm eine Viper das Gift eingeflößt hat, das er gegen seinen Schöpfer ausschäumt; aber ein künftiger Tag wird es ihm beweisen.

Seht dort jenen verkommenen Säufer! Jahre des Lasters haben alle seine Manneskraft zerstört, und als ein armes, schwaches Geschöpf wankt er seinem Grabe zu. Das, was Gott zu seinem Ebenbild erschaffen hatte, ist ein Bild des Elends geworden.

Feurige Schlangen, ihr seid nichts im Vergleich mit den glühenden, verzehrenden Leidenschaften! Wenn die Sünde ihr Werk getan hat, wenn sie ihren letzten Zauber aufgeboten hat, dann enthüllt sich vor uns ein Bild, welches das schlangengebissene Israel mit seinen Schrecken uns nicht zu bieten vermag.

26. Februar

„Da machte Mose eine eherne Schlange und befestigte sie an das Panier; und es geschah, wenn eine Schlange jemanden biß und er die eherne Schlange anschaute, so blieb er am Leben." 4. Mose 21, 9

Könnt ihr euch vorstellen, wie Mose dastand und mit aller Macht rief: „Seht!"? Seht ihn, wie er mit der Rechten die Stange mit der Schlange ergreift und emporhebt und sie wie ein Panier durch das Lager trägt. Wie er mit dem Finger deutet, wie Hand, Augen, Mund, Fuß und jeder Teil seines Körpers spricht und das arme gebissene Israel mit aller Macht anfleht und drängt: „Schaut!" Ihr könnt euch ausmalen, wie Menschen sterbend übereinanderfallen, die Schlange anschauen und dann doch wieder aufleben.

Vielleicht war einer unter ihnen, der nicht aufschauen wollte; er verschloß hartnäckig seine Augen, und als die eherne Schlange an ihm vorübergetragen wurde, da wollte er sie nicht sehen. Da liegt der Elende, die Panierstange steht vor ihm, und doch will er nicht hinsehen. Er hält seine Augen mit aller Kraft und Leidenschaft geschlossen, damit sie nicht die Schlange sehen und er geheilt wird! Ach, viele wollen nicht zu Christus kommen. Sie verwerfen die Predigt des Evangeliums.

Gewiß waren auch manche da, welche bei den Ärzten Hilfe suchten. „Auf die eherne Schlange schauen?" sagten sie spottend. „Das tun wir nie! Herr Doktor, kommen Sie hierher! Bringen Sie Ihren Balsam mit." Handeln nicht viele auch heute noch ebenso? Sie sagen: „Ich will nicht an Christus glauben. Ich will versuchen, tugendhaft zu leben, ich will mich bessern und alle Vorschriften der Bibel befolgen. Ich kuriere mich selbst und habe den gekreuzigten Jesus nicht nötig!" Diese sich schnell verflüchtigende Salbe jedoch wird die tödliche Verwesung in deinem Innern nicht aufhalten können.

Wie viele täuschen sich mit solchen Vorstellungen und richten sich selbst zugrunde, obwohl das Evangelium offen vor ihren Augen auf einem Panier aufgerichtet ist, so daß wir uns über ihre Blindheit nur wundern können.

27. Februar

„Da sprach der Herr zu Mose: Mache dir eine feurige Schlange und befestige sie an ein Panier; und es soll geschehen, wer gebissen ist und sie ansieht, der soll am Leben bleiben!"

4. Mose 21,8

Das Heilmittel für die gebissenen Israeliten war eine eherne Schlange, und für die Sünder ist das Heilmittel der gekreuzigte Christus.

„Unsinn", sagten vielleicht manche Israeliten, als sie hörten, daß eine auf einem Pfahl erhöhte eherne Schlange das Mittel zu ihrer Heilung sein sollte. „Lächerlich! Wer hat je so etwas gehört? Wie ist das möglich? Eine eherne Schlange, auf einem Stamm erhöht, soll uns von unseren Wunden heilen, wenn wir sie anblicken?! Alle Kunst der Ärzte kann das nicht; wie soll es denn ein Blick auf jene Schlange tun? Unmöglich!"

Wenn es auch viele gibt, die eine eherne Schlange nicht verachten würden, so verschmähen sie dennoch Christus, den Gekreuzigten. Soll ich euch sagen, was sie über ihn sagen? Sie reden über ihn wie über die eherne Schlange. Ein Kluger äußerte: „Wenn eine Schlange das Unglück verursacht hat, wie kann eine Schlange es wieder ungeschehen machen?" Manche meinten, es sei doch eine eherne und keine goldene Schlange; was sollte ihnen diese eherne Schlange nützen? Man würde nicht viel dafür bekommen, wenn man sie einschmelzen ließe. So oder ähnlich reden die Menschen auch über Christus. Er wird von den Menschen verachtet und verworfen. Er ist ein Mann der Schmerzen und mit Leiden vertraut. Und sie verbergen das Angesicht vor ihm, weil sie nicht begreifen können, wie er ihnen helfen könnte.

Das Kreuz Christi ist dem äußeren Anschein nach das einfältigste unter allem Einfältigen. Wenn ihr aber das wunderbare Walten der Gerechtigkeit Gottes näher erwägt und besser versteht, so werdet ihr feststellen, daß selbst die unendliche Weisheit Gottes keinen weiseren Plan hätte entwerfen können, als er ihn in dem gekreuzigten Christus geoffenbart hat.

„Jedes fruchtbare [Schoß] aber reinigt er, damit es mehr Frucht bringe."
$\qquad\qquad\qquad\qquad\qquad\qquad\qquad\qquad$ Johannes 15,2

Hier wird gelehrt, daß das Gereinigtwerden das Los aller Heiligen ist, die Frucht bringen. Du magst dem entgehen, wenn du nicht fruchtbar bist; denn dann wirst du einfach abgeschnitten und nicht gereinigt.

Beachte die Erzväter! Hatten diese Patriarchen nicht ihre Prüfungen? Obgleich sie ihren Herrn sehr ehrten, entgingen sie doch nicht dem reinigenden Messer. Und wenn du zu den Heiligen des Neuen Testaments kommst, so war die Flamme für sie siebenmal heißer als für ihre „älteren Brüder".

Im allgemeinen wird gesagt, daß der Herr sein Volk durch Not und Anfechtung reinigt. Ich bezweifle, daß man dies ohne weiteres sagen kann. Unser Herr sagt uns, was uns reinigt. „Ihr seid schon rein um des Wortes willen, das ich zu euch geredet habe." Es ist das Wort Gottes, durch den Heiligen Geist lebendig und wirksam gemacht, das den Christen reinigt. Die Anfechtung macht uns bereit, auf das Wort zu hören, aber das wahrhaft Reinigende ist das Wort in der Hand des großen Weingärtners.

„Jedes fruchtbare Schoß aber reinigt er." Gerade die Rebe, die nützlich ist, wird behandelt. Lerne in deiner Prüfung, in deinen Schmerzen, nicht einen zornigen Gott zu sehen, sondern statt dessen den Weingärtner, der in dir eine gute Rebe sieht, die er für so wertvoll hält, daß er sich die Mühe macht, dich zu reinigen.

Der Zweck der Reinigung ist, daß mehr Frucht gebracht wird. Der Mann, der das Messer des Weingärtners gespürt hat, geht in der Kraft des Heiligen Geistes ans Werk, um mehr für Jesus zu tun. Bevor er unter das „Messer" kam, wußte er nicht, was Geduld ist; nun aber hat er es gelernt. Eine schwere Lektion. Bevor er arm wurde, wußte er nicht, was Demut ist; aber er lernte es.

Wenn das die Folge der Reinigung ist, dann möge unser himmlischer Vater mit der Reinigung fortfahren; denn was könnte für uns segensreicher sein, als mehr Frucht für Gott zu bringen?

29. Februar

„In ihm seid auch ihr, nachdem ihr glaubtet, versiegelt worden mit dem heiligen Geiste der Verheißung, welcher das Pfand unsres Erbes ist."
Epheser 1,13-14

Wir wünschen ein beständiges, von Gott auf unsere Seelen gesetztes Siegel zu erhalten, ein sicheres Zeichen, daß wir zu Gottes Volk gehören. Gott verleiht dieses Siegel; aber laßt uns sorgfältig darauf achten, *wann* diese Versiegelung geschieht, damit wir nicht einem Irrtum verfallen. Sie geht nicht dem Glauben voraus. Unser Text sagt: „Nachdem ihr glaubtet ..."

Nun gibt es Hunderte, die etwas zu sehen oder zu fühlen verlangen, ehe sie an Jesus Christus glauben. Wenn ihr ein Zeichen verlangt, ehe ihr glaubt, so sagt ihr damit, daß euch Gottes Wort allein nicht zum Trost dienen kann und daß euch das Zeugnis der Bibel nicht genügt.

Die Versiegelung geschieht „nachdem ihr glaubtet". Ich bin überzeugt, daß viele, die an den Herrn Jesus glauben, sofort Frieden erlangen und diese Versicherung empfinden, die mit der Versiegelung durch den Heiligen Geist verbunden ist. Aber bei anderen ist es wiederum nicht so.

Ich bin oft gefragt worden: „Was soll jemand tun, der an Jesus glaubt, aber doch nicht Frieden und Freude empfindet, sondern sich krampfhaft mit zitternder Hoffnung an Jesus hängt?"

Ich habe dann erwidert: „Wenn du an Jesus Christus glaubst, so bist du errettet. Der beste Beweis, daß du errettet bist, liegt in der Versicherung des Wortes Gottes, daß jeder Gläubige ewiges Leben hat." Ob du fühlst, daß du gerechtfertigt bist oder nicht, darauf kommt es nicht an. Du sollst das Wort Gottes annehmen, das dir versichert, daß jeder, der glaubt, gerechtfertigt ist.

Selbst wenn es möglich wäre, jahrelang gläubig zu sein und doch keinen Frieden zu empfinden, so hättest du dennoch kein Recht zu bezweifeln, was Gott sagt. Klammere dich an Gottes Verheißung – ob du den Frieden genießt oder nicht. Der Grund unseres Vertrauens soll nicht in unserer Erfahrung gefunden werden, sondern in der Person und dem Werk unseres Herrn Jesu.

1. März

„Eile, mein Lieber, und sei der Gazelle gleich oder dem jungen Hirsch auf den Balsambergen!"   Hohelied 8,14

Das Hohelied schildert die Liebe Jesu zu seinem Volk, und es endet auf seiten der Gemeinde mit dem innigen Verlangen, daß der Herr Jesus bald zu ihr zurückkehren möchte. Ihr letztes Wort an den Geliebten ist: „Beschleunige deine Wiederkunft; eile und komm wieder!"

Ist es nicht seltsam, wie der letzte Vers dieses Buches der Liebe ähnlich ausklingt wie die letzten Verse des ganzen Buches Gottes, wo es heißt: „Es spricht, der dieses bezeugt: Ja, ich komme bald! Amen, komm, Herr Jesus!"? Das Lied der Liebe und das Buch der Offenbarung enden fast gleichlautend in der starken Sehnsucht nach Christi Wiederkunft.

Stimmen unsere Herzen mit diesem Verlangen überein? Sie sollten es. Aber haben nicht etliche unter euch fast vergessen, daß der Herr Jesus wiederkommen wird? Andere, die wohl wissen, daß er wiederkommen wird, haben das als eine Lehre angesehen, die man beiseite legen könnte. Seid ihr ohne jedes Verlangen nach seiner herrlichen Erscheinung gewesen? Ist das recht?

Wenn ihr keine Sehnsucht nach Christi Wiederkunft, kein Verlangen nach seiner baldigen Rückkehr habt, dann sind eure Herzen sicher krank, und eure Liebe ist erkaltet.

Ich glaube, daß unsere Beziehungen zur Wiederkunft Christi als das Thermometer angesehen werden können, das den Grad unserer geistlichen Wärme angibt. Wenn wir ein starkes, sehnsüchtiges Verlangen nach der Wiederkunft des Herrn haben, dürfen wir hoffen, daß es gut um uns steht.

Die Braut ruft: „Eile, mein Lieber!" Die Liebe wünscht stets den Gegenstand zu sehen, auf den ihr Herz gerichtet ist. Wo große Liebe ist, da ist auch große Sehnsucht; und diese Sehnsucht kann zuweilen so zunehmen, daß sie beinahe zur Ungeduld wird. Sollte sich die Gemeinde, die über die Abwesenheit des Herrn trauert, nicht nach seiner Wiederkunft sehnen?

2. März

„Eile, mein Lieber, und sei der Gazelle gleich oder dem jungen Hirsch auf den Balsambergen!"

Hohelied 8,14

Es gibt noch einen weiteren Grund, aus welchem die Gemeinde Jesu ruft: „Eile, mein Lieber!" Wir wünschen, an Christi Herrlichkeit teilzunehmen; aber unser höchstes Verlangen ist, daß unser Herr verherrlicht werde.

Ich glaube, daß ich die Unterstützung eines jeden Christen finde, wenn ich sage, wir möchten tausendmal lieber, daß Christus verherrlicht wäre, als daß wir geehrt werden. Jeder treue Diener des Herrn Jesus freut sich auf seine Wiederkunft, weil er dann in seinen Heiligen verherrlicht und in allen Gläubigen bewundert werden wird. Dann wird er das volle Lob bekommen, und seine Feinde werden vor Scham ihre Angesichter verbergen.

Was werden sie am Tage seiner Erscheinung tun? Judas, wo bist du? Verkaufe deinen Herrn noch einmal für dreißig Silberlinge! Nun, er flieht und wünscht, daß er wieder hinausgehen und sich selbst vernichten könnte; aber es ist unmöglich.

Pilatus, du schwankender Pilatus, wasche deine Hände wiederum in Wasser und sprich: „Ich bin unschuldig an dem Blut dieses Gerechten." Es ist kein Wasser da, worin er seine Hände waschen könnte, und er wagt es auch nicht, die gottlose Pose zu wiederholen.

Und nun ihr, die ihr damals gerufen habt: „Kreuzige, kreuzige ihn!" Erhebt eure Stimme wieder, wenn ihr es wagen wollt. Aber was sagen sie? Sie flehen die Berge an, daß sie über sie fallen, und die Hügel, daß sie sie verbergen möchten.

Ja, sie fliehen; aber ihr, die ihr dem Herrn gehört, die er errettet hat, ihr werdet herzutreten und sein Lob singen. Ihr werdet eure Freude an ihm haben. Euch wird es der Himmel sein, ihn von Ewigkeit zu Ewigkeit preisen zu können. O ja, großer Meister: „Eile, mein Lieber!" Alle deine Heiligen werden einstimmig und aus vollem Herzen sagen: „Amen, komm, Herr Jesus!

„Gedenket an Lots Weib!" Lukas 17,32

Denkt daran, daß sie Lots Weib war. Sie war die Frau eines Mannes, der trotz aller seiner Fehler ein gerechter Mann genannt wird.
Sie war mit ihm durch das engste Band vereint, und doch kam sie
um. Sie hatte mit dem heiligen Abraham in Zelten gewohnt und
schien an allen Vorrechten des abgesonderten Volkes teilzuhaben,
und doch kam sie um. Sie war einem wertvoll, der dem Vater der
Gläubigen wertvoll gewesen war, und dennoch kam sie in ihrer Sünde um.

Diese Warnung möchten wir laut hinausposaunen, denn alltäg-
lich, wie die Wahrheit ist, muß doch oft wiederholt werden, daß die
Bande des Blutes keine Bürgschaften der Gnade sind. Du kannst die
Frau eines Mannes Gottes und doch eine Tochter des Teufels sein.
Du kannst der Mann einer der Töchter des Königs und doch selbst
ein Verworfener sein. Du kannst das Kind eines Propheten sein,
und dennoch mag der Fluch des Propheten Gottes auf dich fallen.
Du kannst der Vater einer sehr frommen Familie und doch ein
Fremdling im Reich Gottes sein. Unmöglich kann uns irgendeine ir-
dische Verwandtschaft helfen, wenn wir persönlich kein geistliches
Leben besitzen. Unsere erste Geburt nützt nichts für das Reich Gottes, denn was vom Fleisch geboren ist, neigt zur Sünde und wird sicherlich verderben. Wir müssen von neuem geboren werden, denn
nur die neue Geburt kann uns in die Bande des Bundes bringen.

Oh, ihr Kinder gottesfürchtiger Eltern, ich bitte euch, seht zu, daß
ihr nicht von eurer Mutter Seite hinab in die Hölle getrieben werdet!
Oh, ihr Verwandten derer, die von Gott begnadigt sind, ich bitte
euch, seht zu, daß ihr nicht auf ewig verlorengeht – trotz aller euch
gewährten Vorteile! In dieser Sache denkt an Lots Weib!

4. März

„Und sein Weib sah hinter sich und ward zur Salzsäule."

1. Mose 19,26

Bedenkt, daß ihr Schicksal fürchterlich war. Denkt daran, daß dasselbe Gericht über sie kam, das die Einwohner von Sodom und Gomorra traf; aber dieses Gericht erreichte sie, als sie nahe am Ziel war.

Oh, wenn ich verdammt werden muß, so möge es mit der Masse der Gottlosen sein, als einer, der immer zu ihr gehört hat. Aber bis an die Tore des Himmels zu gelangen und dort umzukommen ist furchtbar!

Mit dem Volk Gottes gelebt zu haben und am Ende doch umzukommen wird in der Tat entsetzlich sein. Das Evangelium gehört zu haben, sein Leben dafür gebessert zu haben, dem schmutzigsten Verderben der Welt entflohen zu sein, sittlich gut und liebenswürdig geworden zu sein und doch nicht von der Welt entwöhnt, nicht ganz von der Sünde geschieden zu sein und so umzukommen – der Gedanke ist unerträglich. Furchtbares Schicksal, an der Schwelle der Barmherzigkeit von der Gerechtigkeit erschlagen zu werden; am Rande der Errettung das Opfer des ewigen Zorns zu werden.

Ihr Schicksal kam plötzlich, ohne Vorwarnung. Ihr Christen, die ihr die Welt noch liebt, was wäre, wenn ihr jetzt tot niederfallen würdet? Ihr, die ihr euch Christen nennt und euch unter die Ungöttlichen schleicht, um einen Schluck aus dem Becher ihrer Freuden zu trinken, was würde geschehen, wenn ihr an einem dieser Tage an den Orten der Sünde vom Tod getroffen würdet? Es würde nichts Neues unter der Sonne sein, denn Gott handelt streng mit denen, die sich nach seinem Namen nennen.

Denkt auch daran, daß sie in dem Augenblick, als sie die Sünde tat, umkam und ihr kein Raum zur Buße gegeben wurde. Mögen diejenigen, die behaupten, Christen zu sein, und doch mit der Sünde spielen, an Lots Frau denken und daran, welch schnelles Gericht Gott über diejenigen kommen läßt, die seinen heiligen Namen und seine Sache verraten.

5. März

„Durch Glauben kam Rahab, die Dirne, nicht mit den Ungehorsamen um, weil sie die Kundschafter mit Frieden aufgenommen hatte."

Hebräer 11,31

Rahabs Glaube war kein schlummernder oder toter Glaube. Als sie glaubte, begann sie zu denken. Einige Leute werden bei großen Evangelisationsveranstaltungen bekehrt, und mir scheint, als hätten sie entweder kein Gehirn, oder die Gnade ist nie in ihren Kopf geraten. Ihr müßt ihnen viel christliche Betriebsamkeit bieten, sonst werden sie euch verlassen. Wenn ihr sie fragtet, was sie glauben, so würden sie es nicht wissen und auch nicht imstande sein zu sagen, warum sie glauben. Sie glauben wahrscheinlich, weil andere Menschen glauben. Der Prediger ist eifrig, sie hören ihn gern, daher ihr Glaube. Einen vernünftigen Grund haben sie nicht.

Wollte Gott, wir hätten ein großes Heer von nachdenkenden Gläubigen, denn dann würden Ritualismus und Rationalismus weit weniger Schaden anrichten! Rahab war eine nachdenkende Frau und hatte ihr eigenes System der Theologie. Sie kannte die Vergangenheit, sie kannte die Geschichte vom Roten Meer und von Og und Sihon. Sie wußte etwas davon, daß Gott in seinem Bund verheißen hatte, das Land den Israeliten zu geben, und daraus schloß sie auf die Gegenwart. Sie nahm als Tatsache an, daß Gott der Herr im Himmel und auf der Erde sein müsse, und zog daraus ihren Schluß für die Zukunft. So hatte sie eine Lehre über die Gegenwart, die Vergangenheit und die Zukunft. Aber nicht nur ihr Verstand war tätig, sondern sie wurde zu einer aktiven Entscheidung für den Herrn geführt. Sie dachte: Gott ist gegen diese Stadt, und sie wird zerstört werden. Ich werde umkommen, wenn ich gegen Gott bin. Deshalb will ich mich auf seine Seite stellen und die Partei seines Volkes ergreifen. Ich möchte fortan nicht mehr eine Bürgerin Jerichos sein und sage mich von der Treue gegen seinen König los. Sie betrachtete sich als Israelitin und handelte als solche. Mögen wir einen Glauben haben, der unseren ganzen Menschen durchdringt, unser Urteil leitet, unseren Verstand erleuchtet und uns entschieden für Wahrheit und Gerechtigkeit eintreten läßt.

6. März

„Und ich hörte die Stimme des Herrn fragen: Wen soll ich senden und wer wird für uns gehen? Da sprach ich: Hier bin ich, sende mich!"

Jesaja 6,8

Es bewegt mich tief, daß Gott selbst von seinem Thron her rufen muß: „Wen soll ich senden?" Ach, mein Gott, sind keine Freiwilligen da für deinen Dienst? All diese Priester und Söhne Aarons – will keiner von ihnen deine Botschaft ausrichten? Nein, nicht einer!

Es ist traurig, daß in der Gemeinde Gottes viele Männer und Frauen sind, die untüchtig scheinen, zu des Meisters Werk gesandt zu werden, und sich auch niemals anbieten zu gehen. Unter all diesen Erretteten keine willigen Boten an die Heiden? Tausende von uns arbeiten daheim. Ist keiner von uns berufen, in die Fremde zu gehen? Will niemand von uns das Evangelium in ferne Erdteile bringen? Findet die göttliche Stimme keine Antwort, wenn sie ruft: „Wen soll ich senden?"

Es gibt viele Menschen, die sich Christen nennen, die Geld verdienen, reich werden, das Fette essen und das Süße trinken. Ist nicht einer da, der sich senden lassen möchte? Um des Handels willen reisen die Menschen weit, warum nicht für den Herrn? Ach, ich will nicht nach den Ursachen fragen; Gott mag selbst in die Herzen blikken.

Aber da waren die Seraphim. Warum sandte der Herr nicht sie? Ach, Brüder, das hätte er tun können; aber es hat ihm gefallen, durch die Torheit des Evangeliums diejenigen zu erretten, die glauben, und die Botschafter müssen erlöste Menschen sein. Es ist eine große Herablassung von Gottes Seite, daß er zu diesem Dienst Menschen erwählt und uns so geehrt hat, daß wir seinen Schatz in irdenen Gefäßen tragen dürfen. Wir sollten uns darüber freuen. Aber es ist traurig, über alle Beschreibung traurig, daß aus den Myriaden williger Seraphim Gottes Ruf zu unwilligen Menschen gelangte: „Wen soll ich senden und wer wird für uns gehen?"

„Hier bin ich, sende mich!"   Jesaja 6,8

Es stand außer Jesaja niemand anders im Tempel; niemand sonst sah das Gesicht; und deshalb kam der Ruf des Herrn so persönlich und direkt zu ihm, als wenn er der einzige Mensch auf der Welt wäre.

Nun, Brüder, da es heute wie zu aller Zeit im Werk des Herrn an Arbeitern fehlt, sollte sich jeder prüfen und fragen: „Wo stehe ich? Welche Stellung nehme ich zu diesem Werk Gottes ein?"

Einige von euch jungen Männern, die ihr noch nicht verheiratet oder nicht in das Meer des Broterwerbs hineingetaucht seid, seid in der Wärme der ersten Liebe in der Lage zu antworten: „Hier bin ich!" Und wenn dir Gott Reichtum verliehen und dich in eine günstige Lage versetzt hat, so bist du der Mann, der sagen sollte: „Vielleicht bin ich absichtlich so reich beschenkt worden, damit ich die Sache Gottes unterstützen kann. Ich fühle in meinem tiefsten Herzen, welche Schuld ich gegenüber Gott habe. Ich sehe die Not der Verlorenen; ich liebe sie um Jesu willen. Herr, nimm mich, wie ich bin, und brauche mich, wie du willst."

Möge der Geist Gottes einigen von euch, die den Herrn liebhaben, diesen Wunsch ins Herz geben!

Jesaja übergibt sich völlig dem Herrn. „Herr, was ich bin, bin ich durch deine Gnade; aber hier bin ich. Bin ich ein Mann mit einem Talent? – Hier bin ich. Oder ein Mann mit zehn Talenten? – Hier bin ich. Stehe ich in jugendlicher Kraft? – Hier bin ich. In reiferen Jahren? – Hier bin ich. Habe ich Vermögen? – Hier bin ich. Fehlen mir Fähigkeiten? – Ich habe ja meinen Mund nicht geschaffen und mir meine Schwachheiten nicht ausgesucht – hier bin ich. Gerade so, wie ich bin, wie ich mich deinem Sohn hingab, um erlöst zu werden, so gebe ich mich wieder hin, um zu deinem Ruhm gebraucht zu werden, weil ich für einen teuren Preis erkauft bin. Hier bin ich, sende mich!"

8. März

„Der, welcher uns einst verfolgte, predigt jetzt als Evangelium den Glauben, welchen er einst zerstörte!"   Galater 1,23

Paulus, der den Herrn Jesus verfolgte, hat Vergebung empfangen. Er, der von sich sagt, er sei der Größte unter den Sündern gewesen, hat Gnade gefunden. Ja, noch mehr: Paulus wurde eines der vorzüglichsten Werkzeuge für die Ausbreitung des Evangeliums; und das sollt auch ihr werden. Ja, wenn du Buße tust, so kann dich Gott benutzen, um andere zu Jesus zu führen.

Ich staune, wenn ich sehe, wie viele der allergrößten Sünder die nützlichsten Werkzeuge für unseren Herrn wurden. Seht John Bunyan. Er flucht Gott. Er geht zur Kirche und läutet im Turm die Glocken; aber sobald sich die Kirchentür wieder öffnet, ist er der erste beim Kegelspiel. In der Dorfschenke lacht keiner so laut und ausgelassen wie John Bunyan. Eine Gruppe von Leuten besucht eine Gebetsstunde; aber niemand verflucht sie so schändlich wie John. Er ist der Rädelsführer bei jeder Gottlosigkeit, ein Ratgeber bei allen Lastern. Wenn ein gottloser Streich ausgeführt wird, wenn im Dorf etwas Böses verübt wird, so braucht ihr nicht zweimal zu raten – John Bunyan ist dabei. Aber wer steht dort vor Gericht? Wen höre ich jetzt sagen: „Wenn ihr mich heute aus dem Gefängnis entlaßt, so will ich mit Gottes Hilfe morgen doch wieder das Evangelium verkündigen!"? Wer lag zwölf Jahre lang gefangen und antwortete, als man ihn loslassen wollte, wenn er verspräche, nicht mehr zu predigen: „Nein, hier will ich bleiben, bis an meinen Augenlidern Moos wächst; aber ich muß und will Gottes Evangelium verkündigen, sobald ich frei bin!"? Ja, das ist John Bunyan, derselbe Mann, der vorher Christus verfluchte. Sieh, was Gott an ihm getan hat! Wenn du nur Reue fühlst und die Gnade Gottes in Christus suchst, so wird dich Gott ebenso verändern können.

9. März

„Was ich tue, weißt du jetzt nicht, du wirst es aber hernach erfahren."

Johannes 13,7

Unser Mangel an Verständnis hindert nicht die Wirksamkeit unseres Herrn. Petrus hat kein Verständnis dafür, daß der Herr seine Füße wäscht; aber der Herr wäscht sie trotzdem, ob Petrus es versteht oder nicht.

Ist es nicht eine große Gnade, Brüder, daß die Wirksamkeit der Segnungen, die uns Christus gibt, nicht von unserer Fähigkeit, sie zu verstehen, abhängt? Blickt nur ein wenig in die Welt hinein und seht, wie wahr dieser Gedanke ist. Eine Mutter hält ihr kleines Kind auf dem Schoß und wäscht sein Gesicht; das Kind mag das Wasser nicht und schreit. Aber die Mutter wartet nicht, bis das Kind es versteht, sondern beendet ihre Liebesarbeit. Ebenso wendet der Herr bei uns oft eine göttliche Kunst an, die uns nicht gefällt und gegen die wir uns sträuben. Unser Herr aber beharrt darin und zieht seine Hand um unseres Schreiens willen nicht ab. Versteht der Baum das Schneiden, begreift der Acker das Pflügen? Und doch bringen Beschneiden und Pflügen ihre guten Früchte hervor. Der Arzt steht am Bett des Kranken und gibt ihm Arznei, die schlecht schmeckt. Dies kann der Kranke nicht verstehen und fürchtet darum unglückliche Resultate; aber die Kraft der Arznei hängt nicht davon ab, daß der Kranke ihre Eigenschaft versteht; und deshalb wird sie ihm guttun, auch wenn sie ihn befremdet. Wenn ein Narr seine Mahlzeit ißt, so wird sie seinen Hunger ebenso stillen, als wenn er ein Arzt wäre und den Vorgang der Verdauung verstünde.

Es ist besser, sich zu unterwerfen und zu gehorchen als zu verstehen. Der Herr wird schon richtig handeln. Sollte er sich einem Kreuzverhör stellen? Dürfen wir Antwort auf unsere ungehörigen Fragen verlangen und fragen: Warum dies und warum das? Wäre er ein Gott, wenn er sich einer solchen Prüfung unterwürfe? Seid zufrieden, den Glauben herrschen und das Wissen warten zu lassen! Was du jetzt noch nicht weißt, das wirst du hernach verstehen.

10. März

„Ohne Glauben aber ist es unmöglich, ihm wohlzugefallen."

Hebräer 11,6

Was ist Glaube? Die alten Schriftstellen sagen uns, daß der Glaube aus drei Dingen besteht: zuerst Kenntnis, dann Zustimmung und dem, was sie Vertrauen nennen oder das Ergreifen der Erkenntnis, der wir unsere Zustimmung geben.

Das erste beim Glauben ist Kenntnis. Niemand kann glauben, was er nicht kennt. Und doch gibt es Menschen, die einen Glauben haben wie jener, der sagte: „Ich glaube, was die Kirche glaubt."

„Was glaubt die Kirche?"

„Die Kirche glaubt, was ich glaube."

„Und bitte, was glauben Sie und die Kirche?"

„Nun, wir glauben beide dasselbe."

Dieser Mann glaubte nichts, ausgenommen, daß die Kirche recht hätte; aber worin, das konnte er nicht sagen.

Man kann nicht sagen: „Ich bin gläubig", aber nicht wissen, was man wirklich glaubt. Wir glauben, daß jede Lehre des Wortes Gottes von den Menschen erforscht und bedacht werden muß und daß der Glaube alles in der Heiligen Schrift Enthaltene erfassen sollte.

Aber ein Mensch kann eine Sache kennen und dennoch keinen Glauben haben. Deshalb muß die Zustimmung mit dem Glauben einhergehen. Und es ist notwendig, daß ich nicht nur die Schrift lese und verstehe, sondern sie als die Wahrheit des lebendigen Gottes in mein Herz aufnehme.

Aber ein Mensch mag all dieses tun, aber dennoch keinen wahren Glauben besitzen, denn das Wesentliche beim Glauben liegt in dem Vertrauen in die Wahrheit, nicht in dem bloßen Fürwahrhalten, sondern in dem Ergreifen der Wahrheit als etwas uns Gehörendem.

Es wird mich nicht erretten zu wissen, daß Christus ein Heiland ist; wohl aber wird es mich erretten, wenn ich auf ihn als meinen Heiland vertraue. Es ist nicht der Rettungsgürtel an Bord des Schiffes, der den Mann rettet, wenn er am Ertrinken ist, noch sein Glaube, daß der Rettungsring eine vortreffliche und gelungene Erfindung sei. Nein, er muß ihn anlegen und festhalten, sonst wird er sinken.

„Und Elisa betete und sprach: Herr, öffne ihm doch die Augen, daß er sehe!" 2. Könige 6,17

Wir beten für bestimmte junge Leute, daß ihre Augen geöffnet werden, damit sie den Feind in den vielen Erscheinungsformen, die er annimmt, erkennen können. Wir fürchten, daß manche hinsichtlich seiner betrügerischen Kunstgriffe sehr unwissend sind. Besonders junge Leute sind leicht geneigt, den Erzfeind für einen Freund zu halten. Sie glauben seinen betrügerischen, schmeichelhaften Worten und sind so dem Verderben preisgegeben. Er hält ihnen den schäumenden Becher vor, aber in seinem perlenden Trank ruht der Tod. Er redet von Freude, aber die Lüste des Fleisches vergehen wie ein Schatten und lassen einen bitteren Nachgeschmack zurück. Der Feind trägt die Maske der Schlauheit und sucht junge Leute zu überreden, die Gelegenheit zu nutzen und sich nicht mit göttlichen Dingen zu befassen, ehe sie sich nicht ein Vermögen erworben haben. Aber wird der Gewinn, der durch Mißachtung Gottes erzielt wird, sich nicht letzten Endes als ewiger Verlust erweisen? Wenn der Teufel als Schlange erscheint, richtet er mehr Unheil an, als wenn er als brüllender Löwe auftritt. Wer dem Teufel zu begegnen hätte und ihn in seiner wahren Gestalt sehen könnte, würde ihm sehr leicht widerstehen. Wir haben es aber mit einem Teufel zu tun, der sich als Engel des Lichts verstellt. Noch schlimmer ist es, daß er uns zuzeiten gar nicht begegnet, sondern statt dessen unseren Weg untergräbt oder seine Pfeile von der Ferne her auf uns abschießt.

Ich möchte für den Jüngling, der eben im Begriff ist, das elterliche Haus zu verlassen, um in die Welt zu treten, zu Gott flehen: „Herr, öffne ihm doch die Augen, daß er sehe!" Möchte er imstande sein, die Falschheit zu entdecken, die sich in den Mantel der Wahrheit hüllt, die Gemeinheit, die sich mit Stolz und Hochmut bedeckt, die Torheit, die sich in Gelehrsamkeit kleidet, die Sünde, die sich mit dem Gewand des Vergnügens umhüllt. Laßt uns für jeden, der ins Leben tritt, das Gebet Elisas zum Gnadenthron emporsenden: „Herr, öffne ihm doch die Augen, daß er sehe!"

12. März

„Da öffnete der Herr dem Knecht die Augen, daß er sah. Und siehe,
da war der Berg voll feuriger Rosse und Wagen rings um Elisa her."

2. Könige 6,17

Elisa war von Rossen und Wagen umgeben, aber sein Diener sah
nichts von allem, weil es geistliche Wagen, geistliche Rosse waren.
Der Knabe war ja bis jetzt noch nicht in die geistliche Region vorge-
drungen und hatte deshalb keine Augen zum Wahrnehmen geistlicher Dinge. Erst nachdem ihm Gott geistliche Augen gegeben hatte,
öffnete sich ihm eine wunderbare geistliche Aussicht. Es bot sich
ihm ein Anblick, der bestätigte, daß der Prophet Recht hatte. Er sah
eine Armee mit Wagen und Rossen, stark genug zum Schutz und
zur Verteidigung der Diener Gottes.

Ihr, die ihr in göttlichen Dingen Fremdlinge seid, wie würdet ihr
staunen, wenn euch der Herr plötzlich die Augen öffnete! Bis jetzt
habt ihr keine Ahnung von geistlichem Leben, von geistlichen Wirklichkeiten gehabt und könnt euch keine wahre Vorstellung davon
machen, bis ihr durch den Herrn belebt worden seid. Ihr seid in der
Lage, über geistliche Dinge zu reden, und haltet euch vielleicht für
Theologen; aber ihr seid Tauben ähnlich, die Musik kritisieren,
oder Blinden, welche Bilder beschreiben wollen. Ihr seid nicht fähig, geistliche Dinge zu beurteilen, bis ihr in Jesus Christus eine
neue Kreatur geworden seid. Elisas Gebet für seinen Diener und unser Gebet für andere besteht nicht darin, daß sie eine Fähigkeit ausüben möchten, in deren Besitz sie bereits sind, sondern es ist ein Gebet um neues Licht, daß eine neue Natur in ihnen geschaffen werden möge durch eine Macht, die ganz außerhalb ihres eigenen Bereichs liegt. Wir bitten den Herrn, dieses Wunder zu tun. Wir möchten so gern, daß ihr das bekommt, was keine Erziehung und Bildung
euch je zu geben vermag. Wir wünschen, daß ihr erlangt, was jahre-
lange Erfahrung und eifriges Studium nicht zu erreichen vermögen.
Wir wünschen und beten, daß ihr die Veränderung erfahrt, die nur
der Herr in euch zu wirken vermag. Uns liegt daran, daß ihr von der
natürlichen Finsternis hindurchdringt zu dem wunderbaren Licht
Gottes, von einer schrecklichen Blindheit zu einem klaren Gesicht
von sonst unsichtbaren Dingen.

„Da ließen ihm die Schwestern sagen: Herr, siehe, den du lieb hast,
der ist krank!"   Johannes 11,3

Die Schwestern sandten zu Jesus und berichteten ihm ihre Sorge.
Laßt auch uns mit ihm über alle Nöte sprechen. Der Herr Jesus
weiß ja alles, aber es ist für uns eine große Erleichterung, unsere
Herzen vor ihm ausschütten zu können. Als die Jünger Johannes des
Täufers von der Enthauptung ihres Führers hörten, kamen sie zu Jesus und sagten es ihm. Sie konnten nichts Besseres tun. Sende dem
Herrn Jesus eine Botschaft in all deinem Kummer und behalte dein
Elend nicht für dich allein! Ihm gegenüber brauchst du nicht zurückhaltend zu sein. Er wird dich nicht mit kaltem Stolz und herzlo-
ser Gleichgültigkeit behandeln. Er ist ein Freund, der sich uns nie
entzieht.

Wenn wir dem Herrn unser Leid mitteilen und ihn fragen: „Herr,
warum bin ich krank? Ich meinte, ich könnte dir dienen, und nun
kann ich nichts für dich tun; warum nicht?", gefällt es ihm vielleicht, dir zu sagen, warum es so sein soll. Wenn aber nicht, so wird
er dich bereit machen, seinen Willen geduldig zu ertragen. Er wird
seine Gedanken deinem Herzen mitteilen und dich trösten, oder er
wird dein Herz durch seine Gegenwart stärken und dir schenken,
daß du dich auch der Trübsale rühmen kannst. Maria und Martha
ließen es Jesus nicht vergeblich sagen, und deshalb wirst auch du
sein Angesicht nicht vergeblich suchen.

Manche Menschen fürchten sich, für ihre Gesundheit zu beten.
Sie bitten um Vergebung der Sünden, aber wagen nicht, den Herrn
zu bitten, ihnen ihr Kopfweh abzunehmen. Doch dem, der alle Haare unseres Hauptes gezählt hat, ist es ein Kleines, unsere Kopfschmerzen erträglicher zu machen. Es ist ein Beweis der Größe Gottes, daß er, während er die Himmel und die Erde beherrscht, doch
nicht so von diesen Dingen in Anspruch genommen wird, daß er die
kleinsten Schmerzen oder Mängel irgendeines seiner Kinder vergessen könnte.

14. März

„Herr, siehe, den du lieb hast, der ist krank!"   Johannes 11,3

Es sollte uns nicht in Erstaunen versetzen, daß ein Mensch, den der Herr Jesus lieb hat, krank ist; denn unsere Gotteskindschaft schließt uns nicht von den Schwächen des menschlichen Lebens aus. Der Gnadenbund ist kein Freibrief gegen Auszehrung, Rheumatismus oder Asthma. Die körperlichen Leiden werden uns bis an das Grab begleiten.

Die, welche der Herr lieb hat, werden um so wahrscheinlicher krank sein, weil sie unter einer besonderen Zucht stehen. Es steht geschrieben: „Welche der Herr liebt, die züchtigt er." Leiden irgendwelcher Art sind Kennzeichen der Gotteskindschaft, und es kommt oft vor, daß Gott Krankheiten als Erziehungsmittel benutzt. Sollen wir uns deshalb wundern, wenn wir das Krankenzimmer aufsuchen müssen? Wenn Hiob, David und Hiskia leiden mußten, wer sind wir, daß wir uns über unsere Leiden wundern?

Mancher Jünger Jesu würde von geringem Nutzen gewesen sein, wenn er nicht durch Krankheit heimgesucht worden wäre. Starke Naturen sind geneigt, herrschsüchtig und teilnahmslos zu sein, und darum haben sie es nötig, in den Schmelztiegel gelegt zu werden. Es gibt Früchte, die nicht reifen, ehe sie geklopft werden.

Oft bewirkt auch die Krankheit der Geliebten des Herrn Segen für andere. Lazarus' Krankheit war zur Ehre Gottes. Das Volk Gottes und auch die Welt können aus den Leiden der Gerechten Vorteile ziehen. Die Sorglosen können durch unser Zeugnis in der Krankheit aufgeweckt, die Zweifelnden überzeugt, die Ungläubigen bekehrt und die Trauernden getröstet werden. Wenn das geschehen kann, möchten wir dann noch Schmerz und Schwäche ausweichen? Sind wir dann nicht zufrieden, wenn Freunde auch von uns sagen: „Herr, siehe, den du lieb hast, der ist krank!"

„Und es ist in keinem andern das Heil; denn es ist auch kein anderer Name unter dem Himmel den Menschen gegeben, in welchem wir sollen gerettet werden!" Apostelgeschichte 4,12

Wir können suchenden Seelen nicht zu oft sagen, daß ihre einzige Hoffnung auf Errettung allein der Herr Jesus Christus ist. Nur er ist mächtig, uns von der Schuld und auch von der Macht der Sünde zu erretten. Sein Name wird Jesus genannt, weil „er sein Volk errettet von ihren Sünden". Der Herr Jesus wurde um unsertwillen Mensch und war Gott bis zum Tod gehorsam, ja bis zum Tod am Kreuz. Wäre eine andere Weise der Befreiung möglich gewesen, so wäre der Kelch der Bitterkeit an ihm vorübergegangen. Der Sohn Gottes wäre gewiß nicht am Kreuz gestorben, wenn wir um einen geringeren Preis hätten erlöst werden können.

Es wäre vermessen anzunehmen, daß der Herr Jesus die Menschen nur halb errettet hätte und daß von ihrer Seite noch irgendein Werk nötig wäre, um sein Werk zu vollenden. Was haben wir, daß zu seinem Blut und zu seiner Gerechtigkeit hinzugefügt werden könnte? „Alle unsere Gerechtigkeit ist wie ein unflätiges Kleid." Können Lumpen auf das köstliche Gewebe seiner göttlichen Gerechtigkeit geflickt werden? Solches zu sagen ist eine Beschimpfung des Heilands.

Es verherrlicht unseren Herrn am meisten, wenn wir allein auf ihn vertrauen. Er fordert alle auf, die mühselig und beladen sind, zu ihm zu kommen, um ihnen Ruhe zu geben.

Das Kind, das in Feuergefahr ist, klammert sich an den Feuerwehrmann, der es auf dem Arm trägt, und vertraut ihm allein. Es stellt keine Fragen über die Stärke seiner Arme, sondern hängt sich an ihn. Die Hitze ist furchtbar, der Rauch erstickend, aber der Retter trägt es schnell in Sicherheit. Hänge dich mit demselben kindlichen Vertrauen an den Herrn Jesus, der dich aus den Flammen der Sünde heraustragen kann und will!

16. März

„Ittai aber antwortete dem König und sprach: So wahr der Herr lebt,
und so wahr mein Herr, der König, lebt: an welchem Ort mein Herr
und König sein wird – es gehe zum Tode oder zum Leben –, daselbst
soll auch dein Diener sein!"   2. Samuel 15,21

Ittai übergab sich David ganz freiwillig. Niemand überredete ihn, es
zu tun, und David selbst scheint ihm davon abgeraten zu haben. David prüfte ihn, aber er sprach freiwillig aus vollem Herzen: „An welchem Ort mein Herr und König sein wird, daselbst soll auch dein
Diener sein!"

Wenn ihr glaubt, daß der Herr Jesus euer ist, so übergebt euch
ihm durch eine bestimmte Tat und Handlung. Wartet nicht, bis euch
eure Pflicht eingeschärft wird; denn je freier die Hingabe, desto an-
nehmbarer wird sie sein. Man sagt, daß kein Wein so köstlich ist wie
der, der beim ersten sanften Druck aus der Traube fließt. Wir lieben
den Dienst nicht, der aus einem Menschen herausgepreßt wird, und
gewiß wird der Gott der Liebe nicht gezwungene Arbeit annehmen.

Ittai schwor einen Eid, was wir Christen nicht tun sollten. Aber
wir sollten unsere Übergabe ebenso ernst nehmen. Ihr seid teuer
erkauft, und ihr solltet deshalb ausdrücklich eures Herrn Eigentumsrecht an euch anerkennen und alle Ansprüche auf euren Leib,
Seele und Geist ihm übertragen.

Ittai brachte das öffentlich zum Ausdruck, und als David sprach:
„So komm und geh mit!", war Ittai der erste Mann, der über den
Bach ging. Wenn du ein Christ bist, solltest du nicht versuchen,
durch Hintergassen in den Himmel zu schleichen, sondern geh den
schmalen Weg wie ein Mann hinauf, ja wie dein Meister. Er schäm-
te sich deiner nie, obwohl er es hätte tun können. Wie kannst du
dich seiner schämen, wenn in ihm nichts ist, dessen man sich schämen könnte? Manche Christen scheinen zu denken, daß sie ein ein-
facheres Leben führen können, wenn sie nie ein offenes Bekenntnis
ablegen. Wie eine Ratte hinter dem Getäfel kommen sie in der
Nacht heraus, fangen einen Krumen, ziehen sich dann wieder zurück. Ich möchte nicht ein solches Leben führen.

17. März

„ Wenn ihr nicht glaubet, daß ich es bin, so werdet ihr in euren Sünden sterben."

Johannes 8,24

Sehr viele Menschen kümmern sich nicht um ewige Dinge. Sie sorgen besser für ihre Katzen und Hunde als für ihre Seele. Es ist eine große Gnade, wenn wir dahingebracht werden, daran zu denken, wie wir selbst zu Gott und zu der ewigen Welt stehen. Dies ist oft der Anfang des Werkes Gottes an uns. Von Natur aus lieben wir die Angst nicht, die von der Erkenntnis unserer Schuld und der Sorge um unser Seelenheil hervorgerufen wird. Wir versuchen, diese Gedanken wieder abzuschütteln. Aber das ist eine große Torheit, weil der Tod so nahe und das Gericht so sicher ist. Wenn wir vernünftig sind, werden wir beten, daß die Angst um unsere Seele niemals aufhören möge, bis wir wirklich und wahrhaft errettet sind. Es wäre furchtbar, träumend hinab zur Hölle zu gehen und dann festzustellen, daß es keine Änderung dieses schrecklichen Zustands mehr gibt.

Jede Warnung, die nicht ernst genommen wird, läßt die Seele schlaftrunkener zurück, als sie vorher war. Wenn ich plötzlich aufwache und feststelle, daß mein Haus brennt, setze ich mich nicht auf die Kante meines Bettes und sage zu mir: „Ich hoffe, ich bin wirklich aufgewacht! In der Tat, ich bin sehr dankbar, daß ich nicht weitergeschlafen habe!" Nein, ich versuche, dem drohenden Tod zu entfliehen, und eile deshalb zur Tür oder zum Fenster, um herauszuspringen und nicht da zu verbrennen, wo ich bin. Ein Mensch kann zwar wissen, daß er verloren ist, und doch niemals errettet werden. Er kann zum Nachdenken gebracht sein und dennoch in seinen Sünden sterben. Wenn du entdeckst, daß du bankrott bist, wird die bloße Betrachtung deiner Schulden diese nicht bezahlen. Lieber Leser, ich hoffe, daß dich deine Furcht vor dem kommenden Gericht nicht daran hindert, demselben zu entfliehen.

18. März

„Und er geriet in Todesangst und betete inbrünstiger; und sein Schweiß wurde wie Blutstropfen, die auf die Erde fielen." Lukas 22, 44

Was war die Ursache für diesen ringenden Kampf? Ich nehme an, daß es zunächst die Versuchung des Feindes war, das Werk unvollendet zu lassen. Wir schließen es aus dem Gebet: „Vater, wenn du willst, so nimm diesen Kelch von mir!"

„Sohn Gottes", sprach der Versucher, „du hast schon Herrlichkeit genug. Sieh, was das für Bösewichter sind, für die du dich zum Opfer darbringen sollst. Deine besten Freunde schlafen in deiner Nähe, wenn du ihren Trost am meisten benötigst. Dein Schatzmeister Judas eilt herbei, dich für den Preis eines Sklaven zu verraten. Die Welt, für die du dich opfern willst, wird deinen Namen verwerfen, und deine Gemeinde, für die du das Lösegeld zahlst, was ist sie wert?"

Solche Gründe hat der Satan wahrscheinlich angeführt. Seine höllische List, mit der er seit Jahrtausenden die Menschen versuchte, erfand alles mögliche, um ihm Schaden zuzufügen.

Ich stelle mir vor, daß ihm der böse Feind ins Ohr flüsterte: „Von Gott geschlagen und von Menschen verabscheut zu werden! Die Schmach hat schon dein Herz gebrochen. Wie willst du es ertragen, öffentlich verspottet und wie ein Unreiner aus der Stadt getrieben zu werden? Wie willst du es ertragen, deine weinenden Verwandten und deine Mutter mit gebrochenem Herzen am Fuß deines Kreuzes stehen zu sehen?"

Wie wird er ihm alle Leiden vorgemalt haben! „Meinst du, daß dein Herz und deine Hände es ertragen können, wenn dein Gott mit dir abrechnet?"

Satans Versuchung richtete sich nicht an die Gottheit, sondern an die Menschheit Jesu, und deshalb verweilte der Feind wahrscheinlich bei der Schwachheit des Menschen. „Sprachst du nicht selbst: 'Ich aber bin ein Wurm und kein Mensch, ein Spott der Leute und verachtet vom Volk'? Wie willst du es ertragen, wenn sich die Zorneswolken Gottes über dir sammeln?"

Wir können uns vorstellen, daß unser Herr in dieser oder ähnlicher Weise versucht wurde.

19. März

„Wahrlich, wahrlich, ich sage euch, einer unter euch wird mich verra-
ten!"   Johannes 13,21

Stellt euch den Herrn und seine Apostel beim letzten gemeinsamen
Mahl vor: Zwei sehr verschiedene Gestalten treffen bei dieser Gelegenheit zusammen, um kurze Zeit später auseinanderzugehen und
sich niemals wieder zu begegnen.

Wenn man sie sah, schienen sie gleichwertige Jünger Jesu zu sein.
Der eine lehnte sich an des Herrn Brust, während der andere die
kleinen Vorräte des Meisters verwahrte. Waren sie nicht beide ver-
trauenswerte und geachtete Nachfolger des großen Herrn? Ihr hättet sicher auf den ersten Blick nicht gewußt, welcher von diesen beiden Jüngern der bessere Mann sei – Johannes oder Judas. Sehr
wahrscheinlich hättet ihr das sanfte Wesen des Johannes vorgezo-
gen; aber ich nehme an, daß ihr auch die ruhige Klugheit und den
sicheren Geschäftssinn des Judas bewundert hättet.

Sie saßen an demselben Tisch und waren mit denselben Dingen
beschäftigt. Niemand von uns hätte vermutet, daß der eine von ihnen Johannes, der Schreiber der Offenbarung, und der andere Judas, der Sohn des Verderbens, war.

Eine Zeitlang mögen beide gleich handeln und fühlen. Anschei-
nend sind sie beide aufrichtig; und dennoch wird eines Tages die
Scheidung kommen. Der treue Jünger Johannes wird in seiner Liebe
und Lauterkeit seinen Weg gehen, um ewig in der Nähe des Herrn
zu sein. Der Heuchler Judas jedoch wird ein schreckliches Ende
nehmen.

Wir wollen uns einmal alle die Frage stellen: „Herr, bin ich's?"
Bei demjenigen ist Verrat am wenigsten wahrscheinlich, der dem
Herzen seines Herrn am nächsten steht. Wer einen solchen Platz
einnimmt wie Johannes, der ist kein Verräter.

Oh, daß wir von einem liebevollen Ehrgeiz angefeuert wären, der
Jünger sein zu wollen, „den Jesus liebte"! Dann wird diese Frage
nicht lange unbeantwortet bleiben. Seine Liebe, die in unser Herz
ausgegossen worden ist, wird uns rufen lassen: „Herr, du weißt alle
Dinge, du weißt, daß ich dich lieb habe."

20. März

„Im Aufblick auf Jesus, den Anfänger und Vollender des Glaubens, welcher für die vor ihm liegende Freude das Kreuz erduldete, die Schande nicht achtete . . ." Hebräer 12,2

Die Verspottung Christi begann im Palast des Herodes. Eine Sache, über die wir wenig sagen dürfen, über die wir aber häufig nachdenken sollten, ist die Tatsache, daß dem Heiland alle seine Kleider mitten unter den Soldaten ausgezogen wurden. Sein Körper wurde der Schmach und öffentlichen Verachtung der Menschen ausgesetzt – und zwar von rohen Menschen, die kein Zartgefühl kannten. Der die Lilien kleidete, hatte nicht, womit er sich kleiden konnte; der die Erde mit Juwelen zierte, hatte nicht einmal Lumpen, um seine Blöße vor der Menge zu bedecken, die ihn unbarmherzig anstarrte und verspottete. Er hatte für Adam und Eva Röcke aus Fellen gemacht. Er hatte ihnen die ärmlichen Feigenblätter genommen, mit denen sie ihre Blöße zu bedecken versuchten, und hatte ihnen statt dessen etwas gegeben, worin sie sich einhüllen und vor der Kälte schützen konnten. Aber er selbst hatte nichts, um seine Blöße vor dem erbarmungslosen Hohn und der Verachtung zu bedecken.

Und dann verspotteten sie auch seine göttliche Person. „Wenn du Gottes Sohn bist", riefen sie, „so steige vom Kreuz herab, und wir wollen an dich glauben!" Könnt ihr es euch vorstellen, daß Gott von seinem Geschöpf herausgefordert wird, von der Kreatur, die seine eigene Hand gemacht hat? Der Unendliche verachtet von den Endlichen; er, der alle Dinge durch das Wort seiner Macht erhält, er, durch den und für den alle Dinge sind, wird verlacht, verspottet von dem Geschöpf, das aus seiner Hand hervorgegangen ist!

O ihr Christen, wenn unser Herr dies alles erduldet hat, um uns zu erretten, wollen wir uns dann schämen, etwas um Christi willen zu dulden und zu leiden?

„Im Aufblick auf Jesus, den Anfänger und Vollender des Glaubens, welcher für die vor ihm liegende Freude das Kreuz erduldete, die Schande nicht achtete . . ." Hebräer 12,2

Ich habe versucht, die Verspottung des Heilandes zu schildern, aber ich fühle, daß ich doch nicht die Tiefe der Schmach zu beschreiben vermochte. Ich möchte nun auf die Worte „das Kreuz erduldete, die Schande nicht achtete" eingehen.

Das Kreuz! Du hörst das Wort, aber du verbindest damit nichts Schreckliches. Die Kreuzigung war eine Todesstrafe, zu der nur Sklaven verurteilt werden konnten und dann auch nur, wenn sie ein fluchwürdiges Verbrechen, zum Beispiel einen Mord, begangen oder eine Verschwörung angezettelt hatten. Am Kreuz zu sterben, wurde als die schrecklichste und fürchterlichste Strafe betrachtet. Bei jedem anderen Tod gibt es irgendeinen Umstand, der den Schmerz, wenn auch nur in geringem Maße, begrenzt, sei es die Schnelligkeit der Hinrichtung oder der damit verbundene Hohn. Aber dies ist der Tod eines Schurken, eines gemeinen Verbrechers, eines Meuchelmörders – ein qualvoll verlängerter Tod, ein wahres Meisterstück teuflischer Grausamkeit, verbunden mit der höchsten Schande. Das hat der Herr Jesus erduldet! In unseren Tagen ist das Kreuz nichts Schimpfliches. Mancher König trägt es auf blitzender Krone, mancher Sieger führt es in flatternder Fahne. Einige beten es an. Die herrlichsten Gemälde sind der Darstellung dieses Gegenstandes gewidmet. Eingegraben auf Gold und Edelstein, ist das Kreuz zu einer wahrhaft königlichen Würde emporgestiegen. Ich glaube, es ist uns heute nicht möglich, die Schmach des Kreuzes in ihrem ganzen Umfang zu verstehen. Aber der Jude wußte darum, der Römer verstand es, und Christus selbst natürlich auch, welch eine furchtbare Schande es war, den Tod am Kreuz zu erleiden.

Der Herr Jesus mußte sein Kreuz zunächst selbst tragen; er wurde auf der Schädelstätte Golgatha zu einer Zeit gekreuzigt, in welcher viel Volk in Jerusalem war. Es war Passah, und eine große Menschenmenge war herbeigeströmt, um das Schauspiel mit anzusehen. Alle diese Menschen konnten in die Verhöhnung mit einstimmen und seine Schmach vermehren.

22. März

„Im Aufblick auf Jesus, den Anfänger und Vollender des Glaubens, welcher für die vor ihm liegende Freude das Kreuz erduldete, die Schande nicht achtete . . .“

Hebräer 12,2

Ich möchte euren Blick auf die Schmach des Heilandes lenken. Vielleicht gibt es nichts, was der Mensch so sehr fürchtet wie Schande. Wir stellen oft fest, daß der Tod selbst für erträglicher gehalten wird als Schande. Nichts kann den menschlichen Geist so niederbeugen als fortwährende Verachtung. Schmach zu erleiden ist also etwas Schreckliches; aber für den Heiland mußte die Schmach besonders schmachvoll sein. Je edler die Natur eines Menschen ist, desto schneller empfindet er die geringste Verachtung, und desto schmerzlicher fühlt er sie. Verarmte Prinzen und verachtete Monarchen sind die elendesten unter den Elenden. Aber hier stand unser glorreicher Erlöser, von dessen Antlitz der Adel der Gottheit selbst leuchtete, verachtet, verspottet und angespien! Ein unbedeutender Vogel wie die Krähe läßt sich ruhig in den dunklen Käfig sperren; aber der Adler kann es nicht ertragen, wenn man ihm die Augen verbindet; er ist zu edel dazu. Das Auge, das in die Sonne geblickt hat, kann die Finsternis nicht ohne Tränen ertragen. Aber für Christus, der mehr als edel war, müssen Hohn und Spott äußerst bitter gewesen sein. Dazu kommt noch, daß einige Gemüter so zart und leicht ansprechbar sind, daß sie alles viel stärker empfinden als andere. Unser Herr war immer auf das Wohl der Menschen bedacht; er liebte sie bis in den Tod. Von denen verspottet zu werden, für die er starb, angespuckt zu werden von denen, die er erretten wollte, das war in der Tat Schmerz zu nennen. Ein Mensch zu werden bedeutete viel für den Herrn Jesus, aber ein Mann der Schmerzen zu werden war noch mehr. Zu bluten, zu leiden und zu sterben – das war viel für den Sohn Gottes. Aber so zu leiden, wie er litt – einen Tod der Schmach zu erleiden und des Verlassenseins von Gott, das ist eine tiefere Tiefe in der erlösenden Liebe, die kein geschaffener Geist zu ergründen vermag.

„Du weißt, was für Schimpf, für Schande und Schmach mir angetan wird; meine Widersacher sind alle vor dir." Psalm 69, 20

Die drei Worte „Schimpf", „Schande" und „Schmach" sind genannt, um auszudrücken, wie beißend der Erlöser die Verachtung empfand, mit der er überhäuft wurde, und wie gewiß es ihm war, daß jede Art Bosheit, die ihm erwiesen wurde, von Gott beachtet wurde. „Meine Widersacher sind alle vor dir" – sie entgehen deinem Auge nicht. Diese ganze schamlose Rotte steht vor deinen Blikken, und ihre boshafte Nichtswürdigkeit ist dir nicht verborgen: Judas und sein Verrat, Herodes und seine List, Kajaphas und sein blutiger Rat, Pilatus und seine Wankelmütigkeit, die Pharisäer und Sadduzäer, die Schriftgelehrten und Hohenpriester, das Volk und die Obersten, sie alle siehst du und wirst du zur Verantwortung ziehen.

„Die Schmach hat mir das Herz gebrochen." Kein Hammer zerschlägt so sehr wie Hohn. Verleumdungen verursachen stechende Seelenschmerzen. Bei der so zart empfindenden Natur des makellosen Menschensohnes genügten ihre Stiche, sein Herz zu durchbohren, bis es brach. Die Kränkungen und Lästerungen beugten ihn in den Staub. Sein Herz litt unsägliches Weh. Wie furchtbar das Gemüt des Heilands unter all dem litt, was er erdulden mußte, zeigen unter anderem die Vorgänge in Gethsemane. Da war keiner, der ihm ein liebevolles Wort sagte; ja nicht einmal jemand, der durch den Anblick seines Elends gerührt wurde; nicht einer, dessen Herz fähig gewesen wäre, menschlich für ihn zu fühlen. Ja, in seiner größten Not wurde er auch von denen verlassen, die seine milde Hand früher gespeist und geheilt hatte. Er fand keinen Tröster. Selbst diejenigen, die seine treue Liebe in höchstem Maß erfahren hatten, suchten nur ihre eigene Sicherheit und ließen ihren Meister allein. Wer an Herzweh leidet, bedarf des Trostes; wer verfolgt wird, hat Anspruch auf Mitleid. Aber unser Bürge fand keines von beiden in jener finsteren Nacht, als für die Mächte der Finsternis die gelegene Zeit gekommen war.

24. März

„Mein Gott, mein Gott, warum hast du mich verlassen?"   Psalm 22,2

Wir sehen unseren Heiland, ans Fluchholz genagelt, in der äußersten Not, und was nehmen wir da wahr?

Zuerst strahlt der Glaube unseres Heilandes hervor und fordert uns zu ehrfurchtsvoller Nachfolge auf. Mit beiden Händen hält sich der Herr Jesus an seinem Gott fest, indem er ausruft: „Mein Gott, mein Gott." Ach, daß wir geschickt wären, ihn darin nachzuahmen, uns an den Gott, der uns Trübsal sendet, so festzuklammern!

Auch mißtraute der große Dulder nicht im geringsten der Macht Gottes, ihn zu erhalten; denn der hier gebrauchte Gottesname „El" bezeichnet Gott als den Starken, Mächtigen. Er weiß, daß Gott sein allgenugsamer Helfer und Beistand ist, und darum wendet er sich an ihn, gemartert von Seelenangst, doch nicht von der Pein des Zweifels. Er möchte durchaus wissen, warum er von Gott verlassen ist, aber bei alledem mißtraut er weder der Macht noch der Treue Gottes. Warum? Was ist die Ursache dieser seltsamen Tatsache, daß Gott seinen Sohn zu einer solchen Stunde, in solchem Zustand allein läßt? Der Herr Jesus hatte doch keine Veranlassung dazu gegeben.

Der Heiland empfindet diese schreckliche Wirklichkeit, während er die Frage ausruft. Es war nicht etwa die drohende Gefahr, verlassen zu werden, was unserem großen Dulder den lauten Schrei auspreßte, sondern er erfuhr dieses Verlassensein in voller Wirklichkeit. Mir war es, als hörte ich ihn sagen: „Ich kann es verstehen, warum mich der verräterische Judas und der furchtsame Petrus verlassen haben, aber du, mein Gott, mein treuer Freund, wie kannst du mich verlassen? Das ist das Schlimmste von allem, ja schlimmer als alles andere zusammen. Hättest du mich gezüchtigt, ich könnte es wohl ertragen, denn dein Angesicht würde mir dennoch leuchten; aber mich gänzlich verlassen! Warum das? Mich, der ich unschuldig, gehorsam und treu war – warum überläßt du mich dem Verderben?"

Ein Blick der Buße auf uns selbst und des Glaubens auf Jesum wird uns die Frage am besten lösen. Der Herr Jesus war von Gott verlassen, weil uns unsere Sünden von Gott geschieden hatten und er diese Sünden auf sich genommen hatte.

25. März

„Er zog mich aus der Grube des Verderbens, aus dem schmutzigen
Schlamm, und stellte meine Füße auf einen Fels, machte meine Schrit-
te gewiß . . ." Psalm 40,3

Als unser Heiland den über die Sünde verhängten Fluch trug, war er
in solch tiefer Erniedrigung, daß er einem Gefangenen glich, der in
einem finsteren Kerker eingeschlossen ist und um sich her nichts als
Verderben sieht, während über seinem Haupt die Fußtritte haßer-
füllter Feinde widerhallen. Unser Erlöser war in seiner Seelennot so
verlassen wie ein Gefangener, vergessen von allen Menschen, einge-
mauert in völlige Vereinsamung und gebunden mit Stricken der Finsternis. Aber Gott führte ihn aus all seiner Erniedrigung empor und
zog ihn aus der Tiefe der Angst, in die er als unser Stellvertreter hin-
eingeworfen worden war.

Gott, der unseren Bürgen aus solcher Not errettete, wird nicht
versäumen, auch uns aus den weit geringeren Nöten zu befreien.

Unser Herr kam sich vor wie jemand, der keinen Halt für seinen
Fuß finden kann, sondern im Schlamm ausgleitet und versinkt. Dieses Bild weist nicht nur auf großes Elend hin, sondern deutet noch
besonders an, daß es ihm an jedem Trost fehlte, der ihn über den
Wassern der Angst hätte halten können.

Lieber Leser, bete den teuren Erlöser an, der um deinetwillen allen Trostes beraubt war, während alles nur denkbare Elend ihn um-
gab. Beachte, wie dankbar er sich dafür zeigte, daß er unter seinen
Mühsalen und Leiden aufrecht erhalten wurde. Und wenn du ebenfalls göttliche Hilfe erfahren hast, so versäume nicht, mit dem Herrn
in diesen Lobpreis einzustimmen.

Der Herr Jesus ist der wahre Josef, der aus der grausamen Grube
befreit worden ist, um über alles Herr zu sein. Welch ein Trost ist es
zu wissen, daß Jesus in allem, was er für uns ist und tut, sicheren
Grund unter den Füßen hat und auch in Zukunft keinen Fehltritt
tun wird, weil Gott seine Tritte befestigt hat.

26. März

„Pilatus aber schrieb eine Überschrift und heftete sie an das Kreuz;
und es war geschrieben: Jesus, der Nazarener, der König der Juden."

Johannes 19,19

In dieser Sache könnt ihr von Pilatus lernen: Er schrieb den Namen
Jesu auf das Kreuz. Er schrieb diese Worte mit eigener Hand und
weigerte sich, sie zu ändern. Der wankelmütige Statthalter hielt diesmal an der Wahrheit fest und wollte sich nicht davon abbringen lassen.

Sorgt dafür, daß ihr den Namen Jesus über euer Kreuz schreibt.
Tragt euer Kreuz für Jesus, mit Jesus und Jesus nach. Wenn Pilatus
diese Überschrift an das Kreuz heftete, so drückte er damit aus, daß
sich ein unwissender Mensch aus einem unbekannten Erdenwinkel
zu einem König erhoben hatte. Wundert euch nicht, wenn sich über
euer Kreuz ein Regen bitterer Verachtung ergießt. Nehmt Schmach
und Hohn als einen Teil der Last eures Lebens an. Laß dich einen
„Nazarener" nennen und schäme dich nicht anzuerkennen, daß
auch du mit diesem Jesus von Nazareth gewesen bist. Wer sind wir,
daß wir Lob erhalten sollten, wo unser Herr Speichel erhielt?
Schreibe Jesus von Nazareth auf dein Kreuz, dann werden Verhöh-
nungen und Schmähungen ihre Schärfe verlieren.

Bezeichnend ist auch das Wort „der König der Juden". Diese
Worte sagen uns: Wenn ein König ein unendlich schweres Kreuz
getragen hat, dann kann ich als sein Knecht wohl meine Last auf-
nehmen, die verhältnismäßig leicht ist. Dann ist es nur Ehre, ihm
nachzufolgen. Ordnet Jesus, der König, ein Kreuz für mich an?
Warum sollte ich dann seine Liebe oder seine Weisheit anzweifeln?
Wenn er König ist, so erweise ich mich als Rebell, wenn ich die
Last, die er mir auflegt, abschütteln wollte.

Die Juden verwarfen den Herrn Jesus, und doch herrschte er am
Kreuz über sie. Auch wir werden da triumphieren, wo wir am meisten geprüft werden. Trübsale dringen auf uns ein, aber „wir rühmen uns der Trübsale". Laßt uns Gemeinschaft mit Christus in seinen Leiden haben, dann werden uns unsere Trübsale Kanzeln erbauen, von denen aus wir den Herrn Jesus predigen.

27. März

„Darnach bat Joseph von Arimathia – der ein Jünger Jesu war, doch heimlich, aus Furcht vor den Juden, – den Pilatus, daß er den Leib Jesu abnehmen dürfe."

Johannes 19,38

Wie kam es, daß Joseph von Arimathia so zurückhaltend war? Vielleicht lag es an seiner Gemütsart; denn es gibt viele, die all ihren Mut zusammennehmen müssen, um auch nur ein gutes Wort für den Heiland zu sagen, den sie doch lieben. Wenn sie können, stellen sie sich in die letzten Reihen. Sie hoffen, zu den Siegern zu gehören, wenn die Beute verteilt wird. Aber sie sind nicht übereifrig, sich zu den Kämpfern zu gesellen, solange der Streit währt.

Menschenfurcht ist eine Pflanze, die ausgerottet und nicht genährt werden darf. Wenn ich könnte, würde ich diese Pflanze dahin setzen, wo sie wenig Wasser und keinen Sonnenschein bekäme.

Auch fürchte ich, daß Joseph durch seinen Reichtum gehindert war, mutig vorzutreten. Reichtum stärkt nicht das Herz, sondern hält die Menschen zurück, kühn für eine gute Sache einzutreten. Die Fischer des galiläischen Meeres verließen ohne ein Wort ihre wenigen Boote und ihr Fischergerät; aber Joseph kam nur langsam dahin, alles um Christi willen zu wagen. Starke Schwimmer haben ihr Leben gerettet, wenn das Schiff auf einen Felsen stieß und strandete, indem sie jedes Gewicht beiseite warfen. Andere dagegen sanken sofort auf den Grund, weil sie sich ihr Gold um den Leib gebunden hatten.

Tragt Sorge, ihr, die ihr wohlhabend seid, daß euch die Güte Gottes nicht zu einem Fallstrick wird. Hütet euch vor dem Stolz des Lebens, der Begierde nach Rang, dem Wunsch, Schätze zu sammeln; denn das wird euch davon abhalten, eurem Herrn zu dienen.

Was hindert dich, entschieden auf des Herrn Seite zu stehen? Bist du reich? Genießt du Ehre? Tritt hervor, mein Bruder, für die Wahrheit und für den Herrn!

Ich fordere alle verborgenen Gläubigen auf, über den Widerspruch zwischen ihrer Zurückhaltung und ihrem Glauben nachzudenken und diese feige Stellung zu verlassen.

28. März

„Einer aber von ihnen, als er sah, daß er geheilt worden war, kehrte wieder um und pries Gott mit lauter Stimme."　　　Lukas 17,15

Die Zahl derer, die bitten, ist gemeinhin größer als die Zahl derer, die danken. Alle Aussätzigen hatten gebetet. Wie schwach und heiser ihre Stimmen auch durch die Krankheit geworden sein mochten, so riefen sie doch alle gemeinsam: „Jesus, Meister, erbarme dich unser!" Als es aber zum Loben und Preisen Gottes kam, stimmte nur einer die Melodie an. Man sollte denken, daß alle, die beten, auch danken werden – das ist aber nicht der Fall. Viele unserer Mitbürger beten, wenn sie krank oder dem Tod nahe sind; wenn sie aber genesen, erkrankt ihr Dank bis zum Tod.

Wie steht es nun mit euch, die ihr dem Volk Gottes angehört? Ich fürchte, ihr betet schon zu wenig - aber wie ist es mit dem Danken? In unserem Kämmerlein beten wir oft, aber danken wir auch genug? Bitten ist für die Zeit, Lob und Dank dagegen für die Ewigkeit. Deswegen sollte das Danken den ersten Platz einnehmen.

Bitten ist für einen Bettler selbstverständlich; ich denke aber, daß der ein armseliger Bettler ist, der nicht dankt, wenn er ein Almosen empfängt. Dem Bitten sollte auf den Fersen das Danken folgen.

Du wirst von Leiden heimgesucht, durch Geldverluste, durch Armut, durch Krankheit eines Kindes oder durch Leiden irgendwelcher Art. Du beginnst zu beten, und fern sei es von mir, dich deshalb zu tadeln. Aber sollte es nur beim Beten bleiben, sollte es nicht auch etwas geben, wofür du loben und danken kannst?

Als Jesus sagte: „Gehet hin und zeiget euch den Priestern!", da blieb nicht einer zurück. Aber nur einer kam wieder zu Jesus, um seinen Namen zu preisen.

So ist es auch heute noch. Wie wenig wird Gott gepriesen, wie wenig werft ihr euch Jesus zu Füßen, wie selten findet sich das Gefühl, daß man dem Loblieder singen möchte, der so Großes an uns und für uns getan hat!

*„Einer aber von ihnen, als er sah, daß er geheilt worden war, kehrte
wieder um und pries Gott mit lauter Stimme."*   Lukas 17,15

Dieser Mann war, solange er ein Aussätziger war, einer von zehn;
als er zurückkehrte, um Gott zu danken, war er ganz allein.

Du kannst wohl zusammen mit anderen sündigen und mit ihnen
zur Hölle fahren. Wenn du aber zu Jesus kommen willst, mußt du
ganz allein kommen. Wenn du gerettet bist, so wird es dir auch eine
Freude sein, ein Solo der Dankbarkeit zu singen.

Dieser Mann verläßt die Gesellschaft der übrigen neun und
kommt zum Herrn Jesus. Wenn dich der Herr errettet hat, und es
wird in deinem Herzen still, wird es bei dir heißen: „Ich muß ihm
danken; ich muß ihn liebhaben." Du wirst dich weder durch die
Kälte der neun alten Genossen noch durch die Kälte der Gemeindeglieder zurückhalten lassen. Deine persönliche Liebe zu Jesus
drängt dich zum Reden.

Als nächstes sehen wir die Pünktlichkeit dieses Mannes. Er muß
sofort zurückgekommen sein, denn wie ich denke hat sich der Heiland nicht lange an diesem Ort aufgehalten. Der Mann kam bald zurück, und wer gerettet ist, wird nicht lange warten, Gott seinen
Dank auszusprechen. Man pflegt zwar zu sagen, die zweiten Gedanken seien die besten; das ist aber nicht der Fall, wenn das Herz voll
Liebe zu Jesus Christus ist. Folge deinem ersten Gedanken, warte
nicht auf den zweiten, damit nicht die erste Flamme der Anbetung
von dem zweiten verzehrt werde.

Mit wahrer Dankbarkeit ist Demut verbunden. Dieser Mann fiel
auf sein Angesicht, Jesu zu Füßen. „Ich bin nichts, Herr", scheint er
zu sagen, und deshalb fällt er auf sein Angesicht.

Ich möchte auch noch darauf aufmerksam machen, daß sich dieser Mann nicht schlecht über andere äußert. Als der Heiland fragt:
„Wo sind die neun?", schwieg er. Mit keinem Wort kritisiert er die
übrigen Männer.

O Brüder, wenn die Gnade Gottes an unseren Herzen arbeitet,
haben wir genug damit zu tun, vor unserer eigenen Tür zu kehren.
Wenn ich nur mein Dankopfer darbringen darf, werde ich nicht
daran denken, andere der Undankbarkeit zu beschuldigen.

30. März

„Willst du gesund werden?"   Johannes 5,6

Das Schlimmste bei manchen unbekehrten Leuten ist, daß sie nicht geheilt werden möchten und nicht zurückgebracht werden wollen.

„Oh", sagt ihr, „wir haben den aufrichtigen Wunsch, errettet zu werden."

Ich glaube das nicht. Was meint ihr denn mit Errettung? Meint ihr damit, vor der Hölle bewahrt zu werden? Das wünscht natürlich jeder. Habt ihr je einen Dieb getroffen, der nicht den Wunsch gehabt hätte, vor der Verhaftung und dem Gefängnis bewahrt zu bleiben? Wenn wir aber von der Errettung sprechen, so meinen wir die Errettung von der Gewohnheit des Unrechttuns, die Errettung von der Macht des Bösen, der Liebe zur Sünde, der Ausübung von Untaten und dem Trieb, Freude an den Übertretungen zu finden. Wünschst du wirklich, von angenehmen und gewinnreichen Sünden errettet zu werden?

Suche einen Trunkenbold, der aufrichtig betet, von der Trunksucht erlöst zu werden. Bringe mir einen unkeuschen Menschen, der ernstlich wünscht, rein zu sein. Suche mir jemand, der ein gewohnheitsmäßiger Lügner ist und doch ein Verlangen hat, die Wahrheit zu sprechen. Bringe mir jemand, der selbstsüchtig gewesen ist und sich in seinem Herzen deshalb haßt und das Verlangen hat, Christus ähnlich zu werden. In solchen Fällen ist die Schlacht schon halb gewonnen. Der erste Schritt ist schon getan.

Ich denke an einen Menschen, der das zu sein wünscht, was er nicht ist und in eigener Kraft nicht sein kann. Ich meine einen Menschen, der fleht: „Mein Herz ist wie ein Stein. Ich möchte Christus lieben, aber ich fühle, daß ich an die Welt gekettet bin. Ich möchte gern rein sein, aber, ach, die Sünde überfällt mich und reißt mich mit sich fort." Zu solchen Leuten kommt das Evangelium mit der Macht eines Befehls.

Willst du gesund werden, mein Freund? Dann kann es geschehen. Möchtest du von der Sünde errettet werden? Du kannst es. Glaube an den Herrn Jesus Christus, so wirst du errettet werden. Er kommt zu euch, die ihr ihn nötig habt; zu euch, die ihr schuldig seid; zu euch, deren Hände verdorrt sind.

„Alles, was ihr im Gebet verlangt, glaubet, daß ihr es empfangen habt,
so wird es euch zuteil werden!" Markus 11,24

Wenn unser Gebet einen inneren Wert haben soll, so muß es sich
auf einen bestimmten Gegenstand richten, für den wir vor Gott eintreten. Meine Brüder, wie oft springen wir in unseren Gebeten von
diesem auf jenes über, und wir kriegen nichts, weil wir in Wirklichkeit nichts Bestimmtes verlangen. Wir schwatzen über verschiedene
Dinge, aber die Seele richtet ihre vereinten Kräfte nicht auf einen
bestimmten Gegenstand. Geht ihr nicht manchmal auf die Knie,
ohne vorher daran zu denken, was ihr denn eigentlich von Gott erbitten wollt? Es ist euch eine Sache der Gewohnheit, ohne daß euer
Herz dabei ergriffen würde. Ihr gleicht dem Manne, der in einen
Laden geht und gar nicht genau weiß, was er eigentlich kaufen will.
Er mag vielleicht einen glücklichen Handel abschließen, wenn er
einmal dort ist, aber gewiß ist das kein weises Vorgehen und verdient keine Nachahmung. So kann wohl auch der Christ auf sein
Gebet hin einen wirklichen Wunsch erfüllt sehen; aber es wäre weit-
aus besser, wenn er mit ernsten Erwägungen seine Seele auf das Gebet vorbereitet hätte. Er käme dann mit einer klaren und eindeuti-
gen Bitte vor seinen Gott.

Niemand wird vor seinem König erscheinen und erst dann, wenn
er vor ihm steht, überlegen, welche Bitte er an ihn richten möchte.
Ebenso ist es mit dem Kind Gottes. Auch es muß darauf gefaßt sein,
die große Frage zu beantworten: „Was ist dein Begehr?" Denke dir
einen Bogenschützen, der seinen Pfeil abschießen wollte und nicht
wüßte, wo das Ziel ist! Hätte er Aussichten auf Erfolg? Du gehst
niemals an deine Arbeit, ohne zu wissen, was du zu tun hast. Wie
kommt es denn, daß du zu Gott gehst, ohne zu überlegen, was du
von ihm erhalten möchtest? Ihr werdet mehr Segen von eurem Gebet haben, wenn ihr bestimmte Anliegen ins Auge faßt und für bestimmte Personen betet. Gib deinen Bitten ein bestimmtes Ziel, und
ich bin überzeugt, daß dich dann bei deinen Gebeten die Müdigkeit
nicht mehr überfallen wird.

1. April

„Also ging Simson mit seinem Vater und mit seiner Mutter gen Tim-
nat hinab. Und als sie an die Weinberge bei Timnat kamen, siehe, da
begegnete ihm ein junger brüllender Löwe!"   Richter 14,5

Das Leben des Gläubigen hat seine Kämpfe. Christ werden heißt, in
die Reihen der Krieger einzutreten. Kein Kreuz – keine Krone, kein
Krieg – kein Sieg, kein Ringen – kein Singen. Diese Kämpfe beginnen früh im Leben des Gläubigen. Als Simson noch ein Kind war,
trieb ihn der Geist im Lager Dans, und sobald er an der Schwelle
des Mannesalters stand, mußte er sich mit einem Löwen messen.
Gott, der beabsichtigte, daß sein Knecht die Philister schlagen sollte, begann früh, den Helden für den Kampf seines Lebens zu erziehen. Soldaten werden durch Krieg gemacht. Man kann nicht Vete-
ranen heranbilden oder Sieger erschaffen, ausgenommen durch
Schlachten. So ist es auch in den geistlichen Kämpfen. Wenn der
Mann „das Joch seiner Jugend" trägt, wird es seine Schulter in spä-
teren Jahren nicht aufreiben.

Es ist eine gefährliche Sache, frei von Kampf und Leiden zu sein.
In der seidenen Ruhe verliert der Soldat seine Tapferkeit. Seht auf
Salomo, einen der größten und weisesten und doch, möchte ich sagen, einen der kleinsten und törichtsten Menschen. Es war sein
zweifelhaftes Vorrecht, auf einem goldenen Thron zu sitzen und
sich im Glanz des wolkenlosen Glücks zu sonnen. Daher ging sein
Herz bald irre, und er fiel von seiner hohen Stellung ab. Salomo hatte in seinen jungen Jahren kein Leid, denn kein Krieg wütete, und
kein Feind lebte, der des Nennens wert gewesen wäre. Sein Leben
floß ruhig dahin, und er wurde in einen träumerischen Schlaf ge-
lullt.

Lerne also, daß du früh an Leiden in der einen oder anderen
Form gewöhnt werden mußt, wenn du wie Simson ein Held für Is-
rael sein sollst. Wenn du beiseite gehst und dich in der Stille eines
Weinbergs Betrachtungen hingeben willst, so mag dir ein junger
Löwe brüllend entgegenkommen. Es wird dir wie unserem Herrn
und Meister ergehen, der vor seinem öffentlichen Dienst auch in die
Wüste geführt wurde, um vom Teufel versucht zu werden.

2. April

„Als nun Jesus zu Bethanien im Hause Simons des Aussätzigen war,
trat ein Weib zu ihm mit einer alabasternen Flasche voll kostbarer Sal-
be und goß sie auf sein Haupt."   Matthäus 26,6-7

Welch merkwürdige Berichterstatter sind die Evangelisten! Während sie das auslassen, was Weltleute schreiben würden, berichten sie gerade das, was weltliche Historiker übergangen hätten. Oder meint ihr, daß sie die Feder angesetzt haben würden, um die Geschichte einer Frau niederzuschreiben, die eine Flasche mit kostbarer Salbe nahm und sie auf das Haupt Jesu goß? Aber so ist es: Der Herr Jesus schätzt die Dinge nicht nach ihrem äußeren Schein und Glanz, sondern nach ihrem inneren Wert.

Ich denke, diese Tat geschah aus einem liebenden Herzen, und gerade das machte sie so bemerkenswert. Das Herz ist wichtiger als der Kopf. Es ist in unseren Tagen vielfach Gewohnheit geworden zu überlegen, ob etwas unsere Pflicht sei oder nicht. Wohl uns jedoch, wenn wir zuzeiten Impulse verspüren, die eindrucks- und ausdrucksvoller sind als die ganze Redekunst der moralischen Verpflichtungen! Aber wie oft sagt uns unser Herz: „Stehe auf, besuche diesen oder jenen Kranken!" Wir zögern und fragen: „Ist es meine Pflicht? Ist dieser Dienst durchaus erforderlich?" Oder dein Herz hat dir vielleicht einmal gesagt: „Gib von deinem Vermögen reichlicher für die Sache Jesu!" Wenn wir diesem Herzensdrang folgten, würden wir das sofort tun. Statt dessen zögern wir, schütteln bedächtig den Kopf und berechnen, ob es denn wirklich unsere Pflicht sei. Diese Frau hat es nicht so gemacht. Es war nicht ihre Pflicht, die Alabasterflasche über dem Haupt Jesu zu zerbrechen. Sie tat es nicht aus einem Gefühl des Gehorsams, sondern aus einem höheren Trieb. Ihr innerer Herzensdrang schwemmte alle Bedenken und Fragen hinweg. Hätte sie überlegt, berechnet und die Vernunft zu Rate gezogen, so hätte sie diese Tat nie vollbracht. Aber das Herz drängte sie zu handeln, was sie tat.

3. April

„Als das seine Jünger sahen, wurden sie entrüstet und sprachen: Wozu diese Verschwendung?"

Matthäus 26,8

Die erste Zeit der Christen war eine Zeit der Wunder, weil die Christen damals noch ihrem Herzensdrang folgten. Eine Stimme im Herzen des Apostels sprach zu ihm: „Gehe hin in ein heidnisches Land und predige!" Er berechnete nie die Kosten, fragte nicht, ob sein Leben gefährdet sein oder er Erfolg haben würde; er ging und tat, wozu sein Herz ihn trieb.

Von einem anderen wurde gefordert: „Gehe hin, verteile alles, was du hast!" Und der Christ ging hin und legte alles in die allgemeine Kasse. Nie kam in ihm die Frage auf, ob es seine Pflicht sei. Nein, das Herz drängte ihn dazu, und er tat es sogleich.

Wir Kinder dieses Zeitalters sind in ausgefahrene Gleise geraten und in Traditionen erstarrt. Wir tun nur zu leicht, was andere auch tun, begnügen uns mit ihrem Kurs und verrichten unsere sogenannten christlichen Pflichten nur formell.

Wie ganz anders war es mit Maria, die jegliche Form unbeachtet ließ und das tat, wozu das Herz sie trieb. Was Maria tat, tat sie ausschließlich für den Herrn Jesus selbst. Weshalb verkaufte sie nicht die Salbe oder das köstliche Nardenwasser und gab das Geld den Armen? Vielleicht dachte sie: Ich liebe ja die Armen und bin jederzeit bereit, sie zu unterstützen; aber ich möchte jetzt etwas persönlich für meinen Herrn tun. Darin lag die wirkliche Schönheit der Liebestat Marias. Sie wußte, daß sie ihm alles zu verdanken hatte. Er war es doch gewesen, der ihr ihre Sünden vergeben hatte; er war ihre Hoffnung, ihre Freude und alles! Sie mußte diesem geliebten Herrn etwas schenken. Sie konnte sich nicht damit begnügen, etwas in den Beutel zu legen; sie mußte gehen und die Salbe direkt auf sein Haupt schütten. Es hätte sie nicht befriedigt, wenn Petrus, Jakobus oder Johannes daran teilgehabt hätten; alles mußte über Jesu Haupt gegossen werden. Mochten andere es auch für Verschwendung halten – sie wußte, daß es keine Verschwendung war.

Ja, ich will mehr über das Verlagsprogramm von CLV erfahren. Senden Sie mir bitte kostenlos und unverbindlich Ihr aktuelles Lesebuch. Meine Anschrift:

Name

Vorname

Straße

PLZ, Wohnort

Internet: **www.clv.de**

clv

Christliche Literatur-Verbreitung e.V.

Postfach 11 01 35

D-33661 Bielefeld

Das CLV-Lesebuch!

Das Gesamtverzeichnis
aller CLV-Produkte –
komplett vierfarbig,
viele Leseproben.

Bibeln · Kommentare & biblische Lehre
CLV-Classics · Evangelistische Bücher
Sachbücher & Zeitkritisches · Nachfolge & Jüngerschaft
Biografien & Erzählungen · Spurgeon
Kinder- & Jugendbücher
Andachtsbücher · Bildbände · Liederbücher
CDs und DVDs · fremdsprachige Bücher

BÜCHER DIE WEITERHELFEN

„Warum bekümmert ihr das Weib? Sie hat doch ein gutes Werk an mir getan!"

Matthäus 26,10

Maria tat etwas Außerordentliches für ihren Herrn. Sie war weder mit dem, was andere vor ihr getan hatten, zufrieden, noch wünschte sie, anderen den Vorrang zu lassen. So wagte sie es, ihrer Anhänglichkeit Ausdruck zu geben. Ein geheiligtes Herz, schöner als das durchsichtige Alabasterglas, wurde in dieser Stunde zerbrochen. Der liebliche Weihrauch der Narde konnte nur aus einem zerbrochenen Herzen seinen reichen Duft fließen lassen.

Hier ist eine Seele, an der sich die Liebe des Heilandes kraftvoll erwiesen hat, ein Herz, das die köstlichsten Früchte hervorgebracht hat. Der Herr nimmt Maria in Schutz. „Was bekümmert ihr das Weib? Sie hat doch ein gutes Werk an mir getan!"

Wenn du über andere murrst, weil sie nicht deine ausgefahrenen Wege gehen, weil sie es wagen, ein wenig von der üblichen Linie abzuweichen, so bedenke vielmehr, daß es auch für dich reichlich zu tun gibt. Mag dein Werk auch nicht genau das ihrige sein, tue du einfach, was dir zu tun befohlen ist.

Die, welche alles geben, was sie haben, gehören gewiß zu den Seltenheiten. Ihr würdet einen langen Weg machen müssen, ehe ihr an die Tür eines solchen Christen klopfen könntet. Wenn man für alle ein Asyl bauen wollte, so würde nur ein ganz kleines Haus erforderlich sein. Laßt sie gewähren! Es gibt nicht viele, die viel für ihren Meister tun. Trachte du nur danach, daß dein Herz voll Liebe ist, und dann folge seinem ersten geistlichen Drang. Zögere nicht! Wie außergewöhnlich dir der Gedanke auch erscheinen mag, geh und tue es.

Als der Herr zuerst zu Whitefield sagte: „Geh und predige draußen auf der Weide!", hatte der Mann Gottes da eine Ahnung von dem Erfolg? Gewiß nicht. Er hatte ohne Zweifel an nichts weiter gedacht, als sich auf einen Tisch zu stellen und einige tausend Menschen anzureden. Aber der Herr hatte Größeres dabei im Sinn – nichts weniger, als das ganze Land zu entflammen und eine Zeit herbeizuführen, wie man sie nie zuvor erlebt hatte.

5. April

„Und wie Mose in der Wüste die Schlange erhöhte, also muß des Menschen Sohn erhöht werden, auf daß jeder, der an ihn glaubt, nicht verloren gehe, sondern ewiges Leben habe."   Johannes 3,14-15

Heute habe ich eine frohe Botschaft für alle, die um ihre Sünde wissen. O ihr, die ihr heute eure Sündenschuld empfindet, laßt euch doch sagen: „Schaut Christus an! Bedenkt doch, daß die eherne Schlange mitten im Lager aufgerichtet war, damit jeder Gebissene sie sehen und leben konnte. Christus ist für euch erhöht, damit alle, die an ihn glauben, nicht verlorengehen, sondern ewiges Leben haben." Sünder, der Teufel flüstert dir zu, du seist ausgeschlossen. Antworte ihm nur: „Das Wörtchen 'alle' schließt keinen aus." Ich sehe die große Sünderin mit all ihrer Schuld, gebeugt und zerknirscht über ihre Gottlosigkeit. Sie sagt: „Es ist nicht möglich; Christus kann mich nicht retten!" Aber sie hört, daß gesagt wird „alle", und sie blickt zu dem Herrn Jesus auf und lebt! Ihr, die ihr in Sünden und Gottlosigkeit ergraut seid, bedenkt, daß es einen Heiland gibt für große wie für kleine Sünder; den gleichen Heiland für graue Häupter wie für Säuglinge; den gleichen Heiland für Arme wie für Reiche; den gleichen Heiland für Straßenfeger wie für Fürsten; den gleichen Heiland für Ungeheuer in Menschengestalt wie für Heilige – alle! Alle, die auf Christus blicken, werden leben. Und ihr, die ihr behauptet, ihr könntet nicht glauben – wenn euch Gott nur ein halbes Glaubenskorn schenkt, so hebt es auf gen Himmel. Wenn ihr nur sagen könnt: „O Herr, ich möchte glauben, hilf meinem Unglauben!"; wenn ihr mit Simon Petrus nur eure Hand ausstrecken könnt, um zu sagen: „Herr, hilf mir, ich verderbe!", so ist es genug. Komm zu meinem Heiland! Die Verheißungen Jesu sind so sicher wie ein Schwur. Wirf dich in die Arme des Herrn, und wenn er dich nicht rettet, dann lügt Gottes Wort, und Gott hat seine Verheißung gebrochen. Aber da das niemals geschehen wird, rufe ich dir zu: „Jeder, der an ihn glaubt, geht nicht verloren, sondern hat ewiges Leben."

6. April

„Und als er hörte, daß es Jesus von Nazareth sei, hob er an, rief und sprach: Jesus, du Sohn Davids, erbarme dich meiner!" Markus 10,47

Es gibt viele Entschuldigungen, welche die Menschen vorbringen, warum sie sich nicht bekehren wollen. Eine oft gehörte ist: „Ich bin ein einfacher Mensch. Die Religion ist für feine Leute, für Leute, die viel Zeit haben, aber nicht für einen Arbeiter."

Der Mensch in unserem Bibeltext war ein Bettler. Seine Lebensstellung war nicht so ehrenhaft wie eure; aber trotzdem wünschte er, daß seine Augen geöffnet würden. Und ihr, die ihr so viel höher steht, solltet nicht die Niedrigkeit eurer Stellung als Entschuldigung geltend machen, nicht die Errettung eurer Seele zu suchen.

Woher stammt die Lüge, das Evangelium sei nicht für die Armen? Kommt sie daher, daß viele unserer Gotteshäuser prachtvoll gebaut sind? Oder daher, daß es Sitte ist, am Sonntag die besten Kleider anzuziehen? Denkt der Arbeiter, er sei nicht willkommen, weil er im Augenblick gerade ohne Arbeit und nicht im Besitz eines sonntäglichen Anzuges ist? Dann laßt uns um alles in der Welt dieses Vorurteil zerstören und dem Arbeiter zeigen, daß er im Gottesdienst und bei Gott willkommen ist.

Dieser Bettler hätte sagen können: „Ich habe keine Zeit." Seine Beschäftigung war das Betteln, und obgleich der Herr Jesus vorüberging, hätte er sagen können: „Ich habe wirklich keine Zeit, auf diesen Herrn zu achten, wer er auch sein mag. Sein Predigen mag sehr gut sein, aber ich muß mit dem Betteln fortfahren; denn wenn ich heimgehe, ist immer noch wenig genug in meinem Beutel, und ich kann wirklich keine Zeit opfern, mich um diesen Herrn zu kümmern."

Das ist es, was viele Menschen sagen: „Unser Geschäft nimmt tatsächlich unsere ganze Zeit in Anspruch. Vom Sonnenaufgang bis zum späten Abend müssen wir uns sputen, und dann sind wir zu müde, um noch ein Buch zu lesen oder zu beten."

Aber ihr seht, daß dieser Mensch sein Betteln aufgab, um sein Augenlicht zu erhalten; und ihr könntet wohl euer Geschäft vergessen, damit euer geistliches Auge geöffnet werde.

7. April

„Bis der Tag kühl wird und die Schatten fliehen." Hohelied 2, 16

Wie die Soldaten halten wir Wache und warten auf den Tagesanbruch. Es ist Nacht, und die Finsternis vertieft sich; wie sollen wir uns bis zum Tagesanbruch verhalten? Wir wollen mit geduldiger Ausdauer im Dunkeln warten, solange Gott es will. Was für Schatten sich auch noch herabsenken mögen, was für kalte, feuchte Luft noch eindringen mag – wir wollen es ertragen.

Ihr Soldaten des Kreuzes dürft diese Schatten nicht meiden; der euch zu seinem Dienst berufen hat, wußte, was euch bevorsteht, und da er euch zur Nachtwache bestellt hat, so bleibt auf eurem Posten. Es wäre Feigheit zu sagen: „Wir wollen desertieren, weil es so dunkel ist." Versucht nicht wie Jona, dem Auftrag des Herrn zu entfliehen. Tut es nicht! Der Tag wird anbrechen, die Schatten werden fliehen! Bis dahin durchwacht die Nacht und fürchtet die Schatten nicht. Seid männlich und stark und erinnert euch an die Nacht, in welcher unser Meister um unseretwillen in Gethsemane gewacht hat. Er litt unter der Macht der Finsternis, und so ertragt ihr sie auch. Laßt euch nicht von der Furcht beschleichen, und wenn es dennoch geschieht, so erschrecke euer Herz nicht, sondern erhebt euch über eure Furcht, bis der Tag anbricht und die Schatten fliehen.

Was haben wir bis zum Tagesanbruch zu tun? Unsere Aufgabe ist ein hoffnungsvolles Wachen. Haltet eure Augen nach Osten gerichtet und schaut nach dem ersten Zeichen des kommenden Morgens aus. „Wacht!" Wie wenig wird diese Art Arbeit getan! Wir wachen kaum wider den Teufel, wie wir es tun sollten; aber wie viel weniger noch stehen wir wachend für das Kommen unseres Herrn bereit! Achtet auf jedes Zeichen seines Erscheinens, und lauscht auf den Ton der Räder seines Wagens. Haltet das Licht im Fenster brennend und laßt ihn sehen, daß ihr wach seid. Wacht, bis der Tag anbricht und die Schatten weichen!

8. April

„Und es begab sich, als David um den Abend von seinem Lager auf-
stand und auf dem Dache des königlichen Hauses umherwandelte,
sah er vom Dache aus ein Weib sich baden . . . Und David sandte hin
und erkundigte sich nach dem Weibe."   2. Samuel 11,2-3

David war errettet, und ich spreche zu euch, die ihr errettet seid. Ich
bitte euch, nehmt Davids Fall und die Trägheit, die die Ursache
war, als Warnung für euch. Einige Versuchungen nahen sich den
Fleißigen, aber alle Versuchungen greifen die Faulen an. Denkt an
die Erfindung, die Landleute benutzen, Wespen zu fangen. Sie geben ein wenig süße Flüssigkeit in eine lange Flasche mit einem engen Hals. Die nichtstuende Wespe kommt vorüber, riecht die Flüssigkeit, stürzt sich hinein und ertrinkt. Aber die Biene kommt hinzu,
und wenn sie auch einen Augenblick stillhält, um zu riechen, so geht
sie doch nicht hinein, weil sie selbst Honig zu machen hat. Sie ist zu
sehr mit der Arbeit beschäftigt, um sich diese verlockende Süßigkeit
zu erlauben.

Müßige Christen versuchen den Teufel, sie zu versuchen. Trägheit
öffnet die Tür des Herzens ein Stück und bittet den Satan hereinzu-
kommen; aber wenn wir vom Morgen bis zum Abend beschäftigt
sind, muß Satan, wenn er herein will, durch die Tür brechen.

Liebe Freunde, laßt mich diejenigen unter euch, die nur wenig für
Christus tun, daran erinnern, daß ihr einst nicht so kalt wart wie
jetzt. Es gab einen Tag, an dem der bloße Anblick Israels, in
Schlachtordnung aufgestellt, David kühn wie einen Löwen gemacht
hätte. Oh, es ist eine böse Sache, den Löwen so verändert zu sehen!
Gottes Held bleibt zu Hause bei den Weibern! Es gab eine Zeit, wo
du über Hecken und Gräben gegangen wärst, um das Wort Gottes
zu hören; aber jetzt sind dir die Predigten langweilig, obwohl du auf
einem weichen Kissen sitzt. Damals warst du da, wenn es eine Versammlung in einer Hütte oder eine Straßenpredigt gab. „Ah!" sagst
du, „das war wildes Feuer." Gesegnetes wildes Feuer! Der Herr
gebe dir das wilde Feuer zurück, denn selbst wenn es wildes Feuer
wäre, so ist wildes Feuer besser als gar kein Feuer – lieber ein Fana-
tiker genannt werden als verdienen, eine Drohne in Christi Bienen-
stock zu heißen.

9. April

„Und nach Verlauf eines Jahres, zur Zeit, da die Könige auszuziehen pflegten, sandte David Joab und seine Knechte mit ihm und ganz Israel ... David aber blieb zu Jerusalem."   2. Samuel 11,1

Ich möchte eure besondere Aufmerksamkeit auf die Zeit richten, in der diese Versuchung zur Trägheit über David kam. David weigerte sich nie, in den Kampf zu ziehen, solange er von seinem Gegner Saul verfolgt wurde. Solange er wie ein Rebhuhn auf den Bergen gejagt wurde, war sein Charakter fast fleckenlos und sein Eifer unvergleichlich. Sein Glaubensleben war voller Kraft, solange in seinem Leben großes Leid war. Aber jetzt ist eine Stunde der Prüfung da: Saul ist tot, und der letzte seiner Nachkommen ißt demütig das Gnadenbrot an Davids Tisch. Der Sohn Isais ist nicht mehr gezwungen, auf den Pfaden wilder Ziegen zu wandeln oder sich in den Höhlen von Engedi zu verbergen. Sein großer Gegner ist schon lange durch die Pfeile der Philister auf den Bergen Gilboas gefallen. Aber ein verstohlener Feind lauert im Hinterhalt – wehe dir, David, wenn er dich besiegt!

Oh Brüder, es ist eine gefährliche Zeit für dich, wenn die Versuchung aufgehört hat, dich zu plagen, wenn dich der Satan in Frieden läßt und an die Stelle des furchtbaren Orkans eine Totenstille getreten ist. Habe acht, daß deine Seele nicht ihre frühere Kraft und Wachsamkeit verliert und du in laodicäische Lauheit und Gleichgültigkeit herabsinkst. Solange dich der Teufel rechts und links angreift, wirst du schwerlich imstande sein, auf dem Lager fleischlicher Sicherheit zu ruhen. Der Höllenhund hält dich dadurch wach, daß er dir in die Ohren bellt. Aber wenn er mit dem Heulen aufhört, werden deine Augenlider schwer, falls die Gnade Gottes es nicht verhindert. Wenn du nicht mehr durch wütende Angriffe der Hölle auf deine Knie getrieben wirst, so hast du vielleicht weit schrecklichere Prüfungen zu bestehen und wirst Ursache genug haben auszurufen: „Herr, laß mich nicht schlafen wie die übrigen, sondern laß mich wachen und nüchtern sein."

„Meine Schafe hören meine Stimme, und ich kenne sie, und sie folgen mir nach."
Johannes 10,27

Ich möchte heute etwas über die Vorrechte der Schafe sagen. „Ich kenne sie." Das Gegenteil hiervon ist eins der schrecklichsten Worte, das für den Tag des Gerichts aufbewahrt bleibt. Dann wird es einige geben, die geltend machen: „Herr, Herr, haben wir nicht in deinem Namen geweissagt und in deinem Namen Dämonen ausgetrieben?" Aber der Herr Jesus wird sagen: „Ich habe euch nie gekannt." Welche Freude aber für uns, daß uns unser Erlöser kennt!

Wenn jemand einen Freund gehabt hat und findet ihn nach Jahren als einen ehrlosen und gottlosen Verbrecher wieder, so glaube ich, daß er nicht viel Wesens davon machen wird, daß dieser Bursche sein Freund war, wenn er auch zugeben muß, früher einmal mit ihm bekannt gewesen zu sein. Der Herr Jesus aber, obgleich er weiß, wie unwürdig wir sind, wird vor dem Richterstuhl bekennen, daß er uns kennt. Wir sind alte Bekannte. Er hat uns gekannt, ehe die Welt gegründet wurde. Hierin liegen reiche Gnadenschätze.

Aber wir wollen diese Wahrheit auch von einem anderen Gesichtspunkt her betrachten. Lieber Bruder, liebe Schwester, der Herr Jesus kennt dich persönlich ganz genau mit deinem kranken Körper, deinem Kopfweh. Er kennt deine Seele mit all ihrer Empfindlichkeit, deine Furcht, deine Ängstlichkeit und deine Niedergeschlagenheit. Er kennt alles. Ein Arzt mag vielleicht nicht imstande sein, die Krankheit zu entdecken, die dich quält und demütigt, aber Christus kennt dich durch und durch. „Ich kenne sie", sagt er, und daher kann er dir ein Heilmittel verordnen.

Er kennt deine Schuld. Laß dich dadurch nicht entmutigen, denn er hat sie ausgetilgt. Er kennt sie nur, um sie zu vergeben und sie mit seiner Gerechtigkeit zu bedecken. Er kennt deine Schwachheiten und hilft dir, sie zu überwinden. Er kennt auch deine Versuchungen und hört deine Seufzer. Er kann die geheimsten Wünsche des Herzens lesen. Auch die Gabe, das Opfer, welches du im Verborgenen gegeben hast, kennt er, und er weiß, daß du ihn liebst.

11. April

Je mehr ein Christ heranreift, desto mehr schämt er sich seiner Sünden, weil ihm die Sünde so hassenswert erscheint. Wenn er sich im Licht Gottes sieht, verabscheut er sich viel mehr, als andere es tun. Der Christ aber jagt der Heiligkeit nach und haßt die Sünde. Er kann auch nicht den kleinsten Fleck der Sünde an sich dulden. Er weiß, was Sünde wirklich ist. Ein Mensch, der Gott nicht kennt und fürchtet, übertritt alle seine Gebote, ohne daß ihn sein Gewissen verklagt. Aber ein Liebling des Himmels, der an der königlichen Tafel sitzen darf, der die ewige Liebe Gottes an sich selbst erfahren hat, kann es nicht ertragen, auf irgendeinem „Weg der Mühsal" zu gehen, der den Heiligen Geist betrüben und dem Namen Christi zur Unehre gereichen könnte. Eine „kleine" Sünde, wie die Welt es nennt, ist für einen wahrhaftigen Christen eine große Sünde. Ich frage euch nun, ob ihr wißt, was es bedeutet, bekümmert zu sein, weil ihr in euren Worten unbesonnen wart? Wißt ihr, was es ist, sich an die eigene Brust zu schlagen, weil ihr zornig wurdet? Vielleicht wurdet ihr gereizt, aber immerhin, ihr wurdet erregt und redetet unbedacht. Hast du je eine schlaflose Nacht verbracht, weil du im Geschäft ein Wort geäußert oder etwas getan hattest, das du nach reiflicher Überlegung nicht rechtfertigen konntest? Kommen dir nie die Tränen, wenn du dich deinem Herrn nicht als ähnlich erweist und da fehlst, wo du gehofft hattest, richtig zu handeln? Ich würde wenig um deine Gottseligkeit geben, wenn du nie solche Erfahrungen gemacht hättest. Buße ist ebenso ein Kennzeichen des Christen wie der Glaube. Denke nicht, daß wir mit der Buße fertig sind, wenn wir zu Christus kommen und die Vergebung unserer Sünden empfangen durch das Blut, das einst zur Sühnung floß. Nein, wir werden Buße tun, solange wir sündigen und solange wir der Reinigung bedürfen. Solange Sünde vorhanden ist oder uns eine Neigung zu irgendeiner Art von Sünde umlauert, wird uns die Gnade Gottes veranlassen, die Sünde zu verabscheuen und uns ihretwegen vor dem Allerhöchsten zu demütigen.

Seht mich nicht an, weil ich so schwärzlich bin, weil die Sonne mich verbrannt hat!
Hohelied 1,6

Ich möchte nun zu denen reden, die im Werk des Herrn arbeiten. Liebe Brüder, mit unserem Lebenswerk sind gewisse Übel verbunden, die von der Sonne herrühren, die uns bescheint, Übel, die wir vor unserem himmlischen Vater bekennen sollten. Ich habe manche gekannt, welche die Sonne in dieser Hinsicht verbrannt hat; ihr Eifer hat sich durch Mißerfolg abgekühlt. Du zogst zuerst voll Feuer und Leben aus und hattest die Absicht, die Gemeinde vor dir herzuschieben und die Welt dir nachzuziehen. Vielleicht dachtest du, wie Luther ein Werk der Reformation zustande zu bringen. Vieles dabei war fleischlich, aber unter der Oberfläche war doch ein ernster Eifer für Gott, der dich erfüllte. Aber du mischtest dich einige Jahre unter Christen, die sehr kühl waren. Ist dabei nicht die geistliche Temperatur deiner Seele gesunken? Vielleicht hast du nicht viele Bekehrungen gesehen. Fühlst du, daß du kalt wirst? Vielleicht bist du mit der Zeit tadelsüchtig und kritisch geworden, so daß du, wo du dich früher wunderbar erbautest, heute nur noch den Botschafter richtest. Vielleicht hast du auch in anderer Weise gelitten. Des Christen Wandel sollte ruhig, friedlich, ungetrübt sein. Unser Friede sollte sein wie ein Wasserstrom. Aber ihr wißt, daß, wenn es im Dienst Gottes viel zu tun gibt, wir der starken Versuchung ausgesetzt sind, diese oder jene Angelegenheit mit ungebührlicher Hast zu betreiben. Wenn nicht alles so schnell vorwärtsgeht, wie ihr es wünscht, dann ist die Versuchung groß, traurig zu sein und sich wie Martha viel Sorge und Mühe zu machen. Wenn ihr in diesen Zustand geratet, so ist das ein Schaden für euch selbst und euer Werk. Diejenigen dienen Christus am besten, die den Umgang mit ihm pflegen; denn unterbrochene Gemeinschaft bedeutet unterbrochene Kraft. Dies ist oft unser Kummer; unsere Kräfte werden mehr durch Angst und Sorge als durch Arbeit verzehrt. Wieviel wird durch unerwartete Sorgen vernachlässigt, die uns unentwegt umtreiben.

13. April

„Das ist mein Trost in meinem Elend, daß dein Wort mich erquickt."

Psalm 119,50

Christen haben einen besonderen Trost im Leid. „Das", sagt David, „ist mein Trost in meinem Elend." Lege Nachdruck auf „das" – im Gegensatz zu den Tröstungen anderer Menschen. Der Trunkenbold leert seinen Becher und sagt: „Das ist mein Trost in meinem Elend." Der Geizhals nimmt seine Börse und läßt sein Geld klingen – oh, die Musik dieser goldenen Töne! Er ruft: „Das ist mein Trost in meinem Elend!" Die meisten Menschen haben den einen oder anderen Trost. Manche finden Trost im Mitgefühl der Menschen, in Freundlichkeitsbezeugungen, in philosophischen Erwägungen; aber solche Tröstungen sind gewöhnlich unzulänglich, wenn die Prüfung ernst wird. Wie nun gottlose und weltliche Menschen von diesem oder jenem sagen: „Das ist mein Trost", so tritt der Christ auf und sagt, indem er das Wort Gottes, das voll reicher Verheißungen ist, vor sich hat: „Das ist mein Trost in meinem Elend!" Er schämt sich dieser Tröstungen nicht; offenbar zieht er seinen Trost allem anderen vor und ruft freudig aus: „Das ist mein Trost." Kannst du dasselbe sagen? „Das - diese Verheißung Gottes - ist mein Trost!"? Mancher Christ kann erklären, was es um diesen Trost ist. Viele Christen jedoch beziehen Trost aus dem Wort Gottes und aus dem Glauben an Jesus Christus, aber sie können kaum sagen, worin der Trost besteht. Viele können die Tröstung nicht erklären, aber sie genießen sie. Erfahrungen sind besser als Erklärungen, aber es ist schön, wenn beides zusammengeht, so daß der Gläubige zu seinem Freund sagen kann: „Höre mich an, ich will dir sagen: Das ist mein Trost!"

Liebe Freunde, nehmt in Notzeiten Zuflucht zu Gottes Wort. Macht euch mit Gottes Wort vertraut, damit ihr dann die kostbaren Verheißungen ergreifen könnt, die euch in eurer Lage zu trösten vermögen.

„Also auch ihr, wenn ihr alles getan habt, was euch befohlen war, so sprechet: Wir sind unnütze Knechte; wir haben getan, was wir zu tun schuldig waren!" Lukas 17,10

Liebe Brüder, wir sollten bedenken, daß wir mit jeder Arbeit, die wir für den Herrn getan haben, nur einen Teil unserer Schuld abgetragen haben. Ich hoffe, wir sind moralisch nicht so tief gesunken, daß wir es uns als etwas Großes anrechnen, wenn wir unsere Schulden bezahlen. Ich habe nie erlebt, daß sich Geschäftsleute etwas darauf zugute taten, wenn sie an jemand tausend Mark überwiesen hatten. „Hast du sie ihm geschenkt?"

„Nein, ich schuldete sie ihm."

Ist das etwas Besonderes?

Jesus Christus hat uns erkauft. Wir gehören uns nicht selbst. Was wir auch tun, es ist immer etwas, worauf er als Schöpfer und Erlöser ein Anrecht hat. Wenn wir alles getan haben, so haben wir nur getan, was wir zu tun schuldig waren.

All unser Tun ist und bleibt sehr unvollkommen. Beim Pflügen gibt es Unebenheiten; das Vieh haben wir nicht so versorgt, wie es hätte sein sollen; und der reich gedeckte Tisch ist des Herrn, dem wir dienen, unwürdig gewesen. Kann jemand von euch mit Genugtuung auf den Dienst für den Herrn zurückblicken? Ich kann es nicht und habe gewünscht, mein Leben wieder von vorn anfangen zu können. Und doch tut es mir leid, daß sich mein stolzes Herz einen solchen Wunsch erlaubt hat, denn aller Wahrscheinlichkeit nach würde ein zweites Leben noch schlechter ausfallen.

Was die Gnade für mich getan hat, erkenne ich mit tiefer Dankbarkeit an, aber für das, was ich selbst getan habe, bitte ich um Vergebung. Ich bitte Gott, mir meine Gebete zu vergeben, denn sie sind fehlerhaft. Ich bitte Gott, mir selbst dieses Bekenntnis zu vergeben, denn es ist nicht so demütig, wie es sein sollte. Ich bitte ihn, meine Tränen zu trocknen und meine Gedanken zu reinigen sowie mir zu schenken, daß ich mich selbst ganz vergesse.

O Herr, du weißt, wie wir zu kurz kommen in der Demut gegen dich! Vergib uns. Wir sind unnütze Knechte, und wenn du uns nach dem Gesetz richten würdest, wären wir alle verloren.

15. April

„Jesus spricht zu ihnen: Füllet die Krüge mit Wasser! Und sie füllten sie bis obenan."

Johannes 2,7

In der Regel gibt Christus, wenn er einen Segen verleihen will, zunächst einen Befehl. Gewöhnlich geht ein Wort des Befehls einem Wort der Macht voraus. Er ist im Begriff, Wein zu geben, sagt aber nicht: „Es werde Wein!", sondern gibt eine ganz bestimmte Anweisung: „Füllet die Krüge mit Wasser."

Da ist ein Blinder. Der Herr ist im Begriff, ihm das Augenlicht zu geben. Er schmiert Kot auf seine Augen und spricht dann: „Gehe hin, wasche dich im Teiche Siloah."

Wundert ihr euch über diesen Grundsatz bei den Wundern seiner göttlichen Gnade?

Hier ist ein Sünder, der gerettet werden soll. Was sagt Christus zu diesem Mann? „Glaube an den Herrn Jesus, und du wirst errettet werden." Kann er von selbst glauben? Ist er nicht tot in Sünden?

Brüder, kommt nicht mit solchen Fragen, sondern beachtet, daß der Herr Jesus seine Jünger beauftragte zu predigen: „Tut Buße!"

Derselbe Grundsatz gilt für die Gläubigen. Wenn Gott die Seinen segnen will, so gibt er ihnen eine Anweisung. Wir beten, daß die ganze Welt ihm untertan sein möge, und was sagt er dazu? „Mir ist gegeben alle Gewalt im Himmel und auf Erden. Gehet hin und machet zu Jüngern alle Völker." Wir selbst sollen tätig werden.

Sollen wir es erleben, daß Menschen zum Glauben kommen und Christi Gemeinde gebaut wird, so muß der Herr selbst es wirken. Es ist ganz und gar seine Gabe, so sehr wie es sein Werk war, als in Kana das Wasser in Wein verwandelt wurde. Dennoch spricht er zuerst zu uns: „Gehet hin und verkündigt mein Heil bis an die Enden der Erde!" Auf diese Weise füllen wir die Wasserkrüge mit Wasser. Wenn wir seinem Befehl gehorsam sind, werden wir sehen, wie er wirkt, wie mächtig er mit uns ist und wie unsere Gebete erhört werden.

„Jesus spricht zu ihnen: Füllet die Krüge mit Wasser! Und sie füllten sie bis obenan."

Wenn wir von Christus einen Befehl erhalten, so ist es immer weise, ihn voller Eifer auszuführen. Er sprach: „Füllet die Krüge mit Wasser!", und sie füllten sie „bis obenan".

Ihr wißt, es gibt verschiedene Arten, einen Wasserkrug zu füllen. Beim Erfüllen der Gebote Christi laßt uns bis zu ihrer weitesten Ausdehnung gehen. Laßt uns „die Krüge" bis „obenan" füllen. Wenn das Gebot lautet: „Glaube!", so glaubt an ihn mit eurer ganzen Kraft. Wenn es heißt: „Predigt das Evangelium!", so predigt es zur Zeit und zur Unzeit. Gebt dem Volk nicht ein halbes Evangelium. Wenn ihr Buße tun sollt, so betet um eine aufrichtige und tiefgreifende Buße – voll bis an den Rand. Wenn ihr in der Schrift forschen sollt, durchsucht sie von einem Ende bis zum andern. Christi Befehle sollen nie in halbherziger Weise ausgeführt werden. Wir wollen uns bei allem, was er uns gebietet, völlig verwenden – auch wenn wir noch nicht sehen können, warum er uns gerade diese Aufgabe gestellt hat.

Einige Brüder sagen jedoch: „Seht ihr nicht, daß Gott sein eigenes Werk tun wird? Mit diesen Anstrengungen versucht ihr nur, Gott die Arbeit aus den Händen zu nehmen. Der richtige Weg ist, ihm zu vertrauen und nichts zu tun."

Ich bezweifle, daß diese Brüder Gott wirklich vertrauen. Ich möchte den Fall so darstellen: Ein orthodoxer Diener würde, nachdem er den Befehl bekommen hat, die Wasserkrüge zu füllen, entgegnen: „Mein Herr, ich glaube völlig, daß du auch ohne Wasser Wein für diese Leute machen kannst. Ich will nicht in das Werk Gottes eingreifen. Ich bin gewiß, daß du unserer Hilfe nicht bedarfst. Du kannst ohne unser Zutun die Wasserkrüge mit Wein füllen, und wir wollen dich nicht dieser Ehre berauben. Wenn der Wein fertig ist, wollen wir davon trinken und deinen Namen preisen. Aber bis dahin bitten wir dich, uns zu entschuldigen. Denn Krüge sind schwer zu tragen, und es kostet eine Menge Arbeit, diese Krüge zu füllen."

17. April

„Gut, du braver und treuer Knecht! Du bist über wenigem treu gewe-sen, ich will dich über vieles setzen; gehe ein zu deines Herrn Freude!"

Matthäus 25,23

Hier kommt Whitefield, der Mann, der manchmal 20 000 Zuhörern das Evangelium predigte, der in England, Schottland, Irland und Amerika von der Wahrheit Gottes zeugte und bei dessen Predigt sich Tausende bekehrten. Hier kommt er, der Verfolgung und Spott erduldete, ohne zu wanken; der Mann, dessen die Welt nicht wert war, der für seine Mitmenschen lebte und zuletzt um ihretwillen starb. Der Herr nimmt ihn an der Hand und spricht: „Gut, du bra-ver und treuer Knecht!" Seht, wie die freie Gnade den Mann ehrt, den sie befähigt hat, so kräftig zu wirken!

Aber wer kommt denn da? Ein armes, zartes Wesen, das zuletzt drei Jahre auf dem Krankenbett gelegen hat. Es war ein armes Mäd-chen, das sich durch Nähen ihr tägliches Brot verdient und zu Tode gearbeitet hat. Sie starb jung, aber sie kam als reife Garbe in den Himmel, und ihr Herr sagt zu ihr: „Gut, du brave und treue Magd! Du bist über wenigem treu gewesen, ich will dich über vieles set-zen." Sie nimmt neben Whitefield Platz. Erkundige dich näher, und du erfährst, daß sie in einer engen Straße Londons mit einem ande-ren Mädchen zusammengewohnt hat. Dieses Mädchen war zuerst ein lebenslustiges, leichtsinniges Geschöpf. Aber die Kranke erzähl-te ihr von Jesus Christus, betete mit ihr und las ihr aus der Bibel vor. Nach vielen Kämpfen kam das Mädchen zum Glauben, die Kranke selbst aber mußte ins Krankenhaus. Solange sie dort noch aufstehen konnte, verteilte sie Traktate und sprach mit den Kranken. Später bat sie dann eine andere Frau, ihr aus der Bibel vorzulesen – mehr um der Vorleserin als um ihrer selbst willen. Dann entschlief sie, und es konnte von ihr gesagt werden: „Sie hat getan, was sie ver-mochte."

Wenn es in der Herrlichkeit Belohnungen gibt, so werden sie nicht im Verhältnis zu den verliehenen Talenten, sondern zu der Treue, in der mit ihnen gearbeitet worden ist, verteilt werden.

„Und er sprach zu Jesus: Herr, gedenke meiner, wenn du zu deiner Königswürde kommst!"
Lukas 23,42

Der gekreuzigte Schächer war der letzte Gefährte unseres Herrn auf Erden. Welch eine erbärmliche Gesellschaft wählte unser Herr, als er hienieden weilte. Er verband sich nicht mit den religiösen Pharisäern oder den philosophischen Sadducäern, sondern war als Freund der „Zöllner und Sünder" bekannt. Wie freue ich mich darüber! Ich nehme an, daß er sich dann auch nicht weigern wird, mich Freund zu nennen. Als mich der Herr Jesus zu seinem Freund machte, traf er sicherlich keine Wahl, die sein Ansehen hob. Glaubst du, daß er irgendwelche Ehre gewann, als er dich zu seinem Freund machte? Nein, wenn der Herr Jesus nicht so tief hinabgestiegen wäre, würde er nicht zu mir gekommen sein. Und wenn er nicht die Unwürdigsten suchte, wäre er sicher nicht zu dir gekommen.

Der letzte Gefährte unseres Herrn war kein gewöhnlicher Sünder. Er wird als Mörder bezeichnet und wurde von einem römischen Gericht verhaftet und verurteilt. In diesem Fall urteilte es gerecht, denn er selbst erkennt dies an. Ein überführter Missetäter war der letzte, mit dem der Herr Jesus auf dieser Erde verkehrte. Wie beugt er sich zu den Niedrigsten dieser Menschheit herab!

Wenn diese Zeilen jemand liest, der von dem Gesetz überführt worden ist, so möchte ich ihn auffordern, Vergebung und Herzensänderung durch unseren Herrn Jesus Christus zu finden. Du darfst zu ihm kommen, wer du auch bist. Dieser Schächer ist ein Beispiel von einem, der bis zum äußersten der Schuld gegangen war, aber keine Entschuldigung für seine Sünde suchte, sondern an den Herrn Jesus glaubte und auf der Stelle errettet wurde. Keiner von euch ist von der unendlichen Barmherzigkeit Christi ausgeschlossen. Deine Schuld mag noch so groß sein, wenn du an Christus glaubst, wird er dich erretten.

19. April

„Aber einer sprach zum andern: Wir handeln nicht recht. Dieser Tag ist ein Tag guter Botschaft."

2. Könige 7,9

Wir verstehen gut, daß die vier Aussätzigen, nachdem sie die große Entdeckung gemacht hatten, daß das syrische Lager verlassen worden war, zuerst ihren eigenen Hunger und Durst stillen. Sie taten recht daran. Wer würde anders gehandelt haben? Ich möchte jeder Seele, die Christus gefunden hat, den Rat geben, die Aussätzigen in dieser Hinsicht nachzuahmen. Wenn du den Heiland gefunden hast, so weide dich an ihm, bereichere dich durch ihn, und dann gehe hin und verkündige die frohe Botschaft! Ich werde nichts dagegen sagen, wenn ihr so früh wie möglich geht; aber ich möchte es vorziehen, daß ihr nicht zu anderen geht, bevor ihr eurer Sache selbst ganz gewiß seid. Ich möchte gern, daß ihr mit einem persönlichen Zeugnis auszieht, denn darin liegt eure größte Kraft. Wenn ihr zu früh aufbrecht und nicht zuerst schmeckt und seht, wie freundlich der Herr ist, so könnt ihr zu anderen sagen: „Im Lager ist reichlicher Vorrat." Aber sie werden antworten: „Warum habt ihr nicht selbst davon gegessen?" Auf diese Weise wird euer Zeugnis geschwächt. Es ist gut, wenn euer Glaube die großen Verheißungen ergreift, denn dann könnt ihr als Botschafter ausgehen und von dem zeugen, was ihr gesehen habt.

Aber der Punkt, auf welchen ich hinweisen möchte, ist dieser: Wenn die Aussätzigen die ganze Nacht im Lager geblieben wären, wenn sie sich ausgestreckt und gesungen hätten: „Hier wollen wir bleiben", wenn sie überhaupt nicht zu ihren Landsleuten gegangen wären, die innerhalb der verschlossenen Stadtmauern hungerten, dann wäre ihr Verhalten brutal und unmenschlich gewesen. Wenn ihr solche seid, die sich gern an dem Wort Gottes weiden, habe ich nichts dagegen einzuwenden; aber wenn alles nur Selbstgenuß ist und nichts danach kommt, muß ich fragen, zu welchem Zweck ihr gerettet worden seid. Der Herr ist nicht gekommen, uns zu retten, damit wir uns selbst leben. Er ist gekommen, uns von unserer Selbstsucht zu erlösen.

20. April

„Dieser Tag ist ein Tag guter Botschaft; wenn wir schweigen und war- ten, bis es heller Morgen wird, so wird uns Strafe treffen."

2. Könige 7,9

Ich fürchte, daß manche damit zufrieden sind, sagen zu können: „Wir trinken nicht. Wir fluchen nicht. Wir spielen nicht. Wir lügen nicht." Wer hat denn gesagt, daß ihr das tut? Ihr müßtet euch schä- men, wenn ihr so etwas tun würdet. Aber ist das genug? Was tut ihr wirklich? „Wer nun weiß Gutes zu tun und es nicht tut, dem ist es Sünde." Ich habe von vollkommenen Leuten gehört, aber ich habe nie welche gesehen. Wenn es sich nur um positive Tatsünden han- delte, so könnte ich mich möglicherweise mit solchen Brüdern ver- gleichen, denn ich bemühe mich, tadellos zu sein. Aber wenn ich be- denke, daß Unterlassungssünden wirkliche Sünden sind, muß ich allen Vollkommenheitsideen Lebewohl sagen, denn mein vieles Zu- kurzkommen überwältigt mich.

Lieber Freund, wenn du den Herrn kennst und niemals seinen Namen bekannt hast, dann hast du nicht recht getan. Wenn du in Gesellschaft gewesen bist, ohne von Christus zu sprechen, so hast du versagt. Wenn du Gelegenheit gehabt hast, das Evangelium Kin- dern zu erzählen, und hast das nicht getan, so hast du deiner Aufga- be nicht entsprochen. Wenn die vier Aussätzigen ihr Geheimnis vierundzwanzig Stunden für sich behalten hätten, wären vielleicht Hunderte innerhalb der Mauern Samarias vor Hunger gestorben. Wären dann die Aussätzigen nicht an ihrem Blut schuldig gewor- den? Stimmst du damit überein? Kann eine Unterlassung nicht ebenso Mord sein wie ein Dolchstich oder ein Schuß? Wenn in dei- ner Straße ein Mensch umkommt, weil er den Heiland nicht kennt, und du dich nie bemüht hast, ihm die frohe Botschaft zu bringen, wie kannst du am großen Gerichtstag schuldlos sein? Sage nicht: „Soll ich meines Bruders Hüter sein?" Denn wenn ihr das tut, habe ich eine schreckliche Antwort für euch. Ich werde dann sagen: „Nein, Kain, du bist nicht deines Bruders Hüter, sondern deines Bruders Mörder." Das sind ernste Wahrheiten; möge Gott sie seg- nen!

21. April

„Was wollt ihr mir geben, wenn ich ihn euch verrate?" Matthäus 26,15

Judas wartete nicht, bis der Teufel zu ihm kam, sondern er ging dem Teufel nach. Er suchte die Hohenpriester auf und fragte: „Was wollt ihr mir geben?"

Einer der alten Theologen hat einmal gesagt: „Dies ist nicht die Weise, wie die Leute gewöhnlich handeln; sie nennen ihren Preis."

Der Herr des Lebens und der Herrlichkeit wird zu des Käufers eigenem Preis verkauft.

Was konnten sie ihm geben? Was brauchte Judas? Er brauchte nicht Nahrung und Kleidung; er hatte es so gut wie sein Meister und die übrigen Jünger. Er hatte alles, was er brauchte, und doch fragte er: „Was wollt ihr mir geben?"

Ach, der Glaube mancher Leute ist auf diese eine Frage gegründet. Sie gehen zur Kirche, wenn dort irgendwelche Almosen verteilt werden. Aber wenn irgendwo anders mehr zu erhalten wäre, würden sie dorthin gehen.

Einige von diesen Leuten sind nicht einmal so weise, wie Judas es war. Ich kenne Männer, die den Herrn für fünf Mark verkaufen würden. Es gibt sogar Bekenner, die ihn für das kleinste Silberstück, das bei uns im Umlauf ist, verraten würden. Sie sind versucht, den Herrn zu verleugnen, auch wenn der Gewinn noch so gering ist.

Diese Versuchung tritt an jeden von uns heran, leugnet es nicht! Wir lieben es alle, etwas zu gewinnen. Die Neigung dazu liegt in jedem Menschen; aber wenn sie die Treue gegen unseren Meister gefährdet, müssen wir sie überwinden oder zugrunde gehen. Es gibt immer wieder Gelegenheiten, bei denen es heißt: Gott oder Gewinn, Christus oder dreißig Silberstücke.

Ich bitte euch, verlaßt nicht euren Meister, auch wenn die Welt ihr Bestes bietet, wenn sie Vorteile auf Vorteile häuft und Ruhm, Ehre und Achtung hinzufügt.

22. April

„Ich bin der Herr, der Gott deines Vaters Abraham und der Gott Isaaks; das Land, darauf du liegst, will ich dir und deinem Samen geben."   1. Mose 28,13

Furchtsame Seelen finden es schwer, die Verheißungen Gottes so zu ergreifen, als wären sie ihnen persönlich gegeben. Sie fürchten, es sei Vermessenheit, sich solch wertvolle Dinge anzueignen. Als allgemeine Regel mögen wir annehmen, daß, wenn wir Glauben haben, eine Verheißung zu ergreifen, sie unser ist. Er, der uns den Schlüssel gibt, der für das Schloß seiner Tür paßt, will, daß wir die Tür öffnen und eintreten. Es kann niemals Vermessenheit sein, Gott demütig zu glauben; wohl mag es aber sehr vermessen sein, wenn man wagt, an seinem Wort zu zweifeln. Unser Fehler liegt im Mangel an Glauben, nicht im Überfluß davon. Es würde schwer sein, Gott zu viel zu glauben; aber leider ist die Gewohnheit weit verbreitet, ihm zu wenig zu glauben. „Dir geschehe nach deinem Glauben" ist ein Segensspruch, den der Herr nie zurücknehmen wird. „Alles ist möglich dem, der glaubt!" Es steht geschrieben: „Sie konnten nicht eingehen wegen ihres Unglaubens." Aber es wird niemals gesagt, daß jemand, der durch den Glauben einging, wegen seiner Unverschämtheit getadelt oder hinausgetrieben worden wäre.

Wie oft habe ich die Verheißung wahr gefunden, wenn ich sie als Wahrheit angenommen und daraufhin gehandelt habe! Ich habe mich darauf hingestreckt wie auf ein Lager und mich den Händen des Herrn überlassen; und eine süße Ruhe hat meine Seele erfüllt. Zuversicht auf Gott verwirklicht ihre eigenen Wünsche. Die Verheißung, die unser Herr denen gibt, die im Gebet Gaben suchen, lautet so: „Glaubet, daß ihr es empfangen werdet, so wird es euch werden." Das klingt seltsam, aber es ist wahr; es ist der Logik des Glaubens gemäß. Sprich mit wirklichem Glauben: „Diese Verheißung gehört mir", und sofort ist sie dein. Durch den Glauben empfangen wir die Verheißungen, nicht durch Sehen oder durch Verstehen.

23. April

„Noch im Alter tragen sie Frucht, sind saftig und frisch." Psalm 92,15

Es gibt Bäume, die außerordentlich viel Frucht versprachen. Weil aber die Blüten nicht ansetzten, fehlte es ihnen zur rechten Zeit an Frucht. Aber die, welche Gott gepflanzt hat, die er grünen und blühen läßt, bringen bis ins hohe Alter viel Frucht. Nicht nur während ihres Jünglings- und Mannesalters bleiben sie fruchttragende Bäume, sondern sie bringen auch noch bei zunehmendem Alter Frucht, wenn ihre Tage gezählt sind. Wenn andere erst Blätter tragen, sind ihre Früchte reif und saftig. Wenn andere dahinwelken, reifen sie heran. Sie werden im Alter Frucht bringen, zu der Zeit, in welcher normalerweise nicht viel Frucht zu erwarten ist – wenn die körperlichen Kräfte abnehmen und die Geisteskräfte erlahmen, wenn die Kraft zum Hinausführen ihrer Pläne sehr gering ist.

Die Verheißung, daß sie im Alter Frucht bringen werden, ist nicht nur eine erfreuliche Verheißung, sondern erweist sich auch als beglückende Tatsache. Wie köstlich ist die Frucht, die mancher Alte trägt! Ja, ist nicht bei alten Kindern Gottes die beste Frucht zu finden? Mancher junge Prediger mag mit Leichtigkeit die Wahrheiten des Evangeliums verkündigen; wenn du aber die Gütigkeit, die Salbung, den Duft des Wortes Gottes erfahren und einatmen willst, so höre einen Prediger, der aus langer, tiefer Erfahrung spricht. Es ist etwas unbeschreiblich Schönes um einen Christen, der im Dienste seines Herrn grau geworden ist. Wenn du gern mehr in die wirklichen Tiefen, in die Wahrheiten, das Leben und die Kraft des Christentums eindringen möchtest, wende dich nicht an junge, unerfahrene Zeugen, sondern an solche, die im hohen Alter Frucht tragen. Sie können besser aus der Fülle ihrer Herzenserfahrungen reden. Sie haben ihren Herrn lieb und freuen sich seiner. Sie sind voll Liebe, voll Freundlichkeit, Sanftmut und voll wirklicher Kraft – nicht der Kraft des Fleisches, sondern des Geistes. Es ist ihnen eine Freude, die Jungen anzuleiten und sie auf dem Weg des Herrn zu ermutigen.

Oh, welch ein Genuß ist es, einen Greis so grünen zu sehen!

*„Philippus findet den Nathanael und spricht zu ihm: Wir haben den
gefunden, von welchem Mose im Gesetz und die Propheten geschrieben haben, Jesus, den Sohn Josephs, von Nazareth."* Johannes 1,45

Nathanael liebte die Wahrheit und suchte, den Christus zu finden.
Allerdings war er ein wenig in Vorurteilen befangen. Sobald ihm
Philippus erzählte, daß er Jesus von Nazareth, den Sohn Josephs,
gefunden habe, fragte Nathanael: „Kann aus Nazareth etwas Gutes
kommen?" Philippus war ein Neubekehrter, er hatte den Herrn Jesus erst am Tag vorher gefunden. Aber der natürliche Instinkt jeder
wahrhaft begnadeten Seele ist es, die Botschaft von Christus weiter-
zuerzählen. Deshalb ging Philippus hin, um seinem Freund Nathanael diese gute Botschaft zu bringen. Aber wie viele Mißgriffe
machte er in der Verkündigung des Evangeliums! Ich preise Gott,
daß – fehlerhaft, wie sie war – sie doch genügte, Nathanael zum
Herrn zu bringen. Liebe Seelen, wenn ihr nur wenig von Christus
wißt und viele Irrtümer beim Erzählen von diesen Dingen begeht,
so haltet diese Botschaft dennoch nicht zurück. Gott wird es übersehen und die Wahrheit segnen. Philippus sagte: „Wir haben Jesus,
den Sohn Josephs, von Nazareth gefunden." Das war wohl die
volkstümliche Meinung, aber in keiner Weise der richtige Name des
Herrn. Er war nicht Jesus von Nazareth; unser Herr ist in Bethle-
hem geboren. Ferner sagte Philippus „Josephs Sohn"; aber er war
nur dem Namen nach Josephs Sohn und in Wahrheit der Sohn des
Höchsten. Philippus gab unserem Herrn die gewöhnlichen und irr-
tümlichen Namen, welche die gedankenlose Menge gebrauchte. Er
sagte nicht: „Wir haben den Sohn Gottes gefunden" oder „den
Sohn Davids", aber er sprach alles aus, was er wußte. Das ist auch
alles, was Gott von euch oder von mir erwartet. Oh, was für eine
Gnade ist es, daß die Unvollkommenheiten unserer Predigt Gott
nicht hindern, Seelen zu erretten! Philippus machte seine Fehler gut,
als er hinzufügte: „Komm und sieh!" Ich hoffe, daß du ehrlich und
offen bist und kommen wirst, um den Herrn Jesus selbst zu sehen.

25. April

„Und Nathanael sprach zu ihm: Kann aus Nazareth etwas Gutes kommen? Philippus spricht zu ihm: Komm und sieh!" Johannes 1,46

Nathanael kam, um den Heiland zu sehen. Damit zeigte er, daß er, obwohl etwas voreingenommen gegen diesen Messias, doch aufrichtig genug war, seine Ansprüche zu prüfen. Lieber Freund, wenn du ein Vorurteil gegen das Evangelium hast, ob es durch deine Geburt und Erziehung oder durch das frühere Bekenntnis eines anderen Glaubens veranlaßt ist, sei ehrlich genug, die frohe Botschaft unparteiisch anzuhören. Du kannst sie auf diesen Blättern lesen, weise sie nicht ab, ohne sie gründlich geprüft zu haben. Denke besonders über das Leben Christi nach und die Segnungen, die er denen bringt, die an ihn glauben.

In der Reformationszeit hatte Latimer eine Predigt gegen die Lehren des Evangeliums gehalten. Unter seinen Zuhörern war ein heiliger Mann, der später ein Märtyrer wurde. Dieser glaubte, als er Latimer zuhörte, etwas in seinem Ton wahrzunehmen, das ihn als ehrlichen Gegner kennzeichnete. Daher hoffte er, daß Latimer, wenn man ihm die Wahrheit brächte, willig sein würde, sie anzunehmen. Er suchte ihn zu einer Unterredung auf und konnte ihn ganz für die Reformation gewinnen. Ihr wißt, welch ein tapferer und beliebter Prediger des Evangeliums dieser aufrichtige Mann wurde. Wenn du, mein ehrlicher Freund, das Evangelium von der Errettung durch den Glauben an das Blut Jesu unparteiisch anhörst, dann brauchen wir nicht um das Ergebnis zu fürchten. Nathanael kam sehr schnell zu Christus. Es ist immer erfreulich, eine Seele in Eile zu sehen. Die große Masse unserer Bevölkerung liegt in bezug auf den Glauben am Boden und ist nicht willig, sich zu erheben. Nathanael kam und sah die Person des Messias, aber er erwartete nicht, in der menschlichen Gestalt Züge zu sehen, die sein Urteil leiten würden. Er wartete, bis der Messias gesprochen hatte; und dann, als er die Allwissenheit dieser geheimnisvollen Persönlichkeit gesehen hatte, die seine Gedanken und seine geheimen Handlungen erkennen konnte, dann glaubte er. Ich bitte Gott, daß er ein solches Sehen jedem ehrlichen Sucher gewährt, der diese Worte liest.

*„Jesus sah den Nathanael auf sich zukommen und spricht von ihm:
Siehe, wahrhaftig ein Israelit, in welchem keine Falschheit ist!"*

Johannes 1,47

Es wird uns mitgeteilt, daß Nathanael ein Mann war, ein Israelit, in
dem keine Falschheit war. Manche Leute sind von Natur aus
schlangenartig, gewunden und schlüpfrig; sie können nicht anders
denken als in krummen Linien. Sie können eine Sache nicht eindeu-
tig sagen und einem nicht ins Gesicht sehen, während sie sprechen;
denn sie sind voll stillschweigender Vorbehalte und Vorsichtsmaß-
regeln. Sie bewachen ihre Rede; sie wagen nicht, ihre eigenen Gedanken in die Welt hineinzusenden, bevor sie dieselben nicht bis an
den Hals in Doppelsinnigkeit eingehüllt haben. Nathanael war
genau das Gegenteil. Er war kein Heuchler und kein listiger Betrüger. Er trug sein Herz offen zur Schau. Wenn er sprach, wußte man,
daß er meinte, was er sagte, und sagte, was er meinte. Er war ein
kindlicher Mann von einfachem Herzen, durchsichtig wie Glas. Er
war aufrichtig bereit, der Kraft der Wahrheit nachzugehen. Er war
willig, Zeugnis anzunehmen und sich durch Beweise leiten zu lassen. Er war nicht argwöhnisch, weil er selbst kein Mann war, gegen
den man Argwohn hegen konnte. Er war redlich und gerade,
schlicht im Handeln und schlicht im Sprechen. Dies scheint Philippus gewußt zu haben, denn er ging sofort zu ihm als zu einem
Mann, der es wert war, für eine gute Sache gewonnen zu werden.

Er war nicht nur ein redlicher Mann, sondern auch ein suchender
Mensch. Philippus ging zu ihm, weil er fühlte, daß ihn die gute
Nachricht interessieren würde. „Wir haben den Messias gefunden"
wäre keine frohe Botschaft für einen gewesen, der nicht nach dem
Messias Ausschau gehalten hätte. Auch für dich besteht Hoffnung,
lieber Leser, wenn du redlich wünschst, die Wahrheit zu erkennen,
um dadurch errettet zu werden! Es ist gut, wenn du bereit bist, dich
den Strahlen des göttlichen Lichtes auszusetzen; wenn du Belehrung
darüber verlangst, ob es in der Tat einen Heiland gibt, ob ein Evangelium und eine Hoffnung für dich sind. Es ist gut, wenn du fest
entschlossen bist, dich seinem Willen zu unterwerfen.

27. April

„Vom Ende der Erde rufe ich zu dir in der Angst meines Herzens."

Psalm 61,3

Das Gebet Davids ist weise und angemessen. Er steht unter großem Druck und bittet darum, daß Gott ihn über die Umstände erheben möchte. Männer, die von Gott berufen sind, für seine Herde Sorge zu tragen, fühlen sich niedergedrückt, wenn die Zeichen der Zeit dunkel und drohend sind. Mose trug in der Wüste das ganze Volk Israel auf seinem Herzen, und so trägt jeder rechte Diener die Gemeinde Gottes auf seinem Herzen und fühlt sich oft beladen.

So ist es sehr schmerzlich für mich, die zunehmende Verweltlichung in der Gemeinde sehen zu müssen. Viele bekennende Christen geben uns Anlaß zu ernsten Befürchtungen. Wir sehen sie Dinge dulden, die ihre Väter nie geduldet hätten. In unseren Gemeinden befinden sich Familien, in denen keine Hausandachten gehalten werden, wo aber luxuriöses Essen und Trinken an der Tagesordnung ist. Ich habe den Verdacht, daß sich unter uns eine beträchtliche Anzahl befindet, die das Theater besucht, sich am Kartenspiel beteiligt, zweifelhafte Lektüre liest und doch zum Tisch des Herrn kommt.

Rings um uns her wächst immer mehr das böse Unkraut der modernen Theologie auf, das nichts anderes ist als Unglaube, der zu feige ist, seinen eigenen Namen zu tragen. Es gibt Prediger, die die wörtliche Inspiration der Bibel leugnen und die Autorität der Bibel verwerfen und doch von ihren Gemeinden geduldet werden. Ich sehe diesen Sauerteig des Unglaubens nach allen Richtungen hin wirken, und viele sind in dem einen oder anderen Punkt angesteckt. Er frißt sich wie ein Krebs in die Seelen der Gemeinden hinein. Gott erlöse uns davon!

In solchen Zeiten wünschen wir uns auf einen hohen Felsen gestellt, in die unendlich hohe und herrliche Gegenwart Gottes. Dort werden wir ruhig im Vertrauen auf Gott und lassen den Sturm weit unter uns.

28. April

Ein junger Mann, der seinen Beruf beginnt, wird leicht übermütig, wenn man ihn ein bißchen lobt. Und es gibt unverständige Leute genug, die jeden hoffnungsvollen Anfänger mit Lob überschütten. Mein lieber Freund, der Beifall derer, die dich ins Gesicht loben, ist nicht viel wert. Diese Menschen sind meist töricht und überdies falsch. Sie verhalten sich wie Katzen, die vorn lecken und hinten kratzen. Wenn mir einer recht schöne Worte ins Gesicht sagt, weiß ich, daß ich mich vor ihm in acht nehmen muß. Hüte dich vor dem Netz des Schmeichlers und der Lockspeise des Schönredners. Das Urteil der Menschen ist wandelbar und im besten Fall aus Gutem und Bösem gemischt, so daß wirklich nicht viel darauf gegeben werden kann. Wenn uns die eine Hälfte der Menschen rühmt und die andere uns schmäht, wägt eins das andere auf.

Ein bekannter Prediger hörte auf der Straße hinter sich jemand sagen: „Wenn es überhaupt einen guten Menschen auf der Welt gibt, so geht hier einer." Das war sehr schmeichelhaft; aber als er in die nächste Straße kam, hörte er von einem Umstehenden die Worte: „Wenn überhaupt jemand verdient, daß man ihn hängt, so verdient es der da; er macht die Leute toll mit seinen Predigten."

Wenn man dir in der Stube schmeichelt, so höre, was man in der nächsten über dich sagt: Das wird deinen Übermut dämpfen. Es ist gut, daß übermäßiges Lob auf der einen Seite oft durch übermäßigen Tadel auf der anderen aufgewogen wird, denn Lob verweichlicht uns. Da wir nun sicher manchmal gescholten und verlästert werden, ist es viel besser, wir haben eine dicke Haut. Das Lob macht unsere Haut empfindlich; es beraubt uns des Panzers, den wir um unsere Seele legen sollten.

Um die Achtung der Menschen zu buhlen ist das sicherste Mittel, sie zu verlieren. Wir wollen lieber daran denken, wie unendlich wichtig das Urteil Gottes über uns ist, und so leben, daß er uns loben kann. Dann werden wir nicht mit knechtischer Unterwürfigkeit nach Menschengunst streben.

29. April

„Ich will dich unterweisen und dir den Weg zeigen, den du wandeln sollst; ich will dich beraten, mein Auge auf dich (richtend)."

Psalm 32,8

Der Herr ist es, dessen Stimme wir in diesen Worten vernehmen. Und was der Herr hier David zusagt, war gerade das, was er nötig hatte. Er, der unser Heiland ist, will auch unser Lehrer sein. Er läßt sich herab, selbst seine Kinder zu unterweisen, wie sie in den Wegen der Gerechtigkeit wandeln können; sein heiliges Wort und die Mahnungen seines Geistes sind die Führer der Gläubigen in ihrem täglichen Wandel.

Die göttliche Erziehung ist eine Segnung, die uns aufgrund unserer Kindesstellung zugesichert ist. Unterweisung durch Erfahrung ist die beste Lehrmethode. Das sind glückliche Menschen, die, obwohl sie nie zu den Füßen Gamaliels gesessen haben und von Aristoteles nichts wissen und auch in der scholastischen Moral ganz unbewandert sind, doch gelernt haben, dem Lamme zu folgen, wohin irgend es geht.

Der Herr möchte uns mit seinen Augen leiten. Wie einem treuen Diener ein Blick oder Wink seines Herrn genügt, so sollten wir den leisesten Andeutungen unseres Meisters folgen und keine Donnerschläge brauchen, die uns aus unserer Trägheit aufrütteln müssen. Ein freundlicher Blick und ein leises Flüstern des Herrn sollten uns genügen.

Leider ähneln wir sehr oft den Tieren, denen man Zaum und Zügel ins Maul legen muß. Ist es nicht traurig, daß wir oft erst sehr gezüchtigt werden müssen, bevor wir gehorsam sind? Wir sollten uns wie eine Feder im Wind von dem Hauch des Heiligen Geistes willig hin und her bewegen lassen. Aber ach, die Zügel, mit denen Gott oft unsere Kraft binden und uns zu schwachen, ohnmächtigen Geschöpfen machen muß, sind ein Zeugnis dafür, wie störrisch und zügellos unser Wille ist. Wir würden nicht wie Maultiere behandelt werden, wenn nicht soviel Eselsart an uns festzustellen wäre! Wollen wir durchaus widerspenstig sein, so müssen wir uns darauf gefaßt machen, daß Gott die Zügel straff anzieht und uns kürzer hält, als uns lieb ist.

30. April

„Du hast alle meine Sünden hinter deinen Rücken geworfen!"

Jesaja 38,17

Ich habe unwissende Christen oft fragen hören, wie es denn komme, daß, wenn jemand begnadigt ist, er dennoch jeden Tag seine Sünden bekennen soll. Wir lehren ja, daß in dem Augenblick, wo ein Sünder dem Evangelium glaubt, alle seine Sünden hinweggenommen sind – vergangene, gegenwärtige und zukünftige.

Die Schwierigkeit liegt in unserer neuen Beziehung zu Gott. Als ein Sünder komme ich zu Jesus Christus und glaube an ihn. Dann ist Gott ein Richter. Er nimmt das große Schuldbuch des Gerichts, streicht meine Sünden aus und spricht mich frei. In demselben Augenblick nimmt er mich in seine Familie auf. Nun stehe ich zu ihm in einer anderen Beziehung: Gott ist für mich nicht mehr ein Richter, sondern ein Vater. Und nun stehe ich in einer anderen Zucht. Ich genieße eine andere Behandlung und habe einen neuen Gehorsam.

Wenn ich nun etwas Unrechtes tue, was dann? Kommt der Richter und zerrt mich vor sein Gericht? Nein, ich habe keinen Richter mehr zu fürchten. Gott ist mein Vater. Der Vater stellt mich vor sein Angesicht und redet mit mir, oder er nimmt die Rute und züchtigt mich. Als Gott noch mein Richter war, züchtigte er mich niemals. Da drohte er, das Beil zu nehmen. Aber er hat das Beil nun begraben. Da ich nun sein Kind bin, hat er kein Beil mehr, um mich damit zu töten. Seine eigenen Kinder kann er nicht töten.

Da wir, du und ich, obwohl wir Gottes Kinder sind, jeden Tag sündigen – nicht gegen Gott als den Richter, sondern gegen ihn als Vater –, so geziemt es uns, jeden Tag unsere Sünden zu bekennen. Tun wir das nicht, so wendet der Vater zuletzt die Rute an, wie er es bei Hiskia tat. Er schlug Hiskia, bis er todkrank wurde. Hiskia tat Buße, und die Rute wurde weggelegt. So war es auch bei David. Als er die Sünde begangen hatte, war die Beziehung zu Gott gestört. Gott war, wie ein Vater, gegen sein Kind zornig. Aber nachdem David Buße getan hatte, drückte ihn der Vater wieder an sein Herz, und David konnte singen: „Alle meine Sünden hast du hinter deinen Rücken geworfen."

1. Mai

Trägheit kann einen Menschen an Händen und Füßen lähmen. Die Arme werden stärker, je mehr man sie gebraucht. Der Schmied hat eine kräftige Faust, weil er immer den Hammer benutzt. Wer Berge ersteigt oder jeden Tag einige Meilen marschiert, bekommt kräftige Beine. Diejenigen aber, die still zu Hause sitzen und wenig gehen, werden schon müde, wenn sie nur einen kleinen Gang zu machen haben. Der Gebrauch unserer Glieder macht uns stark, die Trägheit dagegen schwächt uns. Viele unter euch würden stärker sein, wenn sie mehr arbeiten würden. Welch eine faule Gesellschaft ist doch die christliche Gemeinde! Generell betrachtet gibt es mehr faule Subjekte in der Gemeinde Jesu Christi als in irgendeiner anderen menschlichen Gemeinschaft. Es gibt einige, die mit Eifer Gott dienen; aber wie viele von euch sind damit zufrieden, auf ihren Plätzen zu sitzen und Predigten anzuhören, ohne selbst irgend etwas für die Sache des Herrn zu tun. Viele unter euch haben in ihrem ganzen Leben noch nicht eine einzige Seele für Christus gewonnen. Das Heil armer Seelen geht euch nicht zu Herzen; ihr wendet euch nie an Gott mit ernstem Gebet für eure Nachbarn, die noch auf dem breiten Weg gehen. Hin und wieder, wenn ihr einem Betrunkenen begegnet, sagt ihr: „Oh, wie schrecklich!" Aber damit ist euer Interesse erschöpft. Was tut ihr eigentlich? Wir müssen wärmere Herzen bekommen und ein tätigeres Leben führen, oder die Kirche Christi wird vor Trägheit sterben. Sind eure Knie schwach, so dient Gott mit ihnen, so gut ihr könnt. Hängen eure Hände schlaff herab, so arbeitet mit diesen Händen und bittet Gott, sie zu stärken, bis ihr kräftigere Hände bekommt. Besuche die Kranken, hilf den Armen, lehre die Unwissenden, tröste die Betrübten; du wirst feststellen, daß auf diesem Weg deine Hände stark werden und deine Knie nicht mehr schlottern.

2. Mai

„Stärket die schlaffen Hände und festiget die strauchelnden Knie."

Jesaja 35,3

Ich habe den Eindruck, daß die Christen in unserer Zeit mit sich selbst sehr zufrieden sind, obwohl viel Ursache vorhanden ist, das Gegenteil zu denken. Wenn ich Biographien von Christen lese, die schon in der Ewigkeit sind, so erstaune ich über mich selbst und kann nur bei dem Gedanken weinen, wie weit ich hinter solchen Männern und wieviel weiter ich hinter meinem göttlichen Meister zurück bin. Wenn Martin Luther mit heiliger Unerschrockenheit der Gefahr entgegensehen konnte, warum können wir es nicht? Wenn Calvin mit Adleraugen die Lehren des Evangeliums unter den Nebeln des Irrtums erkennen konnte, warum können wir es nicht? Wenn andere Schimpf und Schande um Christi willen ertragen konnten, warum können wir es nicht? Es ist kein Grund vorhanden, weshalb nicht der Geringste der Heiligen der Familie Gottes den Größten übertreffen sollte.

Ich weiß, daß die Gläubigen in unserer Zeit vollkommen damit zufrieden sind, errettet zu sein. Wo ist jener heilige Drang, der die Seelen der Christen zu edlen Taten fortreißt? Wir sind zusammengeschrumpfte Zwerge, zufrieden mit der geringen Höhe, zu der wir es gebracht haben, und fragen nichts nach den Höhen, die sich noch über unseren Häuptern auftürmen. Die müden Hände und die strauchelnden Knie sind schuld daran. In den ersten Jahrhunderten wurde das Evangelium in jedes Land getragen. Es gab keine Gegend in der damals bekannten Welt, die nicht das Wort vom Kreuz hörte. Die Nachfolger Jesu waren damals Männer, die keine Furcht kannten. Sie verließen ihr Vaterland, Haus und Familie um seines Namens willen und gingen überall umher und predigten das Wort. Wir müssen alle erst unseren Lebensunterhalt gesichert haben, ehe wir hinausgehen wollen, um das Evangelium zu verkündigen. Und wenn uns dann kein Beifall folgt, so hören wir bald wieder auf zu arbeiten. Wenn die heutige Christenheit Beter wie die Apostel und Märtyrer hätte, würden die Bollwerke des Satans keinen Bestand haben.

3. Mai

„Stärket die schlaffen Hände und festiget die strauchelnden Knie."

Jesaja 35,3

In unserem Text werden Hände und Knie erwähnt. Wir schließen daraus, daß sie von großer Wichtigkeit sind.

Der Sitz der Furcht ist natürlich im Herzen zu suchen, aber es ist eine Tatsache, daß, wenn das Herz des Christen zu zittern beginnt, auch seine Arbeitshände und seine Gebetsknie zu zittern beginnen. Er wird untüchtig im Dienst und ebenso untüchtig im Gebet. Er wird schwach in der Tätigkeit und schwach im Ringen mit Gott. Eine Zeitlang vermochten diese traurigen Seelen ihren Kummer noch mit der Maske äußerer Heiterkeit zu bedecken, aber jetzt können sie es nicht mehr.

Hände und Knie sind von höchster Wichtigkeit, weil sie die Aufgaben eines Christen versinnbildlichen. Obwohl der Christ durch das Blut Christi gerettet ist, so ist er doch als Pilger nach dem Himmel unterwegs. Obwohl wir durch des Lammes Blut überwunden haben, müssen wir doch als Streiter kämpfen. Aktiver Dienst wird von jedem Christen erwartet. Christus legt die Kinder Gottes nicht auf ein Schlummerkissen, um sie dann in seligem Schlummer nach dem Himmel zu tragen; sondern er gibt ihnen Leben und will, daß sich dieses Leben entwickelt.

Wenn die Hände und Knie schwach sind, können wir nur wenig tun. Ihr Knechte Christi, wie könnt ihr die schweren Lasten aufheben, wenn eure Hände schwach sind und eure Knie schlottern? Wie könnt ihr die Mauern eurer Feinde niederreißen, wenn eure Hände zittern? Wenn unsere Knie schwach werden, dann kommen wir leicht dahin, uns vor dieser gottlosen Welt zu beugen; wir kriechen und schmeicheln, so daß wir Sklaven werden, obwohl wir freie Männer sein sollten. Seid also wachsam; denn wenn ihr im Dienst des Herrn Kraft und Stärke verliert, werdet ihr großen Schaden leiden.

*„Da stand Abraham am Morgen früh auf . . .und ging hin an den Ort,
davon ihm Gott gesagt hatte."*   1. Mose 22,3

Er stand des Morgens früh auf. Die meisten von uns würden sich
einen langen Schlaf gestattet haben oder hätten bis zur Mittagszeit
gelegen, ruhelos hin und hergeworfen, wenn sie nicht hätten schlafen können.

„Was? Meinen Sohn erschlagen, meinen einzigen Sohn Isaak?
Der Befehl bestimmt nicht die Stunde; es gibt kein ausdrückliches
Wort über die Zeit des Aufbruchs zu dieser furchtbaren Reise. Wenigstens wollen wir sie um Isaaks willen solange wie möglich hinausschieben. Laßt ihn solange wie möglich leben." Nein. Verzögerung kam dem Patriarchen nicht in den Sinn. Der heilige Mann
steht früh auf. Er will seinen Gott sehen lassen, daß er ihm vertrau-
en kann und seinen Befehl ohne Widerstreben erfüllen will.

Oh Gläubige, tut immer rasch, was Gott euch gebietet. Zögert
nicht. Wirklicher Gehorsam zeigt sich darin, daß man sich beeilt,
des Herrn Gebot zu erfüllen.

Er zeigte seine Willigkeit dadurch, daß er das Holz selbst bereitete. Es wird ausdrücklich gesagt, daß er das Holz spaltete. Er hatte
über viele Knechte zu gebieten, aber er wurde ein Holzspalter. Er
hielt keine Arbeit für gering, wenn sie für Gott getan wurde. Mit
zerrissenem Herzen spaltete er das Holz, Holz für das Opfer seines
eigenen, geliebten Kindes! Hierin seht ihr die Bereitwilligkeit Abrahams. Gebe Gott, daß wir mit demselben Eifer gehorchen, so daß
man sieht, daß wir nicht unwillige Sklaven sind, zum Dienst ge-
peitscht durch die Drohungen des Gesetzes, sondern geliebte Kinder eines Vaters, dem zu dienen für uns die größte Freude ist, selbst
wenn dieser Dienst das Opfer unseres Isaak einschließen sollte.

5. Mai

„Was heißet ihr mich aber 'Herr, Herr' und tut nicht, was ich sage?"

Lukas 6,46

Folgt dem Text und lernt, von Herzen aufrichtig zu sein. Der Herr Jesus sagt: „Was heißet ihr mich aber 'Herr, Herr' und tut nicht, was ich sage?" Möge der Heilige Geist euch bis ins Innerste wahr machen. Fürchtet euch, auch nur ein Wort mehr zu sagen, als ihr wirklich empfindet. Erlaubt es euch nie zu reden, als hättet ihr eine Erfahrung gemacht, von der ihr nur gelesen habt. Laßt nie euren äußeren Gottesdienst einen Schritt weitergehen, als ihr innerlich erfahren habt. Wenn Christus wahrhaftig euer Herr ist, so werdet ihr ihm gehorchen. Ist er nicht euer Herr, so nennt ihn auch nicht so.

Was immer ihr denkt, redet oder tut – das Wesentlichste ist, daß in allem das Herz mitschwingt. Es ist schrecklich, ein hohes Bekenntnis von der Heiligkeit Gottes abzulegen und doch geheimen Lastern zu frönen. Solche Leute werden sich meine Worte anhören, mich wegen meiner Treue empfehlen und doch in ihrer Heuchelei beharren. Dies ist äußerst schmerzlich. Diese Leute verstehen es, die Sprache Kanaans zu reden, aber die babylonische Zunge ist ihnen natürlicher. Sie folgen Christus, aber ihr Herz ist bei Belial. Ach, diese Menschen liegen mir schwer auf der Seele!

Sei aufrichtig! Wenn dich die Wahrheit auch nicht weiterbrächte als bis zur Verzweiflung, so bleibe lieber in der Verzweiflung als dabei, durch die Lüge eine Hoffnung erfüllt zu sehen. Betrüge nicht dich selbst und andere! Nähre dich nur von der Wahrheit. Bedenke, wenn du nur mit Holz, Heu und Stroh von Meinungen baust, so sammelst du nichts als Material zu deinem eigenen Scheiterhaufen für jenen Tag, an dem das Feuer alle verschlingen wird, welche die Lüge lieben und tun.

„Und wie Mose in der Wüste die Schlange erhöhte, also muß des Menschen Sohn erhöht werden."   Johannes 3,14

Unser Schriftwort sagt, daß Mose die Schlange erhöhte, und wir lesen in 4. Mose 21,9, daß sie auf eine Panierstange gehängt wurde.

Teure Freunde, auch Jesus Christus mußte erhöht werden, und er ist erhöht worden. Böse Menschen haben ihn erhöht, als sie ihn mit Nägeln an das Fluchholz hefteten, ihn kreuzigten. Gott, der Vater, hat ihn erhöht, denn er hat ihn sehr hoch erhoben, weit über alle Herrschaften und Fürstentümer.

Aber des Predigers Aufgabe ist, ihn gleichfalls zu erhöhen. Es gibt manche Diener des Evangeliums, die es vergessen haben, daß darin ihre Aufgabe in dieser Welt besteht. Denkt einmal, Mose hätte damals, als er den göttlichen Befehl bekam, die Schlange aufzuhängen, bei sich gesagt: „Ich sollte, ehe ich sie erhöhe, einige erläuternde Bemerkungen für das Volk vorausschicken. Ich will um die eherne Schlange her ein paar goldene Mäntel aufhängen und silbergestickte Vorhänge und Teppiche davor ausbreiten, damit keine ungeweihten Blicke darauf fallen. Danach will ich versuchen, es ihnen verständlich zu machen."

Das ist das, was manche Prediger unserer und früherer Zeit tun wollen. „Die Bibel", sagt eine gewisse Kirche, „darf nicht vom gemeinen Volk gelesen werden! Wie könnte es Gottes Wort verstehen? Nein, umhüllt die eherne Schlange, umhüllt sie mit einem Teppich, laßt sie nicht offen stehen!"

Nein, das einzige, was wir zu tun haben, ist, den gekreuzigten Christus zu erhöhen und den Sündern zuzurufen: „Glaube an den, der das Lamm Gottes ist, welches die Sünde der Welt wegnimmt!"

7. Mai

„Wie eine Lilie unter den Dornen, so ist meine Freundin unter den Töchtern!"

Hohelied 2,1-2

Viele Gläubige befinden sich in Familien, wo sie nicht mehr geschätzt werden als die Lilie von den Dornen. Heilige lieben heilige Gesellschaft, aber oft müssen sie allein stehen.

Aber Gott übersieht sie nicht; er besucht diejenigen, die von seinen Dienern übersehen werden. Wenn Menschen dich nicht sehen, du einsamer Gläubiger, kannst du trotzdem sagen: „Du, Gott, siehst mich!"

Die Dornen können die Lilie in ihrem Wachstum hindern. Ebenso ergeht es einem echten Christen in der Umgebung von Ungläubigen. Doch durch Gottes Gnade lebt und wächst er. Ihr wißt, wie der gute Same wegen der Dornen nicht wachsen konnte, sondern das kleine Pflänzchen durch sie erstickt wurde. Aber hier ist ein guter Same, ein köstlicher Halm, der blüht, wo ihr es nicht erwartet hättet.

Wir würden dem Text nicht gerecht werden, wenn wir es unterließen, eine Erinnerung an die Verfolgung darin zu sehen, die viele der besten Kinder Gottes erleiden müssen. Sie müssen ihr ganzes Leben gleich einer Lilie inmitten der Dornen zubringen. Einige unter euch befinden sich in dieser Lage. Ihr könnt kaum ein Wort sprechen, das nicht sogleich aufgefangen und euch zum Unglück verwandt wird. Heute können euch die Verfolger nicht an den Galgen hängen; aber die alte Trübsal grausamen Spottes besteht noch; in manchen Fällen wütet sie noch schlimmer als sonst. Gottes Volk ist zu allen Zeiten verfolgt worden; warum sollte es euch anders ergehen?

Tragt die Lasten, die ihr mit allen Erwählten gemeinsam habt, im rechten Geist! Die Lilie inmitten der Dornen sollte sich freuen, daß sie eine Lilie und kein Dorn ist; und wenn sie verwundet wird, so sollte sie das als ganz natürlich betrachten und getrost weiterblühen.

„Wie eine Lilie unter den Dornen, so ist meine Freundin unter den Töchtern."
Hohelied 2,1-2

Sagt unser Herr nicht von den Lilien des Feldes, daß selbst Salomo in all seiner Herrlichkeit nicht bekleidet gewesen ist wie sie? Und wenn ich der Lilien Christi gedenke, die mit seiner eigenen Gerechtigkeit geschmückt sind und sein Bild an sich tragen, fühle ich mich geneigt, die Worte des Herrn zu wiederholen. Der Herr will sagen, daß, wenn die Weltmenschen in ihrem besten Zustand, in ihrer schönsten Kleidung, in ihrer Herrlichkeit und Pracht prangen, sie im Vergleich zu seiner Gemeinde nur Dornen sind. Obwohl die Gemeinde so klein, so arm und verachtet scheint, ist sie doch reicher und größer als alle Fürsten und Reiche und Herrlichkeiten der Erde. Die Dornen sind wertlos; sie wachsen und breiten sich aus, sie hindern das Land, aber sie bringen keine Frucht und wachsen nur, um für das Feuer als Nahrung zu dienen. Die Lilie jedoch ist eine Schönheit und eine beständige Freude für jedermann. Sie verbreitet einen angenehmen Duft und ziert den Raum, in welchem sie steht.

Die Dornen sind eine Frucht der Sünde. Die Lilien dagegen sind ein Bild des Segens, wie auch ein wahrer Gläubiger ein Segen ist. Der Christ gleicht einer Lilie, die niemand sticht und doch unter denen lebt, die voll Schärfe und Spitzen sind. Sein Ton, sein Temperament und sein Auftreten zeugen von seiner königlichen Abstammung, wenn der Geist Gottes wirklich in ihm ist. Im Verhältnis zur Welt ist der Christ wie eine Lilie inmitten der Dornen.

Befindet sich diese liebliche Blume in solcher Gesellschaft nicht am falschen Platz? Christus sagte: „Ich sende euch wie Schafe mitten unter die Wölfe." Es ist sehr angenehm, wie ein Schaf unter Schafen zu sein, mit ihnen unter den Augen des Hirten auf grünen Auen zu weiden. Aber unsere Aufgabe ist es, mitten in der gottlosen Welt eine Lilie unter Dornen zu sein.

9. Mai

„Und der Herr sprach zu Abram: Geh aus von deinem Land und von deiner Verwandtschaft und von deines Vaters Hause in das Land, das ich dir zeigen will!"

1. Mose 12,1

Dieser Ruf an Abraham war ein Ruf zur Trennung. Beachtet also, daß die wirksame Berufung, wo immer sie zu einem Menschen kommt, ein trennendes Schwert ist, das ihn von alten Verbindungen abschneidet. Sie macht ihm bewußt, daß diese Welt nicht sein Vaterland ist und er in ihr als Fremdling lebt.

Oh, ich wünschte, alle Christen würden diese große Wahrheit glauben und praktizieren, daß sie nicht von der Welt sind, gleichwie Christus nicht von der Welt war. Der Versuch, ein weltlicher Christ oder ein christlicher Weltling zu sein, ist etwas Unmögliches. „Ihr könnt nicht Gott dienen und dem Mammon."

Der wahre Kern des christlichen Glaubens ist Absonderung von der Welt. Jesus Christus war ein Mensch unter Menschen und aß und trank, wie auch andere es taten. Er war kein Asket, sonderte sich nicht von den übrigen ab, sondern war ein vollkommener Mensch unter Menschen. Und doch, wie abgesondert von den Sündern lebte er! Ein Mensch, so verschieden von allen anderen, als ob er ein Engel unter einer Truppe Teufel gewesen wäre. So müssen wir sein. Geht zur Fabrik und ins Büro, zur Familie und auf den Markt, aber nehmt bei all eurem Umgang mit Menschen nicht ihre Grundsätze an und gehorcht nicht dem Dämon, der sie regiert.

„Ich bitte nicht, daß du sie aus der Welt nehmest, sondern daß du sie bewahrest vor dem Argen."

Bewahrt vor dem Bösen werdet ihr geistlich das ausführen, was Abraham buchstäblich tat. Ihr werdet aus eurer Verwandtschaft und aus eures Vaters Haus unter dem Einfluß der göttlichen Berufung hinausgehen.

10. Mai

„Er sprach: Was haben sie in deinem Hause gesehen? Hiskia sprach:
Sie haben alles gesehen, was in meinem Hause ist." 2. Könige 20,15

Hiskia hätte die Gesandten des Königs von Babel mit gebührender
Höflichkeit empfangen und ihr Kommen als eine Gelegenheit betrachten sollen, den götzendienerischen Babyloniern gegenüber ein
Zeugnis von dem wahren Gott Israels abzulegen. Auf die Frage des
Propheten Jesaja hätte er dann antworten können: „Ich habe ihnen
von den mächtigen Taten des Herrn erzählt, ich habe seinen Ruhm
verkündet und sie nach ihrem Land zurückgesandt, um überall zu
erzählen, daß der Herr, der allmächtige Gott, regiert." Er hätte sehr
vorsichtig mit diesen Männern umgehen sollen; sie waren ja Götzendiener und deshalb keine passende Gesellschaft für die Anbeter
Gottes. Als sie zu ihm kamen, hätte er fühlen sollen: Hier bin ich in
Gefahr, wie wir empfinden würden, wenn wir uns unter Pestkran-
ken befänden. Er hätte sich außerdem hüten müssen, mit seiner
eigenen Macht zu prahlen, da es klar war, daß die gewirkten Wunder nicht zu seiner Ehre, sondern allein zum Ruhm des Herrn geschehen waren. Er war es ja nicht gewesen, der das Heer der Assyrer
geschlagen hatte. Auch hatte er nicht die Sonne zurückgehen lassen
noch sich selbst heilen können; es war Gott allein, dem er alle Ehre
hätte zuschreiben müssen. Die Bibel bemerkt, daß sich Hiskia freute, die Gesandten von Babylon zu sehen. Es ist ein böses Zeichen,
wenn ein Christ Freude an der Gesellschaft von Weltmenschen hat.
Die Babylonier waren gemeine Götzendiener, und es war böse von
dem Knecht Gottes, sie an sein Herz zu drücken. „Ziehet nicht am
gleichen Joch mit Ungläubigen!" ist nicht nur auf das Heiraten an-
wendbar, sondern auf alle anderen vertraulichen Verbindungen. Ich
wollte als Christ nicht meinen Namen in einer Firma mit einem ungöttlichen Mann verbinden; denn ob ich will oder nicht, ich trage
dann die Verantwortung für seine Sünden vor Gott und Menschen
mit. Hier finden wir Hiskias erste Sünde – dieselbe Sünde, in die Jo-
saphat fiel, als er in Verbindung mit dem götzendienerischen König
Ahab Tarsisschiffe baute. Die Schiffe wurden zerbrochen; denn
wenn Gottes Diener mit Gottes Feinden Verbindungen eingehen,
können sie nur Unzufriedenheit erwarten.

11. Mai

„Was betrübst du dich, meine Seele, und bist so unruhig in mir? Harre auf Gott."

Psalm 42,6

Der Psalmdichter redet sich selbst an, als wäre er eine Doppelpersönlichkeit. Sein Glaube sucht seine Furcht zu beschwichtigen und seine Sorgen durch Beweisgründe zu vertreiben. Werden die gegenwärtigen Nöte immer dauern? Ist das Frohlocken der Feinde mehr als eitles Geschwätz? Ist meine Abwesenheit von den heiligen Festen eine lebenslängliche Verbannung? Warum diese tiefe Niedergeschlagenheit, diese feige Verzagtheit, diese glaubenslose Schwermut? Der Psalmdichter rüttelte sich selbst scheltend aus seinem düsteren Grämen auf, und darin ist er ein Vorbild für alle, die dem Verzagen nahe sind.

Die Ursache unseres Kummers zu erforschen ist oft das beste Heilmittel. Es ist ein großes Elend, wenn man sich selbst nicht kennt noch versteht. Der Nebel der Unwissenheit vergrößert die Ursache unseres Schreckens. Bei klarerem Blick schrumpft das Ungeheuerliche in eine unbedeutende Kleinigkeit zusammen.

Warum bist du so unruhig in mir? Warum bin ich aufgeregt wie ein vom Sturm zerwühltes Meer, und warum toben meine Gedanken in mir wie eine aufrührerische Volksmenge? So traurig, wie meine Lage auch ist, so rechtfertigt sie doch nicht, daß ich mich widerstandslos der Verzweiflung hingebe. Auf, mein Herz! Was soll das Trauern? Zeige dich als Mann, so wirst du aus deiner tiefen Niedergeschlagenheit aufgerichtet werden und aus der quellenden Unruhe zu stillem Frieden kommen. Harre auf Gott!

Wohl wird das Harren uns ungeduldigen Menschen schwer, aber es bringt köstlichen Gewinn. Gott ist unwandelbar, und darum ist seine Gnade der Grund unbeweglicher Hoffnung. Ist es auf Erden auch ganz finster, so wird der Tag doch wieder dämmern, und inzwischen blinken am nächtlichen Himmel die Sterne. Die Lampe der Hoffnung ist nicht davon abhängig, daß ihr von außen Öl zugeführt wird; ihr Licht wird durch die Gnade Gottes gespeist, welche den Mut stets neu belebt. Die Hoffnung weiß, was ihr als Besitz verbrieft ist, wenn sie auch die Urkunde manchmal nicht deutlich lesen kann.

12. Mai

„Keiner ist, den seine Bosheit gereue, der da spräche: Was habe ich getan!"

Jeremia 8,6

Nur wenige Menschen unterziehen sich der Mühe, ihren Lebenslauf zu überdenken. Die meisten sind so nahe daran, bankrott zu machen, daß sie sich schämen, ihre Bücher durchzusehen. Die große Masse der Menschen gleicht dem einfältigen Strauß, der, wenn er von den Jägern verfolgt wird, den Kopf im Sand begräbt, seine Augen schließt und dann glaubt, er sei in Sicherheit, weil er seine Verfolger nicht mehr sieht.

Aber bedenke, mein Freund, daß dir eine solche Untersuchung deines Lebens nicht den geringsten Schaden bringen kann. Kein Kaufmann ist je dadurch ärmer geworden, daß er seine Bücher durchgesehen hat. Er mag herausfinden, daß er ärmer ist, als er dachte, aber die Durchsicht seiner Rechnungen ist es nicht, was ihn ärmer gemacht hat. Es ist besser, in die Vergangenheit zu blicken, solange sich noch etwas ändern läßt, als mit verbundenen Augen in der Hoffnung weiterzugehen, die Tore des Paradieses zu erreichen und erst dann zu merken, daß man im Irrtum war. Man kann nichts dadurch verlieren, daß man Inventur macht, und eine kleine Selbstprüfung kann einem durchaus keinen Schaden bringen. Bedenke auch, daß die Zeit, die du zu einer solchen Selbstprüfung hast, sehr kurz ist. Bald wirst du das große Geheimnis wissen. Meine Worte sind vielleicht nicht hart genug, um dir die Maske abzureißen. Aber es gibt einen, Tod genannt, der sich keine Komplimente sagen lassen wird. Du magst heute wie ein Heiliger einhergehen; aber der Tod wird dir bald dein geborgtes Gewand fortnehmen und dich vor Gottes Richterstuhl stellen. Bedenke auch, daß, wenn du dich auch selbst betrügen magst, du doch nie deinen Gott täuschen kannst. Du magst falsche Gewichte benützen, und die Waagschale, in der du dich wiegst, mag nicht die Wahrheit sagen; aber wenn Gott dich prüft, so wird er nicht durch die Finger sehen.

Möge Gott diese Ermahnungen an unseren Seelen segnen und dazu dienen lassen, daß wir uns alle die Frage stellen: „Was habe ich getan?"

13. Mai

„Derselbe wird mich verherrlichen; denn von dem Meinigen wird er es nehmen und euch verkündigen." Johannes 16,14

Wenn wir erkennen wollen, in welcher Verbindung das Werk des Geistes mit dem Werk Christi steht, müssen wir daran denken, daß es die Aufgabe des Geistes ist, von dem Herrn zu zeugen. Er kommt zu den Menschen, damit die Menschen zu dem Herrn Jesus kommen. Glaubt nicht, daß der Geist Gottes gekommen ist, um ein neues Evangelium oder etwas, was nicht in der Schrift geschrieben steht, zu verkündigen. Menschen mögen mit ihren Torheiten und Einbildungen kommen und sagen, diese seien ihnen von dem Heiligen Geist eingegeben; ich verabscheue solche gotteslästerliche Frechheit und schenke ihr nicht einen Augenblick Gehör.

Es fehlt uns nicht an Hinweisen, wodurch wir erkennen können, ob die, die beanspruchen, durch den Heiligen Geist zu reden, es auch wirklich tun. Der Heilige Geist gebraucht zur Überzeugung und Belehrung die Predigt des Wortes Gottes. Seine gewöhnliche Wirkungsweise ist, den Sinn auf göttliche Dinge zu richten und im menschlichen Gedächtnis längst vergessene Dinge zu beleben und zur Berührung von Herz und Gewissen zu benutzen. Es ist die einzige Aufgabe des Geistes, Christus an uns und in uns zu offenbaren und uns in das Bild Christi umzugestalten. Er ist nicht darauf aus, uns nach diesem oder jenem Ideal zu bilden, sondern er will uns Christus ähnlich machen. Der Herr Jesus ist das Modell, nach dem uns der Heilige Geist durch seine Tätigkeit bilden will, bis wir „in sein Bild" verwandelt sind. Der Heilige Geist wirkt niemals zur Verherrlichung einer Gemeinde oder Gemeinschaft, nicht für die Ehre eines Menschen oder die Auszeichnung einer Sekte. Sein einziges großes Ziel ist die Verherrlichung Jesu. Da der Heilige Geist einzig und allein auf Jesus aufmerksam macht, werden wir mehr und mehr dahin geführt, unseren hochgelobten Heiland zu lieben und ihn anzubeten. Ihr seht also, wie das Werk Jesu und das Werk des Heiligen Geistes unzertrennlich miteinander verbunden sind.

14. Mai

„Derselbe wird mich verherrlichen; denn von dem Meinigen wird er es nehmen und euch verkündigen."   Johannes 16,14

Laßt uns diesen Prüfstein zuerst auf den Dienst am Wort anwenden. Es gibt eine Klasse von Brüdern, die vor allem darauf aus sind, bestimmte Erfahrungen zu verherrlichen. Wenn du so oder so gefühlt hast, ist kein Ausdruck des Lobes zu stark für dich. Bist du aber in einer anderen Weise, auf einem anderen Pfad, geführt worden, dann hast du nach dem Urteil dieser Brüder nie etwas vom lebendigen Christentum erfahren. Sie halten sich ebenso vertraut mit den Geheimnissen des Himmels wie der Papst, und in ihren kleinen Gebieten sind sie nicht minder unfehlbar als er. Manche dieser Brüder sind vielleicht durch eine tiefe, schreckliche Erfahrung gegangen; sie haben in großen Sünden gelebt und sind ihrem Herrn untreu gewesen. Aber sie stellen ihre Erfahrung als Modell auf und sagen, wir seien keine Christen, wenn wir nicht genau dieselbe Erfahrung gemacht haben. Ich möchte kein Wort gegen Erfahrungschristentum reden, sondern halte die Erfahrung für sehr wichtig. Es muß aber eine Erfahrung von dem Herrn Jesus sein. Bei aller Verkündigung, die nicht zu einer Erfahrung führt, die Christus verherrlicht, habe ich Zweifel, ob sie vom Heiligen Geist geleitet ist.

Denkt daran, liebe Brüder, daß wir verflucht sind, wenn wir fortwährend „Moral" lehren, wenn es bei uns heißt, daß wir errettet werden, wenn wir nur dies oder das tun. Ihr solltet sofort diese Synagogen verlassen, denn wo die Werke des Fleisches und nicht das vollendete Werk Christi erhöht wird, wo das Tun, der Wille, die Gebete und Gefühle des Menschen an die Stelle des Blutes und der Gerechtigkeit unseres Herrn Jesus gestellt werden, da ist der Heilige Geist nicht wirksam. Wenn wir einst auf dem Sterbebett liegen, werden wir mit großer Traurigkeit auf jedes Wort zurückblicken, mit dem wir eine Sekte verherrlicht oder auf Kosten unseres Herrn ein Sakrament erhoben haben.

15. Mai

„Derselbe wird mich verherrlichen; denn von dem Meinen wird er es nehmen und euch verkündigen."   Johannes 16,14

Nachdem wir die Verkündigung an diesem Prüfstein untersucht haben, möchten wir ihn auf die Lehren anwenden. Im Arminianismus, einem Gemisch von Wahrheit und Irrtum, ist die Lehre vertreten, daß Gläubige aus der Gnade fallen können, eine Lehre, die entehrender für Christus ist, als ich es auszusprechen vermag. Sie legt meiner Meinung nach ihren schwarzen, rußigen Finger geradezu unter das Wappenschild unseres Herrn und verspottet ihn vor der ganzen Welt als einen, der wohl anfängt zu bauen, aber nicht imstande ist, den Bau fertigzustellen. Diese Lehre wirft einen Schatten auf die Macht unseres Herrn. Er hat gesagt: „Ich gebe ihnen ewiges Leben, und sie werden in Ewigkeit nicht umkommen, und niemand wird sie aus meiner Hand reißen." Aber nach dieser Lehre, die ein Fleck auf der Wahrhaftigkeit unseres Herrn ist, gehen die Schafe des guten Hirten dennoch verloren. Die Lehre, daß wir aus den Händen Christi fallen können, wirft einen solchen Makel auf das Wesen Christi, daß er demnach unseres Vertrauens nicht würdig wäre. Wer beweisen könnte, daß einer, der wirklich in Christus war, abgefallen und verloren gegangen ist, würde beweisen, daß unser Herr nicht „die Wahrheit" ist. Wenn das Kind Gottes enterbt werden, wenn Christus seine Braut verlassen, wenn der gute Hirte sein Schaf verlieren könnte, wenn die Glieder des Leibes Christi abgeschnitten werden oder verfaulen könnten – dann wüßte ich weder, was die Schrift lehrte, noch könnte ich begreifen, wie Christus es wert wäre, die Zuversicht der Gläubigen zu sein. Wenn in einer Lehre Christus entehrt und viel aus der Tüchtigkeit des Menschen gemacht wird, ist diese Lehre falsch und gefährlich. Wenn dagegen eine Lehre dazu dient, den Menschen in den Staub zu ziehen und ihn zu Christus als zu seinem Heiland, dem Anfang und Ende seiner Seligkeit, emporzuziehen, so ist mit Gewißheit zu sagen, daß diese Lehre vom Heiligen Geist ist, denn er wird Christum verherrlichen.

16. Mai

„Derselbe wird mich verherrlichen; denn von dem Meinen wird er es nehmen und euch verkündigen." Johannes 16,14

Es ist das höchste Ziel des Heiligen Geistes, Christus zu verherrlichen. Brüder, was der Heilige Geist tut, ist unserer Nachahmung würdig. Laßt uns darum bestrebt sein, Christus zu verherrlichen. Was Christus nicht verherrlicht, ist nicht vom Heiligen Geist; und was vom Heiligen Geist ist, das ehrt unabwendbar unseren Herrn Jesus. Behaltet diese Wahrheit bei allen Tröstungen im Auge. Wenn irgendein Trost, den ihr nötig habt, Christus nicht verherrlicht, so betrachtet ihn argwöhnisch. Wenn ein scheinbar frommer Mann zu euch von einer Wahrheit spricht, von der er sagt, daß sie wertvoll sei, und ihr findet nicht, daß sie Christum ehrt, so weist sie ab. Es ist eine vergiftete Süßigkeit, die euch einen Augenblick entzücken kann, aber eure Seele verdirbt, wenn ihr daran teilnehmt. Wertvoll sind nur die Tröstungen, die von Christus sprechen, die Tröstungen, die in seiner Person, in seinem Wort, in seinem Blut, in seiner Auferstehung und seiner Herrlichkeit ihren Ursprung haben.

Wir sollten auch alle neuen religiösen Bewegungen nach diesem Maßstab beurteilen. Wenn sie vom Heiligen Geist herrühren, verherrlichen sie Christus. Es entstehen hin und wieder große Bewegungen, und wir sind geneigt, hoffnungsvoll darauf zu blicken, denn jede Bewegung ist besser als Erstarrung. Aber mit der Zeit fragen wir uns mit heiliger Eifersucht, welches wohl ihre Wirkungen sein mögen. Wie sollen wir sie beurteilen? Welchen Prüfstein sollen wir anlegen? Hier ist er: Wird die Verherrlichung unseres Herrn durch die Bewegung erstrebt? Wird Christus verkündigt? Werden Menschen allein auf Christus hingewiesen? Beurteilt jede Bewegung nicht nach denen, die ihr nachlaufen, auch nicht nach denen, die sie bewundern und loben, sondern nach diesem Wort unseres Herrn: „Er wird mich verherrlichen."

143

17. Mai

*„Und er nahm sie in jener Stunde der Nacht zu sich und wusch ihnen
die Striemen ab und ließ sich auf der Stelle taufen, er samt den Seini-
gen."*
Apostelgeschichte 16,33

Gestattet mir heute, euch daran zu erinnern, daß hinausgeschobene
Pflichten Sünden sind. Wollt ihr das mit nach Hause nehmen, die
ihr seit Jahren gläubig und noch nicht getauft seid? Gestattet mir,
euch auch daran zu erinnern, daß hinausgeschobene Vorrechte Verluste sind.

„Warum denn soviel über die Taufe sprechen?" sagt jemand. Viel
über die Taufe? Ich könnte mit viel größerem Recht getadelt werden, daß ich so wenig darüber sage. Ich rufe euch alle als Zeugen
dafür auf, daß ich, wenn mir die Taufe nicht in der Schrift in den
Weg kommt, nie von meinem Text abweiche, um sie heranzuziehen.
Ich bin kein Parteigänger. Ich habe die Taufe nie zu meiner Haupt-
lehre gemacht. Gott verhüte, daß ich es jemals tue. Aber ich werde
mich nicht daran hindern lassen, die ganze Wahrheit zu predigen.
Hier hat der Heilige Geist die Taufe verzeichnet. Wollt ihr gering
von dem denken, was er zu berichten für gut befindet? Paulus und
Silas, der Apostel und sein Gefährte, wagten es nicht, Gottes Anordnung zu vernachlässigen. Wie dürft ihr es wagen, sie zu verachten?

Es war mitten in der Nacht; es war in einem Gefängnis. Wenn sie
jemals außer acht gelassen werden konnte, so hätte es sicherlich
dort geschehen können. Es war kein rühmlicher Ort, die Taufe zu
vollziehen. Es war auch keine besonders geeignete Stunde; aber sie
hielten es für so wichtig, daß sie da und dann die Taufe an dem ganzen Haus vollzogen. Wenn dies Gottes Befehl ist – ich glaube allen
Ernstes, daß es so ist –, dann verachtet ihn nicht!

Der Kerkermeister und sein Haus ließen sich sofort taufen. In jenen Tagen hatte niemand irgendwelchen Skrupel oder Einwürfe gegen den Gehorsam zu machen; alle waren dem göttlichen Willen gehorsam. Keiner schrak vor der Taufe zurück aus Furcht, daß das
Wasser seiner Gesundheit schaden oder ihm irgendwelches Unbeha-
gen bereiten könne; sondern er und die Seinen erfüllten den einfachen Wunsch des Herrn und ließen sich auf der Stelle taufen.

18. Mai

„Und er führte sie in sein Haus, deckte den Tisch und frohlockte, daß
er mit seinem ganzen Hause an Gott gläubig geworden war."

Apostelgeschichte 16,34

Wir haben hier ein ganzes Haus vor uns, das für Gott tätig wird. Der
Vater forderte Licht, und die Knechte brachten Fackeln und Lan-
pen, wie sie in den Gefängnissen gebraucht wurden. Er nahm seine
Gefangenen in derselben Stunde der Nacht in sein Haus auf und
wusch ihnen die Striemen ab. Hier ist Arbeit für ihn und Arbeit für
zartere Hände, um die Schmerzen jener blutenden Rücken zu lin-
dern. Hier gab es eine passende Beschäftigung für die Mutter und
für die Dienerschaft, denn es galt, den Boten Jesu Speise vorzuset-
zen. Die Küche wurde geheiligt, um den Bedürfnissen der Diener
Christi zu dienen.

Das ganze Haus war in jener Nacht rege. Sie glaubten alle und
waren getauft worden, und ihre erste Frage war: „Was können wir
für Jesus tun?" Es war ihnen klar, daß sie den beiden Männern helfen konnten, die sie zu Christus geführt hatten, und das taten sie in
herzlicher Liebe. Keine Martha hatte zu klagen, daß ihre Schwester
sie allein dienen ließ. Ich bin überzeugt, daß nicht ein Familienglied
da war, das sich von der angenehmen Pflicht der Gastfreundschaft
ausschloß, obgleich es mitten in der Nacht war.

Sie hatten das Mahl bald fertig, und wie wohl war ihnen zumute,
als sie die beiden heiligen Männer betrachteten, die sich nun zu Ti-
sche setzen, anstatt ihre Füße noch länger im Stock haben zu müssen.

Nun, es ist eine große Gnade, wenn eine ganze Familie gerettet
und getauft wird und wenn das ganze Haus tätig wird, um Gott zu
dienen; denn es gibt für alle etwas zu tun. Wir hören auf zu wachsen, wenn wir aufhören, für den Herrn zu arbeiten oder zu leiden.

Selbst unsere Kinder können, wenn sie gerettet sind, etwas für
den Meister tun. Das junge Kind, das versucht, dem Bruder oder
der Schwester von dem Heiland zu erzählen, ist der rechte Missio-
nar des Kreuzes. Wir sollten unsere Kinder so erziehen wie die
Spartaner, die ihre Söhne früh für kriegerische Unternehmungen erzogen.

19. Mai

„Und er frohlockte, daß er mit seinem ganzen Hause an Gott gläubig geworden war."
Apostelgeschichte 16,34

Diese Familie freute sich, weil sie an Gott gläubig geworden war. Der Glaube erlangt die Vergebung aller Sünden und schenkt uns die Gerechtigkeit Christi; er erklärt uns zu Kindern Gottes, schenkt uns seinen Segen hier und die Herrlichkeit droben – wer wollte sich darüber nicht freuen? Wenn der Familie ein Vermögen zugefallen wäre, würde sie sich auch gefreut haben. Aber darin, daß sie den Herrn Jesus gefunden hatten, hatten sie mehr als alle Reichtümer der Welt gewonnen, und darüber freuten sie sich.

Aber obgleich ihre Freude hauptsächlich ihrem Glauben entsprang, hing sie doch auch damit zusammen, daß sie getauft worden waren; denn lesen wir nicht von dem Kämmerer, daß er, nachdem er getauft worden war, seine Straße fröhlich zog? Gott gibt oft denen einen klaren Himmel, die seinen Befehlen gehorsam sind. Ich habe Leute gekannt, die lange Zeit allerlei Zweifeln unterworfen gewesen waren, plötzlich aber vor Freuden springen konnten und neue Kräfte empfanden, nachdem sie getan hatten, was ihnen ihr Herr befohlen hatte. Sie freuten sich ohne Zweifel auch, weil sie Gelegenheit bekommen hatten, dem Herrn zu dienen. Es machte ihnen Freude, Paulus an ihrem Tisch zu sehen. Sie waren sehr betrübt darüber, daß er eingekerkert worden war, wenn sie sich auch freuten, daß sie ihm seine Wunden waschen konnten.

Christen sind nie so glücklich, als wenn sie für Jesus beschäftigt sind. Je mehr ihr für den Herrn Jesus tut, desto mehr fühlt ihr seine Liebe in euren Herzen. Freut euch, Brüder, daß ihr euch nützlich machen und Christi Namen verherrlichen könnt!

Das ganze Haus wurde zu einem heiligen und zu einem glücklichen Haus. Es ist wahr, sie hatten, wie die Welt sagen würde, eine traurige Zukunft vor sich; denn sie mußten damit rechnen, verfolgt zu werden und viel zu leiden. Wenn sie gewußt hätten, daß sie den Tod würden erleiden müssen, weil sie gläubig geworden waren, so hätten sie sich dennoch gefreut; denn einen Heiland zu haben, ist für gläubige Seelen eine Quelle der Dankbarkeit.

146

„Die auf ihn blicken, werden strahlen, und ihr Angesicht wird nicht er-
röten." Psalm 34,6

Laßt uns den Herrn Jesus in seinem Leben ansehen. Hierin findet
der schwer geprüfte Christ die beste Erquickung und den zuverläs-
sigsten Trost. In der Geduld und im Leiden Jesu finden wir herrliche Sterne, die das mitternächtliche Dunkel am Himmel unserer
Trübsal erhellen. Kommt her, ihr Kinder Gottes! Welcherart eure
Trübsale auch sein mögen – seien sie nun zeitlicher oder geistlicher
Art –: Ihr werdet im Leben und Leiden des Herrn Freude und Trost
finden, wenn jetzt der Heilige Geist eure Augen öffnet, so daß ihr
ihn erblickt.

Vielleicht befinden sich unter euch einige, die unter Armut seuf-
zen. Sieh den Herrn Jesus an, du armer, gebeugter Bruder, so wirst
du erheitert. Sieh ihn dort! Vierzig Tage fastet und hungert er. Sieh
ihn wieder, wie er müde auf der Straße wandert und sich zuletzt auf
den Rand des Brunnens zu Sichar setzt. Er, der Herr der Herrlichkeit, der die Welt in seiner Hand hält, sprach zu einem Weibe: „Gib
mir zu trinken!" Soll der Jünger über seinen Meister sein und der
Knecht über seinen Herrn? Hat der Herr Jesus Hunger und Durst
erduldet, dann sei guten Mutes; denn in all dem bist du sein Gefährte. Sei getrost und sieh auf ihn, so wirst du erheitert werden.

Vielleicht ist eure Trübsal anderer Art. Vielleicht seid ihr verleum-
det worden. Euer Ruf, obgleich rein und fleckenlos gewesen, scheint
vor den Menschen vernichtet. Das ist wirklich ein harter Schlag,
doch für alles dies findest du Trost in Christus. Komm und sieh ihn
an, so wirst du erheitert. Der König der Könige wurde ein Samariter
genannt; man sagte von ihm, er habe den Teufel und sei von Sin-
nen. War er nicht allezeit rein und heilig? Dennoch nannte man ihn
einen Fresser und Weinsäufer.

Vielleicht liest diese Zeilen jemand, der von Menschen verfolgt
wird und dessen Freunde ihm zu Widersachern geworden sind. Lieber Christ, bedenke, wie man den Herrn Jesus verfolgte. Ist es dir
schlechter ergangen als ihm? Warum solltest du dich schämen,
ebenso verunehrt zu werden wie dein Meister?

21. Mai

„Es ist einem Manne gut, in seiner Jugend das Joch zu tragen."

Klagelieder 3,27

Wenn es mir möglich wäre, es jedem jungen Christen leicht zu machen, dem Herrn zu dienen, so würde ich es doch nicht tun. Wenn es möglich wäre, das Predigen unter freiem Himmel zu einer sehr leichten Angelegenheit zu machen, so würde ich es nicht tun. Es ist für euch gut, daß ihr das Joch tragt. Es ist gut, daß euer Dienst Selbstverleugnung erfordert und eure Geduld prüft. Es ist gut für euch, daß eure Kinder in der Sonntagschule nicht sehr aufmerksam sind, wenn sie in eure Klasse kommen. Es ist gut für euch, daß die Menschen nicht stillstehen und sehr bescheiden zuhören, sondern daß euch Ungläubige häßliche Fragen vorlegen, wenn ihr auf der Straße predigt. Es ist ein gutes Ding für einen rechten Arbeiter, wenn der Teufel strebt, ihn niederzuwerfen; denn wenn Gott ihn hingestellt hat, so kann er nicht niedergeworfen werden. Aber der Versuch, ihn niederzuwerfen, wird ihm guttun, seine geistlichen Muskeln entwickeln und die Kräfte seiner Seele in Tätigkeit setzen. Ein sehr leichter Weg würde uns schädlich sein.

Betrachtet David, nachdem Samuel das Öl auf sein Haupt gegossen und ihn zum König über Juda gesalbt hat. Es wäre schlecht für ihn gewesen, wenn er die Zeit bis zu seiner offiziellen Anerkennung als König mit Schlafen ausgefüllt hätte. Aber bringt ihn an den Hof Sauls und laßt Saul den Wurfspieß nach ihm werfen; laßt ihn mit Goliath kämpfen; verbannt ihn anschließend und zwingt ihn, in Höhlen und Schlupfwinkeln zu leben und um sein Leben zu kämpfen, denn durch dieses Verfahren werdet ihr einen Helden erziehen, der imstande ist, Israel zu regieren. Er kommt auf den Thron und ist nicht mehr ein Jüngling, sondern ein Kriegsmann von Jugend an und bereit, die Philister zu schlagen. Es ist also gut, wenn man im Dienst für den Herrn Jesus durch Schwierigkeiten geübt wird.

„Ephraim sagt: Was sollen mir weiter die Götzen?"   Hosea 14,9

Ephraim, hattest du bisher viel mit Götzen zu tun? „Ja", sagt er mit Tränen in den Augen, „das hatte ich." Heuchler meinen weniger, als ihre Worte sagen, aber bei wahrhaft Bußfertigen ist es umgekehrt.

Vielleicht beten einige von euch auch irgendwelche Götzen an. Wir wollen in den Tempel eures Herzens gehen und sehen, ob wir dort einen falschen Gott entdecken können. Ich sehe da ein riesiges Götzenbild; es ist vergoldet und mit glänzenden Gewändern bekleidet. Seine Augen scheinen Edelsteine zu sein, und seine Stirn ist mit Saphiren geschmückt. Aber wenn man einen Blick in das Innere des hohlen Schaugepränges wirft, wird man darin alle Arten von Schmutz und Fäulnis finden, obwohl die Außenseite des Abgottes so geschickt geschmückt ist, daß man sich in ihn verlieben könnte. Sein Name ist Selbstgerechtigkeit.

Ich gedenke der Zeit, in der ich dieses Bild anzubeten pflegte, bis ich eines Morgens feststellte, daß meinem Abgott der Kopf abgeschlagen war, daß er seine Hände verloren hatte und vom Wurm zerfressen war. Mein Gott, den ich verehrt und dem ich vertraut hatte, zeigte sich nun als ein Haufen Dung und Dreck.

Leider gibt es viele, die eine solche Offenbarung nie erlebt haben. Ihr Götzenbild ist noch in einem vortrefflichen Zustand. Um Weihnachten gerät es ein wenig in Unordnung, und sie fühlen, daß sie sich nicht so betrugen, wie sie sollten, als die Flasche so frei herumging. Aber sie haben dann den Goldschmied herbeigerufen, das Götzenbild neu mit Gold zu überziehen. Gingen sie nicht am Weihnachtsmorgen in die Kirche und brachten alles wieder zurecht? Haben sie nicht besondere Gebete hergesagt und etwas mehr Almosen gegeben? Sie haben ihren Gott neu poliert, und er sieht wieder recht respektabel aus.

Erst wenn das Evangelium Jesu Christi in die Seele eindringt, beginnt dieser wundervolle Abgott sich zu beugen, und wie Dagon, der vor der Lade des Herrn zerbrochen wurde, wird die Selbstgerechtigkeit zertrümmert.

Oh, daß jeder Verehrer dieses Gottes dahin gebracht würde zu sagen: „Was sollen mir weiter die Götzen?"

23. Mai

„Es standen aber die Knechte und Diener um ein Kohlenfeuer, das sie gemacht hatten – denn es war kalt – und wärmten sich; Petrus aber trat auch zu ihnen und wärmte sich."

Johannes 18,18

Daß die Diener des Hohenpriesters in der kalten Nacht ein Feuer machten und sich wärmten, ist nicht zu verwundern. Aber unbegreiflich ist es, daß Petrus bei ihnen stand und sich wärmte. Er ging an das Feuer, weil er dachte, er müßte es wie die anderen machen, um keinen Argwohn zu erregen. Aber das Licht des Feuers schien ihm ins Gesicht, einer der Umstehenden erkannte ihn und sagte: „Bist nicht auch du einer seiner Jünger?" So schwach sein Glaube auch war, so liebte er doch seinen Herrn und wollte ihn nicht verlassen. Trotzdem hatte er nicht den Mut, sich zu ihm zu bekennen. Niemand konnte ja annehmen, ein Anhänger Jesu werde sich behaglich die Hände wärmen, während sein Herr mit Hohn und Spott überschüttet wurde.

Manche Christen wärmen sich an dem Feuer der Ehre. Sie wollen um jeden Preis geachtet und geehrt sein, und um diesen Preis belasten sie ihr Gewissen und handeln gegen ihre Grundsätze. Wie können aber Jünger des Herrn, der verachtet und verspottet wurde, um den Beifall der Menschen buhlen und die Wahrheit preisgeben, um sich beliebt zu machen? Sooft wir vor dem Hohn der Gottlosen unsere Fahne sinken lassen, wünschen wir, besser daran zu sein als unser Herr, und das ist eine niedrige Gesinnung. Sooft wir aus Furcht vor Spott nicht Zeugnis ablegen oder aus Trägheit und Bequemlichkeit unsere Arbeit unterlassen, sooft wir den Lüsten des Fleisches frönen, sooft wir Ehre suchen, wo er Schande erduldete – dann sitzen wir wie Petrus unter dem Pöbel; wir wärmen uns behaglich am Feuer, während unser Herr geschmäht und mißhandelt wird. Wußte Petrus nicht, daß böser Verkehr gute Sitten verdirbt? Wußte er nicht, daß die Männer, die seinen Herrn gefangengenommen hatten, kein passender Umgang für ihn waren? Solch ein Sich-Wärmen ist gefährlich. Lieber frieren, als sich die Hände verbrennen. Wenn ihr euch nicht in der Gesellschaft bewegen könnt, ohne eure Grundsätze zu verleugnen, so bleibt ihr ihr besser fern.

24. Mai

„Und der Herr wandte sich um und sah Petrus an. Da erinnerte sich Petrus an das Wort des Herrn ... Und er ging hinaus und weinte bitterlich."
Lukas 22,61-62

Die Wiederherstellung des Petrus wurde durch zwei äußere Mittel herbeigeführt. Ich denke gern an die seltsame Verbindung: das Krähen des Hahnes und der Blick des Herrn.

Ich sehe in diesem armen Hahn ein passendes Bild für mich selbst. Mein Predigen ist ein armseliges Krähen; aber ich hoffe, daß sich des Meisters Blick mit meiner schwachen Predigt verbinden wird.

Wenn du ausgehst und versuchst, eine Seele für Christus zu gewinnen, dann sage dir dabei: „Ich selbst bin unfähig, ein hartes, aufrührerisches Herz zu schmelzen; aber der Herr kann meine Worte gebrauchen."

In dem Blick des Herrn erkenne ich zuerst seine sorgende Liebe. Der Herr ist gebunden, er wird angeklagt, man hat ihn ins Gesicht geschlagen, aber seine Gedanken sind bei dem irrenden Petrus.

Gelobt sei sein Name, daß er immer ein Auge für sein Volk hat, ob er nun verachtet oder verherrlicht ist!

Ich betrachte gern seine grenzenlose Herablassung. Hätte unser Herr seinen Blick auf Johannes gerichtet, so würde uns das nicht verwundern. Aber der Herr blickt auf den, von dem wir uns unwillkürlich abgewandt hätten, nachdem er sich so jämmerlich betragen hat. Daß der Herr der Herrlichkeit einen Jünger ansieht, der ihn verleugnet hat, ist grenzenlose Herablassung.

Ich sehe in dem Blick des Herrn auch eine freundliche Weisheit. Er wußte am besten, was Petrus nötig hatte. So sprach er nicht zu ihm, sondern sah ihn an. Er hatte früher zu ihm gesprochen, und diese Stimme hatte ihn zum Menschenfischer gemacht. Jesus hatte Petrus die Hand gereicht, um ihn vor dem Ertrinken zu bewahren. Aber diesmal gibt er ihm weder Stimme noch Hand, sondern das, was Petrus jetzt braucht: Der Herr blickte Petrus an.

Wie weise wählt der Herr stets die Art, in welcher er seine Liebe ausdrückt, um das Beste in uns zu bewirken. Keine Worte hätten ausdrücken können, was in diesem Blick des Erbarmens lag.

151

25. Mai

„Und der Herr wandte sich um und sah Petrus an. Da erinnerte sich Petrus an das Wort des Herrn."

Lukas 22,61

Welch ein Anblick muß das für Petrus gewesen sein! Das Angesicht unseres Herrn trug die Spuren von Gethsemane. Sein Körper muß erschöpft gewesen sein, und seine ganze Erscheinung bot ein Bild des Leidens. Wenn ein Bild des Schmerzensmannes hätte gezeichnet werden sollen, so wäre dies der geeignete Augenblick gewesen, als sich der Herr umdrehte und Petrus ansah. Beim Fackellicht und der flackernden Flamme des Feuers im Hofe sah Petrus den leidenden Herrn, und dieses Bild grub sich tief in seine Seele ein. Er erblickte den Mann, den er liebte, wie er ihn nie zuvor gesehen hatte.

Es war derselbe Herr, mit dem Petrus auf dem Berg der Verklärung gewesen war. Obwohl das Antlitz des Herrn mit Blut befleckt war, so konnte Petrus doch erkennen, daß es derselbe Mann war, mit dem er drei Jahre lang vertraut gelebt hatte.

All dies muß in einem Augenblick die Seele des Petrus durchzuckt haben, und ich wundere mich nicht, daß er in der Erinnerung daran hinausging und bitterlich weinte. Er liebte seinen Herrn ja wirklich. Mit seinem Herzen hatte er den Herrn nicht verleugnet, sondern mit seiner vorschnellen Zunge. Nun zerfloß sein Herz vor Traurigkeit, daß er einen solchen Freund verleugnet hatte.

Der Herr machte Petrus keinen Vorwurf. Ein Blick genügte, um Petrus seine Torheit und des Meisters überlegene Weisheit deutlich zu machen. Wir lesen, daß Petrus an die Worte Jesu dachte: „Ehe der Hahn kräht, wirst du mich dreimal verleugnen!" Der Herr frischte mit seinem Blick das Gedächtnis des Petrus auf und richtete eine Mahnung an sein Gewissen. Aber dennoch war in den Augen des Herrn nur vergebende Liebe zu lesen, die ausdrückte: „Petrus, ich liebe dich dennoch! Du hast mich verleugnet, aber ich habe dich je und je geliebt und dir nicht den Rücken zugewandt."

Wenn ich daran denke, was mein Herz am ehesten brechen würde, wenn ich meinen Herrn so verleugnet hätte, so meine ich, wenn er zu mir spräche: „Wenn du mich auch verleugnet hast, liebe ich dich dennoch."

„Und er [Petrus] ging hinaus und weinte bitterlich."   Lukas 22,62

Petrus hatte vergessen, daß er ein Apostel war, und er hatte auch seines Herrn Gottheit vergessen. Er hatte den geraden Weg der Nachfolge verlassen und es selbst noch nicht einmal bemerkt. Der Blick des Herrn brachte ihn zu sich und bewirkte, daß Petrus seine Selbstsicherheit verlor. Er hatte sich in des Hohenpriesters Hof begeben, aber nun ging er hinaus. Er hatte keine Gefahr gespürt, obwohl er sich in der schlimmsten Gesellschaft befand. Was fragte er nach der Magd, die die Tür hütete? Gewiß war er zu sehr ein Mann, um auf ihre Bemerkungen zu achten. Was fragte er nach den Männern, die um das Feuer herumstanden? Es waren rauhe Gesellen; aber er war ein Fischer gewesen und durchaus imstande, es mit den Knechten des Priesters aufzunehmen. Aber jetzt ist das Selbstvertrauen geschwunden. Der Herr hatte Petrus angesehen, und Petrus mied jedes fernere Wagnis. Er zeigt nun den besseren Teil seiner Tapferkeit und verläßt mit großer Besonnenheit und Bestimmtheit die gefährliche Gesellschaft.

Wiederbelebung der Gnade im Herzen gibt der Vermessenheit den Todesstoß. Der Palast, in dem es seinem Herrn so schlecht erging, war kein passender Platz mehr für ihn. Petrus konnte sich nicht mehr am Feuer erwärmen und so tun, als sei nichts geschehen, während Jesus von seinen Feinden verspottet wurde. Er empfand jetzt, daß er nicht zu denen gehörte, die um das Feuer herumstanden. Er hatte nichts mit ihnen gemein; und eiligst verließ er ihre Gesellschaft.

Es ist gut für Gläubige zu fühlen, daß sie nicht von dieser Welt sind! Meidet den Ort, wo ihr gefallen seid! Geht hinaus, auch wenn ihr das gemütliche Feuer verlassen müßt. Besser in der Kälte sein als an dem Ort, wo eure Seele in Gefahr ist. Die Einsamkeit ist der rechte Platz für einen Bußfertigen. Draußen in der Finsternis ist es weit besser für dich als an dem Feuer, wo rohe Späße hin- und hergehen, während Christus verspottet wird.

27. Mai

„Kommet her zu mir alle, die ihr mühselig und beladen seid, so will ich euch erquicken!"

Matthäus 11,28

Jesus lädt alle ein, die mühselig und beladen sind, zu ihm zu kommen. Er will ihnen Ruhe geben. Er verheißt dies nicht denjenigen, die nur von ihm träumen. Sie müssen kommen. Sie müssen zu ihm kommen und nicht bloß zur Kirche, zur Taufe oder zu irgend etwas anderem neben seiner göttlichen Person. Als die eherne Schlange in der Wüste aufgerichtet war, sollten die Leute nicht Mose noch die Stiftshütte noch die Wolkensäule ansehen, sondern allein die eherne Schlange. Es genügte nicht, daß sie etwas von der ehernen Schlange wußten; jeder mußte sie für sich selbst ansehen. Wenn ein Mann krank ist, mag er viel von Arzneien verstehen, aber doch sterben, wenn er nicht wirklich die heilende Medizin einnimmt. Wir müssen den Herrn Jesus aufnehmen: „Allen denen aber, die ihn aufnahmen, gab er Vollmacht, Gottes Kinder zu werden." Christus darf uns keine Mythe, kein Traum, kein Phantom sein, sondern wirklicher Mensch und wahrhaftiger Gott. Wir sollen ihn nicht unter Zwang annehmen, sondern er wünscht die herzliche und freudige Zustimmung und Einwilligung unserer Seelen. Wollen wir nicht jetzt zu ihm kommen und allein auf ihn vertrauen?

Die Taube wird vom Habicht gejagt und ist ihm schutzlos preisgegeben. Aber sie hat gelernt, daß sie in einer Felsspalte Zuflucht finden kann. Dort ist sie ganz beschirmt und fürchtet keinen Raubvogel. Der Fels würde der Taube aber nicht helfen, wenn sie nicht in den Spalt hineinflöge. Der ganze Körper muß in dem Felsen verborgen sein. Fliehe so zu Jesus und suche Rettung allein in seinen Wunden, so wird dich das Gericht Gottes nicht treffen.

Der Herr ruft uns in dieser Stunde zu, was er einmal den ungläubigen Juden sagte: „Wenn ihr nicht glaubet, daß ich es bin, so werdet ihr in euren Sünden sterben." Der Herr verhüte, daß einer, der diese Zeilen liest, zu denen gehören wird, die auf diese Weise umkommen.

„Dies ist mein lieber Sohn, an welchem ich Wohlgefallen habe; auf den sollt ihr hören!" Matthäus 17,5

„Auf den sollt ihr hören!" Merkt auf das, was er sagt, bemüht euch, es zu verstehen; nehmt es von Herzen an und glaubt es. Vertraut zuversichtlich darauf und gehorcht freudig. Alle diese Vorschriften sind in dem Wort enthalten: „Auf den sollt ihr hören!"

Es ist, als wenn der Vater sagte: „Ihr braucht nicht mehr auf Mose zu hören, hört ihn! Ihr braucht auch nicht mehr auf Elia zu hören, hört meinen Sohn!"

Es gibt Tausende von Priestern in der Welt, die sagen: „Hört uns!" Aber der Vater sagt: „Auf *den* sollt ihr hören!"

Viele Stimmen verlangen unsere Aufmerksamkeit: neue Philosophien, alte und moderne Theologien und wieder aufgelebte Ketzereien. Aber der Vater sagt: „*Ihn* höret!"

Erhebt jemand den Anspruch, ein Nachfolger Jesu Christi zu sein? Der Vater spricht nicht von Nachfolgern, sondern befiehlt uns, *ihn* zu hören. Wenn Jesus tot wäre, könnten wir vielleicht auf andere hören; aber da er lebt, gilt auch heute noch der Befehl: „Auf den sollt ihr hören!"

Hört nicht auf mich; denn ich habe nicht mehr Anspruch auf eure Aufmerksamkeit als irgendein anderer Mensch.

Oh, daß wir damit zufrieden wären, Christus zu hören, und unsere Ohren vor allen anderen Stimmen verschlössen!

Ist er Gottes Sohn? Dann hört ihn! Petrus, du brauchst keine Hütten zu bauen. Der Vater befiehlt, auf Jesus, deinen Herrn, zu hören. Es ist besser, Christus zu hören, seiner Lehre zu glauben und ihm zu gehorchen, als Kathedralen für ihn zu bauen.

Petrus, du brauchst dir nicht viel Sorge und Mühe zu machen und die Martha zu spielen! Es wäre besser für dich, mit Maria zu seinen Füßen zu sitzen und ihm zuzuhören.

Als damals die Menschen zu Pharao kamen und um Korn baten, sprach er: „Geht hin zu Joseph!" Heute spricht Gott zu den Menschen: „Geht hin zu meinem Sohn! Niemand kommt zum Vater als nur durch Jesus Christus." Gott hat zu uns durch seinen Sohn gesprochen. Laßt uns auf ihn hören, damit unsere Seele lebe!

29. Mai

„Wußtet ihr nicht, daß ich sein muß in dem, was meines Vaters ist?"

Lukas 2,49

Es war vor allem der Geist des Gehorsams, der die Seele des Herrn ganz und gar erfüllte. Er nahm Knechtsgestalt an, als er auf diese Erde kam, und zeichnete sich durch vollkommenen Gehorsam und ungeteilte Hingabe an seinen Gott aus.

Erinnerst du dich, wie du im Anfang nach deiner Bekehrung, als das junge Leben dieses neugeborenen Geistes noch frisch und kräftig in dir war, den brennenden Wunsch hattest, Gott zu gehorchen und ihm auf jede Weise zu dienen? Ich kann mich noch sehr gut entsinnen, wie ich keine fünf Minuten warten konnte, ohne irgend etwas für den Herrn und seine Sache zu tun. Ging ich über die Straße, so hatte ich christliche Schriften bei mir. Fuhr ich mit der Eisenbahn, so mußte ich ein solches Traktat durchs Fenster fallen lassen. Hatte ich einen Augenblick Ruhe, so lag ich auf den Knien oder saß über dem Wort Gottes. Wenn ich mit Menschen zusammen war, so mußte ich das Gespräch auf Christus lenken, um auch bei dieser Gelegenheit meinem Herrn und Meister zu dienen. Ach, ich muß bekennen, daß viel von diesem Eifer und Ernst von mir gewichen ist, und ich nehme an, daß viele von euch denselben Mangel zu beklagen haben. Es ist möglich, daß wir in dem ersten Drang des neuen Lebens manchmal unbedacht gehandelt haben, wenn wir der Sache Jesu einen Dienst erweisen wollten. Dennoch wünschte ich, daß jene Zeit wiederkäme, trotz aller Übereilung und aller Unüberlegtheit, wenn ich nur wieder von jener ersten Liebe zu meinem Herrn erfüllt wäre, jenem überwältigenden Einfluß auf meinen Geist, der mich zum Gehorsam trieb, weil es mir Freude und Wonne war, Gott gehorsam zu sein. Unser Herr mußte seinem Gott dienen; er mußte gehorsam sein, er konnte nicht anders. Möge Gott schenken, daß derselbe Geist des Gehorsams in uns wirkt und uns nötigt, unserem Gott zu dienen, so daß auch wir in Wahrheit sagen können: „Ich muß sein in dem, was meines Vaters ist."

30. Mai

„Denn ich weiß, daß in mir, das ist in meinem Fleische, nichts Gutes wohnt."   Römer 7,18

Wenn wir wiedergeboren sind, sind wir eine neue Schöpfung. Dennoch bleibt die alte Adamsnatur noch in uns. Das neue Leben in uns vernichtet nicht die Produkte der alten Natur. Die Wiedergeburt führt ein neues und höheres Prinzip in uns ein, aber das alte Prinzip bleibt und ist bemüht, seine Kraft zu behaupten. Manche bilden sich ein, daß der fleischliche Sinn zu verbessern ist, daß er nach und nach gezähmt und geheiligt werden kann, aber er ist Feindschaft gegen Gott und kann nicht mit Gott versöhnt werden. Die alte Natur ist von der Erde und irdisch, sie muß mit Christus gekreuzigt und mit ihm begraben werden, denn zum Verbessern ist sie viel zu schlecht.

Ich habe von manchen Bekennern gehört, die davon träumen, daß die Sünde in ihnen schon gänzlich vernichtet ist und daß sie keine bösen Neigungen und Wünsche mehr haben. Wenn das so ist, gratuliere ich ihnen und wünsche sehr, daß das auch bei mir so sein möchte. Ich habe jedoch einige Erfahrungen mit vollkommenen Leuten gemacht und sie im allgemeinen als die unangenehmsten, reizbarsten und empfindlichsten Personen in der Welt kennengelernt. Manche von ihnen haben sich auch als so abscheuliche Heuchler erwiesen, daß ich mich am meisten vor einer Person fürchte, die keine Unvollkommenheiten hat. Sobald ich höre, daß ein Bruder feststellt, er habe monatelang nicht gesündigt, frage ich mich, ob nicht sein geheimes Laster vielleicht Hurerei, Diebstahl oder Trunksucht ist, aber ich fühle sicher, daß das Schiff irgendwo ein Leck hat.

Die Sünde, die im Fleisch lauert, wird in dem Verhältnis weniger in Erscheinung treten, in dem das heilige Prinzip stärker wird. Unsere neue göttliche Natur kann nicht sündigen, weil sie aus Gott geboren ist. Sie hat keine Neigung zur Sünde, sondern alle ihre Wünsche und Begierden sind himmelwärts und christuswärts gerichtet.

31. Mai

*„Er sprach zu ihm: Bringe mir eine dreijährige Kuh und eine dreijähri-
ge Ziege und einen dreijährigen Widder und eine Turteltaube und eine
junge Taube."*

1. Mose 15,9

Nachdem Abraham durch den Glauben gerechtfertigt war, wurde er
dahin geführt, den Wert des Opfers deutlicher zu erkennen. Auf
Gottes Befehl schlachtete er die Tiere, die zum Opfer verordnet waren. Des Patriarchen Hände sind mit Blut befleckt; er nimmt das
Messer, zerteilt die Tiere und legt sie in die Ordnung, die ihm der
Geist Gottes vorgeschrieben hat. Abraham lernt, daß man nur durch
ein Opfer zu Gott kommen kann. Gott hat jede Tür verschlossen,
ausgenommen die, über welche das Blut gesprengt ist.

Während die Verheißung noch in seinen Ohren tönt, die ihn ge-
rechtgesprochen hat, muß er ein Opfer sehen. Der Glaube, der euch
rechtfertigt, hilft euch, einen vollständigeren und lebendigeren Blick
in das Versöhnungsopfer Jesu Christi zu gewinnen. Ich wundere
mich nicht, daß euer Glaube schwach wird, wenn ihr versäumt, über
das Opfer, das der Herr Jesus für sein Volk dargebracht hat, nachzudenken. Lest die Berichte von den Leiden des Erlösers, die uns in
den Evangelien gegeben werden. Beugt euch im Gebet vor dem
Lamm Gottes und tut Buße, daß ihr seinen Tod vergessen habt, der
der Mittelpunkt von allem ist. Betrachtet die wunderbare Tat der
Stellvertretung noch einmal, und euer Glaube wird belebt werden.

Nicht das Studium der Theologie, nicht das Forschen in geheimnisvollen Weissagungen kann eurer Seele Segen bringen, sondern
allein das Blicken auf Jesus, den Gekreuzigten. Das ist die wesentliche Nahrung für das Glaubensleben. Achtet darauf, daß ihr euch
daran haltet! Als ein Gerechtfertigter sah Abraham den ganzen Tag
lang, bis die Sonne unterging, das Opfer an und scheuchte die
Raubvögel davon. So müßt ihr alle störenden Gedanken wegtrei-
ben. Versenkt euch in den Herrn Jesus und seid nicht zufrieden,
wenn ihr nicht in der Erkenntnis und Gnade unseres Herrn wachst!

„Siehe, ich komme nun schon drei Jahre und suche Frucht an diesem Feigenbaum und finde keine. Haue ihn ab! Was hindert er das Land?"

Lukas 13,7

Der Weingärtner hatte die Unfruchtbarkeit des Feigenbaums nicht zum erstenmal festgestellt, und auch der Herr des Weinbergs war nicht zum erstenmal gekommen, Feigen zu suchen. Gott, der uns „noch dieses Jahr" gibt, hat uns vorher schon andere gegeben. Seine verschonende Langmut ist darum nichts Neues; seine Geduld ist schon früher auf die Probe gestellt worden. Zuerst kamen unsere Jugendjahre, eine Zeit, in der wir Früchte bringen können, über die sich Gott besonders freut. Wie haben wir unsere Jugendjahre verlebt? Ist unsere Kraft in wildes Holz und in üppige Zweige geschossen? Wenn das der Fall ist, haben wir Ursache, es tief zu beklagen, daß wir unsere besten Kräfte verschwendet haben. Unseren Jugendjahren folgen die Jahre des frühen Mannesalters, in denen wir anfangen, eine Familie zu gründen, und einem Baum gleichen, der feste Wurzeln schlägt. Auch in dieser Zeit ist Frucht etwas sehr Köstliches. Haben wir solche getragen? Haben wir Gott die Erstlinge unserer Kraft geweiht? Wenn wir es nicht getan haben, so möge uns die Vergangenheit strafen und mit aufgehobenem Finger davor warnen, auch „noch dieses Jahr" ebenso zu verleben wie die vorigen. Wer seine Jugend und das Mannesalter verschwendet hat, der hat sicherlich genügend Torheiten begangen. Es ist dann mehr als genug, daß er die vergangene Zeit seines Lebens dem Willen des Fleisches gelebt hat, und es wäre eine überaus große Leichtfertigkeit und Schlechtigkeit, wenn er auch „noch dieses Jahr" im Dienst der Sünde verbringen wollte. Viele von uns befinden sich in der vollen Kraft des Lebens. Haben wir bereits den halben Weg unserer Lebensreise zurückgelegt und wissen noch nicht, wohin wir gehen? Sind wir bereits ein halbes Jahrhundert alt und noch nicht verständig geworden? Das Fortleben in der Sünde erzeugt Unempfindlichkeit des Herzens; und wenn die Seele lange Zeit im Schlaf der Gleichgültigkeit gelegen hat, ist es sehr schwer, sie aus diesem tödlichen Schlummer aufzuwecken.

2. Juni

„Herr, laß ihn noch dieses Jahr."   Lukas 13,8

Der Weingärtner erbat keine längere Frist als ein Jahr. Wenn sich sein Graben und Düngen in diesem Zeitraum wiederum als erfolglos erweisen sollte, dann wollte er nicht mehr bitten, dann mochte der Baum fallen. Ja, selbst wenn der Herr Jesus der Fürsprecher ist, hat das Flehen der Barmherzigkeit seine Zeit und seine Grenze. Wir werden nicht immer verschont bleiben und nicht dauernd das Land hindern dürfen. Wenn wir nicht Buße tun wollen, gehen wir verloren. Wenn wir aus der Tätigkeit des Spaten keinen Nutzen ziehen wollen, müssen wir durch die Axt fallen. Für einen jeden von uns wird es ein letztes Jahr geben. Möchte sich deshalb jeder fragen: „Ist dieses Jahr mein letztes?" Jünger Jesu, wenn es das letzte Jahr für dich sein sollte, so umgürte deine Lenden, um mit ganzem Ernst deinen Auftrag zu erfüllen, deine Mitmenschen zu bitten, sich mit Gott versöhnen zu lassen. Es kann sein, daß uns nur noch dieses Jahr zur Verfügung steht, die Botschaft vom Kreuz einer verlorenen Welt zu predigen. Bald wird der Herr Jesus wiederkommen, und dann wird der milde Strahl seines Kreuzes der Glut seines Zornes Platz machen. Dann wird anstatt des Erlösers der Richter sichtbar werden. Jetzt rettet er, dann aber wird er richten. Noch haben wir Zeit, noch können wir auf ihn als den Heiland aufmerksam machen. Deshalb laßt uns alles aufbieten, um die Gnadenzeit auszunutzen.

Lieber unbekehrter Freund, wird dieses Jahr dein letztes sein? Bist du darauf vorbereitet, daß sich der Vorhang hebt? Alle müssen vor dem Richterstuhl Christi erscheinen, und wohl allen, die durch den Glauben an den Herrn Jesus imstande sind, ohne Angst vor den Thron Gottes hinzutreten. Komm noch heute zu Jesus, da es sehr wohl möglich ist, daß dies dein letzter Tag ist!

„Eins bitte ich vom Herrn, das hätte ich gern, daß ich bleiben dürfe im Hause des Herrn mein Leben lang, zu schauen die Lieblichkeit des Herrn und seinen Tempel zu betrachten." Psalm 27,4

Geteilte Bestrebungen führen zu Zerstreuung, Schwäche und Mißlingen. Der Mann, der nur einen Lebenszweck kennt, kommt ans Ziel. Mögen sich all unsere Neigungen in eine zusammenfassen und sich diese eine auf himmlische Dinge richten! David hat dies eine vom Herrn erbeten – das ist die rechte Zielscheibe für unsere Wünsche, die rechte Quelle, unseren Schöpfeimer hinein zu tauchen; dies ist die Tür, an welche wir pochen, dies ist die Bank, auf die wir unsere Wechsel ziehen sollen.

Man sollte von David in seiner notvollen Lage erwarten, daß er Ruhe, Sicherheit und tausend andere Dinge begehren würde. Doch nein, an den Herrn hat er sein Herz gehängt, und er verzichtet auf alles andere. Er trachtet danach, im Hause des Herrn zu wohnen.

Heilige Wünsche müssen zu entschlossenem Handeln führen. Wünsche sind Saatkörner, die auf den fruchtbaren Acker der Tätigkeit ausgestreut werden müssen, sonst bringen sie keine Ernte. Wir können es zur Genüge erfahren, daß unsere Wünsche wie Wolken ohne Regen sind, wenn ihnen nicht tatkräftiges Streben folgt.

David sehnte sich, allezeit in dem Hause des Herrn zu wohnen. Das ist auch unser Wunsch. Wir haben Heimweh nach dem Vaterhaus droben, nach der Heimat unserer Seele. Dürfen wir nur dort auf ewig bleiben, so sorgen wir uns wenig um die Güter oder die Übel dieses armen Lebens. Davids größter Wunsch war es, die Lieblichkeit des Herrn anzuschauen. Wahrlich, eine herrliche Aufgabe für die wahren Anbeter Gottes im Himmel und auf der Erde!

Wir sollten in die Versammlungen der Gläubigen nicht kommen, um zu sehen und uns sehen zu lassen oder nur den Prediger zu hören, sondern wir sollten in der Gemeinde des Herrn mit dem Verlangen erscheinen, die Herrlichkeit unseres Herrn immer besser kennenzulernen und seine Liebe zu bewundern. Was für ein Anschauen wird das sein, wenn jeder gläubige Nachfolger Jesu „den König sieht in seiner Schönheit" (Jesaja 33,17).

4. Juni

„Tue mir doch kund, o du, den meine Seele liebt: Wo gehst du zur Weide? Wo hältst du Mittagsrast?"   Hohelied 1,7

Wenn ihr eure Frische behalten und nicht von der Sonne, unter der ihr arbeitet, verbrannt werden wollt, so geht wieder zu eurem Herrn und sprecht mit ihm. Redet ihn wieder so an: „Du, den meine Seele liebt." Bittet ihn, daß er eure erste Liebe erneut anfache.

Manche Christen scheinen es vergessen zu haben, daß sie den Heiland je liebten. Aber ich vertraue darauf, daß es andere gibt, in denen sich diese Liebe vertieft und mit jedem Jahr inniger wird. Wenn es bei jemand nicht so ist, so möge er nicht ruhen, bis er zu seiner ersten Liebe zurückgekehrt ist.

Oh, daß du voll Liebe zu ihm wärst! Dann würdest du in deinem Wirken für ihn Gelingen haben, deine Arbeit würde dir Freude bereiten. Je mehr du für Seelen tust, desto reiner, heiliger und christusgleicher wirst du sein, wenn du es mit ihm tust. Pflege die Gewohnheit, wie Maria zu seinen Füßen zu sitzen und ihm wie Martha zu dienen. Du kannst beides miteinander vereinigen und wirst auf diese Weise nicht unfruchtbar bleiben.

Hast du beachtet, daß die Braut auch fragt: „Wo hältst du Mittagsrast?" Ruhe ist es, was der Arbeiter nötig hat. Oh, vernachlässige diese Ruhe nicht! Kehre in die Stille zurück!

Was mich betrifft, so fühle ich, daß ich meinen Heiland nötiger habe denn je. Obwohl ich sein Evangelium lange Jahre hindurch verkündigt habe, muß ich doch immer wieder zum Kreuz kommen und wie im Anfang Erquickung im Blick auf den Gekreuzigten suchen.

Oh, daß Gottes Gnade die Aufrichtigsten unter uns stets treu gegen ihre eigenen Seelen bewahren möchte! Achte auf die Nahrung deiner Seele, lieber Christ! Du kannst keine lebendige Kraft einsetzen, wenn du nicht in dir gesund und kräftig bist; und wenn du nicht Kraft von Gott in deine Seele aufgenommen hast, kann keine Kraft von dir ausgehen. Darum nähre dich von Christus.

„Ist es dir nicht bekannt, du Schönste unter den Weibern, so gehe nur hinaus, den Spuren der Schafe nach, und weide deine Zicklein bei den Wohnungen der Hirten!" Hohelied 1,8

Manche Christen neigen dazu, stets ihrer Sünden zu gedenken und darüber betrübt zu sein, statt sich an ihrer Gerechtigkeit in Christus zu erfreuen. Bedenkt, daß es ebenso wahr ist, daß ihr fleckenlos seid, wie daß ihr schwarz seid, weil euch die Sonne verbrannt hat. Es muß wahr sein, weil der Herr Jesus es sagt. Nachdem er seinen Jüngern die Füße gewaschen hatte, sagte er: „Wer gebadet ist, hat nicht nötig, gewaschen zu werden, ausgenommen die Füße, sondern er ist ganz rein." Und er fügt hinzu: „Und ihr seid rein." Der Herr hat sein Volk so rein gewaschen, daß im Blick auf die Gerechtigkeit vor Gott kein Flecken an ihnen ist. Jesus übertreibt also nicht, wenn er seine Gemeinde so anspricht: „Du Schönste unter den Weibern."

Die Antwort des Herrn auf die Frage der Braut enthält viel Weisheit. Der Braut wird gezeigt, wohin sie zu gehen hat, um ihren Freund zu finden und ihre Herde zu ihm zu führen. „Gehe nur hinaus, den Spuren der Herde nach."

Wenn du den Herrn Jesus finden willst, wirst du ihn auf dem Weg finden, den die Propheten gingen, auf dem Weg der Patriarchen und Apostel. Wenn du mit Jesus leben willst, so geh den Weg des Gehorsams. Die Heiligen haben nie Gemeinschaft mit dem Herrn Jesus gehabt, wenn sie ihm ungehorsam waren. Der Pfad des Gehorsams ist der Pfad der Gemeinschaft. Lest nach, was die Apostel taten, und tut dasselbe.

Dann heißt es weiter: „Weide deine Zicklein bei den Wohnungen der Hirten!" Wo sind diese Hirten? Heutzutage gibt es viele, die sich als Hirten ausgeben und ihre Schafe auf giftige Weide führen. Halte dich fern von ihnen, denn es sind andere da, denen man sicher folgen kann. Wenn du möchtest, daß deine Kinder gesegnet und ihre Seelen errettet werden, dann lehre sie die Wahrheiten, welche auch die Apostel lehrten. Wenn du Christus verkündigst, viel von Christus, alles über Christus und nichts anderes als Christus bringst, so weidest du deine Zicklein bei den Wohnungen der Hirten.

6. Juni

„Siehe, es kommen Tage, spricht der Herr, da der Pflüger den Schnitter und der Traubenkelterer den Sämann ablösen wird! Alsdann werden die Berge von Most triefen und alle Hügel zerfließen." Amos 9,13

Alle Diener Jesu haben ebensogut in widrigen wie in gesegneten Zeiten das Evangelium zu verkündigen. Wir dürfen nicht meinen, wenn Gott den Tau vorenthält, so brauchten wir nicht mehr zu pflügen. Wir dürfen uns nicht einbilden, daß, wenn unfruchtbare Zeiten kommen, wir deswegen aufhören sollen zu säen. Wir haben unsere Arbeit zu tun, ohne auf den Erfolg zu achten. Wenn wir die Saat ausstreuen, und die Vögel des Himmels verzehren sie, so haben wir getan, was wir zu tun schuldig waren, auch wenn die Vögel den Samen fressen.

In diesen Tagen haben wir eine bessere Aussicht auf Erfolg als sonst, und darum sollten wir unsere Arbeit um so fleißiger tun. Wenn ein Kaufmann in einem kleinen Eckladen sein Geschäft eröffnet, so wartet er erst eine Zeitlang ab, ob Kunden kommen. Danach stellt er fest, daß er etwas verdient. Was tut er nun? Er erweitert sein Geschäft und stellt Lehrlinge ein. So gibt es auch für uns heute gute Möglichkeiten. Es kann etwas Tüchtiges für die Sache Christi getan werden. Da, wo ihr bisher ein geringes Kapital, geringe Mühe und geringe Ausstattung aufgewendet habt, da steckt mehr hinein, denn es wird hundert Prozent eintragen. Wenn ein Pächter wüßte, daß ein Fehljahr käme, so würde er vielleicht nur einen oder zwei Äcker bepflanzen; aber wenn ihm ein Prophet verheißen könnte: „Pächter, es wird nächstes Jahr eine unerhörte Ernte geben", so würde er sämtliche Wiesen umpflügen und jeden Flecken Land besäen.

Handelt ebenso, denn es kommt eine erstaunliche Ernte. Wollt ihr die Menschen aus Mangel an Eifer zugrunde gehen lassen? Wenn Segenszeiten vorhanden sind und nicht jeder Mann unter uns die Hand an den Pflug legt, so verdienen wir wahrlich die schlimmste Seelendürre, die uns je befallen kann.

„Der Herr ist mein Hirte; mir wird nichts mangeln.“   Psalm 23, 1

Wenn der Herr mein Hirte ist, dann wohl mir! Er ist imstande, für alle meine Bedürfnisse zu sorgen, und an Willen fehlt es ihm sicher nicht; denn sein Herz ist voller Liebe. Darum wird mir nichts mangeln. Es wird mir an zeitlichen Gütern nicht fehlen; denn nährt er nicht die Raben, läßt er nicht die Lilien auf dem Felde wachsen? Wie könnte er da sein Kind umkommen lassen?

Aber auch in meinem geistlichen Leben wird mir nichts mangeln. Ich weiß, daß seine Gnade für mich genügt. Traue ich auf ihn, so wird er mir zusprechen: „Wie deine Tage, so sei deine Kraft!“ Mag sein, daß ich nicht alles habe, was ich mir wünsche; aber mangeln wird mir nichts, was mir wirklich notwendig und heilsam ist. Andere, die vielleicht reicher und weiser sind als ich, mögen Mangel leiden, aber ich nicht.

David sagt nicht nur: „Mir mangelt nichts“, sondern: „Mir wird nichts mangeln.“ Mag kommen, was da will; mag eine Hungersnot das Land verwüsten oder ein Unglück die Städte zerstören – mir wird nichts mangeln. Das Alter mit seinen Gebrechen wird daran nichts ändern, ja, ich habe alles und habe Überfluß – nicht, weil ich einen reichen Geldvorrat auf der Bank habe; nicht, weil ich soviel Geschicklichkeit besitze, mein Brot zu erwerben, sondern weil der Herr mein Hirte ist. Die Gottlosen haben immer Mangel, die Gerechten nie. Des Sünders Herz ist nie befriedigt; aber die begnadigte Seele bewohnt den Palast der göttlichen Zufriedenheit. Der Herr ist mein Hirte.

Diese Gesinnung vertrauensvoller Abhängigkeit von unserem himmlischen Vater sollen wir pflegen. Er sorgt für mich. Er hat auf meine Schritte acht und erhält mich. In welcher Lage ein Gläubiger auch sein mag – er steht immer unter der Fürsorge des guten Hirten. Das Schaf ist ein Eigentum des Herrn. Sein Eigentümer hält es wert, denn es ist um einen teuren Preis erkauft worden.

Welch eine wunderbare Sache, so gewiß wie David zu wissen, daß wir dem Herrn gehören!

8. Juni

„Gleicherweise, wo auf steinigen Boden gesät wurde, das sind die, welche das Wort, wenn sie es hören, alsbald mit Freuden aufnehmen."

Markus 4,16

Wir haben hier eine Lebensbeschreibung von Namenschristen. Es wird gesagt, daß sie das Wort mit Freuden aufnahmen. Sie fühlten sich sehr glücklich; und es gibt nicht wenige, die meinen, daß dies ein sicheres Zeichen der Bekehrung sei. Glaubt mir, es ist ein sehr zweifelhaftes Zeichen. Es gibt Freude, die nicht die Frucht der Gnade ist, und Frieden, der durch Täuschung entsteht und nicht durch den Geist Gottes. Wir müssen uns davor hüten, den Schluß zu ziehen, daß wir errettet sind, weil wir so glücklich sind. Der reiche Mann, der in die Hölle ging, war auch glücklich, als er alle Tage herrlich und in Freuden lebte. Die Personen in unserem Text sahen nur die glückliche Seite des Glaubens. „Da ist meine Mutter", hieß es. „Welch glückliche Christin ist sie! Ich will Christus annehmen, denn dann werde ich ebenso glücklich sein wie sie." Diese Leute dachten, daß es eine glückliche Sache sei, Vergebung zu haben, und das ist wahr. Vergebung zu haben, ein Kind Gottes zu sein, in Jesus angenommen zu sein – wie köstlich muß das sein! Und zuletzt in den Himmel zu gehen, triumphierend zu sterben, in die Herrlichkeit aufgenommen zu werden, wo der Herr Jesus ist – wie herrlich! Wer bezweifelt das? Aber die Leute sahen nur diese Seite und dachten nicht daran, daß wir in der Zwischenzeit mit Versuchungen zu kämpfen haben, die zu überwinden sind; daß Prüfungen zu erdulden sind, ernste Prüfungen, die wir nur mit göttlicher Hilfe ertragen können. Rechte Hände müssen abgehauen, Augen ausgerissen werden, die Kosten sind zu überschlagen, um festzustellen, ob der Lohn der Zukunft für die Arbeit der Gegenwart ausreicht.

Diese Leute nahmen das Wort mit Freuden auf. Wie hoffnungsvoll muß dies für den Sämann ausgesehen haben! Ach, wir dürfen unsere Früchte nicht nach den Knospen berechnen. Es ist nicht alles Gold, was glänzt, und nicht jedes Ei wird ausgebrütet.

„Als aber die Sonne aufging, wurde es verbrannt; und weil es nicht Wurzel hatte, verdorrte es."   Markus 4,6

Von diesen Leuten wird weiter berichtet, daß sie schnelle Fortschritte machten. Der Same ging schnell auf, weil er keine tiefe Erde hatte. Wegen des oberflächlichen Bodens begann er schnell zu wachsen. Diese Leute hörten eines Tages das Evangelium, nahmen es an und glaubten, errettet zu sein. Sie waren voller Freude und legten schnell ein Bekenntnis ab. Sie bedurften keiner Zeit, sich niederzusetzen und zu sehen, ob sie das Bekenntnis ausführen konnten, sondern gingen sogleich daran, wie wenn ein Funke in ein Pulverfaß fällt. Sie legten ein Bekenntnis ab, und in der nächsten Woche lehrten sie in der Sonntagschule. Sie waren so gewiß, auf dem rechten Weg zu sein, daß sie über andere Pilger ungeduldig wurden, die nicht so schnell reisten. Sie hatten nur ein einseitiges Evangelium erhalten und waren damit ganz zufrieden. Sie waren in ihren Augen die rechten Leute; die Weisheit würde mit ihnen aussterben. Es ist etwas Großes, mit solchen Menschen zu verkehren, nicht wahr? Wir werden es sehen und zu lernen haben, daß nicht jeder Zweig, der Blätter treibt, auch ein fruchttragender Zweig ist.

Es kam denn auch bald die Prüfung. Der Same war aufgegangen, aber bald ging auch die Sonne auf und fing an, ihn auszudörren. Niemand geht in den Himmel, ohne auf dem Weg dahin geprüft zu werden. Ungeprüfter Glaube ist kein Glaube; ungeprüfte Gnade ist keine Gnade. Die Prüfung kam in der Gestalt der Verfolgung. Ach, wie viele von denen, die das Wort mit Freuden angenommen haben, würden ihr Christentum verleugnen, wenn Scheiterhaufen aufgebaut würden oder wenn ein Gefängnis für sie bereit wäre, in dem sie liegen müßten. Ein höhnendes Wort in der Gesellschaft, eine Bemerkung gegen das Christentum von einer Person, die du gewohnt bist zu achten; unfreundliche Bemerkungen von solchen, mit denen du hofftest, durchs Leben zu wandeln – solche Sachen, nicht gleich der Scheiterhaufen oder das Gefängnis, reichen aus, schwache Bekenner zu überwinden, so daß sie Christus den Rücken kehren.

10. Juni

„Unter die Dornen gesät aber ist es bei dem, welcher das Wort hört;
aber die Sorge um das Zeitliche und der Betrug des Reichtums ersticken das Wort, und es bleibt ohne Frucht." Matthäus 13, 22

Ich möchte diese Dornen ein wenig beschreiben. Die erste Sorte wird „die Sorge um das Zeitliche" genannt. Diese wächst besonders bei den Armen. Sie sind geneigt, hinsichtlich der zeitlichen Dinge ängstlich und mißtrauisch zu werden. „Was werden wir essen? Was werden wir trinken?" Diese kummervollen Fragen fechten viele an. Aber die Sorge kommt auch zu den Reichen. „Wie kann ich noch mehr erhalten? Wie kann ich mein Geld anlegen?" Es ist die Sorge unserer Zeit, vor der wir am meisten warnen müssen. Jedes Geschlecht hat seine eigene, besondere Sorge. Die Sorge unseres Zeitalters ist der Ehrgeiz, es den Kollegen gleichzutun, Achtung zu erwerben und um jeden Preis Karriere zu machen. Dies ist die Sorge, die bei vielen um sich frißt wie ein Krebs. Wenn du diese Sorge in deiner Seele wachsen läßt, wird sie deinen Glauben ersticken. Du kannst nicht Gott und dem Mammon dienen.

Es waren andere da, die den „Betrug des Reichtums" fühlten. Der Herr sagt nicht „den Reichtum", sondern „den Betrug des Reichtums". Reichtum betrügt immer. Schon beim Erwerben des Reichtums werden die Leute betrogen, denn sie beurteilen die Dinge falsch, wenn Aussicht auf Gewinn winkt. Der Klang eines Goldstückes verdirbt oft das Gehör. Unser Verhalten sollte nie von Gewinn oder Verlust bestimmt werden. Tu kein Unrecht, selbst wenn ein Königreich der Lohn wäre.

Lukas spricht von einer anderen Art Unkraut, nämlich von den „Vergnügungen dieses Lebens". Diese Dornen spielen in unseren Tagen eine schreckliche Rolle. Das Vergnügen sollte für uns als Arznei gebraucht werden, aber nie als Nahrung. Viele Menschen haben alle heiligen Gedanken und guten Entschlüsse durch ihre Vergnügungssucht vernichtet. Dieses Zeitalter ist das Zeitalter der Genußsucht. Lieber Leser, wir sind nicht in die Welt gekommen, um unsere Tage zu verspielen! Wenn du deine Gedanken aber nur auf zeitliche Dinge richtest, dann wird deine Seele verderben, denn der gute Same kann nicht wachsen.

11. Juni

*„Unter die Dornen gesät aber ist es bei dem, welcher das Wort hört;
aber die Sorge um das Zeitliche und der Betrug des Reichtums erstik-
ken das Wort, und es bleibt ohne Frucht."*   Matthäus 13,22

Dornen sind die natürlichsten Erzeugnisse des Bodens. Seit dem
Sündenfall sind sie die erstgeborenen Kinder der Erde. Die Sünde
ist im menschlichen Herzen zu Hause und wächst sehr schnell – wie
ein böses Unkraut. Die Dornen sind mit dem Boden verbunden und
sogar darin gewurzelt und befestigt. Die Begierden in uns fesseln
unsere Kräfte und Fähigkeiten und lassen sie nicht los, wenn sie
nicht dazu gezwungen werden. Sie werden dem Heiligen Geist oder
dem neuen Leben ohne verzweifelten Kampf keinen Platz machen.
Oh, mein lieber Leser, wer du auch sein magst, du bist ein gefallener
Mensch. Und wenn du selbst der Papst oder der Präsident der Vereinigten Staaten wärst, so ist es doch wahr, daß du in Sünden geboren bist und dein unwiedergeborenes Herz über alle Maßen betrüge-
risch und böse ist. Unsere böse Natur ist sehr konservativ und bestrebt, jeden Versuch einer Revolution, durch die die Gnade Gottes
zur Regierung kommen soll, zu unterdrücken.

Wißt ihr, warum so viele Namenschristen im dornigen Boden
bleiben? Es kommt daher, weil solche Vorgänge unterblieben sind,
die die Lage der Dinge verändert hätten. Es ist des Landsmanns
Sache, die Dornen auszuroden und auf der Stelle zu verbrennen.
Wenn in früheren Zeiten Menschen bekehrt wurden, war eine Über-
führung von Sünde dabei. Der große, schwere Pflug der Seelenangst
wurde gebraucht, tief in die Seele zu dringen. Das Feuer brannte mit
großer Hitze im Geist der Menschen, und wenn sie die Sünde in ihrer schrecklichen Vollglut sahen, wurde ihnen die Liebe zu ihr aus-
gebrannt. Aber jetzt werden wir mit Prahlerei über schnelle Bekehrungen abgespeist. Was mich betrifft, so glaube ich an sofortige Bekehrungen und freue mich, sie zu sehen. Aber ich freue mich noch
mehr, wenn ich ein gründliches Werk der Gnade sehe und eine tiefe
Sündenerkenntnis feststelle. Wir werden die Dornen nie mit einem
Pflug loswerden, der nur die Oberfläche berührt. Diejenigen Felder,
die aufs beste gepflügt werden, tragen das beste Korn.

12. Juni

„Wer an mich glaubt – wie die Schrift sagt –, aus seinem Leibe werden Ströme lebendigen Wassers fließen."   Johannes 7,38

Seht, wie selbstverständlich das Fließen der Ströme ist. Es bedarf keines Pumpens, es wird nichts von einer Maschinerie gesagt oder von dem Druck des Wassers. Es bedarf bei dem Gläubigen keiner besonderen Aufregung oder Anstrengung, sondern von ihm gehen still und ruhig Einflüsse der besten Art aus. Habt ihr je am Morgen ein großes Getöse, ein Geschrei, Trompeten- und Trommelschall gehört und auf eure Frage die Antwort erhalten: „Die Sonne geht auf und macht diesen Lärm, damit alle Welt es merkt!"? Gewiß nicht. Die Sonne scheint, ohne darüber zu reden. So läßt auch der wahre Christ Segensströme auf die Welt fluten, ist aber weit davon entfernt, für sich selbst Anspruch auf Beachtung zu erheben, denn es ist ihm nicht bewußt, welchen Segen er ausübt.

Beachtet auch, daß hier nicht von einem Strom, sondern von „Strömen" die Rede ist. „Ach", sagst du, „soweit ist es mit mir noch nicht gekommen!" Dann hat Gott wenigstens erreicht, daß du deinen Mangel erkennst, bekennst und beklagst. Wer beginnt, seinen Mangel zu erkennen, den wird der Herr weiterführen. Der Geist des Lebens, der aus dir hervorkommt, mag nur wie ein plätscherndes Bächlein sein, aber versäume nicht, das zu bekennen, und du wirst auf dem Weg zu einem größeren Segen sein. Oh, daß alle, die sich zu Christus bekennen, solche Quellen wären!

Diese Ströme sollen fortwährend fließen und nicht wie manche Quellen nur einmal hervorbrechen, um schnell wieder zu versiegen. Ob im Sommer oder Winter, ob bei Tag oder Nacht, wo der Christ auch sein mag, soll er ein Segen sein. Gott gibt zur Verherrlichung des Triumphes keine unbedeutenden Gaben, sondern den Geist ohne Maß. Gottes großartige Freigebigkeit wird an seinen Kindern offenbar.

„Denn ich hatte mir vorgenommen, unter euch nichts anderes zu wissen, als nur Jesus Christus, und zwar als Gekreuzigten."

1. Korinther 2,2

Worauf beschränkte sich Paulus, solange er den Korinthern predigte? Der Gegenstand war die Person und das Werk unseres Herrn Jesus Christus. Paulus predigte Christus in all seinen Eigenschaften, aber er verweilte ganz besonders bei ihm als dem Gekreuzigten.

Es war keine Zweideutigkeit bei Paulus zu finden, wenn er von Jesus von Nazareth sprach. Er stellte ihn als einen wirklichen Menschen dar, als den, der gekreuzigt, gestorben und begraben war und wiederum von den Toten auferstanden in einem wirklichen körperlichen Dasein. Niemand konnte daran zweifeln, wenn er Paulus hörte, daß Paulus an die Gottheit und Menschheit unseres Herrn Jesus Christus glaubte und ihn als wahren Gott verehrte. Der Apostel sprach ebenso klar über des Erlösers Werk und legte besonderen Nachdruck auf seinen Tod.

„Entsetzlich!" sagte der Jude. „Wie kannst du einen Mann rühmen, der den Tod eines Missetäters starb und verflucht war, weil er am Holz hing!"

„Ach", sagte der Grieche, „sage uns nichts mehr von deinem Gott, der starb! Schwatze nicht länger von Auferstehung. Wir werden niemals eine solche Torheit glauben."

Aber Paulus schob darum diese Dinge nicht in den Hintergrund und sagte etwa: „Meine Herren, ich will damit beginnen, Ihnen Jesus Christus als Vorbild vorzustellen. Ich hoffe, Ihnen dadurch klarzumachen, daß etwas Göttliches in ihm war und er eine Sühne für unsere Sünde gebracht hat." Nein, er begann mit seiner heiligen Person und beschrieb den Herrn Jesus so, wie der Heilige Geist es ihn gelehrt hatte, und stellte die Kreuzigung in den Mittelpunkt. Ja, er beschloß nicht nur, in seiner Predigt nichts zu ändern, sondern er sagt sogar aus, nicht einmal irgend etwas anderes zu wissen. Unbegrenzte Liebe für die Seelen der Verlorenen ließ sein Zeugnis in den einen Mittelpunkt von dem gekreuzigten Jesus zusammenfließen.

14. Juni

„Hanna aber antwortete und sprach: Nein, mein Herr, ich bin ein Weib beschwerten Geistes." 1. Samuel 1,15

Hannas Gebete wurden erhört. Ach, als Eli sie wegen Trunkenheit schalt, ahnte sie nicht, daß sie in kurzer Zeit wiederum dort sein und derselbe Priester sie mit tiefer Achtung und Freude anblicken würde, weil der Herr sie begnadigt hatte. Und du, liebe Schwester mit beschwertem Geist, würdest heute abend nicht so viel weinen, wenn du wüßtest, was für dich noch aufbewahrt ist. Es ist Besseres in Aussicht! In Kürze wird der Weg enden oder sich wenden! Das Rote Meer wogt vor dir unruhig, und seine Wellen drohen. Aber es wird ganz still sein, wenn des Herrn Volk hinübergeht. Laßt euch hierdurch aufheitern, die ihr traurigen Gemütes seid. Was Gott euch verheißen hat, soll erfüllt werden.

Ich glaube nicht, daß Hanna die geeignete Mutter für Samuel gewesen wäre, wenn sie nicht zuerst traurigen Gemütes gewesen wäre. Nicht jede Frau kann mit der Aufgabe betraut werden, einen jungen Propheten zu erziehen. Manche närrische Mutter hat ihr Kind närrisch gemacht. Es war so sehr ihr „Engel", daß bald ein „Bengel" daraus wurde. Es gehört eine weise Mutter dazu, einen weisen Sohn zu erziehen; und deshalb betrachte ich Samuels ausgezeichneten Charakter und Lebenslauf zum großen Teil als die Frucht der Trauer seiner Mutter und als einen Lohn für ihr Leid. Sie hatte wenig Zeit, ihren Sohn zu erziehen, denn er verließ das Elternhaus bald, um dem Herrn zu dienen. Aber in diesem Zeitraum verrichtete sie ihre Aufgabe mit Erfolg, denn der Knabe Samuel betete an dem Tag, als sie ihn zum Tempel brachte.

Bedenkt auch, daß sie zubereitet wurde, weitere Segnungen zu empfangen, denn nach Samuels Geburt bekam sie noch weitere fünf Kinder. Das waren große Zinsen für ihr Darlehen: fünfhundert Prozent. Aber sie mußte sich zuvor von Samuel trennen. Deshalb tragt, was euch der Herr auferlegt hat, und ihr werdet zur rechten Zeit einen großen Segen empfangen.

„Er hat unsere Sünden selbst hinaufgetragen an seinem Leibe auf das Holz, damit wir, der Sünde gestorben, der Gerechtigkeit leben möchten."
1. Petrus 2,24

Diese Worte sprechen in den einfachsten, klarsten Ausdrücken aus, daß unser Herr Jesus wirklich die Sünden seines Volkes getragen hat. Die Worte hätten keinen Sinn, wenn hier nicht von Stellvertretung die Rede wäre. Der Heilige Geist würde sich sicherlich nicht einer so ausdrucksvollen Sprache bedient haben, wenn es nicht seine Absicht gewesen wäre, uns zu lehren, daß der Heiland wirklich unsere Sünden getragen und an unserer Statt gelitten hat. Neben vielen anderen Irrlehren wird von modernen Theologen eine Lehre vertreten, die versucht, die Stellvertretung oder das stellvertretende Opfer wegzuerklären. Man ist sogar so weit gegangen zu behaupten, daß die Übertragung von Sünde oder Gerechtigkeit an sich unmöglich und daß Stellvertretung als solche unmoralisch sei.

So wie wir durch Adams Sünde leiden, sind wir durch die Gerechtigkeit Christi gerettet. Wie unser Fall durch einen anderen geschah, so ist es auch mit unserer Wiederherstellung: Wir sind unter einem System der Stellvertretung und Zurechnung – dem mag widersprechen, wer da will. Uns ist die Übertragung unserer Sünde auf Christus eine im Wort Gottes deutlich geoffenbarte, erfreuliche Tatsache, die sich in der Verwirklichung unseres Glaubens bestätigt. Unser Text enthält nichts Bildliches, sondern die nackte, buchstäblich gemeinte Tatsache: „Er hat unsere Sünden selbst hinaufgetragen an seinem Leibe auf das Holz." Oh, daß doch die Menschen das Streiten aufgeben wollten!

So gewiß es der eigene Leib des Herrn Jesus war, der ans Kreuz genagelt wurde, so gewiß waren es unsere Sünden, die er auf seinem eigenen Leibe auf dem Holz trug. Unser Herr ist für uns, an unserer Statt, vor die Schranken des Gerichts getreten. Ja, noch mehr: Er ist auf dem Richtplatz erschienen und hat an unserer Stelle die Todesstrafe getragen. Obgleich hochgelobt in alle Ewigkeit, wurde unser Erlöser verflucht, ja, er litt bis in den Tod, obwohl er nichts getan hatte, daß der Schande wert war. „Die Strafe zu unserem Frieden lag auf ihm."

16. Juni

„Kommt her und kaufet ohne Geld und umsonst Wein und Milch!"

Jesaja 55,1

Ihr seht, daß ich heute etwas zu verkaufen habe. Ich will euch einladen, zu kommen und zu kaufen, was euch heute im Evangelium verkündigt wird. Es ist üblich, daß der, welcher etwas zu verkaufen hat, den Gegenstand anbietet, seine Eigenschaften beschreibt, seine Vorzüge rühmt. Danach versucht der Verkäufer, die Angebote bis zu dem Preis, zu dem er losschlagen will, hinaufzutreiben. Meine heutige Aufgabe ist es, euch etwas kostenlos anzubieten: „Kommt her und kaufet ohne Geld und umsonst Wein und Milch!" Ich habe Wein und Milch anzubieten.

Hier haben wir eine Beschreibung des Evangeliums. Wein, der des Menschen Herz erfreut (Psalm 104,15), und Milch, das einzige Nährmittel, welches alle Grundstoffe des Lebens enthält. Das Evangelium gleicht dem Wein, der uns erfreut. Wenn ihr einem Menschen die Gnade unseres Herrn Jesu zu schmecken gebt, so wird er ein glücklicher Mensch. Jede Religion, welche die Traurigkeit zur Pflicht macht, kann man schon beim ersten Blick als eine falsche Religion erkennen, denn als Gott die Welt schuf, hatte er das Glück seiner Geschöpfe im Auge. Das Evangelium gleicht aber auch der Milch. Braucht ihr etwas, was euch in der Trübsal aufrichtet? Braucht ihr etwas, was euch in euren Pflichten stärkt? Gott gibt zu allem, wozu er dich berufen hat, allgenugsame Gnade. Braucht ihr etwas, was euch mitten in den Versuchungen aufrecht erhält? Im Evangelium habt ihr das, was euch fest und standhaft bleiben läßt.

„Wohlan, ihr Durstigen alle, kommt her zum Wasser; und die ihr kein Geld habt, kommt her, kaufet Getreide, kommt her und kaufet ohne Geld und umsonst Wein und Milch!" Jesaja 55,1

Als Rowland Hill einmal predigte, geschah es, daß Lady Erskine vorüberfuhr. Sie hatte viel von diesem merkwürdigen Mann gehört, der als einer der hervorragendsten Prediger bekannt war. Sie stieg aus ihrer Kutsche und ging in die Kirche.

Der Prediger erblickte sie sofort und sprach: „Kommt, wir wollen jetzt eine Versteigerung abhalten; wir wollen Lady Erskine versteigern. Wer will sie kaufen?

Da meldet sich die Welt. „Was gibst du für sie, Welt?"

„Ich gebe ihr alle Pracht und Eitelkeit des Lebens. Sie wird eine glückliche Frau sein, sehr reich und von Anbetern umringt."

„Welt, du bekommst sie nicht. Ihre Seele ist ein unsterbliches Wesen. Was hülfe es ihr, wenn sie die ganze Welt gewönne und nähme doch Schaden an ihrer Seele?"

Da kommt ein anderer Liebhaber – es ist der Teufel. „Nun", sagt er, „sie soll alles genießen, woran ihr Herz hängt."

„Ach, Satan! Du kannst sie nicht haben, denn ich weiß, wer du bist. Du wirst einen schmählichen Preis für sie zahlen und danach ihre Seele in alle Ewigkeit zugrunde richten."

Aber siehe, da kommt noch einer, es ist der Herr Jesus. „Was gibst du, o Herr, für sie?"

„Ich habe mein Leben, mein Blut für sie dahingegeben; ich habe sie teuer erkauft und gebe ihr das ewige Leben. Ich will ihr den Himmel schenken und meine Gnade in ihr Herz ausgießen und sie auf ewig verherrlichen."

„Oh, Herr Jesus", sprach Rowland Hill, „du sollst sie haben. Lady Erskine, seid Ihr mit dem Kauf zufrieden?"

Sie konnte kein Wort hervorbringen.

„Es ist geschehen", sprach er. „Es ist geschehen! Ihr seid des Herrn. Ich habe euch ihm vertraut. Brecht den Vertrag nie!"

Sie hat diesen Vertrag nie gebrochen. Von dieser Stunde an wurde aus der leichtsinnigen und lebensfrohen Dame eine der tiefgegründetsten Christinnen jener Zeit.

18. Juni

„Jesus aber sprach zu ihm: Freund, wozu bist du hier?"

Matthäus 26,50

Das erste Wort, das Jesus zu Judas sprach, nachdem ihn der Verräter geküßt hatte, war „Freund". Beachte das! Nicht „du hassenswerter Bösewicht", sondern: „Freund, wozu bist du hier?"

Ach, wenn irgend etwas Gutes in Judas übriggeblieben wäre, so wäre es jetzt zum Vorschein gekommen. Wäre er nicht ein unverbesserlicher Verräter gewesen, so hätte sein Geiz in diesem Augenblick seine Macht verlieren müssen, und er hätte gerufen: „Mein Herr! Ich bin gekommen, dich zu verraten; aber dein Gruß hat mein Herz gewonnen. Wenn du gebunden werden mußt, so will ich mit dir gebunden werden. Ich bekenne dir meine Schuld."

Unser Herr fügt noch einige Worte hinzu, und in ihnen liegt ein Vorwurf. Aber beachtet, wie freundlich sie dennoch klingen: „Judas, mit einem Kuß verrätst du des Menschen Sohn?" Ich kann mir vorstellen, daß Tränen in seinen Augen zu sehen waren und daß seine Stimme bebte, als er seinen vertrauten Freund und Bekannten so anredete: „Verrätst du, mein Judas, mein Schatzmeister, den Sohn des Menschen, deinen leidenden, trauernden Freund, der nicht hat, wo er sein Haupt hinlegen kann? Entweihst du das zärtlichste aller Liebeszeichen?"

Wäre Judas nicht verstockt gewesen, so hätte er auf sein Antlitz niederfallen müssen, um zu rufen: „Nein, ich kann dich nicht verraten, du leidender Sohn des Menschen! Entfliehe dieser blutdürstigen Schar und verzeihe deinem verräterischen Jünger!"

Ich möchte, daß ihr in euren stillen Betrachtungen die Augen auf euren Herrn richtet, wie er von den Menschen verachtet und verworfen wurde. Umgürtet die Lenden eurer Gesinnung und haltet es nicht für etwas Seltsames, wenn dieses schwere Leiden über euch kommen sollte. Aber seid entschlossen, niemals den Herrn zu verraten, wie es dieser sonst so hervorragende Jünger tat, sondern durch des Herrn Gnade in Schande und Leid an ihm zu hängen und ihm zu folgen – wenn es sein muß selbst bis zum Tod.

„ Schreibe ich ihm die großen Dinge meines Gesetzes zehntausendmal vor, so erachten sie es doch als etwas Unbekanntes!" Hosea 8,12

Hier liegt meine Bibel. Ich stehe still vor diesem Buch und bewundere seine Autorität. Es ist kein gewöhnliches Buch. Es enthält nicht die Äußerungen der Philosophen vergangener Zeiten. Wenn diese Worte von Menschen geschrieben wären, so könnten wir sie leichtfertig abtun. Lese ich die einzelnen Kapitel, so finde ich sie voll köstlichen Inhalts und unbekannter Geheimnisse. Wende ich mich zu den Weissagungen, so treten mir Wunder des Wissens entgegen, an die kein Mensch gedacht hat. O Buch der Bücher! Du bist von meinem Gott geschrieben, und darum will ich mich vor dir beugen. Du Buch voll hoher Autorität, fern sei es von mir, meinen Verstand zu gebrauchen, um dir zu widersprechen.

Vernunft, deine Aufgabe ist herauszufinden, was dieses Buch sagen will, und nicht zu behaupten, was dieses Buch sagen sollte. Setze dich nieder und horche, denn diese Worte sind Worte Gottes.

Unser Text lautet: „Schreibe ich ihm die großen Dinge meines Gesetzes vor ..." Die Bibel handelt nur von großen Dingen. In der Bibel steht nichts, was unwichtig wäre.

Hast du dich jemals niedergesetzt, um zu untersuchen, ob deine Gemeinde den Vorschriften des Neuen Testaments entspricht?

„Oh", sagst du, „ich nahm mir nie die Mühe. Ich ging immer dahin, wohin Vater und Mutter auch gingen." Ach, das ist in der Tat ein tiefsinniger Grund.

Ich liebe meine Eltern, aber ich bin ihnen hierin nicht gefolgt, und ich danke Gott, daß ich es nicht getan habe.

Sagt nie, es komme nicht darauf an, wo und wie man sich versammelt! Alles, was Gott geschrieben hat, ist von großer Wichtigkeit. Deshalb erforscht alles und prüft eure Ergebnisse am Wort Gottes.

Ich fürchte, daß ihr eure Bibel zu wenig lest. Einige von euch haben sie noch nicht einmal durchgelesen, und ihr müßt zugeben, daß ihr keine Bibelleser seid. Gott muß zu euch sagen: „Schreibe ich ihm die großen Dinge des Gesetzes vor, so erachten sie es doch als etwas Unbekanntes."

20. Juni

„Der Herr aber tat täglich solche, die gerettet wurden, zur Gemeinde hinzu."
Apostelgeschichte 2,47

Ich möchte darauf hinweisen, daß der Herr täglich Seelen der Gemeinde zuführte. Einige Gemeinden machen, wenn einmal im Jahr einer zum Glauben kommt, ebensoviel Lärm über diesen einen wie eine Henne, wenn sie ein Ei gelegt hat. Nun, in der Urgemeinde wären sie nicht mit einem so geringen Zuwachs zufrieden gewesen. Sie wären weinend und trauernd durch ganz Jerusalem gegangen, wenn nur einmal im Jahr Menschen hinzugetan worden wären.

„Aber", ruft einer, „wenn jeden Monat einer hinzugetan wird, ist das nicht genug?"

Nun, es ist für einige Leute genug. Aber wenn unsere Herzen warm und voll Liebe zu Christus sind, dann sehnen wir uns danach, daß täglich Menschen der Gemeinde hinzugefügt werden. Wenn alle Christen täglich von Haus zu Haus gingen, um das Evangelium zu verkündigen, würde ein tägliches Säen eine tägliche Ernte bringen. Warum sehen wir dies nicht in unseren Gemeinden? Nun, weil viele Gemeinden nicht daran glauben. Wenn einige Gemeinden einen großen Zuwachs hätten, gäbe es Brüder, die dies nicht für echte Bekehrungen halten und so „die Kleinen verachten" würden. Gott möchte nicht, daß man über seine Lämmer knurrt, als wären es junge Wölfe, und sie monatelang draußen in der Kälte hält, um zu sehen, ob sie heulen oder blöken werden. Er liebt es, wenn die Seinen nach Neubekehrten Ausschau halten und sich um sie kümmern. Der gute Hirte möchte, daß wir die Lämmer weiden, sie von dem kalten Feld der Welt hereinbringen und sie an einen warmen, geschützten Platz tragen, um sie dort für ihn großzuziehen. Wenn er eine Gemeinde bereit sieht, dies zu tun, dann wird er ihr seine Lämmer senden, aber niemals, wenn niemand da ist, um sie zu pflegen.

„Du sollst deinen Nächsten lieben wie dich selbst!"   Matthäus 19,19

Ihr Christen, euer Glaube verlangt Liebe von euch. Christus hat euch zuerst geliebt! Er liebte euch, als nichts Gutes in euch war. Er liebte euch, obgleich ihr ihn schmähtet, ihn verachtetet und ihn verwarft. Er hat euch trotz eurer Verirrungen, trotz eurer Sünden, eurer Bosheit und Torheit geliebt. Er vergoß sein Blut, um euch seine Liebe zu beweisen. Er hat euch gegeben, was ihr auf Erden nötig habt; er hat euch im Himmel eine Wohnung bereitet. Wie könnt ihr ihm nachfolgen, wenn ihr nicht auch Liebe übt? Wenn Heiden lieblos sind, so soll uns das nicht wundern. Aber bei euch ist die Lieblosigkeit ein Widerspruch zu eurem Glauben. Sie ist eine grobe Verletzung eures Glaubens, und wenn ihr euren Nächsten nicht liebt, so kann ich nicht erkennen, daß ihr treue Nachfolger des Herrn Jesus seid.

Als ich über diesen Text nachdachte, kamen mir die Tränen, weil ich erkannte, daß ich in unbedachten Augenblicken manches harte Wort gesprochen hatte. Ich mußte daran denken, wie oft ich meinen Nächsten betrübt hatte, anstatt ihn zu lieben; und es trieb mich, meine Sünden zu bekennen. Seid ihr nicht schuldig?

Wenn nur der selig werden könnte, der dieses Gesetz erfüllen würde, wer könnte dann durch Werke selig werden? Oh, wie dankbar bin ich deswegen für das Evangelium! Ich habe dieses Gebot übertreten, und darum ist mir der Heiland, der alle meine Sünden durch sein Blut abgewaschen hat, so wertvoll. Wie dankbar bin ich für meinen Heiland, der mir den Mangel an Liebe verzeihen kann, der meine fehlende Herzensgüte, meine Gefühllosigkeit, meine Härte und Lieblosigkeit vergeben kann. Trotz meiner Sünden darf ich ein Erbe des Himmels sein, weil sein Opfer auf Golgatha alle Schuld gesühnt hat.

22. Juni

„Du sollst deinen Nächsten lieben wie dich selbst!" Matthäus 19,19

Wen soll ich lieben? Ich soll meinen Nächsten lieben. Unter diesem Ausdruck verstehen wir jeden, der uns irgendwie nahe ist. Unser Nächster ist zunächst unser Nachbar. Als der Samariter den Verwundeten auf der Straße nach Jericho erblickte, da wußte er, daß er sein Nächster war.

Liebe deinen Nächsten, auch wenn er einer anderen Religion angehört als du. Du meinst, du gehörst zu denen, die der Wahrheit am nächsten stehen, aber dein Nächster denkt anders. Du sagst, daß seine Religion ungesund und irrig sei; liebe ihn deswegen um so mehr. Harte Reden bekehren ihn nicht, harte Behandlung macht keinen Christen aus ihm. Liebe ihn. Seine Sünde richtet sich nicht gegen dich, sondern gegen Gott.

Liebe deinen Nächsten, auch wenn er dir beruflich im Wege steht. Das ist ein Satz, der nicht einfach zu verwirklichen ist, aber ich bin dennoch verpflichtet, ihn euch Kaufleuten und Handwerkern zu verkündigen. Es heißt nicht nur: „Du sollst ihn nicht hassen!", sondern: „Du sollst ihn lieben!" – auch wenn er dich daran hindert, reich zu werden, wenn er dir deine Kundschaft raubt und deinen Ruhm verdunkelt. Du bist trotzdem verpflichtet, ihn zu lieben wie dich selbst.

Du sollst deinen Nächsten lieben, auch wenn er dich mit seiner Sünde beleidigt. Oft sind wir erschüttert, wenn wir der Sünde begegnen. Man ist gewohnt, den Ehebrecher und Dieb als einen Verfluchten aus der Gesellschaft auszustoßen. Und das ist nicht recht. Wir sind verpflichtet, auch die Sünder zu lieben und sie nicht aus dem Land der Hoffnung zu vertreiben. Wir müssen sie vielmehr zu gewinnen suchen.

Oh, meine lieben Freunde, ihr liebt euren Nächsten nicht! Ja, ihr liebt kaum die, die ihr Brüder und Schwestern nennt. Manche von euch hadern mit denen, welche die gleiche Glaubensnahrung mit euch empfangen. Ach, wie kann ich da erwarten, daß ihr eure Feinde liebt, wenn ihr nicht einmal eure Freunde liebt?

„Von allen seinen guten Worten, welche er durch seinen Knecht Mose geredet hat, ist nicht eines dahingefallen."   1. Könige 8,56

Die Wahrheit dieses Verses kann ich persönlich bezeugen. Ich habe viele Gläubige in schweren Prüfungen dadurch ausharren sehen, daß sie sich auf das Wort des Herrn verließen; und ich habe viele Sterbende durch das gleiche Mittel im Tod triumphieren sehen. Aber ich bin niemals einem Gläubigen begegnet, dessen Hoffnung durch zeitliche Trübsale zuschanden geworden ist, oder einem, der auf seinem Sterbebett bereute, dem Herrn vertraut zu haben. Meine ganze Erfahrung weist nach der entgegengesetzten Seite hin und befestigt mich in der Überzeugung, daß der Herr allen treu ist, die sich auf ihn verlassen. Ich wäre bereit, hierüber eine feierliche Erklärung vor Gericht abzugeben. Ich würde keine Lüge unter dem Vorwand eines frommen Betrugs aussprechen, sondern über diesen wichtigen Gegenstand als ein ehrlicher Zeuge ohne Rückhalt und Zweideutigkeit Zeugnis ablegen.

Ich habe nie einen Menschen gekannt, der in den Todesschmerzen beklagte, daß er seinem Heiland vertraut hätte. Nein, was noch mehr ist: Ich habe niemals gehört, daß so etwas irgendwo oder irgendwann geschehen ist. Wäre solch ein Fall vorgekommen, so würden die Hasser des Evangeliums es überall verkündigt haben; jede Straße hätte die schlimme Nachricht gehört, jedem Prediger hätte man sie entgegengehalten. Wir würden vor jeder Kirchen- oder Kapellentür Flugschriften sehen, die berichteten, daß der und der, der ein heiliges Leben geführt und auf des Erlösers Verdienste vertraut hat, in seinen letzten Stunden entdeckt hätte, daß die Lehre vom Kreuz eine Täuschung wäre. Wir fordern die Gegner heraus, ein solches Beispiel zu bringen. Laßt den bösen Feind selbst, wenn er kann, davon Zeugnis ablegen, daß der lebendige Gott eine einzige Verheißung nicht aufrechterhalten hätte. Aber es ist noch nie gesagt worden, daß der Herr einen aus seinem Volk getäuscht habe, und es wird niemals gesagt werden können, denn Gott ist jedem Wort treu, das er gesprochen hat.

24. Juni

„Ich sehe aber ein anderes Gesetz in meinen Gliedern, das dem Gesetz meiner Vernunft widerstreitet."

Römer 7,23

Ich bin nicht sicher, ob der Kampf zwischen der alten und neuen Natur von allen jungen Christen gefühlt wird. Das Leben eines Christen kann sehr oft in drei Perioden eingeteilt werden: Die erste Periode ist die des Trostes, in welcher sich der Christ in dem Herrn freut, singt und erzählt, was der Herr für ihn getan hat. Je mehr davon, desto besser. Danach kommt sehr oft die Periode des Kampfes. Statt wie Kinder zu Hause zu sein, sind wir zu Männern geworden und müssen darum zum Krieg ausziehen. Unter dem Gesetz vom Sinai wurde ein Mann, der sich verheiratet oder ein Haus zu bauen hatte, eine Zeitlang vom Kriegsdienst befreit, aber danach mußte er seinen Platz in den Reihen der Soldaten einnehmen. So ist es auch mit den Kind Gottes; es mag eine Weile ruhen, aber dann kommt der Kampf. Der Kampfesperiode folgt die dritte Periode, die wir die der Ruhe und Betrachtung nennen können, in welcher der Gläubige über die Güte des Herrn und über alle Segnungen, die ihm geschenkt sind, nachdenkt.

Mein junger Freund, wenn du jung im Glauben bist, mag es dem Herrn gefallen, dich vor einer Menge Versuchungen zu bewahren. Aber bald mußt du dein Schwert ziehen. Die Sünde ist in dir, und der Teufel lauert an verborgenen Plätzen, um daran anzuknüpfen. Der Grund des Kampfes ist dieser: Die neue Natur kommt in unser Herz, um es zu beherrschen, aber der fleischliche Sinn ist keineswegs bereit, seine Macht aufzugeben. Es ist ein neuer Thron in deinem Herzen aufgerichtet, und der alte Monarch, der entthront und geächtet ist, wird sich damit nicht abfinden.

Blicke auf den Herrn Jesus! Denke daran, daß er am Kreuz den Sieg über den Feind errungen hat und daß dein alter Mensch mit seinen Leidenschaften und Lüsten dort sein Ende gefunden hat. Im Anschauen seines Sieges wirst du Sieg haben und Gott danken können.

„Niemand wird sie aus meiner Hand reißen."   Johannes 10,28

Viele werden es versuchen, aber niemand wird es vermögen. Der Teufel wird ihnen manch schrecklichen Ruck und Stoß versetzen, um ihnen zu schaden, aber nie wird er sie aus der Hand des großen Hirten reißen können. Ihre früheren Genossen und die Erinnerung an ihre vielen Sünden werden sie mit schweren, listigen Angriffen überfallen; aber der Heiland sagt: „Niemand wird sie aus meiner Hand reißen." Hierin liegt ihre Sicherheit: Sie sind in seiner Hand, in seinem Besitz, und er hält sie fest, wie ein Mensch etwas in seiner Hand festhält, und sagt: „Du bist mein."

Es kann sie auch niemand seinem Schutz entziehen. Er hat sein Wort gegeben und setzt seine Ehre darein, sie zu bewahren. Könnte ihm eines seiner Kinder entrissen werden, so würde der Teufel frohlocken und triumphieren: „Er konnte es nicht bewahren. Er hatte es zwar versprochen, aber er vermochte sein Wort nicht zu halten." Ein so schrecklicher Triumph des Teufels jedoch wird in alle Ewigkeit nicht gehört werden.

Jemand mag einwerfen: „Aber sie können sich doch selbst aus seiner Hand entfernen." Wie kann das geschehen, wenn es vorher heißt: „Und sie werden in Ewigkeit nicht umkommen!"? Du wirst zugeben müssen, daß die Verheißung, daß die Gläubigen nicht verlorengehen, die Idee ausschließt, daß sie durch ihr eigenes Tun und Treiben seiner Hand entgleiten können. „Niemand wird sie aus meiner Hand reißen."

Wer kann den Griff der Hand lösen, die für mich von Nägeln durchbohrt wurde? Der Herr Jesus hat mich zu teuer erkauft, um mich je loszulassen. Er liebt mich so, daß mich seine ganze Allmacht hält, und da es nichts Größeres als die Gottheit gibt, kann ich nie aus seiner teuren Hand gerissen werden.

26. Juni

„Der Herr, unser Gott, machte einen Riß unter uns, weil wir ihn nicht suchten, wie es sich gebührte."   1. Chronika 15,13

Als erstes möchte ich zu diesem Wort bemerken, daß sich Gottes Urteil über die Sünde außerordentlich von unserem Urteil unterscheidet. Wer von uns, der diese Geschichte gelesen hat, hat nicht gedacht, daß Ussa zu hart behandelt wurde? Wurde er in seiner Handlungsweise nicht von einem guten Beweggrund geleitet? Er konnte den Gedanken nicht ertragen, daß die Lade vom Wagen auf die Erde fallen könnte, und darum streckte er seine Hand aus. Nach unserem Dafürhalten war die Sünde nur sehr klein und der Beweggrund so vortrefflich, daß die Tat fast gerechtfertigt erschien. Wir sind geneigt, Ussa zu entschuldigen und anzunehmen, daß das Gericht, welches über ihn erging, unverdient war.

Aber Gott übertreibt nie. Er ist zu gut und zu gerecht, als daß er jemand härter bestrafen könnte, als er es verdient.

Es erscheint seltsam, daß der Umstand, daß Eva von der verbotenen Frucht genoß, den Ruin der ganzen Welt werden und den Tod mit allem seinem Weh in die Welt bringen sollte. Aber das erscheint uns nur so, weil wir nicht erkennen, welch böses Ding die Sünde ist. Die geringste Sünde ist ein solch großes Übel, ein so außerordentlicher schwarzer Greuel, daß Gott gerecht wäre, wenn er uns in dem Augenblick, da wir einen schlechten Gedanken hegen oder ein einziges verkehrtes Wort aussprechen, in die Hölle stieße.

Aber wir lernen aus dieser Geschichte, daß alle Abweichungen von der geschriebenen Offenbarung Gottes unrecht sind.

In der Gemeinde Jesu ist die Idee aufgetaucht, daß viele Dinge, die in der Schrift gelehrt werden, nicht wesentlich sind und daß wir sie eben ein wenig dahin abändern können, daß sie uns passend erscheinen, und daß, wenn wir nur in den Fundamentalwahrheiten richtig stehen, die anderen Dinge von keinem Wert für uns sind. Aber nun blickt auf unseren Vers und laßt diesen Irrtum für alle Zeit fahren.

„Der Herr, unser Gott, machte einen Riß unter uns, weil wir ihn nicht suchten, wie es sich gebührte."   1. Chronika 15,13

Meine Brüder, als Mose die Stiftshütte baute, wurde es ihm nicht überlassen, sie nach seiner Laune und seinem Geschmack herzustellen. Jeder Knauf und jede Schleife, jedes Brett und jeder Riegel, alles war in dem göttlichen Plan vorgezeichnet, und Mose mußte alles nach dem Bild machen, das ihm auf dem Berg gezeigt worden war.

Nun, dies ist das Vorbild für jeden Christen – dieses Buch Gottes, das vor mir liegt. Das Neue Testament unseres Herrn und Heilandes Jesu Christi ist der Maßstab für unsere Praxis. Meint ihr, daß ihr einige Dinge dahin abändern dürft, damit sie für das Klima passen oder sich mit euren eigenen Ideen oder eurem Geschmack vertragen?

Ich habe nicht die Absicht, heute auf besondere Einzelheiten einzugehen; aber ich muß die allgemeine Tatsache aufrechterhalten, daß das, was Gott verordnet hat, richtig ist, und daß ich kein Recht habe, irgend etwas zu verändern, sondern daß ich das Wort so, wie es dasteht, als die Richtschnur für meinen Glauben und meine Praxis annehmen muß.

Aber es sind einige unter euch, die nie ihre Bibel lesen. Ihr habt eure Religion aus zweiter Hand empfangen und sie anderen Leuten entlehnt. Ihr kommt nicht zu diesem Buch, um aus dem Quell zu schöpfen. Eure Großmutter hat euch so und so gelehrt, und ihr denkt ebenso; euer Urgroßvater ging zur Kirche oder zur Kapelle, und das ist der Grund, aus welchem auch ihr dorthin geht. Aber ihr seid nicht zum Wort Gottes selbst gekommen, um euer Urteil seinem heiligen Maßstab zu unterwerfen.

Das ist der Grund, warum es heute so viele Sekten gibt. Wenn wir alle direkt zur Bibel kämen, würden wir einander viel näher kommen. Wenn wir alle unsere Gedanken dem einen geschriebenen Wort beugen und keine andere Autorität als die der Bibel anerkennen würden, dann könnte die Kirche nicht geteilt und so in Stücke zerschnitten sein, wie sie es jetzt ist.

28. Juni

„Er sah sie ringsumher mit Zorn an, betrübt wegen der Verstocktheit ihres Herzens."

Markus 3,5

Was verursachte beim Herrn diesen Zorn und diese Betrübtheit? Es war ihre Herzenshärtigkeit. Es war die Unempfindlichkeit ihres Gewissens. Des Wanderers Füße werden hart vom Weg, sein Gesicht wird gegen die Kälte unempfindlich, sein ganzer Körper wird durch seine Lebensweise abgehärtet.

Es gibt Menschen, die tödliche Mittel in kleinen Mengen genossen haben, bis sie gegen ihre Wirkung abgestumpft waren. Aber die Abstumpfung ist am schlimmsten, wenn sie im Herzen geschieht. Das Herz sollte zart sein. Viele Menschen leiden jedoch an Herzenshärtigkeit. Kennen wir nicht einige Leute, in denen das Herz nur ein besonderer Muskel ist? Wenn sie überhaupt ein Herz haben, so ist es wie von Leder; denn sie haben mit niemand Mitleid und kennen kein Mitgefühl.

Die Feinde des Herrn, die an diesem Sabbat in der Synagoge saßen, waren unverbesserlich. Sie hatten sich entschlossen, ihn zu hassen, und hielten daran fest, nie überzeugt werden zu wollen und nie aufzuhören, ihm zu widerstehen, er möge sagen oder tun, was er wolle. Er hatte ihnen die Wahrheit so deutlich vorgestellt, daß sie ihren Verstand anstrengen mußten, um nicht doch überzeugt zu werden. Sie mußten die Vorhänge der Seele herunterziehen und die Fensterläden des Geistes schließen, um nicht sehen zu können. Noch schlimmer war es, daß sie das, was sie gezwungen waren zu sehen, nicht anerkennen wollten. Sie schwiegen mürrisch still, obgleich sie verpflichtet waren zu reden.

Geht es nicht vielen so, die durch das Evangelium berührt wurden? Sie fühlen, daß sie nichts gegen die göttliche Wahrheit vorbringen können. Das Wort kommt mit solcher Beweiskraft zu ihnen, daß es sie wie ein Schmiedehammer schlägt; aber sie haben sich vorgenommen, nicht nachzugeben, und machen sich hart, den Schlag zu ertragen. Sie verschließen ihren Mund vor den Wassern des Lebens. Man kann ein Pferd zum Wasser führen, aber zehntausend können es nicht dazu bringen, dann auch zu trinken. Das gleiche hat sich bei vielen Hörern des Wortes gezeigt.

29. Juni

„Er sah sie ringsumher mit Zorn an, betrübt wegen der Verstocktheit ihres Herzens."   Markus 3,5

Bedenkt, daß wir den Heiland durch unsere Herzenshärtigkeit betrüben und dabei doch achtenswerte Leute sein können. Wir können in den Gottesdienst gehen, wie diese gingen; wir können Bibelleser sein, wie die Schriftgelehrten es waren; wir können die äußere Form wahren, wie die Pharisäer es taten – dennoch kann der Herr wegen unserer Herzenshärtigkeit über uns betrübt sein. Wir können den Herrn erzürnen, ohne dabei grobe Sünder zu sein. Ich darf wohl sagen, daß einige diese Zeilen lesen, die keine Christen sind und doch nie ein Wort gegen das Christentum sagen. Sie bleiben streng neutral.

Der Herr Jesus war zornig, weil die Menschen still waren, die Ehrlichkeit und Aufrichtigkeit aber das Reden erforderte. In diesen Dingen gibt es keine Neutralität. Wer nicht mit Jesus ist, der ist gegen ihn; und wer nicht mit ihm sammelt, der zerstreut. Du bist entweder Weizen oder Unkraut; es gibt nichts zwischen den beiden.

Ach, diese Herzenshärtigkeit kann in uns sein, auch wenn wir gelegentlich gerührt werden. Ich denke, daß der Mensch ein sehr hartes Herz hat, der zuweilen bewegt ist, aber seine Gemütsbewegung unterdrückt. Er eilt sehr niedergeschlagen in sein Kämmerlein, aber in kurzer Zeit sammelt er sich wieder und schüttelt seine Furcht ab. Er geht zu einer Beerdigung und zittert am Rand des Grabes, aber er schließt sich seinen lustigen Kameraden wieder an und fällt in seine Sünden zurück. Er liebt es, eine aufwühlende Predigt zu hören, aber er ist sorgfältig darauf bedacht, nicht mehr als nur gerührt zu werden. Durch einen verzweifelten Entschluß wehrt er sich gegen Eindrücke der Gnade, wenn sie mit Ermahnungen und Bitten zu ihm kommt. Er wird oft getadelt, aber er verhärtet seinen Nacken. Er ist zuweilen an der Grenze der Übergabe an den Herrn, aber er erhält seine böse Festigkeit wieder und bleibt auf seinem Weg mit einer Ausdauer, die eines besseren Zweckes würdig wäre.

Ihr müßt sehr hart im Herzen sein, es so lange auszuhalten. Mögen Ermahnungen an euch nicht umsonst bleiben!

30. Juni

Die ganze Bibel ist vom Heiligen Geist eingegeben. Wie immer dieses heilige Buch heute auch behandelt werden mag, unser Herr und Meister hat es nicht verächtlich oder nachlässig behandelt noch Zweifel an seiner Echtheit gezeigt. Es ist bemerkenswert, wie er das geschriebene Wort verehrte. Obwohl er aus seinem eigenen Geist heraus die Offenbarungen Gottes verkünden konnte, so zitierte er doch beständig und mit großer Ehrerbietung das Gesetz und die Propheten.

Die gleiche Wertschätzung der Bibel können wir bei den Aposteln beobachten, denn sie achteten die alten Schriften als höchste Autorität. Wir finden nie, daß ein Apostel die Inspiration der Bibel in Frage stellt. Kein Jünger Jesu bezweifelt die Autorität der Heiligen Schrift, und wenn ihr daran zweifeln wollt, so findet ihr keine Unterstützung in den Lehren Jesu oder einer seiner Apostel.

Da „der Mund des Herrn es gesprochen hat“, richtet der Prediger seine Botschaft mit Furcht und Zittern aus. Unsere Botschaft ist keine geringfügige, sondern eine, welche unsere ganze Seele bewegt.

Man nannte George Fox einen Quäker (Zitterer), weil er, wenn er redete, vor der Kraft der Wahrheit zitterte, die er empfand.

Vielleicht würdet ihr und ich auch zittern, wenn wir klarere Einsicht in Gottes Wort besäßen, es fester ergriffen hätten, mehr seine Majestät empfänden.

Martin Luther, der nie das Antlitz eines Menschen fürchtete, erklärte doch, daß seine Knie oft unter dem Gefühl seiner großen Verantwortung schlotterten, wenn er aufträte, um zu predigen.

Wehe uns, wenn wir wagen, das Wort des Herrn mit weniger als unserem ganzen Herzen, mit unserer ganzen Seele und all unseren Kräften zu sprechen. Wehe uns, wenn wir das Wort behandeln, als gäbe es uns eine Gelegenheit zu einer Schaustellung. Oh, es wäre viel besser, Steine auf der Landstraße zu klopfen, als ein Botschafter zu sein, zu dem sich der Heilige Geist nicht bekennen kann.

„Das tut zu meinem Gedächtnis!"   Lukas 22,19

Tragt Sorge, genau das zu tun, was Jesus tat – nicht mehr und nicht weniger. Sooft ihr das Brot brecht und von dem Kelch trinkt, denkt an den Herrn Jesus.

Wie traurig, daß die Christen dies vergessen haben! Das einfache Abendmahl war ihnen zu schlicht. Es erschien ihnen nicht feierlich oder prächtig genug, und so haben sie Zeremonien und Einrichtungen aller Art hinzugefügt. Stellt euch vor, Paulus und Petrus wären bei einer Messe anwesend und sähen die verschiedenen Kniebeugen und all die Zeremonien, deren es zu viele gibt, um sie zu beschreiben. Paulus würde Petrus am Ärmel zupfen und sagen: „Unser Meister tat nichts dergleichen, als er das Brot nahm, dankte und es brach." Petrus würde antworten: „Sehr verschieden von dem, was wir im Obersaal in Jerusalem erlebten!" Paulus würde hinzufügen: „In der Tat, mein Bruder, völlig anders als damals, wo die ersten Gläubigen zusammenkamen und ihres Herrn gedachten!"

Liebe Freunde, wir müssen wachsam sein, das Abendmahl zu dem Zweck zu feiern, zu dem Jesus es gab, nämlich zu seinem Gedächtnis. Jesus sagte niemals: „Das tut, damit ihr ein unblutiges Opfer darbringt." Oder: „Tut dies als fortwährende Wiederholung meines Todes." Für mich ist der bloße Gedanke daran Lästerung; denn unser Herr erhebt den Anspruch, ein vollkommenes Werk vollbracht zu haben, und er ist ein für allemal der Sünde gestorben. Diejenigen, die sich vorstellen, daß irgendein Priester dieses Opfer für die Sünde fortsetzen, wiederholen oder vervollständigen könne, machen das Opfer Christi zunichte.

Wenn ihr zusammenkommt, dann denkt an seine Wunden, denkt an die grausame Geißel, denkt an das mit Dornen gekrönte Haupt. Ich bitte euch, denkt an den Herrn Jesus selbst! Denkt weder an Vergebung noch an Rechtfertigung oder Heiligung, sondern verfolgt die Ströme der Liebe Jesu bis zu ihrer Quelle und gedenkt des Herrn in tiefster Dankbarkeit.

2. Juli

„Du hast hierin töricht gehandelt; darum wirst du von nun an Krieg haben!"
2. Chronika 16,9

Der gottesfürchtige König Asa suchte bei Benhadad, dem König der Syrer, Hilfe, der ein Verehrer eines falschen Gottes war und mit dem er durchaus keine Verbindung und kein Bündnis hätte eingehen sollen. Was noch schlimmer war: Asa verleitete Benhadad dazu, seinen Bund mit Baesa zu brechen, um ihm gegen Baesa beizustehen.

Hier sehen wir ein Kind Gottes, das den Ungöttlichen lehrt, unwahr zu sein, einen Mann Gottes, der für Satan arbeitete und einen Heiden lehrte, seinem Versprechen untreu zu werden. Asa dachte ohne Zweifel, daß im Kriege alles erlaubt sei. Er nahm die allgemeine Regel, den allgemeinen Maßstab der Menschen und richtete sich danach, während er als Kind Gottes alles hätte verschmähen sollen, was unehrenhaft und unwahr ist. „Gehe hin, löse das Bündnis mit Baesa . . ." Wenn sein Herz in einem guten Zustand gewesen wäre, so hätte er lieber seine Zunge verloren, als solche Worte geäußert. Als er aber einmal von dem schlichten, einfachen Weg, Gott zu vertrauen, abgewichen war, war das Ende nicht mehr abzusehen.

Wenn unser Wandel mit dem Herrn ist, so ist es ein sicherer, heiliger Wandel; aber der Weg des Fleisches ist böse und endet in Schande. Wenn ihr dem breiten Weg der Welt folgt, so wird er sich in kurzem als ein elender, krummer, knechtischer und armseliger Weg erweisen, der für einen Himmelserben entehrend ist. Staub soll der Schlange Speise sein, und wenn wir die kriechenden, sich windenden, schleimigen Künste der Schlange üben, so werden wir auch Staub zu essen bekommen.

Vielleicht spreche ich zu einigen, denen eine Prüfungszeit bevorsteht, die Leid in der Familie, ein Unglück im Geschäft oder sonstige Schwierigkeiten haben und nicht wissen, welchen Weg sie einschlagen sollen. Erinnere dich dann daran, daß du nicht von dieser Welt bist, ebenso wie Christus nicht von dieser Welt ist, und sieh zu, daß du demgemäß handelst. Laß andere tun, was sie wollen! Habe du nur immer den Herrn vor Augen und laß dich durch Lauterkeit und Aufrichtigkeit bewahren.

„Und Asa ward krank an seinen Füßen . . .und seine Krankheit nahm sehr zu; doch suchte er auch in seiner Krankheit nicht den Herrn, sondern die Ärzte." 2. Chronika 16,12

Asa hatte in einer bedrängten Lage nicht auf den Herrn vertraut, sondern Hilfe bei Menschen gesucht. Nun zog ihn Gott zur Rechenschaft. Er erkrankte an den Füßen, und Gottes Hand lag schwer auf ihm. Nun lernte der König, daß goldene Pantoffeln kranken Füßen keine Erleichterung geben können und daß der Schlaf flieht, wenn Krankheit den Menschen heimsucht.

Dies hätte Asa zur Buße treiben sollen. Aber Trübsale bringen den Menschen nicht unbedingt zurecht, und Asa ruft nicht Gott um Hilfe an, sondern schickt zu den Ärzten.

Es ist nicht unrecht, Ärzte kommen zu lassen; aber es ist sehr unrecht, sofort nach Ärzten zu senden, anstatt zuerst Gott anzurufen und so der menschlichen Kraft und Weisheit den Vorzug vor der göttlichen zu geben.

So verhinderte sein Unglaube die Heilung, die ihm Gott schnell hätte gewähren können. Er hatte seine Ärzte und ihre Arzneien. Aber sie brachten ihm keine Hilfe, sondern verursachten ihm wahrscheinlich mehr Leiden, als er ohne sie gehabt haben würde.

Wie oft ist es so, wenn wir den Herrn aus den Augen verlieren! Wer Gott hat, hat alles; wer aber alles außer Gott hat, hat in Wirklichkeit nichts.

Asas Leben war nach dieser Krankheit ein Leben voll Krieg und Schmerz. Sein Abend war umwölkt, und seine Sonne ging im Unwetter unter. So wird es mit uns sein, wenn wir nicht wachsam sind. Wir mögen bis zu diesem Augenblick ein sehr glückliches Leben in Christus geführt haben, und wir wissen, daß uns der Herr nicht verwerfen wird, denn er verwirft nicht sein Volk, das er erwählt hat. Aber wenn wir beginnen, Unrecht zu tun und seinem Namen Unehre bringen, so mag er von diesem Augenblick an sprechen: „Weil ich dich lieb habe, will ich dich züchtigen."

Mit solcher Warnung wie dieser von Asa vor Augen laßt uns nicht in der Wachsamkeit nachlassen, sondern die Lehre, die sie uns gibt, zu Herzen nehmen.

4. Juli

„Und sie zogen aus, um ins Land Kanaan zu gehen. Und als sie ins Land Kanaan kamen . . ."   1. Mose 12,5-6

Sie zogen aus und kamen an, das ist die wahre Geschichte von jedem Kind Gottes, von jedem, der wirklich bekehrt ist und den Glauben empfangen hat.

Wie elend ist jene Lehre, die sagt, daß die Heiligen nach Kanaan ausziehen, aber es nie erreichen! Diese Lehre kann das Leben des Gläubigen zu einer Hölle auf Erden machen. Die Lehre, die leugnet, daß die Pilger zur Herrlichkeit von Kraft zu Kraft gehen, bis ein jeder von ihnen vor Gott in Zion erscheint; die lehrt, daß Schafe Christi von den Wölfen zerrissen werden können, daß die Steine im geistlichen Tempel in die vier Winde zerstreut und daß die Glieder Christi von seinem heiligen Leib gerissen werden können und daß die Braut Christi verstümmelt werden kann, ist meiner Vernunft, meiner Erfahrung, meinem Glauben und meiner ganzen geistlichen Natur zuwider. Der aus Gott Geborene kann nicht sterben; und da der lebendige Same in ihm ist, kann ihn der Teufel nicht zerstören. Weil Christus lebt, muß jeder Gläubige auch leben.

Wir ziehen also aus nach dem Land Kanaan, und – Gott sei gelobt! – wir werden in Kanaan ankommen. Gott hat beschlossen, daß seine Kinder alle zur Herrlichkeit geführt werden sollen durch den Herzog ihrer Seligkeit. Hat er es gesagt und sollte es nicht tun?

Wir werden unseren Ruheplatz erreichen, denn der Waffenträger, der vorangeht, ist kein anderer als Jesus Christus. Wir werden bewahrt bleiben, denn um uns herum ist eine feurige Mauer, und über uns ist der Schild des Ewigen und Unveränderlichen, dessen Liebe ewig währt. Der Weg soll uns nicht müde machen, und die Rauheit des Weges soll uns nicht entmutigen. Ehre sei Gott, daß es nicht in der Macht von Erde und Hölle ist, einen einzigen der Pilger des Herrn aufzuhalten, so daß er die himmlische Stadt nicht erreicht.

„Ich kann nicht kommen!" Lukas 14,20

Wenn wir Menschen zu einer Evangelisation einladen, so entschuldigen sie sich gewöhnlich mit den Worten: „Ich habe keine Zeit."
Der Tag hat für jeden 24 Stunden, und für dich nicht weniger. Du hast keine Zeit? Das ist sonderbar! Was hast du denn mit all der Zeit gemacht? Du hast Gott den Teil der Zeit geraubt, der ihm gehörte, und hast die Zeit für geringfügige Dinge benutzt, die dein Schöpfer mit Recht für die höchsten Zwecke beanspruchen konnte.
Du hast Zeit genug für die alltäglichen Dinge. Ich treffe niemand von euch im Winter auf der Straße in Hemdsärmeln an. Ihr geht nicht halb angezogen auf der Straße hin und her. „O nein, natürlich haben wir Zeit, uns anzukleiden."
Wenn ihr Zeit habt, euren Leib zu kleiden, habt ihr keine Zeit, eure Seele mit der Gerechtigkeit Christi zu bekleiden?
Ich habe nie jemand gefunden, der am Abend sagte: „Ich bin nahe daran, ohnmächtig zu werden, denn ich habe noch nichts gegessen, seitdem ich aufgestanden bin." O nein, jeder hat sein Frühstück und Mittagessen gehabt. Wenn ihr Zeit habt, euren Körper zu speisen, warum speist ihr eure Seele nicht?
Es gibt viele Leute, die man zusammengebunden ins Meer werfen könnte, ohne daß sie vermißt würden, denn sie tun keinem Sterblichen Gutes. Sie führen ein gänzlich zweckloses, zielloses Leben. Und doch sagen sie, daß sie keine Zeit haben.
Solche Vorwände richten nichts aus. Wenn du mit Gott verhandelst, so sage wenigstens etwas, was wie gesunder Menschenverstand aussieht. Ihr belügt Gott, wenn ihr sagt, daß ihr keine Zeit habt. Wenn jemand etwas tun will, und er hat eigentlich keine Zeit, dann nimmt er sich eben die nötige Zeit. Wo ein Wille ist, da ist auch ein Weg. Wo ein Herz für den Herrn Jesus ist, ist auch reichlich Zeit für ihn vorhanden. Glaube an den Herrn, und dann wirst du genug Zeit für den Dienst des Herrn haben – und keinen Augenblick weniger für die nötigen Pflichten deines Berufs.

6. Juli

*„Wieder ein anderer sprach: Ich habe eine Frau genommen, darum
kann ich nicht kommen!"*
                                                          Lukas 14,20

Dieser Mann hatte versprochen, zum Abendmahl zu kommen, und
war verpflichtet, sein Versprechen zu halten. Er konnte nicht sagen,
daß ihn seine Frau am Kommen hinderte. Solche Entschuldigung
mag in unseren Ländern stichhaltig sein. Aber im Orient sind die
Männer immer die Herren des Hauses, und die Frau hat selten etwas zu sagen.

Viele Männer würden böse werden, wenn wir ihnen sagten, daß
sie unter dem Pantoffel stehen und ihre Seele in Wahrheit nicht ihre
eigene nennen können. Tatsächlich ist der Mann, der es versucht,
den Tadel für seine Sünden auf seine Frau zu wälzen, ein elender
Wicht. Mein lieber Mann, wenn ich nicht ganz irre, so bist du ein
eigenwilliger, widerspenstiger Geselle in allen anderen Sachen, aber
wenn das Gespräch auf den Glauben kommt, so jammerst du, als
würdest du von deiner Frau regiert. Ich habe keine Geduld mit dir.

Dieser Mann sagte: „Ich kann nicht kommen." Warum nicht?
Weil er eine Frau hatte. Ein sonderbarer Gedanke! Das wäre gerade
ein Grund gewesen, zu kommen und sie mitzubringen. Wenn ein
Mann eine Frau hat, die dem göttlichen Befehl widersteht, so sollte
er nicht sagen, daß er wegen seiner unbekehrten Frau nicht kommen könne. Er sollte vielmehr um besondere Gnade bitten, seine
Frau für Christus zu gewinnen.

Ihr seht also, es gibt zwei Gründe, weshalb ihr der Einladung folgen solltet. Nicht nur um eurer selbst willen, sondern auch um eurer
unbekehrten Verwandten willen. Es ist traurig, wenn meine Frau
verlorengeht, aber ich kann ihr nicht dadurch helfen, daß ich mit
verlorengehe. Guter Mann, laß dich nicht von deiner Frau zurückhalten. Erfinde keine faulen Entschuldigungen! Die Tatsache, daß
deine Frau nicht gläubig ist, sollte dich veranlassen, um so ent-
schlossener in der Nachfolge Christi zu stehen – selbst wenn du allein in den Himmel gehen müßtest.

7. Juli

„Und da sie wieder zu Josua kamen, sprachen sie zu ihm: Lasse nicht das ganze Volk hinaufziehen . . .daß nicht das ganze Volk sich dahin bemühe; denn ihrer sind wenige!"

Josua 7,3

Diese Vermessenheit war durch den vorangegangenen Erfolg entstanden. Kurz vorher war Israels Heer sechs Tage um Jericho herumgezogen, und am siebten Tag waren die Stadtmauern gefallen. Vielleicht sagten sie nun: „Fielen diese massiven Mauern nicht um, als wir sie umzogen? Welch herrliches Volk sind wir doch! Weshalb sollten wir nun das ganze Hab gegen die kleine Stadt Ai entbieten? Zwei- oder dreitausend reichen völlig aus, um diese Stadt im Sturm zu nehmen. Wir können Wunder tun, und deshalb brauchen wir nicht all unsere Männer in Bewegung zu setzen."

Brüder, viele Gefahren umgeben den Erfolg, und keiner von uns kann viel davon ertragen. Das volle Segel braucht als Gegengewicht viel Ballast; sonst schlägt das Boot um. Wenn die Gemeinde viele Bekehrte als die Frucht ihrer Arbeit sieht, wenn große Versammlungen abgehalten und viel „Feldgeschrei" erhoben wird, so ist es sehr natürlich anzunehmen, das Werk sei leicht getan und bedürfe keiner schweren Anstrengung. Die Vorstellung wird genährt, daß Hausbesuche und Schul- oder Wohnhausversammlungen nicht mehr nötig seien. Jericho ist durch Feldgeschrei gefallen. So wollen wir zeigen, daß wir ein mächtiges Volk sind und nicht länger einmütig und mit Anstrengung in Reih und Glied zum Kampf zu ziehen brauchen, wie unsere Väter es taten.

Ach Brüder, dieser böse Geist muß ausgetrieben werden, denn er kommt vom Teufel. Einige von uns halten viel zuviel von sich selbst, als daß uns der Herr Jesus in seiner Arbeit gebrauchen könnte. Wir müssen mehr unsere Schwäche fühlen, mehr daran denken, daß die Bekehrung allein ein Werk Gottes ist; sonst werden wir keinen Erfolg sehen. Wir müssen völliger an die Notwendigkeit ernster Arbeit für Gott glauben, all unsere Kraft in dem Wissen für ihn einsetzen, daß es ja seine Kraft ist, die in uns wirkt. Möchten wir von der Vermessenheit befreit werden, die Israel einen Weg gehen ließ, der in eine Niederlage führte.

195

8. Juli

„Da er aber des Morgens früh in die Stadt zurückkehrte, hungerte ihn. Und als er einen einzelnen Feigenbaum am Wege sah, ging er zu ihm hin und fand nichts daran als nur Blätter."　　Matthäus 21,18-19

Als unser Herr zu dem Feigenbaum ging, hatte er ein Recht, Frucht zu erwarten; denn wo Blätter vorhanden sind, sollte auch Frucht zu finden sein. Es ist wahr, es war nicht die Zeit der Feigen; doch wenn es nicht die Zeit der Feigen war, war es auch nicht die Zeit der Blätter, denn die Feigen erscheinen zuerst.

Als Christen bekennen wir, daß wir von den Menschen erlöst und von diesem argen Geschlecht errettet sind. Christus kann von Menschen, die die Welt und ihre wechselnden Ansichten als ihren Führer erkennen, keine Frucht erwarten; aber er kann bei denen Frucht suchen, die bekennen, an sein Wort zu glauben. Er sucht Frucht beim Evangelisten, beim Sonntagschullehrer, bei der Schwester, die eine Bibelklasse leitet, bei dem Bruder, der eine Schar junger Männer um sich sammelt, denen er ein Führer im Evangelium ist. Er erwartet bei allen Frucht, die sich seinem Evangelium unterwerfen. Wie Christus ein Recht hatte, von einem blättertragenden Feigenbaum Frucht zu erwarten, so hat er ein Recht, große Dinge von denen zu erwarten, die sich als seine Nachfolger ausgeben.

Als der Heiland zu dem Feigenbaum kam, suchte er keine Blätter, denn wir lesen, daß er hungrig war, und der Hunger kann nicht mit Feigenblättern gestillt werden. Er wünschte, ein oder zwei Feigen zu genießen; und er hat auch das Verlangen, von uns Frucht zu erhalten. Er hungert nach unserer Heiligkeit; er wünscht, daß seine Freude in uns sei und unsere Freude vollkommen werde. Er kommt zu einem jeden von uns, die wir uns als Glieder seiner Gemeinde ausgeben, und wünscht in uns Dinge zu sehen, an denen seine Seele Wohlgefallen hat. Er erwartet von uns Taten, die nach den Geboten Gottes und dem Sinn des Geistes Gottes sind, und wenn er diese nicht findet, bekommt er nicht, was ihm gebührt. Hat er sich nicht selbst hingegeben, um sich ein Volk zum Eigentum zu reinigen, eifrig in guten Werken? Wir berauben ihn seines Lohnes, wenn wir ihn nicht verherrlichen. Und wir betrüben den Heiligen Geist, wenn wir nicht zu seinem Lob ein gottseliges und heiliges Leben führen.

„Und er fand nichts daran als nur Blätter." Matthäus 21,19

Der Herr findet nur Blätter, wo er Frucht hätte erwarten können.
Nichts als Blätter heißt nichts als Schein. Ist das ein harter Ausdruck? Wenn ich bekenne, Glauben zu haben, aber keinen Glauben
besitze, ist das nicht eine Lüge? Wenn ich mich mit dem Volk des lebendigen Gottes verbinde, aber keine Gottesfurcht im Herzen habe,
ist das nicht Heuchelei? Wenn ich bekenne, die Bibel zu verteidigen,
aber gar nicht von ihrer Wahrheit überzeugt bin, ist das keine Lüge?
Wenn nichts da ist außer Blättern, dann ist nichts da als nur Lügen.
Alle Schönheit der grünen Blätter ohne Frucht ist vor ihm nichts als
Betrug. Ein Bekenntnis ohne Gnadenerfahrung ist das Beerdigungs-
gepränge einer toten Seele. Wenn wir nur den Namen haben, daß
wir leben, aber tot sind, in welch einem Zustand befinden wir uns
dann! Sich als Christ auszugeben und in Sünden leben heißt, Rosen-
wasser auf einen Schmutzhaufen sprengen, der doch ein Schmutzhaufen bleibt. Als unser Herr entdeckte, daß keine Frucht vorhanden war, wurde er traurig und verurteilte den Baum. War es recht,
daß er ihn verfluchte? Der Baum war so schon ein Fluch. Er war
nur da, um die Hungrigen zu täuschen, sie von ihrem Weg abzulen-
ken und zu betrügen. Gott will nicht, daß mit den Armen und Bedürftigen Scherz getrieben wird. Ein leeres Bekenntnis ist ein prakti-
scher Fluch; sollte es deshalb nicht den Tadel des Herrn erfahren?
Der Baum war an seinem Ort von keinem Nutzen; er diente keinem
Menschen zur Erquickung. So nimmt der unfruchtbare Bekenner
eine Stellung ein, in der er ein Segen sein sollte; aber in Wahrheit
strömt ein übler Einfluß von ihm aus. Unser Herr verfluchte den
Feigenbaum jedoch zu einem guten Zweck; denn er wurde von jetzt
an für alle, die nur ein Scheinleben führen, eine Warnung. So wird
eine moralische Wirkung auf andere hervorgebracht, wenn der gottlose Mensch, der ein christliches Bekenntnis abgelegt hat, „verdorrt". Sie werden gezwungen, die Gefahr eines ungesunden Bekenntnisses zu sehen, und wenn sie weise sind, werden sie sich dessen nicht länger schuldig machen.

10. Juli

„Da sprach er zu ihm: Nun komme von dir keine Frucht mehr in Ewig-keit!"
Matthäus 21,19

Den Baum traf eine Veränderung: Er begann sogleich zu vertrocknen. Nicht nur hingen die Blätter wie die Flaggen bei Windstille
herab; nicht nur schien die Rinde jeden Schein des Lebens verloren
zu haben, sondern der ganze Baum war verdorrt. Ein Feigenbaum
bietet einen traurigen Anblick, wenn er alle Blätter verloren hat.

In derselben Weise habe ich den oberflächlichen Bekenner ins
Verderben gehen sehen. Der Mann ist nicht mehr, was er war; sein
Ruhm, seine Schönheit ist hoffnungslos dahin. Keine Axt ist erhoben und kein Feuer angezündet worden; ein Wort hat es getan, und
der Baum ist bis auf die Wurzeln vertrocknet.

Mit diesen Worten habe ich eine große Verantwortung auf mich
geladen, denn ich habe ein lautes Bekenntnis abgelegt, und wenn
Gottes Gnade nicht in mir ist, dann werde ich vor der Menge stehen, die mich in meinem Feuer gesehen hat, und werde bis auf die
Wurzeln vertrocknen – als schreckliches Beispiel von dem, was Gott
mit denen tut, die keine Frucht zu seiner Ehre bringen.

Es sage niemand, daß diese Behandlung des unfruchtbaren Bau-
mes zu hart war. Brüder, ist es zu hart zu erwarten, wenn wir etwas
bekennen, daß wir dem auch treu sind? Außerdem bitte ich euch,
nicht zu denken, daß irgend etwas, was mein Herr tut, hart sei. Er ist
die Milde und Zartheit selbst. Das einzige, was er je zerstört hat, war
dieser Feigenbaum. Er verdirbt keinen Menschen, wie Elia tat, als
er Feuer vom Himmel auf die Baalspriester fallen ließ, noch wie Elisa, als die Bären aus dem Wald kamen. Es war nur ein unfruchtba-
rer Baum, den er vertrocknen ließ. Er möchte dich nicht vertrocknen lassen, wenn du ihm treu bist. Das Geringste, was er erwarten
kann, ist, daß du in dem treu bist, was du bekennst.

Empört es dich, wenn er dich auffordert, nicht den Heuchler zu
spielen? Wenn du anfängst, gegen seine Ermahnung zu murren, so
scheint es, als seist du ihm im Herzen untreu. Statt dessen komme
demütig, knie zu seinen Füßen nieder und sage: „Herr, wenn irgend
etwas in dieser ernsten Wahrheit auf mich Bezug hat, dann bitte ich
dich, es auf mein Gewissen einwirken zu lassen."

„Und am Morgen, als es noch sehr dunkel war, stand er auf, ging hinaus an einen einsamen Ort und betete daselbst." Markus 1,35

Unser Herr Jesus stand früh auf und ging in die Einsamkeit, weil er dem Gebet vor allem den Vorrang gab. Er wollte nichts unternehmen, ohne vorher gebetet zu haben. Er wollte keinen Teufel austreiben, keine Predigt halten, keine Heilung wirken, so notwendig und nützlich sie sein mochte, ohne sich zuerst Gott genaht zu haben.

Achte wohl darauf, mein Bruder, daß du derselben Regel folgst. Blicke keinem Menschen ins Gesicht, bevor du nicht das Angesicht Gottes gesehen hast. Sprich mit niemandem, ehe du nicht eine Unterredung mit dem Höchsten gehabt hast. Geh nicht an deine Arbeit, ohne daß du mit dem Gürtel der Andacht umgürtet bist, damit dir dein Werk nicht mißlinge. Beginne nicht den Lauf, bevor du nicht im Gebet jede Last abgelegt hast; sonst verlierst du den Wettlauf. Wir können nichts ohne unseren Gott tun; so laßt uns auch gar nicht erst ohne ihn beginnen.

Eine Frau sagte neulich zu mir: „Ich bin so eins mit dem Sinn und dem Willen Gottes, daß ich nicht nötig habe zu beten."

Traurig überrascht erwiderte ich ihr: „Ich bitte Gott, Ihnen die Augen zu öffnen, damit Sie die Täuschung sehen, in der Sie sich befinden. Denn der Herr Jesus betete viel – ungeachtet seiner absoluten Vollkommenheit."

Diese Art von Vollkommenheit, welche einen Menschen dahin führt zu denken, daß er nicht mehr zu beten brauche, ist verdammenswert. Ich will kein milderes Wort dafür gebrauchen. Ich glaube, daß die Lehre von der Vollkommenheit, wie sie häufig gelehrt wird, der Ruin mancher Seele sein wird, die daran glaubt. Hört ihr auf zu beten, so hört ihr auf, geistlich zu leben.

„Oh", sagt einer, „ich lebe ständig im Geist des Gebets, und deshalb brauche ich keine bestimmte Zeit zum Gebet."

Der Herr Jesus, der besser wußte als du, daß die Hauptsache der Geist des Gebets und nicht das Gebet selbst ist, zog sich dennoch an einen öden Ort zurück, um zu beten.

Möge Gott uns im Gebet erhalten und auch darin seinem Sohn ähnlicher machen!

12. Juli

„Ein verschlossener Garten ist meine Schwester, (meine) Braut; ein verschlossener Born, ein versiegelter Quell." Hohelied 4,12

Das Volk Gottes ist nicht nur einem Garten, sondern einem verschlossenen Garten gleich. Wenn der Garten nicht verschlossen wäre, würden die wilden Tiere des Waldes die Weinstöcke vernichten und die Blumen entwurzeln. Aber die unendliche Barmherzigkeit meines Gottes hat den Garten verschlossen, so daß kein Feind eindringen kann.

Ist die Gemeinde eine Quelle? Sind ihre geheimsten Gedanken, ihre Liebe, ihre Wünsche gleich kühlen Wasserströmen? Dann nennt der Bräutigam sie einen „versiegelten" Quell; sonst würde jedes Tier, das darübergeht, ihr Wasser beschmutzen.

Es ist ein tröstlicher Gedanke für alle Gläubigen, daß der Herr Jesus die Gottseligen für sich abgesondert hat. Er hat Maßregeln getroffen, daß alle seine Erwählten vor allem bewahrt werden, das sie verunreinigen und vernichten könnte. In seiner Vorsehung versieht er sie mit einem Gehege, so daß ihnen niemand schaden kann. Er hat sie vor dem Feind verschlossen und, um sie auf ewig zu bewahren, versiegelt. Die im Morgenland umherziehenden Beduinen plündern die offenen Felder, aber eines Königs Garten ist umzäunt, verschlossen und beschützt und so vor ihren Verwüstungen gesichert.

In einem Garten wuchert das Unkraut sehr bald, und leider wächst das Unkraut in der Gemeinde und in unseren Herzen sehr schnell. Aber es ist einer da, der Sorge trägt, die schlechten Gewächse auszurotten und die wilden Schößlinge abzuschneiden, damit keine seiner kostbaren Pflanzen überwuchert und erstickt werde. Jede einzelne Pflanze, wie schwach sie auch sein mag, wird von dem Herrn Jesus mit großer Sorgfalt gepflegt.

Ich wünsche, daß ihr ein Bewußtsein von eurer Sicherheit habt. Ich möchte nicht viel darüber schreiben, aber ich bitte euch, es zu glauben und euch dessen zu freuen. Ich betrachte die Sicherheit eines Christen als die Triebfeder seiner Selbstlosigkeit. Wenn ein Mensch gerettet ist, vergißt er sich selbst. Wenn ich weiß, daß ich gerettet bin, kann ich Gott verherrlichen und ihm dienen.

„Ein verschlossener Garten ist meine Schwester, (meine) Braut; ein verschlossener Born, ein versiegelter Quell." Hohelied 4,12

„Alles für Jesus!" muß unser Motto sein. Auch nicht einer unter uns darf wagen, für sich selbst zu leben, auch nicht in der Weise, daß er Seelen zu gewinnen versucht, damit er als eifrig und erfolgreich angesehen wird. Wir müssen gründlich, wahrhaftig für den Herrn Jesus leben. Wir müssen ein verschlossener Garten sein, der für ihn reserviert ist.

Mein Bruder, dein Leben soll ein Strom sein, der für den, der sein Leben für dich dahingegeben hat, zur Erquickung fließt! Du bist ein versiegelter Brunnen für den Herrn Jesus, für ihn allein. Wenn das Ich oder der persönliche Nutzen hervortreten sollte, so hast du diese Dinge zurückzuweisen. Sie dürfen hier nicht Einlaß finden. Dieser Garten ist streng privat. Wenn die Welt, das Fleisch oder der Teufel über diese Mauer springen wollen, um aus dem Brunnen zu trinken, so mußt du sie zurücktreiben, damit ihre aussätzigen Lippen diesen Brunnen nicht verunreinigen und den König nicht abhalten, davon zu trinken. Unser ganzes Wesen sollte ein für den Herrn Jesus versiegelter Brunnen sein. Alles für Jesus: der Leib, die Sinne, der Geist, die Augen, der Mund, die Hände, die Füße – alles für Jesus. Die Mauer muß den Garten ganz umschließen, denn eine Lücke irgendwo würde das Eindringen des Feindes zulassen. Wenn ein Teil unseres Wesens unter der Herrschaft der Sünde gelassen wird, so wird diese ihre Macht über uns offenbaren. Wir müssen ganz für Christus reserviert, ganz dem Gekreuzigten übergeben sein.

Brüder, gehören wir dem Herrn Jesus an? Kennt er die Gänge unseres Gartens und die verborgenen Quellen unserer neuen Natur?

Achtet darauf, daß ihr ganz ihm und für ihn lebt! Ihr wißt, daß er ganz euer ist, so seid ganz sein! Dient dem Herrn, wo ihr seid, ob ihr in der Küche oder im Zimmer, in der Werkstatt, auf der Straße oder auf dem Feld seid. Macht es zu eurer Freude, daß ihr für ihn reserviert seid. Ihr seid ein verschlossener Garten, seine verschlossene Quelle – so übergebt ihm euer Alles, das Werk eurer Hände und die Wärme eurer Herzen.

14. Juli

„Ein verschlossener Garten ist meine Schwester, (meine) Braut; ein verschlossener Born, ein versiegelter Quell."   Hohelied 4,12

Die Gemeinde ist von der Welt ganz abgesondert. Es mag so etwas wie „die christliche Welt" geben; aber ich weiß nicht, was sie ist und wo man sie finden kann. Es muß eine besondere Mischung sein. Ich weiß, was man unter einem weltlichen Christen versteht, und ich vermute, daß die „christliche Welt" wohl die Summe weltlicher Christen darstellt. Aber die Gemeinde Jesu ist nicht von dieser Welt.

Es sind viele Versuche gemacht worden, dahin zu wirken, daß die Gemeinde die Welt in sich aufnehme, und wo das geschehen ist, war das Ergebnis, daß die Welt die Gemeinde verschlungen hat. Manche haben gedacht, daß es vielleicht am besten wäre, überhaupt keine Gemeinde zu haben. Wenn die Welt nicht zur Gemeinde kommen will, sollte die Gemeinde zur Welt gehen. Das scheint so die allgemeine Meinung zu sein. Man lasse die Israeliten mit den Kanaanitern zusammenleben und eine glückliche Familie bilden.

Nichts hat dem Herrn ferner gelegen als eine Verbindung zwischen seinem Volk und der Welt. Oh, daß wir bei den Christen mehr von der heiligen Absonderung, ein größeres Abweichen von dem ungöttlichen Wesen und eine größere Zurückhaltung von der Welt sehen könnten! Laßt uns jedoch darauf achten, daß unsere Absonderung von der Welt von derselben Art ist wie die des Herrn. Wir brauchen keine besondere Tracht oder besondere Redeweise anzunehmen oder uns von der Gesellschaft auszuschließen. Unser Herr tat es jedenfalls nicht. Er war auf einer Hochzeit zu sehen und aß selbst das Brot im Hause eines Pharisäers. Er war nur dadurch von den Sündern abgesondert, daß er heilig und unsträflich war, was sie nicht von sich behaupten konnten. Er wohnte unter Menschen, denn er war wie wir; doch war er nicht von dieser Welt, und die Welt zählte ihn nicht zu den Ihrigen.

Ich sehne mich danach, die Christen mehr als bisher von der Welt abgesondert zu sehen, weil dann die Gemeinde eine Segensmacht für die Welt sein wird. Es geschieht nur zum Besten der Welt, wenn nicht einmal ein Schatten einer Verbindung zwischen der Gemeinde Christi und der Welt besteht.

„Welcher Mensch ist unter euch, der hundert Schafe hat und eins von ihnen verliert, der nicht die neunundneunzig in der Wüste läßt und dem verlornen nachgeht, bis er es findet?" Lukas 15,4

Blicke auf den liebenden Hirten! Er sucht seine verlorenen Schafe. Betrachte sein besorgtes Gesicht, „bis er es findet". Er ist voller Spannung und lauscht angestrengt, um auch den leisesten Laut zu vernehmen; denn es könnte ja das Blöken seines verlorenen Schafes sein. Sein Auge ist wie das Auge des Adlers. Der Hirte erklimmt einen Felsenhügel und späht nach allen Seiten. Sein Innerstes ist erregt, und alle Sinne sind angespannt. Ob er nicht irgendwo sein verlorenes Schaf aufspürt?

Dies ist ein schwaches, aber treues Bild von dem großen Hirten, der herabgekommen ist, seine Herde zu sammeln. So haben ihn die Evangelisten beschrieben: immer wachsam, Tag und Nacht beschäftigt, bis er das Verlorene gefunden hat. Er ist von keinem anderen Gedanken beseelt als von dem der besorgten Liebe.

Beachtet auch seine Beharrlichkeit. Das Schaf ist schon viele Stunden umhergeirrt. Die Sonne ist auf- und wieder untergegangen. Aber solange das Schaf noch lebt, sucht der Hirte, bis er es findet.

Als er dir und mir nachlief, gingen wir ihm aus dem Weg. Aber er verfolgte uns. Wir versteckten uns vor ihm, aber er entdeckte uns. Er hatte uns schon beinahe ergriffen, aber obwohl wir ihm immer wieder auswichen, folgte er uns mit unermüdlicher Liebe, bis wir uns von ihm finden ließen. Wenn er es nach den ersten zehn Jahren aufgegeben hätte, wenn er manche von uns nach vielleicht fünfzig verschiedenen Gelegenheiten, bei welchen wir das Gewissen übertönten, hätte laufen lassen, wir wären verloren gewesen.

Lernt diese Lektion von dem guten Hirten: Solltet ihr je die Bekehrung eines Menschen suchen, so folgt ihm, bis ihr ihn gefunden habt. Rechnet mit vielen Abweisungen und Vorwürfen – eines Tages werdet ihr sein Herz erreichen. Lebt oder sterbt, wirkt oder leidet, mag die Zeit kurz sein oder lang, mag der Weg eben sein oder rauh, laßt jeden von uns sich gebunden fühlen, eine Seele zu Jesus zu führen. Es wird euch genauso ergehen wie demjenigen, der euch zu Jesus brachte.

16. Juli

„Die Zeit aber, da David in der Philister Lande wohnte, betrug ein Jahr und vier Monate."   1. Samuel 27,7

David tat zwei sehr böse Dinge. Er handelte als Lügner und als Betrüger. Er zog aus und schlug die Gesuriter und verschiedene andere Stämme. Wenn er zurückkam und von Achis gefragt wurde, wo er gewesen sei, antwortete er: „Im Süden von Juda." Er tat also so, als würde er sein eigenes Volk überfallen, obwohl er sich in Wirklichkeit gegen die Verbündeten Achis gerichtet hatte. Dies setzte er lange Zeit fort. Und dann, weil eine Sünde nie ohne eine Gefährtin geht, denn des Teufels Hunde jagen stets zu Paaren, war er des Blutvergießens schuldig, denn in jeder Stadt, die er einnahm, tötete er alle Bewohner. Er schonte weder Mann noch Weib noch Kind, damit sie nicht dem Achis sagen konnten, wo er gewesen sei. So führte eine Sünde zur nächsten. Wer Gott glaubt und im Glauben handelt, der handelt mit Würde, und andere Menschen ehren ihn. Aber der, der seinem Gott mißtraut, der in seiner eigenen, fleischlichen Weisheit zu handeln beginnt, wird unstet und flüchtig.

David war nicht nur aller dieser Sünden schuldig, sondern er war nahe daran, noch schlimmere zu begehen; denn David war ein Freund Achis geworden und sollte mit ihm in den Krieg wider Israel ziehen. Nun seht ihr Achis in Begleitung von David, um dem Volk Gottes Schaden zuzufügen. Es ist wahr, Gott trat dazwischen und verhinderte es. Aber es war kein Verdienst Davids, denn ihr wißt, wir sind schuldig, wenn wir willig sind, eine Sünde zu begehen, selbst wenn wir sie dann nicht tun.

„Selig sind, die reines Herzens sind; denn sie werden Gott schauen!"

Matthäus 5,8

Seid rein im Herzen, im Leben und mit den Lippen. Erlaubt euch keine unreinen Gedanken und Bilder, noch weniger unreine Worte. Vermeidet mit allem Ernst jeden unzüchtigen Blick, jedes zweideutige Wort, jede unreine Tat. Alles, was auf der Grenze der Unkeuschheit liegt, muß abgetan werden. Nur die reinen Herzens sind, werden Gott schauen. Macht einen Bund mit euren Augen, daß ihr nicht seht, was euch befleckt, und verstopft eure Ohren, daß sie nicht schmutzigen Reden zuhören. Bittet Gott, daß ihr euer Herz rein und heilig erhaltet. Bitte bewahrt eure Lippen, daß ihr nicht durch sündige Reden andere verderbt. Die Gefahr, daß ihr in grobe, offenbare Sünde fallt, fürchte ich nicht so sehr als die, daß ihr etwas tut, was euch dem Weg der Sünde ein klein wenig näher bringt.

Vermeide auch den bösen Schein. „Aber", sagst du, „man darf doch nicht allzu streng sein." Es besteht in unserer Zeit keine große Gefahr, zu streng zu werden. Zu fromm, zu ähnlich dem Heiland kannst du ja nicht werden. An jenem großen Tag wird der Herr Jesus doch nicht zu einigen sagen: „Ihr seid nicht weltlich genug gewesen, ihr habt es mit eurem Wandel nicht genau genommen und euch der Welt nicht genug angepaßt." Der gesagt hat: „Ihr sollt vollkommen sein, wie euer Vater im Himmel vollkommen ist", hat euch ein Ideal vorgehalten, das ihr nie übertreffen könnt. „Aber" sagst du, „nur ein klein wenig möchte ich die Freude der Sünde genießen." Wenn du das wirklich sagen kannst, bist du überhaupt kein Kind Gottes! „Wer aus Gott geboren ist, der sündigt nicht." Das heißt allerdings nicht, daß ein solcher nicht aus Schwachheit in Sünde fallen kann, aber daß es ihm keine Freude macht zu sündigen. Er ist eine neue Kreatur, und es ist seine Freude, möglichst nahe bei Gott zu leben. Ihr verliert nichts, wenn ihr auf die Freuden der Sünde verzichtet. Wie geborgen und fröhlich ist doch das Leben eines wahren Christen, und welchen Frieden genießt er. Gott gebe, daß wir auf dem Weg der Reinheit bleiben, auch auf die Gefahr hin, daß uns andere Frömmler nennen und über unsere heilige Scheu vor der Sünde spotten.

18. Juli

„Als er [Manasse] nun in der Not war, flehte er den Herrn, seinen Gott, an und demütigte sich sehr vor dem Gott seiner Väter. Und da er zu ihm betete, ließ sich Gott von ihm erbitten." 2. Chronika 33,12-13

Was? Manasse errettet? Manasse, dieser Bluthund, ist er durch Erneuerung des Sinnes in ein Lamm der Herde Gottes verwandelt worden? Er, der blutbefleckte Verfolger, ist er ein Bekenner des Glaubens geworden, den er einst ausrotten wollte?

Mit Recht sagt Bischof Hall: „Wer kann sich beklagen, daß ihm der Weg zum Himmel versperrt sei, wenn er einen solchen Sünder eingehen sieht? Klage dich des Schlimmsten an, du geängstigte Seele! Hier ist einer, der Menschen ermordete, Gott trotzte und den Teufel anbetete. Dennoch findet er den Weg zur Buße."

Ich kannte eine alte Dame, die nicht mit der Eisenbahn fahren wollte, weil sie glaubte, daß sich einige Brücken in schlechtem Zustand befänden. Sie fürchtete, diese Brücken würden unter ihrem Gewicht zusammenbrechen, obwohl Tausende von Tonnen jeden Tag hinübergefahren wurden. Jeder lächelt über solch eine Torheit.

Nun seht diesen ungeheuren Zug an, der die Brücke passierte. Seht Manasse, beladen mit schweren Verbrechen, und achtet auf die Brücke, ob sie unter den Lasten von Sünden, die über sie hinwegrollen, schwankt. Ach nein, sie trägt sie ohne Schwanken; und sie würde das Gewicht aller Sünden tragen, die je von Menschen begangen wurden. „Daher kann er [Jesus] auch bis aufs äußerste die retten, welche durch ihn zu Gott kommen."

Spreche ich zu einer Schwester, die in einer unbewachten Stunde den Pfad der Treue verließ und seitdem den Weg der Schande gegangen ist? Ich bitte dich, nimm diese Botschaft an: Die größte Sünde, die äußerste Schuld, die unglaublichste Missetat, die schändlichsten Übertretungen können vergeben werden. Der Erlöser lebt, das Opfer ist vollbracht. Wende dich von ganzem Herzen zum Herrn, bekenne deine Sünden, gib dein Ich auf! Traue auf die unendliche Gnade Gottes in Christus Jesus, seinem Sohn!

„Der Gottlose verlasse seinen Weg und der Übeltäter seine Gedanken und kehre um zum Herrn, so wird er sich seiner erbarmen, und zu unserm Gott; denn er vergibt viel."

19. Juli

*„Und der Herr wandte Hiobs Gefangenschaft, als er für seine Freunde
bat; und der Herr erstattete Hiob alles doppelt wieder, was er gehabt."*

Hiob 42,10

Der Herr benutzte die Prüfung Hiobs, um seinen Knecht zu heiligen. Es steht uns nicht zu, einen Mann wie Hiob zu kritisieren, aber
ich denke, daß in ihm ein Anflug von Selbstgerechtigkeit war.

Hiob besaß sehr viel, worauf er stolz sein konnte, wie die Welt zugab, und hatte eine zu gute Meinung von sich. So benutzte Gott den
Satan als sein Werkzeug, um Hiob in einen demütigeren und gesegneteren Seelenzustand zu bringen. Hiob wurde durch die schwere
Prüfung geeignet gemacht, einen größeren Lohn zu ernten. Gott
liebte Hiob so sehr, daß er beabsichtigte, sein Vermögen zu verdoppeln. Er soll nicht der Mann von Uz sein, sondern der Mann der
ganzen Welt. Nicht nur eine Handvoll Leute aus der Nachbarschaft
sollen von ihm wissen, sondern alle Menschen sollen von Hiobs Geduld in der Stunde der Prüfung hören. Wer soll dies zustandebringen? Wer soll die Posaune des Ruhms anfertigen, durch welche
Hiobs Name geblasen werden soll? Der Teufel geht zu der Schmiede und arbeitet mit aller Macht daran, Hiob berühmt zu machen!
Törichter Teufel! Er errichtet einen Sockel, auf den Gott seinen
Knecht stellen will, damit Tausende mit Staunen ihn anblicken können. Wenn ihr den Teufel zornig machen wollt, so haltet ihm die
Geschichte Hiobs vor. Wenn ihr euer Vertrauen zu stärken sucht, so
möge euch der Heilige Geist die Geduld Hiobs vor Augen stellen.

Oh Erzfeind, wie bist du in deinem eigenen Netz gefangen worden! Du hast einen Stein geworfen, der auf dein eigenes Haupt gefallen ist. Du hast für Hiob eine Grube gegraben und bist selbst hineingefallen.

Brüder, wir wollen uns im Glauben der Sorge und der Bewahrung
Gottes anbefehlen, wir werden in allen Dingen durch das Blut Jesu
Sieger und durch die Kraft seines Geistes mehr als Überwinder sein.

20. Juli

„Und der Herr roch den befriedigenden Geruch, und der Herr sprach zu seinem Herzen: Ich will fortan die Erde nicht mehr verfluchen um des Menschen willen, denn das Dichten des menschlichen Herzens ist böse von seiner Jugend an.“ 1. Mose 8,21

Seltsame Logik! Im 6. Kapitel sagt Gott, daß die Menschen böse seien, und deshalb vertilgte er sie. Im 8. Kapitel sagt er, daß der Mensch böse sei von seiner Jugend an und er ihn deshalb nicht vertilgen wolle.

Diese seltsame Schlußfolgerung wird durch den kleinen Umstand am Anfang des Verses erklärt: „Der Herr roch den befriedigenden Geruch.“ Ein Opfer war da, und das macht einen großen Unterschied. Wenn Gott auf die Sünde ohne Opfer sieht, so spricht die Gerechtigkeit: „Schlage! Verfluche! Vertilge!“ Aber wenn ein Opfer da ist, so blickt Gott mit Erbarmen auf den Sünder; und wenn auch die Gerechtigkeit spricht: „Schlage!“, so spricht er doch: „Nein, ich habe meinen Sohn geschlagen und will den Sünder schonen!“

Daß wir verderbt sind, ist wohl eine Begründung für die Schlechtigkeit unserer Handlungen, aber niemals eine Entschuldigung. Wir sind als Sünder geboren, und Gott sucht einen Weg, uns zu begnadigen. Aufgrund der Gerechtigkeit läßt sich kein Anlaß finden, warum er mit uns Erbarmen haben sollte; aber die Gnade findet einen Weg.

Wir fielen gewissermaßen alle, als unser Stammeshaupt Adam fiel. Durch die Sünde Adams ist unser Herz böse von Jugend auf, und nun kommt es mir vor, als wenn Gottes Erbarmen hier einhakte. Er schien zu sprechen: „Diese meine Geschöpfe sind in ihrem Vertreter gefallen; deshalb kann ich sie auch durch einen Vertreter erretten. Sie kamen durch einen Adam ins Verderben; ich will sie durch einen anderen retten.“ - „Denn gleichwie in Adam alle sterben, so werden auch in Christus alle lebendig gemacht werden.“

Gesegneter Weg des Verderbens, der es möglich machte, daß der gesegnete Weg des Heils zustande kam – Heil durch Stellvertretung, Heil durch Opfer, Heil durch ein neues Bundeshaupt, das für uns geopfert ist, damit Gott den lieblichen Geruch riechen und uns befreien kann.

„Soll ich selbst gehen und dich zur Ruhe führen?"　　2. Mose 33, 14

Was konnte sich Mose mehr wünschen? Und was können auch wir uns mehr wünschen? Wir sind so töricht, daß wir uns oft nach menschlicher Stärke umsehen, obwohl wir nur stark sind, wenn wir den Herrn auf unserer Seite haben.

Beachtet nun, daß Mose nicht davon in Kenntnis gesetzt wurde, daß Gott ihm seinen Schwiegervater senden werde, damit er ihn begleite; es wurde ihm nicht gesagt, daß Josua, sein Nachfolger, ihn begleiten würde; auch wurde ihm nichts über die siebzig Ältesten gesagt, welche die Last der Verantwortung mit ihm teilen sollten. Mose sollte ihre Gegenwart und Hilfe bekommen; aber seine wirkliche Kraft sollte darin liegen: „Mein Angesicht wird mit dir gehen." Er sollte eine Reise von großer Bedeutung und eine Reise großer Prüfungen antreten; aber dies ist die ganze Fürsorge, die er nötig hatte, und Gott brauchte ihm nichts anderes zu gewähren. Aber der Herr fügte hinzu: „Ich werde dir Ruhe geben."

Für einen christlichen Arbeiter ist es höchst wichtig, Ruhe zu haben, wie das auch für Mose wichtig war. Die am meisten arbeiten, müssen am meisten ruhen, und wenn sie mit ihrem Geist arbeiten, können sie das nur mit Erfolg tun, wenn sie sehr viel Ruhe haben. Gott sagt: „Ich will dir Ruhe geben." Die Ruhe, die Gott uns gibt, können wir getrost annehmen.

Ich glaube, viele Diener Jesu wären bessere Arbeiter, wenn sie mehr Ruhe genössen. Unser Heiland schlief während des Sturmes auf dem galiläischen Meer, obwohl er ja gewußt hatte, daß ein Sturm im Anzug war. Aber er fühlte sich in seines Vaters Liebe und Fürsorge so ruhig und glücklich, daß er sich im hinteren Teil des Schiffes niederlegte, um zu schlafen.

Wenn ihr euch schwach und beunruhigt fühlt und nicht wißt, was ihr am besten tun sollt, dann tretet vor Gottes Angesicht, und ihr werdet Ruhe finden.

22. Juli

„Wohlauf, wohlauf, Debora; wohlauf, wohlauf, und singe ein Lied!"

Richter 5,12

Trauern schwächt dich, und Zweifel zerstören deine Kraft. „Die Freude am Herrn ist unsre Stärke." Dein Wachsen in der Freude des Herrn ist ein Wachsen in der Gnade. Ich weiß, einige Christen fürchten sich, recht froh zu sein, aber in meiner Bibel steht: „Die Kinder Zions freuen sich über ihren König." Wenn Murren und Klagen eine heilige Pflicht wären, so würden manche Christen keine Sünde begehen. Wenn Trauern von Gott geboten wäre, so würden sie bestimmt durch ihre Werke selig werden, denn sie trauern immer. Statt dessen aber ermahnt uns Gottes Wort: „Freuet euch im Herrn allezeit; und abermal sage ich: Freuet euch!" Hast du keine Ursache dazu? Hat Gott nicht Großes an dir getan? Hat er dich nicht aus der „Grube des Verderbens" und aus dem Schlamm gezogen? Du bist durch Christi Blut erkauft und findest doch keine Worte des Dankes? Du wurdest von Gott schon vor Grundlegung der Welt geliebt und singst nicht seinen Ruhm? Du bist sein Kind, ein Miterbe Jesu Christi, und hast doch kein Lied des Dankes in deinem Mund? Gott hat dich schon dreißig, vierzig, fünfzig Jahre in der Wüste geleitet, und du siehst dennoch keinen Beweis seiner Gnade, wofür du ihm zu danken hast? Komm, fasse Mut, denke an dein Glück und nicht an dein Elend, vergiß deine Schmerzen eine Zeitlang, denke, wie oft die Hilfe in der Not gekommen ist! Verbanne deine Zweifel und deine Furcht und fange mit der Hilfe des Heiligen Geistes, dem Tröster, wieder neu an, deinem Herrn zu danken und ihm zu lobsingen.

Lobe Gott, wenn du voller Zweifel bist, wenn Versuchungen dich bestürmen, wenn Armut dich umlagert und Krankheit dich niederbeugt. Die Lieder, die wir Gott darbringen, wenn wir reich sind, kosten uns nicht viel. Es ist leicht, Gottes Hand zu küssen, wenn er gibt, aber ihn auch zu preisen, wenn er nimmt – das heißt, ihn in Wahrheit zu preisen.

23. Juli

„Wohlauf, Debora; wach auf, wach auf, und singe ein Lied!"

Richter 5,12

Was müssen wir denn aufwecken, wenn wir Gott preisen wollen? Ich antworte: zunächst alle Kräfte des Leibes. Dein Fleisch ist träge; wir haben uns mit weltlichen Dingen abgemüht, und unsere Glieder sind erschlafft. Aber wenn uns göttliche Freude ergreift, strömt auch neues Leben in uns ein; die schweren Augenlider werden leicht, das schläfrige Auge funkelt wieder, und neue Gedanken erfüllen das müde Haupt. Gewiß sollten wir aber auch alle Kräfte unseres Geistes auffordern zu erwachen. Wache auf, mein Gedächtnis, und gib den Text zum Lied an. Erzähle, was Gott in den Tagen der Vergangenheit für mich getan hat! Überschaue meine Jugend und die Beweise der Güte Gottes, die ich schon so früh empfing. Singe von der Langmut, die mir auf meinen Irrwegen nachging und mich trotz meines Widerstrebens schonte. Wache auf, meine Urteilskraft, und schlage den Takt zu der Musik. Zähle jedes Stäublein der Güte Gottes, wenn du kannst. Berechne, wenn du es vermagst, den unausforschlichen Reichtum, den dir Gott mit jener unaussprechlichen Gabe Jesu Christi, deines Herrn, gegeben hat. Wache auf, meine Liebe, denn du mußt den Grundton angeben, Vorsängerin sein. Erwache und singe meinem Herrn ein Lied! Wache auf, meine Hoffnung, reiche deiner Schwester Liebe die Hand und singe von Segnungen, die noch zukünftig sind. Singe von meiner Todesstunde, wenn er bei mir sein wird an meinem Lager. Und du, mein Glaube, erwache auch! Singe von den wahrhaftigen und gewissen Verheißungen. Rühme die Herrlichkeit des ewigen Bundes. Und du, meine Geduld, stimme ein sanftes und fröhlich ergebenes Lied an! Singe heute, wie Gott dir half, in des Schmerzes schwerster, bitterster Stunde auszuhalten. Singe, wie er dich den ermüdenden Weg hindurchgetragen und dich auf grüne Auen und zu frischen Wassern geführt hat. Ja, alle Regungen der Gnade in mir, preiset den, der euch gegeben hat! Ihr Kinder der Gnade, preist euren Vater und erhebt den Namen dessen, der euch erhält. Alles, was in mir ist, preise und erhebe den Namen des Herrn!

24. Juli

„Alles, was deine Hand zu tun vorfindet, das tue mit deiner ganzen Kraft."
Prediger 9,10

O Diener des Herrn, arbeite für ihn, wo du Gelegenheit dazu hast! Das Nächstbeste, was du tun kannst, ist vielleicht nichts Großes, aber es ist gut für den Anfang. Arbeite mit Eifer und mit deinem ganzen Herzen und Glauben, daß dein Herr für dein augenblickliches Bedürfnis auch augenblickliche Hilfe bereithält. Gib dich dem hin, was Gott dir aufträgt, und dein Herr und die Seinen werden sehen, was du leistest. Wenn dir eine höhere Stelle gebührt, so wird dir der Herr des Hauses bald befehlen hinaufzurücken. Christus braucht jetzt, ebenso wie früher, Menschen, die ihm von ganzem Herzen, von ganzer Seele und mit ganzer Kraft dienen, und solche Menschen werden nicht lange müßig stehen. Ein Gläubiger braucht nicht lange zu warten, bis Gottes Ruf an ihn ergeht. Aber mancher Ruf ergeht, und es ist niemand da, der ihn hört. Diene nur zuerst als einfacher Soldat in dem Heer des Herrn; du mußt von unten auf dienen, dann wird dich die Gnade des höchsten Königs als Lohn für den Dienst, den du getan, die Beschwerden, die du ertragen hast, in eine höhere Stellung befördern. Wer hinaufkommen will, muß zuerst hinabsteigen. Wer abwärts geht auf dem Weg der Selbstverleugnung, der hat schon den Bergesgipfel der Ehre erreicht. Wer sich für den Geringsten hält, ist schon der Größte. Bescheidenes Dienen, freundliche Nachsicht, zarte Teilnahme, vollkommene Aufopferung, tiefe Demut – das sind Dinge, die uns für einen höheren Platz tüchtig machen und die wir alle üben müssen; ohne sie wäre eine angesehene Stellung eine gefährliche Ehre.

Manche Menschen verwenden einen großen Teil ihres Lebens darauf, einen passenden Wirkungskreis zu suchen, und den Rest ihres Lebens verbringen sie hauptsächlich damit, sich nach einem größeren Wirkungskreis umzusehen. Sie brauchen die zwölf Stunden des Tages, um zu sehen, in welchem Teil des Weinbergs sie am besten arbeiten können. Wenn sie sich, anstatt sich so lange zu besinnen, gleich auf die Arbeit stürzen würden, so käme mehr dabei heraus.

„Die Gottseligkeit aber ist zu allen Dingen nütze, da sie die Verheißung dieses und des zukünftigen Lebens hat."   1. Timotheus 4,8

Eine Art von Ziererei veranlaßt manche Christen, den Glauben so zu behandeln, als gehöre er nicht in den Bereich des täglichen Lebens. Sie glauben an Gott auf ihre Art, soweit es geistliche Dinge und ihr zukünftiges Leben betrifft; aber sie vergessen ganz, daß wahre Gottseligkeit die Verheißung dieses Lebens ebensowohl wie die des zukünftigen ist. Es würde ihnen fast wie eine Entweihung erscheinen, um die kleinen alltäglichen Dinge zu bitten.

Vielleicht werden sie erschrecken, wenn ich die Meinung zu äußern wage, daß dies sie veranlassen sollte, die Echtheit ihres Glaubens in Frage zu stellen. Wenn er ihnen keine Hilfe in den kleinen Nöten des Lebens bringen kann, wird er sie dann in den größeren Leiden des Todes stärken? Wenn er ihnen für Nahrung und Kleidung nichts nützt, was kann er dann für ihren unsterblichen Geist tun?

In dem Leben Abrahams nehmen wir wahr, daß dieser Glaube mit allen Ereignissen seiner irdischen Pilgerschaft etwas zu tun hatte. Er stand mit seinen Wanderungen von einem Land zum andern, mit der Trennung seines Neffen, mit seinem Kampf gegen feindliche Angriffe und besonders mit der Geburt seines langverheißenen Sohnes in Verbindung. Kein Teil von dem Leben des Patriarchen lag außerhalb des Bereichs seines Glaubens an Gott. Es fällt einem der Mangel an jeder Trennungslinie zwischen Irdischem und Geistlichem in ihrem Leben auf; sie reisten wie Pilger, kämpften wie Krieger, aßen und tranken wie Heilige, lebten wie Priester und sprachen wie Propheten. Ihr Leben war ihr Glaube, und ihr Glaube war ihr Leben. Sie vertrauten Gott nicht nur in besonders wichtigen Dingen, sondern in allem; und deshalb betete selbst ein Knecht aus einem ihrer Häuser, als er mit einem Auftrag ausgesandt wurde: „O Herr, du Gott meines Herrn Abraham, laß es mir doch heute gelingen." Dies war echter Glaube, und an uns ist es, ihn nachzuahmen und nicht länger das Wesentliche der Verheißung und das Leben des Glaubens in einer schwärmerischen Einbildung verdunsten zu lassen

26. Juli

Ich las vor einiger Zeit von einem Mann, dessen Pflicht es war, Reisende über die erhabenen Pässe der Schweiz zu führen und sie auf die Schönheit der Seen, Ströme und Gletscher aufmerksam zu machen.

Während dieser Mann seines Amtes waltet, kommt er dahin, seine Beschreibungen ständig zu wiederholen, ohne selbst etwas Besonderes dabei zu empfinden. Vielleicht war es aufrichtige Liebe zu dem Schönen gewesen, die ihn bewogen hatte, den Beruf eines Führers zu erwählen. Aber nachdem er jahraus, jahrein Hunderten von Reisenden dieselben Herrlichkeiten gezeigt und die wunderbaren Schönheiten gerühmt hatte, war er mit der Zeit eine bloße Maschine geworden. Seine einst so begeisterte Schilderung wurde zu einem eintönigen Geschwätz.

Jeder Arbeiter für den Herrn sollte dieses Gleichnis auf sich anwenden, weil die Gefahr der Selbstgefälligkeit auch für ihn da ist. Indem du andere berätst, hältst du dich für weise; indem du andere warnst, fühlst du dich sicher. Du fingst das Werk mit Eifer, mit dem Fieber der Begeisterung an – wie wirst du es fortsetzen? Es besteht die Gefahr, mechanisch zu werden, anderen gegenüber heilige Worte zu gebrauchen, ohne daß in deiner Seele die entsprechenden Empfindungen vorhanden sind.

Liebe Freunde, hütet euch, die Bibel für andere zu lesen. Nehmt eure Texte aus der Bibel als eure eigene Nahrung, seid nicht damit zufrieden, eine Predigt darüber zu machen. Nährt euch von dem Wort Gottes, sonst könnt ihr euren eigenen Weinberg nicht hüten. Wenn ihr im Gebet auf den Knien liegt, vergeßt nicht, für andere zu beten; aber pflegt auch das private Gebet zu eurer eigenen Erbauung und zu eurem Wachstum in der Gnade. Predigt nicht über die Kraft des Blutes Jesu, ohne daß man bei euch etwas von der Kraft dieses erlösenden Blutes merkt. Redet nicht von dem Wasser, ohne euch selbst zu waschen. Weiset nicht auf den Himmel hin, während ihr ihm den Rücken zuwendet und auf dem Weg zur Hölle seid. Habt acht auf euch selbst, damit ihr nicht anderen predigt und selbst verwerflich werdet!

„Und nach ihm Eleaser . . .er war unter den drei Helden mit David, als sie die Philister verhöhnten; diese sammelten sich dort zum Streit, aber die Männer von Israel zogen hinweg."   2. Samuel 23,9

Die Philister hatten sich zum Streit versammelt, und die Männer Israels zogen aus, um gegen sie zu kämpfen. Aber aus irgendeinem Grund flohen sie am Tag der Schlacht, obwohl sie bewaffnet waren. Dieser Eleasar machte den Fehler seiner Landsleute wieder gut, denn er stand auf und schlug die Philister. Er war ein Mann, der sich selbst und seinen Gott kannte und dem nichts daran lag, in der großen Masse zu verschwinden oder wegzulaufen, weil sie weglief. Er dachte für sich selbst und handelte für sich selbst; er machte nicht das Verhalten anderer zum Maßstab für seinen Dienst, sondern während Israel floh, stand er auf und schlug die Philister. Die persönliche Verpflichtung eines einzelnen vor Gott ist eine Lehre, die alle kennenlernen sollten. Ein jeder, ob ihm ein Talent oder zehn anvertraut wurden, wird am großen Tag des Gerichts für das zur Rechenschaft gezogen werden, wofür er verantwortlich ist, und nicht für das, wofür andere es sind. Eleasar, der Sohn Dodos, fühlte, daß er als Mann handeln mußte, und zog deshalb tapfer das Schwert gegen die Unbeschnittenen. Wir sehen nicht, daß er Zeit damit vergeudete, die andern wegen ihres Weglaufens zu tadeln oder ihnen zuzurufen, wieder umzukehren, sondern er wandte sein eigenes Gesicht dem Feind zu und hieb mit aller Macht um sich. Sein Beispiel war Tadel genug und wirksamer als zehntausend Ermahnungen.

Angenommen, du wärst der Meinung, daß die Gemeinde Gottes in einem sehr traurigen Zustand ist. Du bedauerst, daß viele Leute mit großem Reichtum ihr Vermögen nicht dem Herrn weihen. Ich wundere mich nicht, daß du dieses Gefühl hast; aber eigentlich ist es doch das Nächstliegende, dein eigenes Vermögen ganz dem Herrn zur Verfügung zu stellen. Es ist sehr leicht, Fehler an der Arbeit anderer Leute zu finden; aber es ist viel nützlicher, deine eigene Arbeit besser zu tun. Gibt es in der ganzen Welt einen Narren, der nicht kritisieren kann? Deshalb, wenn du weise bist, mein Bruder, meckere nicht über deine Mitbrüder, sondern stehe auf und schlage die Philister.

28. Juli

„Er jedoch erhob sich und erschlug unter den Philistern, bis seine Hand müde wurde und am Schwert klebte."   2. Samuel 23,10

Dieser tapfere Mann war auch nur ein Mensch, obwohl er aufstand und die Philister schlug. Deshalb stritt er, bis seine Hand müde wurde und er nicht mehr konnte. Er kam an die Grenze seiner Kraft und war gezwungen aufzuhören. Dies mag jene edlen Männer etwas trösten, deren Kraft im Dienst Gottes etwas müde geworden ist. Vielleicht schelten sie sich selbst, aber es ist wirklich kein Grund dazu da. Denn von ihnen mag es wie von Eleasar heißen, daß sie nicht des Kampfes müde sind, obwohl sie im Kampf müde geworden sind. Wenn ihr diesen Unterschied bei euch machen könnt, ist es gut. Wir möchten dem Herrn Tag und Nacht dienen können, aber das Fleisch ist schwach, und wir haben keine Kraft mehr in uns. Das ist nichts Sonderbares, und es liegt keine Sünde darin.

Vielleicht wurde Eleasar durch die ungeheure Menge seiner Feinde müde. Er hatte Dutzende mit seinem Schwert niedergehauen, aber immer mehr kamen noch. Es schien eine Wiederholung jenes Tages zu sein, an dem Simson die Philister erschlug. Vielleicht bist du das Werkzeug gewesen, einige zu Christus zu führen, aber die schreckliche Anzahl der Unbekehrten bedroht dein Gemüt, bis du dich müde fühlst. Vielleicht wurde Eleasar auch müde, weil ihm keiner half. Es bedeutet einen großen Beistand, ein Wort der Ermunterung von einem Kameraden zu erhalten und zu fühlen, daß man nicht allein steht. Aber als Eleasar um sich blickte, sah er nur die Rücken der fliehenden Feiglinge, und er hatte die Philister mit seinem Schwert niederzumähen. Wen wundert es, daß er zuletzt müde wurde? Aber wie gut, daß er erst müde wurde, als es ihm gestattet werden konnte; das heißt, der Herr erlaubte seiner Müdigkeit nicht, ihn zu überwinden, bis die Philister geschlagen waren. Eleasar wurde erst schwach, als es galt, die Beute zu verteilen. Und wenn wir zurücksinken, wenn Lob zu verteilen ist, brauchen wir uns nicht zu beunruhigen. Es gibt genug Leute, die nie etwas getan haben, aber gern bereit sein werden, den Verdienst von all dem, was vollbracht wurde, einzuheimsen.

„Er jedoch erhob sich und erschlug unter den Philistern, bis seine Hand müde wurde und am Schwert klebte." 2. Samuel 23,10

Ich erinnere mich, von einem Seemann gelesen zu haben, der verzweifelt kämpfte, um den Angriff eines feindlichen Schiffes abzuwehren. Als der Kampf vorüber war, stellte man fest, daß er seine Hand nicht öffnen konnte, um seinen Stutzsäbel loszulassen. Er hatte ihn mit solcher Kraft gepackt, daß es unmöglich war, seine Hand vom Schwert zu trennen, bevor man eine chirurgische Operation vollzogen hatte. Dies war auch bei Eleasar der Fall. Das Kleben seiner Hand am Schwert beweist die Energie, mit der er seine Waffe ergriffen hatte. Zuerst erfaßte er sie in der rechten Weise, so daß er sie festhalten konnte. Ich wünschte, einige unserer Neubekehrten ergriffen das Evangelium in einer besseren Weise, als sie es tun. Viele junge Leute forschen nicht in der Schrift. Sie picken hier und da Sprüche auf, wie Tauben Erbsen aufpicken, und sehen nicht die Beziehungen der Glaubenslehren zueinander. Aber der ist der rechte Mann, für Gott zu kämpfen, der das Schwert der Wahrheit beim Griffe faßt, der sie wie einer ergreift, der weiß, was er erlangt hat. Wer das Wort Gottes mit Verständnis und mit Anstrengung erfaßt hat, der wird es wahrscheinlich festhalten.

Nachdem Eleasar sein Schwert gut ergriffen hatte, hielt er es fest. Was ihm auch in der Schlacht widerfuhr, er ließ seine Waffe keinen Augenblick fallen. Wenn er nur einmal seine Hand geöffnet hätte, so wäre sie nicht erstarrt.

Oh, junger Mann, ich hoffe, du wirst das alte Evangelium ergreifen, es stets festhalten und nie deine Hand erschlaffen lassen. Und dann, was wird dir dann widerfahren? Nun, dies, daß du zuletzt nicht mehr imstande sein wirst, deine Hand erschlaffen zu lassen. Ich habe mich oft gefreut, die Beharrlichkeit ernster Arbeiter zu beobachten, die ihr Werk für den Herrn Jesus so von Herzen liebten, daß sie nicht davon ablassen konnten. Evans war es gewohnt, mit seinem alten Pony von Stadt zu Stadt zu reisen, um das Evangelium zu predigen. Als er dem Tod nahe kam, glaubte er, noch immer in der alten Ponychaise zu sein, und seine letzten Worte waren: „Fahr zu!" Seht, wie die Hand am Schwert klebte!

30. Juli

„Das Volk kehrte um hinter ihm her, doch nur um zu plündern."

2. Samuel 23,10

Macht es euch traurig zu sehen, daß viele Christen mehr Ungläubigen als Gläubigen gleichen? Bedrückt es euch, sie am Tag der Schlacht alle weglaufen zu sehen? Seid getrost! Sie können zurückgebracht werden, und eure persönliche Tapferkeit für Gott kann das Mittel sein, sie zurückzubringen. Die Schwachen werden, wenn der Herr euch stark macht, Mut aus eurer Tapferkeit schöpfen. Sie mögen nicht fähig gewesen sein, einem lebendigen Philister ins Gesicht zu sehen, aber sie verstehen es, einen Toten zu plündern. Sie werden nach einer Weile zurückkommen, wenn die Beute zu verteilen ist. Es ist im Grunde nichts Geringes, das niedergeschlagene Volk des Herrn zu ermutigen. Eleasar freute sich, sie wieder auf dem Schlachtfeld zu sehen. Ich denke, daß er ihnen keinen Verweis gab, sondern vielleicht sagte: „Nun, seid ihr zurückgekehrt? Teilt den Raub unter euch auf! Ich könnte es alles selbst beanspruchen, aber ich will nicht. Ihr könnt es gern haben." Es gibt Beispiele dafür, daß ein Mann, der mit dem Herrn lebt und im Namen Gottes spricht, eine ganze Gemeinschaft auf den rechten Weg zurückbringen kann. Wenn du Gott um Treue anflehst, und wenn seine Gnade in dir ist, dann sei am Tag der Schlacht fest, und du wirst andere schwankende Seelen befestigen.

Junger Mann, du trittst in ein großes Geschäftshaus ein. Das ist sehr gefährlich für dich, aber wenn dich der Herr stärkt, kannst du das ganze Haus in eine Kirche verwandeln. Wag es, ein Eleasar zu sein, vorwärts zu gehen und die Philister allein zu schlagen: Du wirst bald finden, daß andere in dem Haus sind, die ihre Meinungen verborgen gehalten haben. Aber wenn sie dich vortreten sehen, werden sie offen auf die Seite des Herrn treten. Viele Feiglinge schleichen umher. Bemühe dich, sie zu beschämen. Viele sind unentschieden. Laß sie einen tapferen Mann sehen, und er wird der Bannerträger sein, um den sie sich scharen werden.

31. Juli

„Dein Lohn müsse vollkommen sein von dem Herrn, dem Gott Israels, zu welchem du gekommen bist, um unter seinen Flügeln Zuflucht zu nehmen!"
Ruth 2,12

Welchen Lohn bekommen die, welche unter den Flügeln des Herrn Zuflucht haben? Ich möchte darauf antworten, daß wir den vollen Lohn bekommen an dem Tage, wenn wir diesen Körper von Fleisch und Blut verlassen, das heißt in Christus entschlafen, damit unser Geist allezeit bei dem Herrn sei. In diesem Zustand werden wir schon vollkommene Glückseligkeit genießen, aber ein noch vollerer Lohn wartet unser, wenn der Herr wiederkommen und unseren Leib verklären wird. Dann werden wir dem Herrn Jesus gleich sein. Diese unaussprechliche Wonne ist der volle Lohn für die, welche Zuflucht unter den Flügeln des Herrn gesucht haben. Es gibt aber auch einen gegenwärtigen Lohn, und auf diesen bezieht sich Boas. Mögen der Leiden und Trübsale, die der Gläubige auf Erden durchzumachen hat, auch viele sein, so fehlt es ihm in dieser Welt doch nicht an Lohn. Die Gottseligkeit hat nicht nur die Verheißung des zukünftigen, sondern auch des jetzigen Lebens. Wer zuerst nach dem Reich Gottes und nach seiner Gerechtigkeit trachtet, dem werden auch alle anderen Dinge zufallen. Wie werde ich von dem Herrn für mein Vertrauen belohnt? Zuerst durch den tiefen Frieden des Gewissens, den er mir geben wird. Könnte es wohl einen besseren Lohn geben? Wenn jemand sagen kann: Ich habe gesündigt, alle meine Sünden sind mir vergeben – ist solche Vergebung nicht eine unaussprechliche Gabe? Meine Sünden wurden auf Jesus gelegt, er trug sie hinweg, so daß sie auf ewig hinweggetan sind und ich völlig freigesprochen bin. Ist das nicht eine herrliche Versicherung? Das Herz, das durch die Macht des Blutes Jesu Christi gereinigt wurde, erfüllt eine tiefe Ruhe. Eine innere Stimme verkündigt ihm den Frieden Gottes, und der Heilige Geist versiegelt diesen inneren Frieden durch sein eigenes Zeugnis. Ruth gab durch ihr Kommen zum Gott Israels alles auf, aber im Grunde gewann sie alles. Ohne Aussicht auf Gewinn war sie Naomi gefolgt, aber indem sie das tat, was vor Gott recht ist, fand sie den Segen, der reich macht.

1. August

*„Nehmet auf euch mein Joch und lernet von mir; denn ich bin sanft-
mütig und von Herzen demütig."*   Matthäus 11,29

Demut ist eins der Haupterfordernisse für gesegnete Wirksamkeit.
Viele sind aus der Liste der brauchbaren Diener Jesu verschwunden,
weil sie sich im Stolz erhoben und dadurch in die Schlinge Satans
gerieten.

Ich habe oft das Gefühl, daß bei einigen führenden Christen, die
ich nennen könnte, ein großer Mißgriff gemacht worden ist. Sobald
sie bekehrt waren, wurden sie ganz aus ihrer früheren Verbindung
herausgerissen und als beliebte Prediger in die Öffentlichkeit hin-
eingestellt. Es war sehr schade, daß man kleine Könige aus ihnen
machte und so den Weg für ihren Fall bahnte; denn sie konnten den
plötzlichen Wechsel nicht ertragen. Es wäre gut gewesen, wenn sie
in den ersten zehn oder zwanzig Jahren von jedermann gezwackt
und geschmäht worden wären; denn das hätte ihnen wahrscheinlich
sehr viel späteres Elend erspart.

Ich bin immer sehr dankbar für die rauhe Behandlung, die ich in
meinen frühen Tagen von Leuten aller Art erlitt. In dem Augenblick, wo ich nur irgend etwas Gutes tat, waren sie wie eine Rotte
Hunde hinter mir her. Ich hatte keine Zeit, mich niederzusetzen und
mit dem zu prahlen, was ich getan hatte; denn sie brüllten und wü-
teten beständig gegen mich. Wenn ich plötzlich aufgehoben und dahin gestellt worden wäre, wo ich jetzt bin, wäre ich wahrscheinlich
ebenso rasch wieder in die Tiefe gestürzt.

Wenn du je in Versuchung kommst zu sagen: „Das ist das große
Babel, das ich mir erbaut habe", so denke an Nebukadnezar. Er
wurde von den Leuten verstoßen und aß Gras wie Ochsen; sein
Leib lag unter dem Tau des Himmels, bis seine Nägel so lang wie
Vogelklauen wurden.

Gott hat viele Mittel, große Nebukadnezars zu beugen, und er
kann dich sehr leicht demütigen, wenn du dich in deinem Dünkel
erhebst. Gott wird nur dann einen Mann segnen und gebrauchen
können, wenn er wahrhaft demütig ist.

„Nehmet auf euch mein Joch und lernet von mir; denn ich bin sanft-
mütig und von Herzen demütig." Matthäus 11,29

Demut heißt nicht, eine niedrige Meinung von sich selbst zu haben.
Wenn ein Mann eine niedrige Meinung von sich selbst hat, ist es
sehr wohl möglich, daß seine Schätzung richtig ist. Ich habe einige
Leute gekannt, deren Meinung von sich nach dem, was sie sagten,
allerdings sehr niedrig war. Sie dachten so gering von ihren Kräften,
daß sie niemals den Versuch wagten, etwas Gutes zu tun. Sie sagten,
sie hätten kein Selbstvertrauen. Mir sind einige bekannt, die so wun-
dervoll demütig waren, daß sie stets einen leichten Platz für sich
aussuchten. Sie waren zu demütig, etwas zu tun, was ihnen Tadel zu-
ziehen konnte. Sie nannten es Demut, aber ich dachte, „sündhafte
Liebe zur Bequemlichkeit" wäre eine bessere Bezeichnung dafür gewesen. Wahre Demut wird uns dahin führen, richtig von uns zu denken, nämlich die Wahrheit.

In der Sache des Seelengewinnens macht die Demut uns bewußt,
daß wir gar nichts sind und daß wir, wenn uns Gott in unserer Arbeit Erfolg gibt, ihm alle Ehre zuschreiben müssen. Die Ehre der Errettung von Seelen gehört ihm allein. Warum sollten wir versuchen,
ihm diesen Ruhm zu stehlen? Du weißt, wie viele diesen Diebstahl
schon versuchten: „Als ich an dem und dem Ort predigte, kamen
am Schluß des Gottesdienstes fünfzehn Leute zu mir in die Sakristei
und dankten mir für die Predigt, die ich gehalten hatte." Du und
deine schöne Predigt seien gehenkt, denn wirklich, du bist der Ver-
dammung würdig, wenn du die Ehre für dich nimmst, die Gott allein gebührt.

Ich erinnere dich an die Geschichte von dem jungen Prinzen, der
in das Zimmer kam, wo sein sterbender Vater, wie er meinte, schla-
fend lag, und er sich des Königs Krone auf den Kopf setzte, um zu
sehen, wie sie ihm passen würde. Der König, der ihn beobachtete,
sagte: „Warte eine kleine Weile, mein Sohn, warte, bis ich tot bin."
Wir tun gut daran, die Krone nicht anzurühren und sie den tragen
zu lassen, dem sie von Rechts wegen gebührt.

3. August

„Und sie heilen den Schaden der Tochter meines Volkes leichthin, indem sie sprechen: 'Friede, Friede!' wo doch kein Friede ist."

Jeremia 6,14

Es gibt eine Klasse von Menschen, von denen man nicht sagen kann, daß sie besonders leichtfertig oder ungläubig sind, die aber entschlossen sind, sich um nichts zu kümmern. Ihr Motto ist: „Lasset uns essen und trinken, denn morgen sind wir tot." Ich möchte euch heute ein Bild von einem solchen Menschen malen. Dort drüben im Haus wohnt ein Bauer. Es herrscht tiefe Nacht. Diebe sind im Begriff einzubrechen. Sie werden weder sein Leben noch seine Güter schonen. Unten im Hof liegt ein Hund angekettet; er bellt, bellt und heult. „Ich kann nicht ruhig schlafen", sagt der Landmann, „mein Hund macht solchen Lärm." Der Bauer kriecht aus dem Bett, nimmt die geladene Flinte, öffnet das Fenster, legt an und erschießt seinen Hund. „So", brummt er, „nun ist es gut." Er geht wieder zu Bett und liegt ganz ruhig da. „Jetzt kann ich sicher schlafen", sagt er, „denn ich habe den Hund getötet." Ach, hätte er doch auf die Warnung des treuen Tieres gehört! Bald wird er das grausame Messer fühlen und seine todbringende Torheit bereuen.

So macht ihr es, wenn euer treues Gewissen sein Bestes tut, euch zu retten – ihr tötet euren einzigen Freund, während der Satan und die Sünde an dem Bett eurer Trägheit heraufklimmen, um eure Seele auf ewig zu ermorden. Was würden wir von dem Seemann denken, der alle Sturmvögel in dem Glauben erschießt, daß es dann keinen Sturm mehr gibt? Würdet ihr nicht sagen: „Welch ein Tor! Diese Vögel werden von der gütigen Vorsehung gesandt, um ihn vor dem Sturm zu warnen. Warum bringt er sie um? Sie sind doch nicht zu fürchten, sondern der Sturm und die tobende See." So ist nicht dein Gewissen an dem Aufruhr in deinem Herzen schuld, sondern deine Sünde. Dein Gewissen, das treu seine Aufgabe erfüllt, sagt dir nur, daß bei dir nicht alles in Ordnung ist. O erwacht, ihr Schläfer, und hört auf euer Gewissen!

4. August

„Sie heilen den Schaden der Tochter meines Volkes leichthin, indem sie sprechen: 'Friede, Friede!' wo doch kein Friede ist." Jeremia 6,14

Prediger, welche die Seelen in falschen Frieden wiegen, laden eine furchtbare Schuld auf sich. Ich kann mir keinen Menschen mit größerer Blutschuld beladen vorstellen als den, der dem höllischen Löwen Beute zuführt, indem er den Menschen schmeichelt. Ein Arzt, der einem Krebskranken fortwährend Gift einflößt, wäre ein nicht halb so großes Ungeheuer von Grausamkeit wie der vorgebliche Diener Christi, der seiner Gemeinde Trost zuspricht, wenn er statt dessen zu predigen hätte: „Wehe den Sorglosen in Zion!" Der Steuermann, der vorgibt, das Schiff in einen bestimmten Hafen zu steuern, sich aber damit beschäftigt, Löcher in den Boden zu bohren, damit es versinke, ist kein größerer Verräter als der Mann, der das Steuerruder einer Gemeinde ergreift unter dem Vorwand, Christus anzusteuern, während er sie zugrunde richtet, indem er die Wahrheit verwässert und die Menschen mit süßen und schmeichelhaften Worten einschläfert. Wir können noch eher dem Mörder verzeihen, der uns unter dem Schein der Freundschaft die Hand reicht und uns dann durchs Herz sticht, als dem Mann, der mit glatten Worten zu uns kommt und sich als Botschafter Gottes ausweist, aber in Wirklichkeit Empörung gegen Gott in unsere Herzen sät und uns beruhigt, wenn wir in Auflehnung gegen die Majestät Gottes dahinleben.

Der Beweggrund solcher falschen Propheten war nichtswürdig. Sie predigten sanft, weil das Volk es so gern hatte, weil sie sich dadurch einen Namen machten und ihrer Mühle Korn zuführten. Solche Verräter des Kreuzes Christi richten sich nicht nur selbst zugrunde, sondern reißen auch andere mit auf den Weg zur Hölle.

5. August

„Sie heilen den Schaden der Tochter meines Volkes leichthin, indem sie sprechen: 'Friede, Friede!' wo doch kein Friede ist."   Jeremia 6,14

Die Person, mit der wir es heute zu tun haben, ist der Mann, der Frieden hat, weil er sein Leben in einem beständigen Kreis von Lust und Frivolität zubringt. Kaum verläßt du einen Vergnügungsort, so willst du schon wieder zu einem anderen. Du weißt, daß du niemals glücklich bist, wenn du dich nicht in lustiger Gesellschaft befindest, wo die frivole Unterhaltung die Stimme deines Gewissens übertönt. Gleich Saul, dem gottverlassenen König, hast du einen unruhigen Geist und forderst darum Musik, nicht nur um den Sturm, der in deiner Seele tobt, zu stillen, sondern auch die Mahnungen deines Gewissens eine Zeitlang zu beschwichtigen. Aber während die Töne großartiger Kompositionen dich aufwärts tragen, bitte ich dich, nicht zu vergessen, daß dich deine Sünden zur Hölle hinabführen. Wenn dich die Musik nicht befriedigt, forderst du so viel Alkohol, bis deine Seele starr und gefühllos geworden ist wie ein Stein. Du wunderst dich dann, daß du Frieden hast. Warum wunderst du dich darüber? Jeder Mensch hat Frieden, wenn sein Herz steinhart geworden ist! Welches Unwetter sollte er fühlen? Welche Stürme könnten die Grundfesten eines Granitfelsens bewegen? Du brennst dein Gewissen aus und wunderst dich dann, daß es nichts fühlt. Wenn dich Musik und Alkohol im Stich gelassen haben, wirst du den Tanz aufsuchen, und die Tochter der Herodias wird dem Herodes wohlgefallen, auch wenn er das Haupt Johannes des Täufers als Preis bezahlen muß. Welchen Preis bezahlst du für deine Lust? Ewige Qual für eine Stunde Fröhlichkeit! Trennung von Gott für wenige Tage der Sünde! Ich bitte dich, sei weise und stehe still! Tanze nicht immer um diesen Abgrund, sondern öffne deine Augen und denke nach. Möge dir der Geist Gottes in deinem Leichtsinn Einhalt gebieten und dir keine Ruhe lassen, bis du die wahre bleibende Freude geschmeckt hast, die allein Gott dir geben kann.

„Sie heilen den Schaden der Tochter meines Volkes leichthin, indem sie sprechen: 'Friede, Friede!' wo doch kein Friede ist." Jeremia 6,14

Es bleibt nun nur noch eine Art Menschen übrig, die alle vorhergehenden übertrifft in der äußersten Gleichgültigkeit gegenüber allem, was sie aufregen könnte. Es sind Menschen, die Gott gerechterweise aufgegeben hat. Sie haben seine Langmut mit Füßen getreten. Gott hatte schon früher gesagt: „Sie wollen sich durch meinen Geist nicht mehr strafen lassen." Als eine gerechte Strafe für ihre Unbußfertigkeit hatte Gott sie in die Verstockung ihres Herzens dahingegeben. Von einer frommen Mutter erzogen, hatten sie fast schon in der Wiege das teure Evangelium gehört. Obwohl sie das Beispiel eines gottesfürchtigen Vaters vor sich hatten, wandten sie sich zur Sünde ab und brachten die grauen Haare einer treuen Mutter mit Kummer ins Grab. Bei dem Begräbnis der Mutter kam der junge Mann zu sich und fragte sich: „Habe ich sie getötet? Habe ich sie hierher gebracht?" Er ging nach Hause, hielt sich einen Tag nüchtern; wurde aber von einem seiner Genossen versucht und wurde böser als je zuvor. Eine neue Warnung kam. Er wurde von einer Krankheit ergriffen, doch er genas wieder; er lebte wieder auf – und lebte so lasterhaft wie je zuvor. Eines Abends, als er wieder in eine Höhle des Lasters ging, hielt ihn etwas zurück; sein Gewissen schien ihm zuzurufen: „Bedenke, was du von deiner Mutter gelernt hast." Er stand still, biß sich einen Augenblick auf die Lippe, sann nach und erwog die Chancen. Endlich sagte er: „Ich will hingehen, und wenn ich auch verdammt werde." Er ging, und von dem Augenblick an wunderte er sich, daß er niemals mehr durch den Gedanken an seine Mutter oder die Bibel erschreckt wurde. Er wurde nie wieder beunruhigt. Gott hatte gleichsam gesagt: „Laß ihn gehen, ich will ihn nicht mehr warnen, mag er von den Früchten seines Wahnes essen; ich will ihn nicht mehr zurückhalten." Möge Gott geben, daß keiner meiner Leser diesem Mann gleicht.

7. August

„Und sie brachten Kindlein zu ihm, damit er sie anrühre; die Jünger aber schalten die, welche sie brachten."   Markus 10,13

Die Jünger unseres Herrn waren eine ehrenwerte Schar von Männern, die trotz ihrer Mängel dadurch, daß sie mit unserem Herrn Jesus lebten, sehr sanft und milde geworden sein müssen. Ich folgere daraus, daß, wenn solche Männer die Mütter anfuhren, die ihre Kinder zu Christus brachten, dies eine ziemlich häufige Sünde in der Gemeinde Jesu sein muß. Ich fürchte, daß der erkältende Frost dieses irrigen Verhaltens fast überall spürbar ist. Ich möchte keine unfreundliche Behauptung aufstellen, aber ich denke, wenn wir uns ein wenig prüften, würden sich viele von uns in diesem Punkt schuldig fühlen und mit dem Mundschenk des Pharao sprechen: „Ich gedenke heute meiner Sünde!"

Haben wir die Bekehrung von Kindern ebenso gesucht wie die Bekehrung Erwachsener? Liegt uns die Bekehrung eines jeden am Herzen?

Es ist furchtbar, daß der Geist Kains in das Herz eines Gläubigen eindringen kann, so daß er schließlich sagt: „Soll ich meines Bruders Hüter sein?" Es ist schrecklich, wenn wir selbst „das Fette essen" und „das Süße trinken" und die hungernde Menge umkommen lassen. Wenn ihr euch um das Heil von Seelen kümmert, ist es unter eurer Würde, bei den Jungen und Mädchen zu beginnen? Viele denken leider so.

Ich nehme an, daß das Gebaren der Apostel dem Eifer für Jesus entsprang. Diese frommen Männer dachten, die Kinder würden den Heiland in seinem Dienst stören. Sie dachten, der Herr sei mit einer wichtigeren Arbeit beschäftigt, indem er die Pharisäer zum Schweigen brachte, die Massen belehrte und die Kranken heilte. War es jetzt Zeit, ihn mit Kindern zu plagen? Dies mag Eifer für Gott gewesen sein, aber ein unverständiger.

Gott verhüte, daß wir unsere vorsichtigen Brüder verurteilen! Zur gleichen Zeit aber wünschten wir, daß sich ihre Vorsicht zeigte, wo sie nötiger wäre. Von den Kindern wird unserem Herrn keine Unehre zugefügt. Wir haben weit mehr Ursache, die Erwachsenen zu fürchten!

8. August

„Da das Jesus sah, ward er unwillig und sprach zu ihnen: Lasset die
Kindlein zu mir kommen, wehret es ihnen nicht; denn solcher ist das
Reich Gottes!"   Markus 10,14

Manche haben Kinder daran gehindert, zu Jesus zu kommen, weil
sie den Wert des Kindes nicht erkannten. Der Preis einer Seele
hängt aber nicht vom Alter ab.

„Ach, es ist nur ein Kind!" – „Kinder sind lästig!" – „Kinder stehen immer im Wege!" Diese Reden hört man oft. Gott vergebe denen, welche die Kleinen verachten.

Werdet ihr sehr zornig sein, wenn ich sage, daß die Errettung
eines Jungen wertvoller ist als die eines Mannes? Es ist eine unendliche Barmherzigkeit Gottes, diejenigen zu erretten, die schon siebzig sind; denn sie können mit dem Rest ihres Lebens nicht mehr viel
Gutes anfangen. Wenn wir fünfzig oder sechzig sind, so sind wir
beinahe abgenutzt; und wenn wir unser Leben bis dahin mit dem
Teufel zugebracht haben, was bleibt dann noch für Gott übrig?
Aber aus den Jungen und Mädchen kann noch etwas werden. Wenn
sie sich jetzt Christus hingeben, so können sie noch lange ein glückliches und heiliges Leben führen, in dem sie Gott mit ihrem ganzen
Herzen dienen. Wer weiß, welche Ehre Gott noch von ihnen bekommen wird? Vielleicht werden heidnische Länder durch sie gesegnet. Ganze Völker können durch sie erleuchtet werden.

Wenn ein berühmter Lehrer gewohnt war, vor seinen Jungen den
Hut zu ziehen, weil er nicht wußte, ob einer von ihnen vielleicht einmal Premierminister werden würde, so sollten wir mit Ehrfurcht auf
bekehrte Kinder blicken; denn wir wissen nicht, wie bald ihr Licht
unter den Menschen scheinen wird.

O Brüder und Schwestern, laßt uns Kinder nach ihrem wahren
Wert einschätzen! Dann werden wir sie nicht zurückhalten, sondern
eifrig sein, sie sogleich zu Jesus zu führen.

Gebe Gott, daß wir uns bei den Kindern heimisch fühlen, daß wir
auf ihre ersten Befürchtungen und Hoffnungen eingehen und an ihrem knospenden Glauben und ihrer sich entfaltenden Liebe teilhaben.

9. August

*„Und ob ich schon wanderte im Tale des Todesschattens, fürchte ich
kein Unglück; denn du bist bei mir."*   Psalm 23,4

Dieser unvergleichlich köstliche Vers ist schon an unzähligen Ster-
bebetten gesungen worden und hat dazu beigetragen, das finstere
Tal licht zu machen.

Jedes Wort birgt einen Reichtum tiefer Bedeutung in sich. „Und
ob ich schon wanderte" - es ist, als beschleunige der Gläubige seinen Schritt nicht im mindesten in Hast und Unruhe, wenn es zum
Sterben geht, sondern als setze er ganz ruhig seine Wanderschaft an
Gottes Hand fort.

Wandern bezeichnet den gemessenen Schritt einer Seele, die ihren
Weg kennt und weiß, wohin er führt. Das sterbende Gotteskind ist
nicht in Aufregung, es rennt nicht, als wäre es in Schrecken, noch
steht es still, als wollte es nicht weiter. Es ist weder bestürzt noch
beschämt, und darum behält es den gewohnten Schritt bei. Es geht
ja nur durchs finstere Tal; wir bleiben nicht darin. Wir wandern
durch die dunkle Stunde des Todes und treten plötzlich in das helle
Licht der Unsterblichkeit. Wir sterben nicht, sondern wir legen uns
schlafen, um in der Herrlichkeit zu erwachen. Der Tod ist nicht das
Ziel, sondern der Durchgang, der zu diesem Ziel führt.

Das Sterben wird hier ein Wandern durch ein Tal genannt. Auf
den Bergen bricht der Sturm los, aber das Tal ist der Ort der Stille.
So sind oft die letzten Tage und Stunden des Christen die friedevoll-
sten seines ganzen Lebens.

Es heißt auch nicht „das Tal des Todes", sondern „das Tal des
Todesschattens" – das ist uns köstlich; denn wir wissen, daß der
Tod in der Tat seinem Wesen nach abgetan und nur noch sein
Schatten übriggeblieben ist.

Es hat einmal jemand gesagt, wo Schatten sei, da müsse es auch
Licht geben. Und so ist es hier. Kein Mensch fürchtet sich vor einem
Schatten, denn ein Schatten kann niemand auch nur einen Augenblick den Weg versperren. Der Schatten eines Hundes kann nicht
beißen; der Schatten eines Schwertes kann nicht töten; der Schatten
des Todes kann uns nicht verderben. Darum laßt uns vor ihm keine
Furcht haben!

10. August

Wie zärtlich möchte der Herr die Furcht seiner Kinder verscheuchen! Es ist, als ob er sagte: „Du bist ganz allein; aber fürchte dich nicht, denn ich bin bei dir. Du hast viel Arbeit; aber fürchte dich nicht, ich will dir helfen. Fürchte dich nicht im Blick auf die Gegenwart und auch nicht im Blick auf die Zukunft."

Der Herr wußte, daß Abraham nach seinem Kampf und Sieg in Gefahr stand, den Mut sinken zu lassen. Das ist bei kühnen Männern oft der Fall. Solche Leute fürchten sich nicht, wenn die Schlacht wütet; sie sind der Gefahr und dem Kampf gewachsen. Aber wenn alles vorüber ist, werden sie mutlos, und dann bedürfen sie dieses „Fürchte dich nicht!" des Herrn. Oft sind wir im Sturm ruhig und in der Stille aufgeregt. Wir sind uns manchmal selbst ein Rätsel, aber gepriesen sei sein Name, daß er uns versteht und uns im rechten Augenblick Trost zuspricht.

Der Herr fügt seinen Worten hinzu: „Ich bin dein Lohn." Er sagt nicht: „Ich will dich belohnen", sondern: „Ich bin dein Lohn." Das ist der einzige Lohn, über den sich ein Christ völlig freuen kann. Sagte nicht der Vater im Gleichnis zu dem älteren Sohn, als dieser über die Aufnahme seines Bruders murrte: „Kind, du bist allezeit bei mir, und alles Meinige ist dein." War das nicht Lohn genug? Es ist einem Gläubigen Reichtum genug, seinen Gott zu haben, Ehre genug, seinem Gott zu gefallen, und Glückseligkeit genug, sich seines Gottes zu erfreuen. Kann Gott mehr geben als sich selbst?

Der Herr ist dein Beschützer und Belohner. Durch diesen doppelten Titel verscheucht er alle Furcht und macht dich zweifach sicher. Gib daher alle Sorgen auf, sei still im Herrn und warte auf ihn!

11. August

„Und er trat in das Schiff, und seine Jünger folgten ihm nach. Und siehe, es erhob sich ein großer Sturm auf dem Meere, so daß das Schiff von den Wellen bedeckt ward."　　　　Matthäus 8,23-24

Die Geschichte des Sturmes auf dem galiläischen Meer ist geistlicherweise eine Kirchengeschichte im Kleinen, ein kurzer Abriß der Gemeinde in allen Jahrhunderten. Die Belehrung endet noch nicht, wenn du diese Begebenheit in diesem Lichte gesehen hast, sondern sie enthält auch kurz angedeutet die Geschichte eines jeden Menschen, der die geistliche Seereise in Gemeinschaft mit dem Herrn Jesus macht.

Der Herr Jesus befindet sich mit seinen Jüngern im Schiff. Was ist das anderes als die Gemeinde mit ihrem Herrn? Wer bezweifelt, daß sich die Gemeinde auf einem Meer befindet, daß sie noch auf der Erde lebt und Prüfungen, Leiden, Mühen und Gefahren ausgesetzt ist? Ich kenne kaum ein deutlicheres Bild der Gemeinde als ein Schiff auf dem tückischen galiläischen Meer, mit dem Herrn und seinen Jüngern darin.

Nach einer Weile kommt ein Sturm auf; damit können wir sicher rechnen. Welches Schiff auch immer eine schöne Reise bei günstigem Wind macht – das Schiff der Gemeinde wird es nicht tun. Die Gemeinde hat ihre Ruhezeiten, aber diese dauern meistens nicht lange. Das Segel des Schiffes wird gewiß früher oder später einem Unwetter ausgesetzt sein. Das Schiff, dessen Kapitän Jesus ist, ist dazu bestimmt, den Sturm zu fühlen. Jedes Segel, jede Planke und jedes Teil dieses guten Schiffes, das die Flagge des Admirals unserer Flotte trägt, muß Wind und Wellen ausgesetzt werden.

Für die Gemeinde Jesu gibt es viele Stürme, und wie nahe ist sie dem Schiffbruch durch die falschen Lehren des Gnostizismus, des Papsttums und des Rationalismus gewesen! Erprobungen erfährt sie ohne Unterlaß. In Rom saß eine Hure, welche die Heiligen aufs äußerste verfolgte und von ihrem Blut trunken ward. Tränen und Blut bedeckte die Heiligen. Ihre Fahrt mag keine Vergnügungsreise gewesen sein, sondern eine Fahrt wie in einem Rettungsboot, das für den Sturm eingerichtet ist. Das wahre Schiff des Herrn war und ist und wird im Sturm sein, bis der Herr kommt.

12. August

„Und siehe, es erhob sich ein großer Sturm auf dem Meere, so daß das Schiff von den Wellen bedeckt ward; er aber schlief." Matthäus 8,24

Christus befand sich im Schiff, aber er lag im hinteren Teil auf einem Kissen und schlief. Ihr kennt alle den Teil der Kirchengeschichte, der hierdurch dargestellt wird. Dann kam die Not; die Leute im Schiff wurden aufgeschreckt und fürchteten sich, umzukommen.

Die Not führt zum Gebet. Machtvolle Gebete sind oft durch schwere Prüfungen erzeugt worden.

Dann stand der Meister auf und offenbarte seine Macht und Gottheit. Ihr wißt, wie der Herr Jesus das in der Reformation getan hat und von Zeit zu Zeit bei Erweckungen. Er hat den Unglauben seiner zitternden Heiligen gerügt und dann Winde und Wellen beruhigt, und es folgte eine Zeit des stillen Friedens für eine arme, dem Unwetter ausgesetzte Gemeinde.

Aber ich habe auch gesagt, daß der Sturm auf dem See ein wunderbares Bild der geistlichen Seereise eines jeden Menschen ist, der mit dem Herrn zum Hafen des Himmels fährt. Wir sind bei Christus, sind glücklich bei ihm und haben eine angenehme Fahrt. Wird es so bleiben? Sehr schnell kommt ein Sturm auf. Das Schiff schwankt und schaukelt und wird von den Wellen bedeckt.

Der Herr Jesus lebt jedoch in unseren Herzen, und das ist unsere Sicherheit. Wir werden nicht durch Seemannskunst errettet, sondern weil wir den Herrn als unseren Steuermann an Bord haben, der Wind und Meer regiert und der noch nie ein Schiff verloren hat, welches das Kreuz in der Flagge trug!

Manchmal scheint der Herr in unserem Herzen zu schlafen. Wir hören seine Stimme nicht, wir sehen ihn nur sehr undeutlich. Dann werden wir in großer Beunruhigung zum Gebet getrieben, was schon lange vorher hätte geschehen sollen. Leider ist es oft so, daß wir nicht eher beten, als bis wir auf die Knie getrieben werden. Aber ihr wißt, was dann geschieht, wenn uns ein sanfter Vorwurf des Herrn trifft, wenn wir gedemütigt werden! Wie tief ist danach der Friede! Wir sagen dann: „Gebe der Herr, daß es immer so bliebe!" Aber solange wir auf dieser Erde leben, werden die Gefahren auf dem Meere wiederkehren.

13. August

„An ihren Früchten sollt ihr sie erkennen."   Matthäus 7,16

Wir haben kein Recht, die Motive und Gedanken unseres Nächsten zu richten, außer wenn sie sich in Werken und Worten offenbaren. Das Innere müssen wir Gott überlassen, aber das Äußere können und müssen wir beurteilen.

Ich möchte euch heute zur Selbstprüfung anleiten. In Galater 5,22 nennt Paulus neun verschiedene Früchte des Geistes, die bei uns gefunden werden sollen. Wir wollen uns fragen, wie es damit bei uns steht.

Hast du die Frucht der Liebe gebracht? Ich frage nicht, ob du über die Liebe sprechen kannst, sondern ob du sie ausstrahlst. Ich frage nicht, ob du die Liebe auf der Zunge führst, sondern ob sie dein Herz regiert. Liebst du Gott, wie das Kind den Vater liebt? Liebst du den Herrn Jesus, der dich mit seinem Blut erkauft hat? Was weißt du von der Liebe zu den Brüdern? Wie steht es mit der Liebe zum Werk des Herrn? Kannst du ruhig dasitzen und dich damit zufriedengeben, errettet zu sein, während deine Nachbarn zu Tausenden verlorengehen? Ist diese Frucht der Liebe bei dir zu sehen? Wenn nicht, so gilt für dich das Wort Jesu: „Jegliches Schoß an mir, das keine Frucht bringt, nimmt er weg."

Dann kommt die Freude. Ist dir dein Christentum nur eine Sache der Pflicht, eine schwere Kette, die du wie ein Verbrecher schleppen mußt? Oder ist es dir wie eine Harfe, nach deren Tönen du singst? Kennst du die Freude am Herrn? Empfindest du Freude, wenn du die Verheißungen im Wort Gottes liest? Hast du Freude beim Gebet im Kämmerlein, eine Freude, wie sie die Welt nicht geben, aber auch nicht nehmen kann? Wer nie über die Sünde getrauert hat, hat sie nie wirklich bereut; aber wer sich nie über die Vergebung gefreut hat, kann auch das Kreuz nicht gesehen haben.

Hast du Geduld? Wenn bei der Bekehrung keine Veränderung in deinem Temperament stattgefunden hat, so hat überhaupt keine Veränderung bei dir stattgefunden; und es ist notwendig, daß du zu Gott gehst und ihn bittest, ein gründliches Werk in dir anzufangen, denn es ist noch kein Gnadenwerk in dir geschehen. Wenn wir fruchtlos erfunden werden, dann wehe uns!

14. August

„Oder welcher König, der auszieht, um mit einem andern König Krieg zu führen, setzt sich nicht zuvor hin und berät, ob er imstande sei, mit zehntausend dem zu begegnen, der mit zwanzigtausend gegen ihn anrückt?"
Lukas 14,31

Wenn du nicht zu Gott aufblicken und „mein Vater" sagen kannst, wenn dein Herz nicht treu für ihn schlägt, dann bist du noch ein Feind Gottes. Denke einmal darüber nach, was es bedeutet, sich im Widerstand gegen Gott zu befinden. Kannst du wirklich erwarten, daß du siegen wirst? Du bist in einen Streit mit seinem Gesetz geraten, denn du hast nicht die Absicht, es zu halten. Deshalb bist du in diesem Punkt im Kampf gegen Gott. Besteht eine Möglichkeit, daß du erfolgreich sein wirst? Wenn es der Fall ist, wenn du ihn überwinden kannst, wenn die Zinnen der Herrlichkeit dort die siegreiche Flagge der Sünde sehen werden, dann versuche es! Aber es wird ein Ehrgeiz sein, der des Satans würdig ist, der lieber in der Hölle regieren als im Himmel dienen wollte. Aber hast du irgendwelche Hoffnung? Laß mich dir einige Dinge anführen, die dich vielleicht zu dem Gedanken bringen, daß es ein ungleicher Kampf ist, den man aufgeben sollte.

Denke an Gottes erstaunliche Macht! Als Herodes mit Gott stritt, wurde er von Würmern gefressen und starb. Gott hat immer noch ein zahlloses Heer von Dienern, die seine Befehle ausrichten und auf die Stimme seines Wortes hören. Du tätest besser daran, eine Weile zu warten und nachzudenken, wie du ihm begegnen kannst. Sind deine Freunde so zahlreich? Kannst du eine Armee anmustern, wie Gott es kann? Sei weise und mache einen Bund mit ihm durch Blut, ziehe nicht vorwärts zur unabwendbaren Niederlage, indem du Gott zu besiegen suchst.

Bedenke auch, wie groß Gottes Weisheit ist und daß seine Torheit größer ist als deine höchste Weisheit. Ein guter General ist mehr wert als ein Regiment Soldaten. Beachte die Geschicklichkeit und unendliche Weisheit Gottes, der die Heere des Himmels führt. Er ist der Alte an Tagen, und seine Erfahrung geht in die Ewigkeit zurück. Seine Pläne gehen weit über deine Begriffe; aber er kennt die Wege, die du einschlägst.

15. August

„Oder welcher König, der auszieht, um mit einem andern König Krieg zu führen, setzt sich nicht zuvor hin und berät, ob er imstande sei, mit zehntausend dem zu begegnen, der mit zwanzigtausend gegen ihn anrückt?"
Lukas 14,31

Jeder vernünftige Mensch ist bestrebt, seine Pläne seinen Möglichkeiten anzupassen. Er beginnt nicht, ein Haus zu bauen, das er nicht vollenden kann, noch fängt er einen Krieg an, wenn keine Aussicht besteht, ihn durchzukämpfen. Der Herr Jesus wünscht nie, einen Jünger zu haben, der ihm blindlings folgt, ohne die Kosten zu überschlagen. Wir fühlen uns immer sehr glücklich, wenn wir uns still niedersetzen und nachdenken können. Die meisten von euch sind so voll von anderen Gedanken, so mit der Welt beschäftigt, so von ihren Geschäften in Anspruch genommen, daß wir euch nicht zum Denken oder zum ruhigen Niedersetzen bringen können, um nüchtern auf die Dinge zu blicken, wie sie im Licht der Ewigkeit aussehen. Und doch ist es nur vernünftig, wenn der Herr von dir verlangt, in bezug auf deine geistlichen Angelegenheiten das zu tun, was jeder ordentliche Kaufmann in seinem Geschäft regelmäßig tut. Ihr seid schlechte Kaufleute, wenn ihr nie eine Bilanz zieht und die Inventur aufnehmt. Ihr werdet wahrscheinlich bald euren Bankrott erklären müssen, wenn ihr nicht zu bestimmten Zeiten die Bücher nachseht. Und so möchte der Herr, daß ihr euch zuweilen niedersetzt und euch darüber klar werdet, wo ihr seid und was ihr seid. Er möchte, daß ihr zu einem wahren Abschluß kommt, um zu wissen, was ihr tun oder lassen sollt, was ihr vernünftigerweise unternehmen könnt und wo eure Stellung sein sollte und wo nicht. Ich möchte heute besonders die Unbekehrten einladen, etwas über den Krieg nachzudenken, den sie mit Gott führen, und ich hoffe, daß sie durch dieses Nachdenken dazu kommen, eine Botschaft zu schicken und um Frieden zu bitten. Vielleicht werden einige da sein, die den Wunsch haben, sogleich mit Gott Frieden zu schließen und mit dem Satan Krieg anzufangen. Diese möchte ich dazu bringen, die Möglichkeit des Sieges in einem solchen Krieg wie diesem zu bedenken und zu überlegen, ob sie dem schwarzen Fürsten der Finsternis in ihrer eigenen Kraft begegnen können.

16. August

Ich möchte dir, der du ein Feind Gottes bist, noch zu bedenken geben, daß du auch ein Gewissen hast. Du bist es noch nicht losgeworden. Es ist nicht ausgelöscht, und Gott hat Wege, es zu einer schrecklichen Plage für dich zu machen, wenn du es nicht als deinen Freund annimmst. Das Gewissen sollte des Menschen Waffenträger sein, unter dessen Schild er die Kämpfe des Rechts führen kann. Wenn du es aber zu deinem Feind machst, dann stellt das Gewissen oft ein Schwert in einer solchen Weise auf, daß du dich selbst schwer verwundest. Du hast ein Gewissen, und das ist für einen Menschen, der in Feindschaft gegen Gott ist, eine schreckliche Sache. Wenn ich Gottes Feind wäre, so würde ich vorziehen, keinen Wecker zu haben, der meine Aufmerksamkeit auf den heiligen Charakter und das gerechte Gesetz des Allerhöchsten lenkt. Ich würde mich dann freuen, frei von jeder Spur eines moralischen Gesetzes zu sein. Aber du hast ein Gewissen, und es ist noch nicht für jedes Gefühl der Schuld und Schande tot. Ich fürchte, daß eine Zeit kommen wird, wo du in deinem Bett nicht ruhen kannst und nicht imstande sein wirst, irgendwo Frieden zu finden. Ich denke daher, wenn ich einen Freund Gottes in mir habe, daß ich nicht mit Gott kämpfen möchte, solange noch derselbe in mir ist.

Bedenke aber auch, daß du sterben mußt und es darum gefährlich ist, mit Gott in Feindschaft zu sein. Du magst es abweisen und sagen, daß du noch Zeit hast, aber du weißt es nicht. Selbst wenn du noch zwanzig oder dreißig Jahre leben solltest – was ist das schon? Jedenfalls hast du nur einen kurzen Zeitraum zur Verfügung und mußt dann sterben. Mein lieber Freund, wird es nicht sehr schrecklich sein zu sterben, wenn du mit Gott im Krieg stehst? Wenn du den Kampf, in dem du dich jetzt befindest, für immer unter denselben Bedingungen auskämpfen könntest, so könnte ich dir diesen Kampf schon nicht empfehlen. Aber da es mit Sicherheit zu einem traurigen Ende kommt, schließe Frieden, solange noch Zeit ist!

17. August

Mir ist, als hörte ich jemand sagen: „Gut, ich will den Kampf mit Gott aufgeben, aber was muß ich tun, um mit Gott Frieden zu schließen?"

Ich frage dich, ob du einen Vermittler an Gott zu senden hast, denn das ist das erste. Er kann dich so nicht annehmen. Jesus Christus ist der Mittler zwischen Gott und Menschen. Kannst du deine Sache seinen Händen anvertrauen? Willst du es tun? Wenn das der Fall ist, steht deine Sache gut. Gott kann ihm keine Bitte abschlagen. Er hat ein Recht auf alles, was er den Vater bittet, und der Vater hat Wohlgefallen an ihm und freut sich, alle seine Wünsche zu gewähren. Dieser Heiland ist bereit, deine Sache zu vertreten. Er wartet darauf, dir gnädig sein zu können.

Ich bin gesandt, dir die frohe Botschaft seiner Liebe und Gnade zu bringen, dich vor dem Urteil, das alle trifft, die sich von Jesus abwenden, zu warnen und dich und jeden sündenkranken Rebellen aufzufordern, sogleich und so, wie du bist, zum Gnadenthron zu kommen. Ich kann mich als Botschafter Christi dafür verbürgen, daß du, wenn du kommst, nicht hinausgestoßen wirst. Die Friedensbedingungen sind sehr kurz. Schick die Verräter fort, denn es kann kein Friede zwischen dir und Gott sein, solange du die Sünde noch beherbergst. Gib sie auf und sei bereit, jeder Sünde zu entsagen. Denn ein beherbergter Verräter wird verhindern, daß Gott Frieden mit dir schließt.

Sünder, was sagst du hierzu? Fällt es dir schwer, deine Sünde aufzugeben? Ist es dir zuviel? Heraus mit dem Messer, Mensch, und schneide jeder Bosheit die Gurgel durch! Es gibt keine Sünde, die es wert ist, ihretwegen verdammt zu werden! Ist ein wenig Schwelgerei und Ausschweifung und Ausgelassenheit das ewige Höllenfeuer wert? Ist das leichtfertige Vergnügen von ein oder zwei Stunden eine passende Entschädigung für eine Ewigkeit des Feuers, das durch keinen Tropfen Wasser gemildert wird? Ich bitte dich, sei vernünftig! Verschleudere deine Seele nicht für eine Kleinigkeit! Verpfände die Ewigkeit nicht für die Einbildung eines Augenblicks!

18. August

„Wenn aber nicht, so sendet er, solange jener noch fern ist, eine Botschaft und bittet um die Friedensbedingungen." Lukas 14,32

Vielleicht hast du deine eigene Lage erkannt, bist beunruhigt worden und sagst: „Ich will nicht länger Gottes Feind sein. Ich möchte sein Freund werden."

„Aber", sagt die Seele, „wenn ich Gottes Freund bin, muß ich Satans Feind sein. Vom heutigen Tage an verpflichte ich mich, für immer gegen den Teufel zu kämpfen."

Mein lieber Freund, ich wünsche, daß du einen Augenblick stillstehst. Ich möchte nicht, daß du Frieden mit dem Bösen machst, sondern daß du über das nachdenkst, was du vorhast. Ich möchte dir einige Worte ins Ohr flüstern, und das erste ist, daß die Sünde sehr süß ist. Die obersten Tropfen des Sündenkelches glänzen und funkeln. Es liegt zu gewissen Zeiten ein Vergnügen in der Sünde. Es ist vergiftete Süßigkeit; es ist nur eine zeitliche Täuschung, aber doch verspricht die Welt viel. Kannst du der Sünde widerstehen, wenn sie so bezaubernd erscheint? Mein Freund, du wirst es gewiß ganz anders finden, wenn die Versuchungsstunde kommt, als jetzt, wenn du diese Zeilen liest und den Entschluß faßt, das Rechte zu tun, wo die Versuchung dir so fern ist. Dann sei daran erinnert, daß du von Freunden verlockt werden magst, die sehr aufdringlich sind. Du kannst die Sünde jetzt aufgeben, aber du weißt nicht, wer in der Zukunft der Versucher sein wird. Oh, wie viele Seelen sind durch das, was die Welt Liebe nennt, verdammt worden! Es ist nicht leicht, gegen den Stachel zu kämpfen, wenn er solche benutzt, die du hochschätzt und von ganzem Herzen liebst. Ich lege dir diese Sache vor, damit du überlegen kannst, ob du den Kampf mit dem Teufel unter all diesen schwierigen Umständen ausführen kannst. Wenn ich ein englischer Wehroffizier wäre, würde ich es nicht tun. Ich kann die Menschen nicht täuschen oder mit betrügerischer Weise versuchen, sie unter das Banner des Königs zu bringen. Alles, was ich wünsche, ist, daß du die Kosten überschlägst, damit es dir nicht so geht wie dem Mann, der anfing, ein Haus zu bauen und es nicht hinausführen konnte.

19. August

„Oder welche Frau, die zehn Drachmen hat, wenn sie eine Drachme verliert, zündet nicht ein Licht an und kehrt das Haus und sucht mit Fleiß, bis sie sie findet?"

Lukas 15,8

Von wem wurde die Drachme gesucht? Von der Eigentümerin persönlich. Die Frau, die die Drachme verloren hatte, zündete ein Licht an und fegte das Haus und suchte fleißig, bis sie sie fand.

Ich denke, daß die Frau den Heiligen Geist darstellt oder vielmehr die Gemeinde, in welcher der Heilige Geist wirkt. Es wird nie eine Seele gefunden werden, bis der Heilige Geist sie sucht. Er ist der große Seelenfinder. Er ist der Besitzer. Sein Eigentum ist sie, und er kann sie mit Erfolg suchen. Er tut es durch die Gemeinde.

Die Gemeinde kann ihr Werk niemand anders übertragen. Die Frau bezahlte keine Dienerin und ließ das Haus fegen, sondern sie tat es selbst. Wenn sich die Gemeinde Gottes ernstlich sagt: „Unsere Aufgabe ist es, Sünder zu suchen", dann, glaube ich, werden Seelen gefunden und errettet werden.

Nun beachtet, daß die Frau die passendsten Mittel benutzte, ihr Ziel zu erreichen. Zuerst zündete sie ein Licht an, dann holte sie ihren Besen und fegte das Haus, um den aufgehäuften Staub zu entfernen.

Oh, wie reinigt sich die christliche Gemeinde, wenn sie vom Heiligen Geist bewegt wird! „Vielleicht", sagt sie, „leben einige von unseren Geschwistern nicht dem Worte Gottes gemäß; und dadurch werden die Menschen in der Sünde verhärtet. Diese Übeltäter müssen hinausgetan werden. Unser Glaubensstand ist sehr niedrig – das mag der Bekehrung der Seelen hinderlich sein, und dem muß abgeholfen werden."

Beachtet, daß man kein Haus fegen kann, ohne vorübergehend Unbequemlichkeit und Verwirrung zu erregen. Diejenigen, die kein Interesse an der verlorenen Drachme haben, werden durch den Staub belästigt; er gerät ihnen in den Hals, und sie müssen husten.

Kümmere dich nicht darum, gute Frau, fege nur weiter! Laßt es euch nicht bekümmern, Staub zu machen, wenn nur Drachmen gefunden werden! Wenn Seelen errettet werden, sind Unregelmäßigkeiten und Sonderbarkeiten wie Staub zu achten.

20. August

„Und sie nahmen ihn, töteten ihn und warfen ihn zum Weinberg hin-
aus. Was wird nun der Herr des Weinbergs tun? Er wird kommen und
die Weingärtner umbringen. "   Markus 12,8-9

Denkt daran, daß es für euch, wenn ihr den Sohn Gottes ablehnt,
keine Hoffnung mehr gibt. Er ist Gottes letztes Angebot. Kein anderer kann gesandt werden; der Himmel hat keinen anderen Botschafter mehr. Wenn Jesus verworfen ist, ist alle Hoffnung verloren.

Ich wünsche, daß jeder unbekehrte Leser bedenke, daß es kein
anderes Evangelium gibt und kein anderes Opfer für die Sünde vorhanden ist. Es wird manchmal von einer „größeren Hoffnung" gesprochen, als das Evangelium sie uns anbietet. Das ist eine Fabel
und hat keinen Grund in der Heiligen Schrift. Jesus, der es besser
weiß als alle anderen, erklärt, daß, wer nicht glaubt, verdammt werden wird. „Es ist in keinem andern das Heil; denn es ist auch kein
anderer Name unter dem Himmel den Menschen gegeben, in welchem wir sollen gerettet werden!" Was kann Gott sonst noch tun?

Gott gab seinen Sohn in den Tod, und wenn dieses große Opfer
verworfen wird, was bleibt dann übrig? Die unendliche Weisheit hat
ihr Bestes getan, und ein schreckliches Gericht ist alles, was die Verächter dieses Opfers erwarten können.

Die Ursache, warum diese Weingärtner entschlossen waren, den
Erben zu töten, hieß: „Dann wird das Erbgut unser sein!"

Man sagt oft: „Verschont uns mit eurem Glauben, dann können
wir ohne Gewissensbisse unserem eigenen Vergnügen nachgehen.
Sind wir nicht frei? Wer ist denn unser Herr? Wenn wir von diesem
Jesus befreit werden, werden wir nicht immer wieder zu hören be-
kommen, daß wir Gottes Geschöpfe sind und für ihn leben sollten.
Wir haben nicht die Absicht, Gott zu dienen. Wir wollen diesem
Hausbesitzer keine Miete bezahlen. Wir wollen selbst die Besitzer
sein."

Ach, das Erbe wird nicht euer werden, und selbst wenn es eine
Zeitlang euch gehörte, so werdet ihr einmal vor dem Richterstuhl
Christi stehen. Was wollt ihr an jenem Tage tun, die ihr den Heiland
verworfen habt und unerrettet gestorben seid?

21. August

„Saul, Saul! was verfolgst du mich?"   Apostelgeschichte 26,14

„Saul", wollte der Herr sagen, „womit habe ich dich beleidigt? Habe ich etwa, als ich auf Erden war, deinen Namen beschimpft? Habe ich je ein hartes Wort gegen dich gebraucht? Warum bist du so aufgebracht? Wäre ich dein bitterster Feind gewesen und hätte ich dir ins Angesicht gespien, du hättest nicht erboster gegen mich sein können als jetzt. Aber warum zürnst du jemandem, der dir nie Anlaß dazu gegeben hat? Warum verfolgst du mich? War ich nicht rein, heilig und frei von aller Sünde? War mein Wandel nicht eine ununterbrochene Reihe von Wohltaten? Ich habe die Toten auferweckt, ich habe die Aussätzigen gereinigt, ich habe den Hungrigen Brot zu essen gegeben – aus welchem Grund haßt du mich?"

Diese Frage ergeht heute genauso an euch. Warum verfolgst du Christus? Hat er dir je etwas Böses getan? Hat dir sein Evangelium das Leben verbittert oder dir Schaden zugefügt? Du kannst das nicht behaupten. Ach, wenn ihr doch nur den Herrn Jesus sehen könntet, ihr würdet ihn lieb gewinnen! Wenn ihr nur seinen Wert erkennen könntet, so würdet ihr ihn nicht hassen! Er hatte keine Wohnung, keine Heimat, weder Gold noch Silber. Er wurde von allen verfolgt und hatte keinen Freund, der ihm beistand. Ach, wenn ihr ihn in seinem Elend und Jammer gesehen hättet, wenn ihr seine Gütigkeit gegenüber der Grausamkeit seiner Feinde beobachtet hättet, dann wären eure Herzen gewiß weich geworden, und ihr hättet sagen müssen: „Nein, o Herr Jesus, ich kann dich nicht verfolgen! Wenn ich nicht dein Jünger sein will, so will ich doch wenigstens nicht dein Gegner sein. Wenn ich dich auch nicht lieben kann, so kann ich dich doch nicht hassen." Möge Gott euch bei der Beantwortung dieser Frage viel Gnade geben.

„Saul, Saul! was verfolgst du mich?"   Apostelgeschichte 26,14

Hätte der Herr diese Frage nicht so direkt gestellt, hätte sie den Apostel wohl nicht so getroffen. Sie wäre einem Pfeil gleich gewesen, der kaum die Haut des Menschen berührt. Weil sie aber so persönlich lautete: „Was verfolgst du mich?", drang sie Saulus direkt ins Herz. Ich bitte den Herrn, er möge diese Frage einigen unter euch recht eindringlich machen!

Erinnerst du dich nicht, lieber Bruder, wie persönlich Gott zu Werke ging, als du dich das erstemal getroffen fühltest? Ich weiß es wohl. Es schien mir, als ob ich der einzige Mensch im Hause wäre, als ob mich eine schwarze Mauer einschlösse und ich mit dem Prediger allein wäre. Ich meinte, alles, was er sagte, sei auf mich gemünzt. Oh, daß die Menschen das Wort Gottes doch so hörten, daß sie fühlten, es sei ganz besonders auf ihr Herz abgesehen.

Wenn ihr Saulus gefragt hättet, wen er denn eigentlich verfolge, so würde er euch geantwortet haben: „Es sind nur einige arme Fischer, die von einem Betrüger verführt wurden. Sie sind der Abschaum der Menschheit, und ich sehe nicht ein, warum diese elenden, unwissenden Leute auf ihrer Torheit bestehen sollen, und darum verfolge ich sie."

Achtet aber darauf, wie ganz anders der Herr Jesus die Sache sieht. Er fragt nicht: „Saul, Saul, warum hast du Stephanus verfolgt?" Oder: „Wie kommst du dazu, die Leute in Damaskus ins Gefängnis zu werfen?" Nein: „Saul, Saul! was verfolgst du mich?" Es ist eine wichtige Wahrheit, daß der Herr Jesus alles Unrecht, das den Seinen angetan wird, so wertet, als hätte man es ihm zugefügt.

23. August

„Saul, Saul! was verfolgst du mich? Es wird dir schwer werden, gegen den Stachel auszuschlagen!" Apostelgeschichte 26,14

Dieses Bild ist eine Anspielung auf den Stachel des Ochsentreibers. Wenn der Ochse zum Pflügen ins Joch gespannt wurde und er nicht kräftig genug ziehen wollte, so stieß ihn der Treiber mit einem langen Stab, der eine eiserne Spitze hatte. Sobald der Ochse jedoch den Stachel fühlte, schlug er so heftig wie möglich gegen den Treiber aus, anstatt zu ziehen. Er wehrte sich gegen den Stachel und trieb sich dadurch seine Spitze nur noch tiefer und empfindlicher ins Fleisch. Der Treiber hielt aber seinen Stab fest. Je mehr nun der Ochse ausschlug, desto mehr wurde er vom Stachel verletzt. Aber gehen mußte er endlich; denn er war in der Gewalt des Menschen, der das Tier lenken muß und will. Er konnte zwar ausschlagen, solange und sooft er wollte, doch damit tat er seinem Treiber kein Leid, sondern schadete nur sich selbst.

Es wird euch schwer werden, gegen den Stachel auszuschlagen, denn zum ersten erreicht ihr damit nicht euer Ziel. Wenn der Ochse gegen den Stachel ausschlägt, so trifft er nicht den Treiber, sondern verletzt nur sich selbst. Wenn ihr Christus verfolgt habt, um dadurch seinem Evangelium Einhalt zu gebieten, so frage ich euch nun: Habt ihr damit sein Werk hindern können? Nein, selbst Zehntausende eures Schlages wären nicht imstande, die gewaltige Schar der Heiligen Gottes in ihrem Lauf aufzuhalten.

Aber die Sache läßt sich auch noch anders wenden. Wenn der Ochse gegen den Stachel ausschlug, so gewann er damit nichts Gutes. Nun frage ich euch wiederum: Habt ihr je etwas dabei gewonnen, wenn ihr Christus widerstanden habt? Ich will euch sagen, was es euch nützt. Ihr habt eine zerrüttete Gesundheit gewonnen, die ihr mit bis ins Grab schleppen müßt. Ihr habt ein Haus ohne Hausrat gewonnen, denn euer Durst hat euch alles Wertvolle geraubt. Eure Kinder verfallen dem Laster und verfluchen den Heiland, wie sie es von euch gelernt haben. Das habt ihr durch euren Widerstand gegen Christus gewonnen!

24. August

„Laß dich nicht vom Bösen überwinden, sondern überwinde das Böse mit Gutem!"   Römer 12,21

Entweder wirst du vom Bösen überwunden, oder du überwindest das Böse; es gibt nur eins von beiden. Du kannst das Böse nicht in Frieden lassen, und das Böse wird dich nicht in Frieden lassen. Du mußt kämpfen, und in dem Streit wirst du entweder siegen oder besiegt werden.

Die Worte, die uns vorliegen, erinnern mich an das Wort eines schottischen Offiziers, das er angesichts der Feinde seinen Soldaten zurief: „Jungens, da sind sie! Wenn ihr sie nicht schlagt, werden sie euch schlagen!" Genauso führt uns Paulus dem Bösen entgegen, und gleich einem weisen Anführer spornt er uns zum Kampf an, indem er sagt: „Überwindet oder werdet überwunden!" Es gibt kein Ausweichen vor dem Streit, keinen Waffenstillstand, keine Verhandlungspause, keine Einstellung der Feindseligkeiten, sondern die Schlacht muß zu Ende gefochten werden und kann nur mit einem entscheidenden Sieg auf der einen oder auf der anderen Seite beendet werden.

Mögen wir nie die Schande und das Elend kennen, vom Bösen überwunden zu werden, weil uns die göttliche Gnade beständig den Sieg geben möchte. Wenn wir auch nur für einen Augenblick vom Bösen überwunden werden, so enthüllt dies die traurige Schwäche unseres geistlichen Lebens und wird uns großen Schmerz verursachen, wenn es richtig um uns steht. Ein zartes Gewissen wird sehr bekümmert sein, wenn eine Niederlage stattgefunden hat, und im Hinblick auf unseren Fall wird es uns ein täglicher Schmerz sein, daß wir uns vom Bösen überwinden ließen. Vom Bösen überwunden werden, bringt unserem Herrn Unehre und öffnet den Mund der Gegner. Die, welche auf unsere Fehltritte lauern, werden es mit viel Lärm weit und breit im Lande verkünden, daß ein Diener Christi vom Bösen überwunden wurde. Prägt es also eurer Seele ein, daß das Böse überwunden werden muß; es ist eine Sache der Notwendigkeit, daß wir diesen Krieg führen und darin siegen.

25. August

„Mangel an Erkenntnis ist nicht gut für die Seele."   Sprüche 19, 2

Der, welcher uns sandte, Seelen zu gewinnen, gestattet uns nicht, dabei Hinterlist anzuwenden, noch die Wahrheit zu unterdrücken. Sein Werk kann ohne solche verdächtigen Methoden getan werden. Vielleicht werden einige von euch erwidern: „Aber Gott hat doch auch schon halbwahre Aussagen gesegnet!"

Seid euch dessen nicht so ganz gewiß! Ich wage zu behaupten, daß Gott Verfälschungen seiner Wahrheit nicht segnet. Er mag die Wahrheit segnen, die mit Irrtum vermischt ist. Aber viel mehr Segen wäre entstanden, wenn sich die Verkündigung mehr in Übereinstimmung mit Gottes Wort befunden hätte.

Ich kann nicht glauben, daß der Herr Jesus evangelistische Verdrehungen segnet – und die Unterdrückung der Wahrheit ist mit dieser Bezeichnung nicht zu hart beurteilt. Wenn die Menschen nicht von ihrer gänzlichen Verderbtheit überzeugt werden, können sie ernstlichen Schaden leiden. Sie werden nicht wahrhaft geheilt, weil sie ja nicht erkennen, an welcher Krankheit sie eigentlich leiden. Sie sind niemals wahrhaft mit den Kleidern des Heils bekleidet, weil nichts getan wurde, sie von ihrem alten Menschen zu entkleiden.

In vielen Predigten wird die Entfremdung des Menschen von Gott, die Selbstsucht und Schlechtigkeit eines solchen Zustandes nicht genügend enthüllt; und darum wird nicht genug Herzenserforschung und Erweckung des Gewissens bewirkt. Es muß den Menschen gesagt werden, daß sie auf ewig verloren gehen, wenn die göttliche Gnade sie nicht aus ihrer Feindschaft gegen Gott herausbringt. Sie müssen an die Souveränität Gottes erinnert werden und daran, daß er nicht verpflichtet ist, sie aus diesem Zustand herauszubringen, daß er vielmehr gerecht wäre, wenn er sie darin ließe. Die Menschen müssen erkennen, daß sie kein Verdienst vor ihm geltend machen können, sondern daß, wenn sie errettet werden sollen, dies nur aus Gnade geschieht, aus Gnade allein.

Die Waffe, mit der der Herr die Menschen besiegt, ist die Wahrheit, wie sie in ihm zu finden ist. Verlaßt euch unbedingt auf das alte Evangelium.

26. August

„Und als sie unverwandt gen Himmel blickten, während er dahinfuhr, siehe, da standen zwei Männer in weißen Kleidern bei ihnen, die sprachen: Ihr Männer von Galiläa, was steht ihr hier und seht gen Himmel?"
Apostelgeschichte 1,10-11

Wir sind geneigt, den Fehler dieser Jünger nachzuahmen.

„Oh", sagst du, „ich werde nie stehen und gen Himmel starren."

Ich bin des nicht gewiß. Einige Christen sind sehr neugierig, aber nicht gehorsam. Sie vernachlässigen klare Vorschriften, suchen aber schwierige Probleme zu lösen. Ich denke an einen Mann, der beständig über die Zornesschalen, Siegel und Posaunen in der Offenbarung zu reden pflegte. Er war groß in apokalyptischen Symbolen, aber hielt keine Hausandacht für seine sieben Kinder. Es wäre besser gewesen, wenn er, anstatt auf die Schalen und Posaunen, mehr auf seine Knaben und Mädchen geachtet hätte.

Ich habe Leute gekannt, die sich in das Studium des Propheten Daniel vertieft hatten und besonders gut über Hesekiel unterrichtet waren, aber 2. Mose 20 vergessen hatten und keine sehr klaren Ansichten über das 8. Kapitel im Römerbrief hatten. Ich tadle nicht, daß sie Daniel und Hesekiel studierten, doch wünschte ich, sie wären eifriger für die Bekehrung der Sünder in ihrer Nachbarschaft und sorgsamer in der Unterstützung armer Heiliger gewesen. Es ist nützlich, über die zehn Zehen des Gesichtes Nebukadnezars nachzudenken. Aber ich habe kein Verständnis dafür, wenn man solchen Studien gestattet, die praktische Gottseligkeit in den alltäglichen Dingen zu ersticken. Ich wünschte, daß ihr alle Geheimnisse verstündet; aber vergeßt nicht, daß unsere Hauptaufgabe ist zu rufen: „Siehe, das Lamm Gottes!" Erforscht alle zukünftigen Dinge, aber achtet zuerst darauf, daß eure Kinder zu dem Heiland gebracht werden und daß ihr Mitarbeiter Gottes in dem Aufbau seiner Gemeinde seid. Die Fülle von Elend und Unwissenheit, die uns von allen Seiten umgibt, verlangt unsere ganze Kraft. Und wenn ihr diesem Ruf nicht entsprecht, so werde ich, obwohl ich nicht ein Mann in weißem Kleid bin, euch sagen: „Ihr Männer der Christenheit, warum steht ihr und seht in Geheimnisse hinein, wenn so viel für den Herrn Jesus zu tun ist?" Seid nicht neugierig, sondern gehorsam!

27. August

„Die nun, welche sich zerstreut hatten, zogen umher und verkündigten das Wort des Evangeliums."   Apostelgeschichte 8,4

Die Zerstreuten scheinen ohne Ausnahme evangelisiert zu haben. Hier ist nicht die Rede von den Aposteln, denn sie waren gerade diejenigen, die nicht gingen; aber die übrigen gingen überallhin und predigten das Wort. Es ist hier auch nicht von den Evangelisten die Rede, die hingingen und predigten, sondern von allen, die zerstreut waren. Es gibt kaum etwas, was dem Reiche Gottes mehr geschadet hat als die Unterscheidung zwischen „Geistlichen" und „Laien". Der Geist Gottes hat nie diesen Unterschied gemacht. Alle Erlösten des Herrn sind Könige und Priester. Wenn Gott seiner Gemeinde auch Lehrer, Hirten und Evangelisten gegeben hat, dann doch nicht, um eine Klasse von Menschen zu bilden, die das Werk Gottes tun sollen, während andere stillsitzen. Das Volk Israel siegte in alten Zeiten überall dort, wo es gemeinsam und einmütig in den Krieg zog. Als sie aber dieses Prinzip verließen und nur eine Anzahl auserlesener Männer in den Krieg schickten, wurden sie geschlagen. Alle Christen sollen Krieger des Kreuzes sein und im Dienst für ihren Herrn stehen. Jeder Bekehrte soll das weitergeben, was Gott ihm klargemacht hat, und alle, die von dem lebendigen Wasser getrunken haben, sollen Quellen werden, aus denen Ströme lebendigen Wassers fließen.

Philippus, der vorher die Aufgabe hatte, die Almosen der Gemeinde zu verteilen, ging nach Samaria, um dort die Frohe Botschaft zu verkündigen. Die Zeit war gekommen, wo es nicht mehr nötig war, Gaben an die Armen zu verteilen, denn die Armen waren alle zerstreut, und so ging Philippus an das Werk, zu dem jeder Christ berufen ist, und verkündigte das Evangelium. Stephanus, der Diakon, begann als erster, Zeugnis abzulegen; und als er starb, trat Philippus an seinen Platz. Ein Soldat fällt, und ein anderer tritt an seine Stelle. Alle sollen die Frohe Botschaft weitertragen, keiner ist ausgenommen, welcher Art dieser Dienst bei ihm persönlich auch sein mag.

28. August

„Es ist Zeit, daß der Herr handle; sie haben dein Gesetz gebrochen!"

Psalm 119,126

Wir stellen fest, daß heutzutage viele die Inspiration der Heiligen Schrift leugnen, und das bedeutet, das Gesetz des Herrn zu brechen. Welchen Nutzen hätte die Bibel für uns, wenn sie nicht vom Heiligen Geist inspiriert wäre? Da, wo ein Schritt ins Verderben führen kann, ist ein irrender Führer so schlecht wie gar keiner. Wenn dieses Buch nicht wirklich Gottes Wort ist, dann ist es um sein Wesen, um seine Autorität und um seine Kraft geschehen.

Gewisse Männer brechen das Gesetz Gottes, indem sie einen Moralkodex oder ein ethisches System lehren, das nicht mit dem Wort Gottes übereinstimmt. Eigentumsrechte werden dreist mißachtet, als ob der Herr niemals gesagt hätte: „Laß dich nicht gelüsten!" Von Keuschheit, die der Einrichtung des Familienlebens Festigkeit gibt, will man nichts mehr wissen und statt dessen der Lust den Platz einräumen, der nur der ehelichen Liebe gebührt.

Eine andere Richtung bricht das Gesetz Gottes, indem sie äußere Formen vermehrt und Zeremonien zu einer Stellung erhebt, die sie niemals einnehmen dürfen. Von den meisten unter ihnen möchte ich sagen: „Vater, vergib ihnen, denn sie wissen nicht, was sie tun." Sie brechen das Gesetz Gottes durch ihre Traditionen. Um ihre selbst erfundenen Formen und Zeremonien zu rechtfertigen, geben sie uns Auslegungen, die das Evangelium verschleiern, und liefern Deckmäntel für Priestererfindungen, für das Mönchtum, für den Marienkult und für die Bilderanbetung. Beachtet, daß es Sünde ist, Gott anders zu verehren, als er es angeordnet hat. Die Anbetung der Maria ist eine Beleidigung des Herrn. Uns vor einem Kruzifix zu beugen heißt, unter dem Vorwand der Ehrerbietung Götzendienst zu betreiben. Der Aberglaube ist ein ebenso wirklicher Widersacher der Wahrheit wie der Unglaube.

Das Wachsen des Bösen sollte uns ins Gebet treiben. Wenn unser Herzenszustand richtig wäre, würden wir bei jedem Fluch, den wir auf der Straße hören, beten: „Herr, die Sünde ist tätig; sei du es auch!"

29. August

„Ich schreibe euch Jünglingen, weil ihr den Bösen überwunden habt."

1. Johannes 2,13

In der Gemeinde Gottes gibt es Glieder, die nicht länger „Kinder" genannt werden können, sondern männlich geworden sind, so daß sie mit Recht „Väter" heißen. Die Mittelklasse der geistlich Gesinnten wird mit den Namen „Jüngling" bezeichnet. Zwischen dem natürlichen Alter und dem wirklichen Zustand des Geistes und Herzens besteht oft ein großer Unterschied. Mancher Greis ist nicht mehr als ein „Kind", während manches Kind an Jahren schon jetzt als „Jüngling" in der Gnade ist und manche Jünglinge trotz ihrer Jugend „Väter" in der Gemeinde sind. Gott hat manche seiner Diener mit großer Gnade ausgerüstet und sie in jungen Jahren zu Männern gemacht. Denkt nur an Joseph, David, Samuel, Josia und Timotheus. Wir sprechen also nicht von dem im Familienregister verzeichneten Alter, sondern von der geistlichen Reife.

Geistliche Reife ist eine Sache des Wachstums, und deshalb haben wir unter uns Kinder, Jünglinge und Väter. Als Kinder wußtet ihr zwar genug, um errettet zu werden; ihr kanntet den Vater, und diese Erkenntnis war gesegnet. Jetzt aber wißt ihr weit mehr vom Wort Gottes; ihr habt jetzt eine Vorstellung von der Breite und Länge, Höhe und Tiefe des Erlösungswerkes, denn ihr seid von Gott gelehrt worden. Ihr seid noch nicht Väter, weil ihr noch nicht so gegründet, so bewährt und fest seid wie die Väter. Auch habt ihr noch nicht die Erfahrung der Väter, und dadurch fehlt es euch an der Vorsicht und Einsicht; ihr habt manchmal mehr Eifer als gesundes Urteilsvermögen. Die Väter lieben die Besinnung und Beschaulichkeit; sie forschen gründlich und haben „den erkannt, der von Anfang an ist". Junge Männer hingegen sind zum Kämpfen bereit; sie sind das Militär der Gemeinde. Ihre Aufgabe ist es, für den Glauben zu kämpfen und das Reich des Erlösers auszubreiten. Der Herr gebe ihnen dazu viel Gnade!

30. August

„Euch Jünglingen habe ich geschrieben, weil ihr stark seid und das Wort Gottes in euch bleibt und ihr den Bösen überwunden habt."

1. Johannes 2,14

Die Väter in Christus werden bald den Schauplatz verlassen müssen; ihr Mannesalter in der Gnade zeigt, daß sie bereit sind, in die Herrlichkeit einzugehen. Es ist nicht Gottes Weise, die Garben auf dem Feld stehenzulassen, wenn sie einmal völlig reif für die Scheune sind. Die Väter werden also in nicht langer Zeit abgerufen werden, und wo sonst sollten wir uns nach Nachfolgern umsehen als unter den Jünglingen in Christo! Prüft euch, ob ihr in Wahrheit den Jünglingen in Christo zugezählt werden könnt. Stellt fest, ob ihr tüchtig seid, in die Reihe derer gestellt zu werden, deren volles Wachstum und kräftiges Leben sie berechtigt, unter die Arbeiter der Gemeinde gezählt zu werden. Wenn der Apostel von der Stärke der Jünglinge redet, so meint er damit nicht ihre körperliche Kraft. Die wäre eher ihre Schwäche als ihre Stärke. Gerade deswegen ermahnt der Apostel seinen jungen Freund Timotheus: „Fliehe die jugendlichen Lüste" (2. Timotheus 2,22). Wenn ihr die Geschichte von Simson lest, so dankt Gott, daß er euch nicht Simsons Nerven und Muskeln gegeben hat. Wäre es nicht leicht möglich gewesen, daß ihr euch wie Simson durch die Leidenschaften hättet beherrschen lassen? Das Leben eines jungen Mannes ist voller Gefahren, und so ist es auch mit dem geistlichen Zustand, von dem dieses Alter ein Bild ist. Mag das Alter auch manche Schwächen und Gebrechen mit sich bringen, so hat es doch den Vorteil, daß die Leidenschaften abkühlen. Der Jüngling darf also nicht damit rechnen, daß ihm die Kraft des Fleisches im geistlichen Kampf eine Hilfe ist. Er sollte vielmehr um Kraft aus der Höhe bitten, damit die natürliche Kraft in ihm nicht seinen Geist hinabziehe. Er mag sich freuen, daß er in jugendlicher Kraft viel Arbeit im Weinberg des Herrn auszurichten vermag. Er rühme sich aber nicht seiner Kraft, sondern sollte daran denken, daß die Hand „nicht Lust an der Stärke des Rosses, noch Gefallen an den Schenkeln des Mannes" hat (Psalm 147,10).

249

31. August

„Euch Jünglingen habe ich geschrieben, weil ihr stark seid."

1. Johannes 2,14

Die Stärke des jungen Mannes zeigt sich in der Arbeit für den Herrn. Der Jüngling in Christus ist ein eifriger Arbeiter. Er hat so viel Kraft, daß er nicht stillsitzen kann; er würde sich schämen, andere die Last und Hitze des Tages tragen zu lassen. Er hat gebetet: „Herr, was willst du, das ich tun soll?" und ist auf die Antwort hin in den Weinberg gegangen, um die der Jahreszeit entsprechende Arbeit zu verrichten. Er freut sich seiner Arbeit, weil er stark ist. Gesegnet ist die Gemeinde, die den Köcher voll solcher „Jünglinge" hat; sie braucht sich nicht vor Widersachern zu fürchten.

Diese jungen Männer sind auch stark, dem Feind zu widerstehen. Sie werden angegriffen, tragen aber den Schild des Glaubens, mit dem sie alle feurigen Pfeile des Bösen auslöschen können. Wohin sie auch kommen mögen– wo sie andere Angefochtene treffen, treten sie hervor, um deren Sache zu verteidigen. Sie sind stets bereit, einen Angriff auf den Glauben mit dem Schwert des Geistes zurückzuschlagen. Sie widerstehen der Versuchung und bleiben inmitten der Gefahren unverletzt. Seht euch Joseph an! Wo Tausende gefallen wären, steht er in schneeweißer Reinheit da. Im Vergleich zu David ist Joseph ein Bild davon, wie ein von ähnlichen Versuchungen angegriffener junger Mann Gott mehr verherrlichen kann als ein älterer. Joseph ist noch jung; die Versuchung tritt an ihn heran, während er seine Pflicht erfüllt. Er ist allein mit der Versucherin, niemand wird davon wissen, wenn er die Sünde begeht. Aber er widersteht tapfer dem Angriff und überwindet den Bösen. Er ist ein heller Kontrast zu dem älteren Mann, einem Vater in Israel, der den richtigen Weg verließ, um eine böse Tat zu begehen, und sich zur Befriedigung seiner Lust eines schmutzigen Verbrechens schuldig machte. Wir lernen daraus, daß weder Jahre noch Erkenntnis noch Erfahrung uns vor der Sünde zu bewahren vermögen, sondern daß Alte und Junge durch die Macht Gottes bewahrt werden müssen, um nicht von dem Versucher und der Versuchung überwunden zu werden.

1. September

„Du sollst den Herrn, deinen Gott, lieben mit deinem ganzen Herzen und mit deiner ganzen Seele und mit deinem ganzen Gemüte und mit aller deiner Kraft!" Markus 12,30

Für viele ist es eitel Freude und Wonne, ein beschauliches Leben zu führen. Sie glauben an den Vater, an den Sohn, an den Heiligen Geist. Mit großem Wohlgefallen erfreuen sie sich an den Offenbarungen und Erzählungen des Wortes Gottes. Sie denken über Gott und göttliche Dinge nach; er ist für sie ein Gegenstand des Studiums. Sie haben richtige Glaubensüberzeugungen, sind streng orthodox und wissen in allem Bescheid, können über Glaubensartikel streiten und sich über göttliche Dinge ereifern. Aber ach, ihre Religion ist wie ein toter Fisch, kalt und steif. Es ist kein Leben darin. Betrachten können sie wohl, aber nicht lieben; sie können wohl nachdenken, aber keine Gemeinschaft pflegen. Sie können an Gott denken, vermögen aber nicht, ihn zu lieben. Oh, ihr kaltblütigen Denker, an euch richtet sich dieses Gebot.

Da mag jemand aufstehen und sagen: „Recht haben Sie, aber mich trifft dieser Vorwurf nicht. Ich gehe jeden Sonntag zweimal zum Haus Gottes, ich halte meine Hausandacht mit meiner Familie, ich achte sehr darauf, jeden Morgen mein Gebet zu verrichten und in meiner Bibel zu lesen."

Sehr gut, mein Freund, und doch kannst du das alles tun, ohne Gott zu lieben. Ja, manche von euch gehen in die Predigt oder Gebetsversammlung wie ein Pferd, das man in die Schwemme reitet. Ihr wagt es nicht, den Sonntag zu entheiligen, aber ihr würdet es tun, wenn ihr könntet. Ihr steht unter einem Pflichtgefühl, aber ihr fühlt euch dabei nicht wohl. Euer Herz schlägt nicht schneller, wenn der Name des Herrn Jesus fällt; eure Seele fühlt sich bei der Betrachtung seiner Werke nicht erhoben, denn euer Herz ist ganz unbeteiligt, und während ihr Gott mit euren Lippen ehrt, ist euer Herz fern von ihm.

2. September

„Du sollst den Herrn, deinen Gott, lieben mit deinem ganzen Herzen und mit deiner ganzen Seele und mit deinem ganzen Gemüte und mit aller deiner Kraft!"

Markus 12,30

Gott befiehlt, daß du seinen Geboten vollkommenen Gehorsam leistest, und wenn du das nicht kannst, wird er dich verdammen.

„Ach", ruft einer, „wer kann dann selig werden?"

Ja, das ist der Punkt, zu dem ich euch bringen möchte. Wer kann durch das Gesetz selig werden? Niemand auf der Welt. Fühlst du heute, daß du schuldbeladen, verloren und verdammt bist? Bist du bereit, alles Selbstvertrauen hinzugeben und dich allein auf den zu verlassen, der am Kreuz starb? Wenn du dies sagen kannst, dann hat er das Gesetz für dich erfüllt; und das Gesetz kann den nicht verdammen, den Christus freigesprochen hat. Wenn das Gesetz wider dich aufstände und spräche: „Ich verdamme dich, weil du die Gebote nicht gehalten hast", dann sage ihm, daß es kein Haar deines Hauptes krümmen darf. Denn obgleich du es nicht gehalten hast, so hat Christus es für dich gehalten, und Christi Gerechtigkeit ist dein. Sage ihm, dies ist das Lösegeld, Christus hat es bezahlt; und du gehst frei aus, weil Christus dem Gesetz Genüge getan hat.

Nachdem du erkannt hast, daß der Herr Jesus, dein Heiland, das Gesetz erfüllt hat, wirst du auf die Knie fallen und sagen: „Herr, ich danke dir, daß mich dieses Gesetz nicht verurteilen kann, denn ich glaube an dich. Nun Herr, steh mir bei, daß ich in deiner Kraft deinen Willen tun kann! Herr, gib mir ein neues Herz, denn das alte ist unfähig zu lieben! Gib mir ein neues Leben, denn das alte ist entheiligt. Heilige durch die Innewohnung deines Geistes meine Gedanken und gib meinem Geist neue Kraft durch deinen Geist, damit ich dich mit einem erneuerten Herzen von nun an bis in Ewigkeit lieben kann."

3. September

„Und als er in das Schiff trat, bat ihn der besessen Gewesene, daß er bei ihm bleiben dürfe. Aber Jesus ließ es ihm nicht zu."

Markus 5,18-19

Wenn du erst vor kurzem zum Glauben gekommen bist, erwarte ich, daß du von Herzen verlangst, immer bei Christus zu sein. Ich will dir sagen, welche Gestalt dieses Verlangen wahrscheinlich annimmt. Es ging dir wie Petrus, als er auf dem heiligen Berg drei Hütten bauen und dort seine Tage verbringen wollte. Aber du kannst dies nicht tun. Du mußt in dein Haus zu deinem betrunkenen Mann oder zu deiner scheltenden Frau gehen, zu deinem gottlosen Vater oder deiner unfreundlichen Mutter.

Vielleicht bist du glücklich, wenn du allein sein kannst, um deine Bibel zu lesen, um nachzudenken und zu beten, und du sagst: „Herr, ich wünsche, ich könnte dies immer tun." Ja, aber das ist nicht nützlich. Du mußt ins Geschäft gehen, und darum zieh deine Werktagskleidung an und halte dich nicht für weniger glücklich, deinen Glauben im täglichen Leben zu zeigen.

„Ja", sagt jemand, und das höre ich sehr oft, „ich denke, daß ich immer bei Christus sein würde, wenn ich ganz vom Geschäft frei wäre und mich völlig dem Dienst des Herrn hingeben könnte." Du meinst, das würde besonders dann der Fall sein, wenn du das Evangelium verkündigtest.

Nun, ich habe nichts dagegen. Wenn dich der Herr dazu ruft, so sei ihm gehorsam und dankbar, daß er dich treu erachtet und in seinen Dienst gestellt hat. Aber wenn du vermutest, daß du dadurch, daß du das Evangelium verkündigst, dem Herrn Jesus näher bist, so bist du im Irrtum. Du wirst im Dienst des Herrn sehr oft überarbeitet sein, und es ist leicht möglich, den Meister in des Meisters Dienst zu verlieren. Wir brauchen viel Gnade, daß uns diese hinterlistige Versuchung in unserem Dienst nicht überwindet.

Du kannst mit Christus wandeln und Schreibwaren verkaufen, mit Christus wandeln und ein Hafenarbeiter sein, mit Christus wandeln und ein Schornsteinfeger sein. Ich zögere nicht zu sagen, daß du durch Gottes Gnade in jedem Geschäft mit Christus wandeln kannst, wenn es nur ein ehrliches ist.

4. September

„Gehe in dein Haus, zu den Deinen, und verkündige ihnen, wie Großes der Herr an dir getan und wie er sich deiner erbarmt hat!"

Markus 5,19

Es ist erquickend, zu Jesu Füßen zu sitzen. Aber wenn die ehrenwerteste Stellung auf dem Kampfplatz der Ort der Gefahr ist, dann dürfen wir nicht stillsitzen, um zu singen und uns zu freuen, sondern wir müssen uns erheben und alles um Jesu willen aufs Spiel setzen.

Lieber Freund, strebe danach, dem Herrn Jesus zu dienen. Es ist ehrenwerter, als immer nur bei ihm zu sein. Es ist auch besser für das Volk.

Christus verläßt die Gegend der Gadarener. Sie haben ihn gebeten wegzugehen, und er tut es. Aber er scheint diesen Menschen zu sagen: „Ich gehe weg, weil ihr mich darum gebeten habt. Mein Fortgehen sieht wie ein Urteil über euch aus, weil ihr mich ja verworfen habt; aber dennoch gehe ich nicht gänzlich fort. Ich werde durch dich, den Gesundgewordenen, hierbleiben. Ich will dir meinen Geist geben und so bei dir bleiben. Sie werden dich hören, wenn sie mich auch nicht hören wollen." Als der Herr Jesus fortging, blieb dieser Mann da. Die Menschen konnten zu ihm kommen und von ihm hören, wie die Schweine sich ins Meer gestürzt hatten. Und wenn sie nicht zu ihm kamen, so konnte er zu ihnen gehen und ihnen alles erzählen. Es war also ein Vertreter des Herrn dort, dem dieser heilige Dienst anvertraut wurde, da der große Heiland fortging. Der Herr Jesus ist in den Himmel gegangen und hat dich, lieber Bruder, hier zurückgelassen, um sein Werk fortzusetzen.

Bei Christus zu sein ist gut; aber von Christus in seinem Dienst gebraucht zu werden, ist besser. Hier jedoch ist etwas, was alles übertrifft, nämlich zu gleicher Zeit für ihn zu wirken und bei ihm zu sein. Ich wünschte, daß jeder Christ nach dieser Stellung trachtet!

Um dazu imstande zu sein, strebe nicht nur danach, viel für Christus zu tun, sondern auch viel bei ihm zu sein.

Georg Müllers Bemerkung ist sehr weise: „Verlasse morgens nie dein Zimmer, bevor nicht alles zwischen dir und Gott in Ordnung ist." Habe fortwährend Gemeinschaft mit dem Herrn Jesus, so kannst du bei ihm sein und ihm zu gleicher Zeit dienen.

5. September

„ Wir haben nichts hier als fünf Brote und zwei Fische. "

Matthäus 14,17

Ihr Jünger Jesu seht an diesem Tage Tausende von Männern, Frauen und Kinder vor euch, die nach dem Brot des Lebens hungern. Sie haben ihr Geld für das, was kein Brot ist, ausgegeben, wovon sie nicht satt werden können. Sie fallen vor Hunger auf euren Landstraßen nieder und gehen aus Mangel an Erkenntnis verloren. Noch schlimmer ist es, daß, wenn sie ohnmächtig werden, einige Menschen da sind, die vorgeben, sie zu speisen.

Der Aberglaube ist darauf aus, ihnen Steine statt Brot und Schlangen statt Fische anzubieten. Auch der Formalist bietet diesen hungrigen Seelen etwas zum Kauf an, um sie zu nähren. Der Unglaube sucht sie zu überreden, daß sie gar nicht hungrig sind, sondern nur ein wenig nervös, und verspottet ihren Appetit.

So wenig man den Leib mit Wasserblasen befriedigen und den Mund mit Schatten füllen kann, ebenso wenig kann man die Seele mit Täuschungen befriedigen. Sie werden ohnmächtig, sie verhungern, sie sind dem Sterben nahe. Diejenigen, welche vorgeben, sie zu versorgen, verspotten ihre Nöte nur.

Ihr Jünger Jesu, seht die große Not, die vor euren Augen ist! Öffnet jetzt das Auge eures Verständnisses, laßt eure Gefühle bewegt werden, laßt euer Herz bei dem Anblick dieser Millionen vor Mitleid schlagen! Ich bitte euch, wenn ihr ihnen nicht helfen könnt, so weint über sie!

Ich höre euch in euren Herzen überlegen und einander zuflüstern: „Wer sind wir, daß wir diese Menge speisen sollen! Diese hungrigen, verschmachtenden Menschen sind fast so zahlreich wie der Sand am Ufer des Meeres." Ja, so ist es. Doch bedenkt, daß es eure Aufgabe ist. Gott befiehlt allen Menschen, Buße zu tun, und wir haben seinen Befehl bekanntzumachen.

Oh, meine Brüder, ihr wißt, wie er umhergegangen ist und Gutes getan hat. Aber denkt ihr auch daran, daß er gesagt hat: „Wer an mich glaubt, der wird die Werke auch tun, die ich tue, und wird größere als diese tun, weil ich zu meinem Vater gehe." Laßt die Größe der Aufgabe euch desto ernster zum Werke treiben.

6. September

„Wir haben nichts hier als fünf Brote und zwei Fische."

Matthäus 14,17

Ich höre euch murmeln: „Die Menge ist groß, und unsere Mittel sind gering. Wir haben nur fünf Brote von Gerstenmehl, dazu zwei Fische, und die sind sehr klein. Sie haben mehr Gräten als Fleisch. Was ist das unter so viele? Wir sind nicht reich an Mitteln und haben kein Vermögen, unsere Missionare auszustatten, wenn wir sie scharenweise aussenden wollten, das Banner des Kreuzes zu erheben. Wir haben nicht viele Redner. Wir fühlen unsere Schwäche." Einige von euch fügen vielleicht noch hinzu: „Was kann ich persönlich tun? Von welchem Nutzen kann ich sein? Und was können die paar Christen tun? Die Welt wird über eine so schwache Mannschaft lachen. Ja, wenn wir die Großen und Edlen auf unserer Seite hätten! Wenn nur die Reichen mit ihren Schätzen zu uns gehörten, dann könnten wir etwas ausrichten!" Ich höre den Seufzer eines alten Mannes: „Oh, ich fühle den Auftrag, aber meine Kraft läßt nach, während die Welt dem Untergang entgegengeht. Ich stehe am Rand des Grabes, bin schwach und hilflos und vermag nichts zu tun."

Laß mich dir sagen, daß wir, die wir noch jung sind, dasselbe empfinden. Wir scheinen wie ein einzelner Mann gegen ein unzähliges Heer zu stehen oder wie ein Kind, das mit seinen zarten Händen einen Berg fortschaffen will. Unsere Jahre fliehen dahin; der Tod kommt näher; unsterbliche Seelen gehen verloren; die Hölle füllt sich; die Menschen stürzen in den Abgrund des Verderbens.

Je mehr wir unsere Verantwortung fühlen, desto mehr fühlen wir auch unser Unvermögen. „Herr, du hast uns zu einem Werk berufen, das zu schwer für uns ist. Wir können es nicht tun. Wir fallen dir zu Füßen und bekennen, daß wir eine solche Menge nicht speisen können."

Sagten wir soeben, daß wir es nicht können? Wir müssen dieses Wort zurücknehmen und statt dessen sagen: „Herr, wir müssen! Wir fühlen unsere Schwäche, aber du treibst uns, so daß wir in deiner Kraft die Hungrigen speisen und nicht innehalten."

„Er sprach: Bringt sie mir hierher!"   Matthäus 14,18

Unsere Pflicht beginnt mit dem blinden Gehorsam auf den ersten
Befehl Jesu: „Bringt sie mir hierher!"
    „Herr, es sind Gerstenbrote, nur fünf."
    „Bringt sie mir hierher!"
    „Es sind nur zwei Fische da. Es ist nicht der Mühe wert. Können
wir diese nicht für uns behalten?"
    „Nein, bringt sie mir hierher!"
    „Aber es sind nur kleine Fische."
    „Bringt sie mir hierher!"
Die Pflicht der Gemeinde ist, wenn sie ihre Vorräte überschaut
und sie als ungenügend für ihr Werk findet, doch alles, was sie hat,
zu Jesus Christus zu bringen.
    Da ist ein Bruder, der sagt: „Ich habe nur wenig Geld übrig."
    „Macht nichts", sagt der Herr Jesus, „bringe das, was du hast, her
zu mir."
    „Ach", sagt ein anderer, „ich kann nur sehr wenig Zeit erübrigen,
Gutes zu tun."
    „Bringe sie mir her."
    „Ich habe nur schwache Fähigkeiten", sagt jemand. „Meine
Kenntnisse sind gering, meine Rede ist verächtlich."
    „Bringt sie mir her!"
Jede Gabe, welche die Gemeinde hat, muß zu Christus gebracht
und ihm geheiligt werden.
Nun merkt euch dies – ich sage ein ernstes Wort, das einige von
euch nicht imstande sind anzunehmen –: Wenn es irgend etwas gibt,
was ihr in dieser Welt habt, und der Sache Christi nicht heiligt, so
raubt ihr es dem Herrn! Jeder wahre Christ hat alles Christus übergeben, als er sich ihm übergab. Er nennt nichts, was er hat, sein
eigen, sondern es gehört alles dem Herrn. Wir sind der Sache des
Herrn nicht treu, wenn es nicht so ist. Bringt alles her, ihr Diener
Gottes, was ihr bisher zurückgehalten habt. „Prüfet mich doch dadurch, spricht der Herr der Heerscharen, ob ich euch nicht des Himmels Fenster auftun und euch Segen in überreicher Fülle herab-
schütten werde!"

8. September

Die Braut hat nicht nötig, lange zu überlegen, bevor sie Antwort gibt. Sie wird gefragt: „Was ist dein Freund vor andern Freunden?" Und sie kann spontan antworten. Wie kam das? Nun, weil sie die Antwort in ihrem Herzen hatte. Darum sagt sie: „Mein Freund ist weiß und rot, hervorragend unter Zehntausenden!" Sie sagt nicht: „Warte ein wenig, ich muß erst über die Frage nachlesen und mich darüber belehren lassen", sondern wenn es sich um die Person ihres Geliebten handelt, kann sie sogleich antworten. Sie zählt die Vorzüge ihres Bräutigams auf, so daß die Töchter Jerusalems überzeugt werden mußten, und ich empfehle sie euch als Beispiel.

Studiert das Wort, damit euer Glaube nicht auf Menschenweisheit beruht, sondern auf Gottes Kraft. Wenn ich euch etwas gelehrt habe, was nicht in der Schrift geoffenbart ist, oder wenn ihr etwas auf meine Autorität hin angenommen habt, so bitte ich euch dringend: Gebt es auf, bis ihr es nach dem Worte Gottes geprüft habt! Ich fürchte das Resultat nicht, denn wenn ich hier oder da geirrt habe, so bitte ich den Herrn, mich und euch zu lehren, miteinander in der Einheit des Geistes aufzuwachsen. Laßt uns alle suchen, von Gott gelehrt zu werden und dieser göttlichen Unterweisung ein heiliges Leben und ein klares Zeugnis von Jesus Christus hinzuzufügen, damit unsere Umgebung unter den Einfluß der Wahrheit kommt.

Möge uns der Herr wieder eine Zeit wahrer Erweckung senden!

Worin lag früher die Kraft der Methodisten? Es war einfach die Kraft wahrer Aufrichtigkeit in Verbindung mit Heiligkeit. Das ist genau das, was der Gemeinde Jesu heute fehlt. Unser Zeugnis vom Herrn Jesus sollte so kraftvoll sein, daß die Menschen aufhorchen und fragen: „Was ist dein Freund vor andern Freunden?"

Gebe Gott, daß wir eine Antwort für sie bereit haben, die Gott an ihnen segnen kann!

„Es spricht eine Stimme: Predige! Und er sprach: Was soll ich predigen? 'Alles Fleisch ist Gras und alle seine Anmut wie die Blume des Feldes!'"

Jesaja 40,6

In unserem Text stellt ihr fest, daß sogar Jesaja selbst, obwohl er ohne Zweifel zu denen gezählt werden konnte, die von Gott unterwiesen sind, sprach: „Was soll ich predigen?" Sogar er wußte nicht, daß dem Trösten des Volkes Gottes erst eine Heimsuchung vorangehen muß.

Manche Prediger haben vergessen, daß das Gesetz der Zuchtmeister ist, der uns zu Christus treibt. Sie haben auf den unfruchtbaren, ungebrochenen, brach liegenden Acker gesät und nicht berücksichtigt, daß die Schollen erst durch den Pflug aufgebrochen werden müssen. Manche Prediger haben sich bemüht, Christus denen köstlich zu machen, die sich selbst für reich und satt hielten. Kein Wunder, daß ihre Arbeit vergeblich war. Es ist unsere Pflicht, sogar selbstgerechten Sündern Jesus zu predigen. Es ist aber gewiß, daß sie ihn nicht annehmen werden, solange sie hoch von sich denken. Nur Kranke bedürfen eines Arztes. Das Werk des Heiligen Geistes ist, Sünder von der Sünde zu überführen, und solange das nicht an ihnen geschehen ist, können sie nicht dahin gebracht werden, die Gerechtigkeit bei Gott in Christus Jesus zu suchen.

Ich bin überzeugt: Wo wirklich ein Gnadenwerk in einer Seele vorhanden ist, fing es mit einem Niederreißen an. Der Heilige Geist baut nicht auf dem alten Fundament. Auf Holz, Heu und Stroh würde er niemals bauen. Er läßt über alle Babel des stolzen Ich ein Feuer ausbrechen. Er zerbricht unseren Bogen, schlägt unseren Speer entzwei und verbrennt unsere Wagen im Feuer. Wenn jedes Selbstvertrauen verschwunden ist, dann – und nicht eher – wird er den auserwählten, köstlichen Eckstein in unsere Seele legen. Der erweckte Sünder, der um Gnade schreit, wird sich wundern, daß seine Seele, anstatt zum baldigen Genuß des Friedens zu kommen, im Gefühl des göttlichen Zorns niedergebeugt ist. Gott kann dich nicht reinigen, bevor du nicht von deiner eigenen Unreinigkeit überzeugt bist.

10. September

„Alles Fleisch ist Gras und alle seine Anmut wie die Blume des Feldes!
Das Gras wird dürr, die Blume welkt; denn der Hauch des Herrn weht
darein.“
Jesaja 40,6-7

Wenn der Geist Gottes sein Werk in einer Seele anfängt, beginnt alles, was vom Fleisch ist, zu verdorren. Wir wissen, daß da, wo die Gnade wirkt, die Freude an den Lüsten des Fleisches aufhört. Wenn der Geist Gottes in uns Wohnung macht, wird das, was uns bis dahin süß war, bitter, was hell und glänzend war, trübe. Ein Mensch kann nicht die Sünde liebhaben und zugleich im Besitz des göttlichen Lebens sein. Die Welt mit ihrer Lust ist in den Augen der nicht Wiedergeborenen so schön wie die mit Blumen bedeckten Wiesen im Frühling; dagegen ist sie der wiedergeborenen Seele wie eine Wüste, wie ein unbewohntes Land. Von den Dingen, an denen wir früher unsere Lust hatten, sagen wir jetzt: „Eitelkeit der Eitelkeiten; alles ist eitel.“ Die Erdenfreuden sind uns ein Ekel, und wir wundern uns, daß sie uns je ein Genuß sein konnten.

Beachte weiter: Wenn der Heilige Geist kommt, zerstört er jede Blume des Fleisches; das heißt, er verdorrt auch unsere eigene Gerechtigkeit. Ehe der Geist Gottes kam, hielten wir uns selbst für sehr gut. Wir hielten uns für moralisch, ja für religiös. Wir wagten es in unserem Stolz, uns einzubilden, daß wir nicht so schlimm seien, wie das Wort Gottes uns beschreibt. Oh, lieber Leser, wenn der Geist Gottes die Güte deines Fleisches anbläst, wird seine Schönheit verwelken wie eine Blume, und du wirst einen anderen Eindruck bekommen. Wenn du die Beweggründe deines Tuns gründlich erforschst, wirst du so viel Böses in dir finden, daß du mit dem Zöllner rufst: „Gott, sei mir Sünder gnädig!“

11. September

„Als er aber Jesus sah, schrie er und warf sich vor ihm nieder."

Lukas 8,28

Du glaubst, daß, wenn Jesus Christus in dein Herz kommt, du deine Vergnügungen aufgeben mußt. Darf ich dich fragen, welche Vergnügungen du meinst? Das Vergnügen, deine Kinder dir zur Freude heranwachsen zu sehen? Das Vergnügen, Gutes zu tun? Das Vergnügen, deine Pflicht vor dem Angesicht Gottes zu erfüllen? Das Vergnügen eines guten Gewissens? Das Vergnügen zu wissen, daß du deinen Mitmenschen und deinem Gott ins Angesicht schauen kannst? Keine von diesen Freuden wird Jesus Christus dir nehmen. Das Vergnügen einer guten Hoffnung für die Ewigkeit? Das Vergnügen, einen guten Freund zu haben, dem du all deinen Kummer mitteilen kannst? Nichts von diesem wird dir der Herr Jesus nehmen. Ich kenne auch kein Vergnügen, das wirklich wert ist, so genannt zu werden, das ein Mensch aufgeben müßte, wenn er Christ wird. Ach ja, ich weiß, was du meinst. Du meinst, daß du dann nicht mehr imstande sein wirst, in deinen Sünden zu beharren. Nun verstehe ich dich. Warum hast du es nicht gleich gesagt und das Ding beim rechten Namen genannt? Nenne deine Sünde Sünde, aber nenne sie nicht Vergnügen, und lerne, daß die Sündenfreuden, die ja doch ein schnelles Ende nehmen, nur des Teufels Lockspeise sind, durch die er die Seelen an seinem Haken ins Verderben zieht. Du wirst kein anderes Vergnügen verlieren als das, was verderblich, schädlich für deine Seele, in sich selbst unbefriedigend und deiner Natur unwürdig ist.

„Ach", sagst du, „aber ich muß meine Freiheit aufgeben!"

Deine Freiheit? In welcher Hinsicht? Deine Freiheit, ehrlich und aufrichtig zu leben? Deine Freiheit, deinen Nächsten zu lieben? Deine Freiheit, für dich selbst zu untersuchen, zu beurteilen und zu erkennen? Nun, ich weiß, was du meinst; du meinst die Freiheit zu sündigen, das heißt die Freiheit, dich selbst zu verderben. Danke Gott, daß dir diese Freiheit genommen wird, denn du hast nie das Recht gehabt, solch eine gefährliche Maschine des Verderbens zu besitzen. Oh, deine Bekehrung wird kein Verlust der Freiheit, sondern ein Lösen aller deiner Bande sein!

261

12. September

„Was habe ich mit dir zu schaffen, Jesus, du Sohn Gottes, des Höchsten?"
Lukas 8,28

Die Menschen denken im allgemeinen, daß sie, wenn sie das Evangelium annehmen, aufhören, glücklich zu sein, und daß sie alle Freuden und alles Vergnügen aufgeben müssen und zu einem trübseligen Leben verurteilt sind. Ich möchte ein wenig über diesen Gegenstand reden.

Wenn ein ehrlicher Mann eine Sache verteidigt, so soll er dies nicht blindlings tun, sondern bereit sein, wenn es die Wahrheit erfordert, dieses oder jenes zuzugeben.

Ich gebe zu, daß das Evangelium die Menschen, wenn es ihr Gewissen berührt und sie weiter in ihren Sünden verharren, elend macht. Es wirkt wie Salz in einer offenen Wunde oder wie Ruten auf dem Rücken des Widerspenstigen.

Ich habe Leute gekannt, welche die Gewohnheit hatten, in Sünde wie zum Beispiel der Trunksucht zu leben und dabei doch regelmäßig unsere Gottesdienste besuchten. Entweder die Größe der Versammlung oder die besondere Art des Predigers hat ihnen gefallen, und sie sind wiedergekommen. Das Wort hat auch einen gewissen Eindruck auf sie gemacht, aber mit der Zeit kamen sie zu der Erkenntnis: „So kann es nicht weitergehen. Der Mann macht sein Messer zu scharf. Entweder muß ich meine Sünden aufgeben oder ihn verlassen." Und wenn sie sich durch die Predigt jämmerlich fühlten, haben sie es gänzlich aufgegeben, das Evangelium zu hören. Mancher ist schon zähneknirschend und mit den Füßen stampfend von hier fortgegangen und hat sich vorgenommen, nie wiederzukommen. Aber er war gerade einer von denen, die gewiß bald wiederkommen.

Ich bin manchmal ganz erfreut, wenn sich solch eine Wirkung zeigt; denn ich habe Hoffnung für diejenigen, die noch Gewissen genug haben, um von der Wahrheit beunruhigt zu werden. Es ist besser, einen zornigen als einen vergeßlichen Zuhörer zu haben.

13. September

„Was habe ich mit dir zu schaffen, Jesus, du Sohn Gottes, des Höchsten? Ich bitte dich, peinige mich nicht!"   Lukas 8,28

Ich möchte denen, die fürchten, daß der Herr Jesus sie elend machen würde, eine oder zwei Fragen vorlegen. Seid bitte offen und ehrlich.

Ihr fürchtet also, elend zu werden. Seid ihr denn in diesem Augenblick so sehr glücklich? Ihr fürchtet, wenn ihr Christus annähmt, trübselig zu werden. Nun sagt mir aber: Seid ihr in diesem Augenblick so voller Freude, so außerordentlich glücklich, daß ihr fürchtet, euer kleines Paradies zerstört zu sehen? Ich habe meine Zweifel über diese eure reizenden „Vergnügungen", denn ein Mensch kann nicht sündigen, ohne sich schon in diesem Leben Kummer zuzuziehen. Die, welche lügen, fluchen, schwören und Gott vergessen, finden nicht soviel Freude, wie sie vorgeben. Ihr, die ihr über den Glauben jammert, als sei er eine trübselige Sache, ihr seid im allgemeinen Heuchler.

Darum laßt mich euch die einfache Wahrheit sagen. Warum mußt gerade du mir sagen, daß die Religion einen Menschen trübselig mache, wo du selbst doch schon so trübselig bist, wie man es nur sein kann? Wenn du mit nüchternem Verstand darüber nachdenkst, was du bist und wohin du gehst, so weißt du recht gut, daß dich nichts elender machen kann, als du schon bist, und daß du jetzt so traurig bist, wie du es nur sein kannst. Ereifere dich nicht darüber, daß dich der Glaube elend machen würde, wenn du doch schon elend bist; sondern als vernünftiger Mensch tadle nicht das, was du noch nicht erprobt hast.

Wird dir deine angebliche Fröhlichkeit und Lustigkeit auch in der Todesstunde beistehen? Werden dir die weltlichen Vergnügungen in der anderen Welt Trost gewähren? Werden diese Freuden ein Kissen für deinen schmerzenden Kopf in der Hölle sein? Du weißt recht gut, daß es nicht so ist. Mache darum nicht soviel Aufhebens wegen deiner Freude, denn es ist nichts daran. Wenn dir der Glaube an Jesus Christus alle diese Freuden nimmt, so nimmt er dir nur Böses, und du solltest dich freuen, dies loszuwerden.

14. September

„Und er sprach zu ihnen: Was seid ihr so furchtsam? Wie, habt ihr kei-
nen Glauben?"   Markus 4,40

Wahrscheinlich waren die Jünger davon überzeugt, daß sie viel
Glauben an Jesus, ihren Herrn und Meister, hätten. Sie waren den
ganzen Tag bei ihm gewesen und hatten seinen Worten zugehört
und geglaubt, auch wenn sie nicht alles verstanden. Sie hatten sich
anschließend um ihn versammelt, um seine näheren Erklärungen zu
hören, und waren für diesen Privatunterricht dankbar. Ich zweifle
nicht, daß jeder von ihnen überzeugt war, fest an Jesus zu glauben.
Wie konnte er einen Zweifel dulden?

Meine Brüder, niemand von uns hat eine Vorstellung davon, wie
armselig unser Glaube in Wirklichkeit ist. Wenn Trübsal kommt, so
wird der Haufen auf der Dreschtenne sehr klein unter der Worfschaufel. Nach einem Tag ruhigen Dienstes mit Christus kam ein
Sturm auf, und dieser Sturm stellte ihren Glauben auf die Probe und
ließ davon so wenig übrig, daß Jesus erstaunt fragte: „Habt ihr keinen Glauben?"

Denkt daran, daß wir überhaupt nicht mehr Glauben haben, als
wir in der Stunde der Prüfung beweisen. Alles, was der Prüfung
nicht standhält, ist nichts als fleischliche Zuversicht. Schönwetter-
Glaube ist in Wirklichkeit gar kein Glaube. Nur das ist wirklicher
Glaube an Jesus Christus, der ihm vertrauen kann, wenn er ihn
nicht zu verstehen vermag, und ihm glauben, wenn er ihn nicht sehen kann.

Der Sturm war eine um so schwerere Versuchung, weil er die Jünger überfiel, als sie auf dem Pfad des Gehorsams gingen. Ihr Meister
hatte sie geheißen hinüberzufahren, und sie befanden sich nicht auf
einer Vergnügungsfahrt. Sie waren nicht dem Vorschlag eines Jün-
gers gefolgt, der gesagt hatte: „Ich will fischen gehen", sondern sie
steuerten unter dem Befehl ihres großen Führers. Sie waren gehorsam und litten trotzdem Not.

Dies hat manche Gläubige verwirrt, aber solche Erfahrungen sind
nichts Neues auf der Erde. Das lebendige Kind Gottes wird gegen
den Strom schwimmen müssen. Ohne Kampf wird es nie die Krone
gewinnen.

15. September

„Und er sprach zu ihnen: Was seid ihr so furchtsam? Wie, habt ihr kei-
nen Glauben?"
Markus 4,40

Seht, wie diese Jünger aus dem Sturm herauskamen! Sie gingen gut
in die Prüfung hinein, aber nach kurzer Zeit befanden sie sich in
einem elenden Zustand.

Wir haben einen Vogel mit glänzendem Gefieder gesehen, der im
Sonnenlicht paradierte, und wir haben seine Schönheit bewundert.
Aber als dann ein Regenschauer niederging, sahen wir unseren tapferen Vogel in einer ganz anderen Gestalt. Triefend und schmutzig
suchte er Schutz. Ihr hättet kaum geglaubt, daß es dasselbe Geschöpf sei, dessen Krähen vorher alle seine Kameraden herausfor-
derte; wahrlich, seine Herrlichkeit war dahin.

Wir gleichen diesem Vogel nach einer schweren Prüfung. Wir sehen dem Fleische nach prächtig aus, bis wir geprüft werden, und
dann lassen wir die Flügel sinken und verbergen uns.

Mitleid spricht aus der Frage des Herrn an seine Jünger. Ihre
Furcht hat sie ihm so unähnlich gemacht. Sie waren seine Diener
und hätten wie ihr Meister sein sollen. Er bemitleidete sie auch, weil
die Furcht sie sich selbst unähnlich machte. Sie waren Männer, aber
ihre Furcht entmannte sie. Die, welche einst Vorbilder des Glaubens
waren, werden Memmen, wenn der Glaube schwindet.

Der Herr bemitleidete die Jünger auch, weil ihre Furcht sie so unglücklich machte. Sie waren weiß wie Kreide, als sie merkten, daß
sich das Boot mit Wasser füllte.

Wir sollten nicht so furchtsam sein. Laßt uns nach einer mutigen
Haltung streben. Laßt uns unsere Kümmernisse vor Gott bringen
und nicht dem Unglauben Raum geben. Viele unserer „Leiden" bereiten wir uns selbst: Auf dem Amboß des Unglaubens werden sie
mit dem Hammer der Vorahnung ausgeschlagen. Der Herr verzeihe
uns!

16. September

„Und doch fürchtet dein Knecht den Herrn von Jugend auf!"

1. Könige 18,12

Diese frühe Frömmigkeit Obadjas wies besondere Kennzeichen auf. Im allgemeinen beschreiben wir die Frömmigkeit eines jungen Menschen so: „Das Kind liebt Gott." Wir reden davon, daß es „so glücklich sei" und so weiter.

Ich bezweifle nicht die Richtigkeit dieser Sprechweise. Aber der Heilige Geist sagt: „Die Furcht des Herrn ist der Weisheit Anfang", und David sagt: „Ich will euch die Furcht des Herrn lehren!"

Kinder werden durch den Glauben an den Herrn Jesus große Freude erfahren. Wenn diese Freude aber echt ist, so werden heilige Ehrfurcht und Verehrung für den Herrn nicht fehlen. Freude kann eine liebliche Frucht des Geistes, aber ebensogut fleischlicher Natur sein. Wir dürfen daher die Freude, mit der Herzen das Evangelium aufnehmen, nicht als das beste und sicherste Zeichen der Gnade betrachten.

Es gefällt uns auch, wenn wir in Kindern viel Kenntnis göttlicher Dinge sehen. Solche Kenntnis ist sehr wünschenswert, und doch ist sie kein entscheidender Beweis für die Bekehrung. Natürlich kann diese Kenntnis eine göttliche Frucht sein, aber da es auch bei den Erwachsenen vorkommt, daß sie die Schrift kennen und die ganze Lehre des Evangeliums verstehen und doch nicht errettet sind, so mag dasselbe bei der Jugend der Fall sein.

Die Furcht Gottes, die so oft unterschätzt wird, ist einer der besten Beweise aufrichtiger Frömmigkeit. Wenn ein Kind oder ein Erwachsener die Furcht Gottes vor Augen hat, so ist dies der Finger Gottes. Hiermit meinen wir nicht die knechtische Furcht, sondern jene heilige Furcht, die der Majestät des Höchsten Ehrfurcht zollt und alle heiligen Dinge hochachtet.

Vor allem andern benötigen junge Christen Scheu vor dem Unrechttun, Zartheit des Gewissens und die Sehnsucht, Gott zu gefallen. Ich bitte alle Lehrer der Jugend, hierauf zu achten. Die stets wachsende Schwärmerei in der heutigen Christenheit ist es, die mir Sorge macht. Ein Christentum, das nur in erhitzter Luft atmet, kann ich nicht ertragen.

17. September

Wir deuten oft Kanaan als ein Bild des Himmels und den Jordan, durch den Israel zog, als ein Symbol des Todes. Das ist poetisch und mag auch sehr lehrreich sein; aber wenn wir die Sache einer sorgfältigen Erwägung unterziehen, sehen wir noch mehr. Wenn das Neue Testament das Alte auslegen soll, dann ist noch etwas anderes in dem Land, in dem Milch und Honig fließen, zu sehen. „Wir, die wir glauben, gehen ein in die Ruhe." Das heißt, alle, die an Christus glauben, sind schon über den Jordan gegangen und in die verheißene Ruhe gekommen. Sie leben unter der Herrschaft des Christus innerhalb der Grenzen seines Reiches, und alles, was Gott ihnen verheißen hat, gehört ihnen.

Dieses Bild stellt den gereiften Gläubigen dar, der durch den ersten Wüstenabschnitt seines Lebens hindurchgegangen ist und nun einen Stand erreicht hat, in dem er sich seiner geistlichen Vorrechte wirklich erfreut und sich mit Christus in die himmlischen Örter versetzt weiß. Für ihn ist indessen der Stand hoher Vorrechte kein Stand ungestörter Ruhe, im Gegenteil. Er führt einen beständigen Krieg „wider die geistlichen Mächte der Bosheit in den himmlischen Regionen" (Epheser 6,12). Die Kanaaniter müssen vertrieben werden: unsere natürlichen Neigungen und Verdorbenheiten, unsere sündigen Gewohnheiten und Lüste, der Hang und Trieb unseres Geistes zum Bösen. Was Josua nicht tun konnte, wird unser Herr Jesus vollständig ausführen.

Die Aufgabe Israels war, die verurteilten Völker, die im Besitz des Landes waren, auszutreiben und vollständig auszurotten. Josua, der heldenmütige Anführer, lebte nicht mehr. Wer sollte nun die Führung haben? Die Macht der Kanaaniter wurde zu seiner Zeit gebrochen, aber als er tot war, begannen die alten Völker wieder aufzuleben.

So erfahren auch wir oft, daß unsere Sünden, die wir schon tot glaubten, plötzlich neuen Mut fassen und versuchen, ihre Herrschaft wieder aufzurichten.

18. September

„Da traten die Jünger zu Jesus, beiseite, und sprachen: Warum konn-
ten wir ihn nicht austreiben?"
Matthäus 17,19

Warum konnten wir ihn nicht austreiben? Laßt den Meister uns erzählen, warum diese Fälle unsere Kraft übersteigen. Der Herr sagt,
den Jüngern habe es an Glauben gefehlt.

Niemand darf erwarten, das Werkzeug zur Bekehrung eines Sünders zu sein, wenn er nicht fest glaubt, daß sich dieser Sünder bekehren wird. Wenn ich im Glauben predigen kann, daß meine Zuhörer errettet werden, dann wird es geschehen. Wenn ich keinen
Glauben habe, so mag Gott sein Wort segnen, aber nicht in hohem
Maße, und gewiß wird er mich nicht ehren.

Zu den Zeiten Whitefields gab es Leute, die verschiedene Prediger
gehört hatten. Aber unter wem wurden sie bekehrt? Unter Whitefield, weil er ein Mann von vorzüglichem Glauben war. Er predigte
ihnen, als erwarte er, daß die Tauben durch die Melodie des Evangeliums hören und die Toten auf den befehlenden Ruf des Namens
des großen Erlösers zum Leben erweckt werden würden.

In den Tagen Rowland Hills wurden einige der gemeinsten Menschen und Taugenichtse, die London je beunruhigt haben, bekehrt.
Warum? Weil Rowland Hill das Evangelium großen Sündern predigte und glaubte, daß große Sünder bekehrt werden.

Die achtenswerten Leute seiner Tage sagten: „Es ist nur ein Lumpengesindel, das Rowland Hill zuströmt."

„Und wenn schon", sagte Hill, „willkommen, Lumpengesindel!
Das sind genau die Leute, die ich mir wünsche. Ich glaube, daß diese Leute errettet werden können."

Es war Mangel an Glauben bei den anderen; denn wenn ein
Mensch Glauben hat wie ein Senfkorn, aber treu ist, so ist er stark.
Hill besaß die Macht des Glaubens, und er war das Mittel zur Be-
kehrung sehr großer Sünder.

Wenn irgendein großer Sünder, ein vom Teufel Besessener unter
uns ist und nicht bekehrt wird, so bin ich überzeugt, daß es an unserem geringen Glauben liegt. Wenn dir Gott die Macht gibt zu glauben, daß eine bestimmte Seele errettet wird, so wird sie errettet werden, darüber besteht gar kein Zweifel.

19. September

„Aber diese Art fährt nicht aus, außer durch Gebet und Fasten."

Matthäus 17,21

Ich glaube, der Herr Jesus will mit diesen Worten sagen, daß in besonderen Fällen die gewöhnliche Predigt des Wortes nicht ausreicht und das gewöhnliche Gebet nicht genügen wird. Es muß ein ungewöhnlicher Glaube sein, und um diesen zu erhalten, ist ein ungewöhnlicher Gebetsgeist nötig; und in vielen Fällen muß das Fasten geübt werden.

Wozu das Fasten? Das scheint der schwierige Punkt zu sein. Es ist augenscheinlich mit dem Verharren im Gebet verbunden, das unser Herr oft übte und seinen Jüngern empfahl. Nicht eine Art religiöser Beobachtung, in sich selbst verdienstlich, sondern eine Gewohnheit, die, mit dem Gebet verbunden, hilfreich ist. Ich glaube, daß wir in der christlichen Gemeinde einen großen Segen eingebüßt haben, weil wir das Fasten aufgegeben haben.

Es gibt eine Abhandlung von einem alten Puritaner unter dem Titel „Fasten nährt die Seele", und er teilt seine eigene Erfahrung mit, daß er während des Fastens einen größeren Gebetseifer habe als zu anderen Zeiten.

Es gibt Leute mit wenig oder fast gar keinem Fleisch auf den Knochen, die sich sehr wohlfühlen, während Menschen mit anderem Körperbau und der Neigung zur Trägheit klagen, weil sie mehr wie die Steine am Boden liegen, als wie die Vögel in der Luft fliegen. Solchen, denke ich, können wir die Worte Christi empfehlen.

Die Ursache, weshalb einige Menschen nie zu Christus gebracht werden, ist – menschlich gesprochen –, weil keine Männer vorhanden sind, die geeignet sind, ihnen zu helfen, „denn diese Art fährt nicht aus, außer durch Gebet und Fasten". Mögen einige einmal für einen großen Sünder fasten und sehen, ob er sich nicht bekehrt. Ich denke, ich könnte euch wohl auffordern, mit meines Meisters Vorschrift einen Versuch zu wagen, um zu sehen, ob der schlimmste Teufel, der je ein menschliches Herz besessen hat, als Folge des Betens und Fastens in der Ausübung eures Glaubens nicht ausgetrieben wird.

20. September

„Wenn ein Mensch allen Reichtum seines Hauses um die Liebe gäbe, so würde man ihn nur verachten."

Hohelied 8,7

Die Liebe mancher Menschen zum Christentum ist sehr billig erkauft worden und wird auch sehr schnell wieder aufgegeben. Viele sind damit zufrieden, Gott zusammen mit christlichen Brüdern anzubeten und das Evangelium zu hören, solange sie arm sind. Sobald sie aber etwas Reichtum erlangt haben, finden sie heraus, daß die Welt ihre eigene Gemeinde hat. Wie oft bin ich von solchen Leuten gefragt worden: „Wenn man Christ ist und außerhalb der Gesellschaft lebt, wo bleibt man dann?" Ich habe dann stets geantwortet: „Wo wir bleiben? Nun, wo Christus uns haben will: außerhalb des Lagers, um seine Schmach zu tragen."

Aber dieser Platz der Absonderung außerhalb des Lagers wird von bekennenden Christen nicht immer gern eingenommen. Es ist sehr schmerzlich, sehen zu müssen, wie stolz sich viele von dem Evangelium und der Gemeinde Jesu abwenden, und wenn sie anfangs noch ein wenig beunruhigt sind, sie doch mit der Zeit von allen Skrupeln frei werden und die weltliche Gesinnung bei ihnen zunimmt.

Nun, ich bin nicht traurig darüber, daß es den Wohlstand gibt. Jeder gute Landmann besitzt eine Worfschaufel; wenn er auf der Tenne steht, sagt er: „Obwohl hier viel gutes Korn liegt, weiß ich doch, daß sich Spreu darunter befindet." Und er freut sich, die Worfschaufel zu gebrauchen und den Weizen zu reinigen.

Wenn die bloßen Bekenner gehen, so mögen sie gehen. „Sie sind von uns ausgegangen, aber sie waren nicht von uns; denn wenn sie von uns gewesen wären, so wären sie bei uns geblieben" (1. Johannes 2,19). Es gibt viele, die sich vom Volk Gottes trennen und den Herrn verlassen, weil es sich in gewissen Lagern besser bezahlt macht, nichts zu glauben. Und da es bei ihnen die Hauptsache ist, Geld zu verdienen, verkaufen sie den Herrn Jesus Christus.

21. September

„Da berief der Pharao Mose und Aaron und sprach: Gehet hin, opfert eurem Gott in diesem Lande!"   2. Mose 8,25

Satan kann ebenso wie Pharao nicht verhindern, daß das Volk Gottes durch das Blut des Lammes erlöst ist. Aber er versucht alles, um das Volk Gottes unter seiner Herrschaft zu halten „Ja", sagt der Teufel, „daß du Christ werden mußt, ist klar. Du kannst es nicht länger aushalten, denn du bist zu unruhig in deinen Sünden. Christ mußt du werden; aber bleibe, wo du bist - in der Welt. Opfere deinem Gott im Lande!" Damit meint er: Lebe in der Sünde und sei ein Gläubiger. Vertraue dich Christus an, aber tu ansonsten, was dein Herz wünscht.

Oh, ich beschwöre euch bei dem lebendigen Gott: Laßt euch durch solche verräterischen Lügen nicht irreleiten, denn es ist nicht möglich, daß ihr Ruhe oder Frieden findet, solange ihr in der Sünde lebt. Lieber Leser, Christus ist gekommen, um uns *von* unseren Sündern, aber nicht *in* unseren Sünden zu erlösen.

Markus Antonius jochte zwei Löwen zusammen und fuhr mit ihnen durch die Straßen Roms. Aber er hätte nie den Löwen aus der Unterwelt und den Löwen aus dem Stamme Juda unter ein Joch bringen können. Zwischen beiden besteht ein tödlicher Haß. Niemand kann zwei Herren dienen. Satan will Herr sein, und Christus möchte dein Herr sein. Einen Kompromiß zwischen ihnen kann es nicht geben.

Aber dann sagt Satan, sich ein wenig zurückziehend: „Natürlich meine ich damit nicht, daß du deine groben Sünden nicht aufgebem sollst. Aber ich will dir etwas sagen: Liebe die Welt, genieße deine Freude bei den Weltleuten und sei dennoch ein Christ."

Nein! Das ist nicht möglich! Gottes Wort sagt dir deutlich: „Wißt ihr nicht, daß die Freundschaft der Welt Feindschaft wider Gott ist?" Was würdet ihr von einem Menschen denken, der sich mit einem Messer schneidet, um zu sehen, wie tief er schneiden kann, ohne sich tödlich zu verletzen? Ich bitte euch: Versucht nicht solche gefährlichen Experimente! Weist entschieden alle Vermittlungsvorschläge Satans zurück und träumt nicht davon, daß ihr die Welt lieben und doch die Liebe des Vaters in euch haben könnt!

22. September

„Da sprach der Pharao: Ich will euch ziehen lassen, daß ihr dem Herrn, eurem Gott, in der Wüste opfert; aber ziehet ja nicht weiter!"

2. Mose 8,28

Satan sagt: „Ja, ich sehe, dein Gewissen sagt dir, daß du aus der Welt und aus der Sünde herausgehen mußt, aber fliehe nicht zu weit, denn du könntest das Bedürfnis haben zurückzukommen. Tu diesen Schritt zunächst nicht öffentlich. Schließe dich keiner Gemeinde an. Mach es wie die Ratte hinter der Täfelung: Komm nie hervor, um dir deine Nahrung zu holen, ehe es Abend wird. Es ist ja nicht absolut notwendig zu sagen: 'Ich bin Christ!'"

Mein Freund, hüte dich vor Satans List! Wenn ein Soldat, der Christ ist, in die Kaserne kommt und sich sagt: Ich will beim Beten nicht niederknien, weil sie sonst mit Stiefeln nach mir werfen, wie das in den Kasernen üblich ist. Ich will mein Christentum für mich behalten, so tut er gewiß Unrecht. Aber wenn er freudig sagt: „Ich will meine Fahne zeigen. Ich bin ein Christ, und das werde ich bekennen, komme auch, was da wolle!", so wird er feststehen. Aber Satan möchte es mit etlichen von euch dahin bringen, daß ihr nachgebt, damit ihr nach und nach fallt. Widersteht ihm! Nehmt euer Kreuz auf und folgt dem Herrn Jesus nach!

Mose wußte, daß sich Gottes Volk so weit wie möglich von Ägypten entfernen sollte, so daß das tiefe Rote Meer zwischen ihnen und Ägypten lag. Er wußte, daß sie nie wieder zurückkehren würden. Deshalb bestand er darauf, weit wegzuziehen. So möchte auch ich in Gottes Namen jeden von euch zu einer völligen Übergabe drängen, der sich zu einem solchen Kompromiß versucht sieht. Welch ein Segen ist es, wenn ein Mensch sagen kann: „Ich habe all diese Kompromisse zurückgewiesen. Ich bitte Gott, mich durch eine ewige Scheidung von der Welt zu trennen, wie es bei Paulus der Fall war, der sagte: 'Die Welt ist mir gekreuzigt, und ich bin der Welt gekreuzigt.'"

23. September

„Nicht also, sondern ihr Erwachsenen geht hin und dienet dem Herrn; denn das habt ihr auch begehrt!"   2. Mose 10,11

Satan gibt nicht nach. „Ja", sagt er, „ich sehe, wohin es gekommen ist. Du bist endlich dahin getrieben worden, durch und durch Christ zu sein. Aber nun belästige deine Frau nicht damit, bringe Christus nicht in dein Haus."

War das nicht eine raffinierte Idee von Pharao, daß alle Männer gehen und ihm die Frauen und Kinder als Frauen und Sklaven gehören sollten? Laßt uns ihm so antworten: „Ich aber und mein Haus, wir wollen dem Herrn dienen!" Das sagte einst Josua, und so sollte jetzt jeder einzelne unter uns sprechen. Laßt uns darum beten, daß wir das ganze Haus für Christus gewinnen.

„Aber laßt doch die Kinder zurück!" Pharao wußte sehr wohl, daß sie bald wieder zurückkehren würden, wenn sie das taten. Welcher Mann von uns würde in die Wüste gehen und seine Frau und seine Kinder in der Sklaverei lassen? Würden uns ihre Schreie nicht verfolgen? Würden wir uns nicht sehnen, ihnen wieder ins Angesicht zu sehen? Doch muß ich betrübten Herzens sagen, daß viele bekennende Christen den Eindruck erwecken, als hätten sie sich ganz für den Herrn entschieden, ihre Kinder aber dem Pharao, dem Teufel, überlassen. Die Kinder mancher Christen werden dem Moloch dieser Welt geopfert. Wir halten es für etwas Schreckliches, daß Heiden ihre Kinder den Götzen opfern. Und doch bringen viele Christen ihre Kinder in Stellungen, in denen sie aller Wahrscheinlichkeit nach zugrunde gehen werden. Laßt es nicht so sein, sondern sprecht: „Nein, mein Haus soll mit Gottes Hilfe so geführt werden, daß ich meinen Kindern keine Versuchung in den Weg lege. Wenn sie trotz den Tränen ihrer Mutter und den Ermahnungen ihres Vaters irregehen wollen, möchte ich nicht Schuld daran tragen." Wenn diese Bemerkungen jemand sehr nahe berühren, und er sagt: „Ich meine, Sie werden sehr persönlich", so ist es genau das, worauf ich es abgesehen habe.

24. September

„Da ließ der Pharao Mose rufen und sprach: Geht hin, dienet dem Herrn; nur eure Schafe und Rinder sollen hier bleiben." 2. Mose 10,24

Satan sagt: „Verwende dein Eigentum nicht für Gott. Stelle deine Talente und Fähigkeiten nicht in seinen Dienst, ganz besonders verwende dein Geld nicht für Jesus. Behalte es für dich selbst. Du wirst es vielleicht eines Tages nötig haben. Bewahre es zu deinem eigenen Genuß. Lebe Gott und anderen Dingen, aber in dieser Hinsicht lebe dir selbst."

Nun, ein treuer Christ sagt: „Als ich mich dem Herrn hingab, gab ich ihm alles, was ich hatte. Von der Fußsohle bis zum Scheitel bin ich des Herrn. Er fordert von mir, daß ich redlich vor allen Menschen für mein Haus sorge, und das will ich tun. Aber ich bin trotzdem nicht mein eigener Herr. Ich bin teuer erkauft. Und darum gehört alles, was ich habe oder haben werde dem Herrn, und ich bemühe mich, es als sein Verwalter nach seinem Befehl zu verwenden. Ich kann meine Habe nicht dem Teufel überlassen. Es muß alles mit mir gehen; es muß alles meines Herrn sein, denn es ist sein, gleichwie auch ich sein bin."

Ein solcher Christ verfolgt die Spur, die Mose andeutet: Ich weiß, daß ich dem Herrn, meinem Gott, zu opfern habe, aber ich weiß nicht, wieviel. Ich kann nicht sagen, welches die Bedürfnisse der Armen, die Bedürfnisse der Gemeinde und die Bedürfnisse des Reiches Gottes in dieser Welt sein mögen. Ich weiß es nicht; aber dies weiß ich, daß alles, was ich habe, dem Herrn zur Verfügung steht. Wenn mein Erlöser es braucht, so soll er es haben. Wenn Satan etwas nötig hat, so soll er keinen Pfennig davon bekommen.

Nun, Brüder und Schwestern, die ihr bekennt, Christen zu sein, weiht euch ganz dem Herrn. Sprecht: „Ob ich lebe oder sterbe, ob ich arbeite oder leide – alles, was ich bin, und alles, was ich habe, soll auf ewig meines Herrn sein." Nur durch eine solche Haltung beweist man, ganz von der Macht des Satans befreit zu sein.

25. September

„Als aber David umkehrte, sein Haus zu segnen, ging Michal, die Tochter Sauls, ihm entgegen und sprach: Welche Ehre hat sich heute der König Israels erworben, daß er sich heute vor den Mägden seiner Knechte entblößte."
2. Samuel 6,20

Die Prüfung Davids kam von einer Seite, von der er sie am wenigsten erwartete. Unsere besten Freunde fügen uns oft den tiefsten Schmerz zu. Ist nicht für manche christliche Frau ihr Mann der größte Feind ihres Glaubens gewesen, und hat nicht mancher christliche Mann empfunden, daß ihm die Gefährtin seines Herzens das größte Hindernis auf dem Weg zum Himmel war? Es gibt manchen jungen Mann, dessen Herz voll Freude erfüllt ist, nachdem er die frohe Botschaft der Gnade gehört hat. Er hat alle seine Sorgen und seine Not vergessen. Aber vielleicht ist es sein eigener Bruder, der ihn verlacht und ihn einen Narren nennt. Die Welt nimmt an, daß kein vernünftiger Mensch Christ sein kann; an ewige Dinge zu denken, sei der höchste Grad der Torheit. Für eine kurze Stunde seine Gedanken von der Erde abzukehren und über ewiges nachzusinnen, sei das Kennzeichen des Wahnsinns!

Nun, nach unserem Urteil ist der Wahnsinn auf der anderen Seite. Wenn wir die flüchtigen Dinge dieses Lebens und die Wirklichkeiten des künftigen Lebens auf der Waage des Gerichts abwägen, findet sich der Wahnsinn bei den Verächtern und nicht bei uns.

Es muß Kriege und Kämpfe, Widerstand und Streit geben, solange in der Welt zwei Arten von Menschen und zwei Naturen existieren. Das war die Prüfung, die David zu erdulden hatte.

Ich möchte eure Aufmerksamkeit darauf lenken, wie besonders schwer diese Prüfung gewesen sein muß. Natürliche Zuneigungen sind mit tausend Fasern so in die Seele verwoben, daß sie nicht leicht zerbrochen werden können. Sie sind so zart wie die feinsten Nerven und können nie verletzt werden, ohne größte Schmerzen zu verursachen. David mußte daran denken, daß Michal die Freude seines Herzens war und sie ihm im Grunde eine gute Frau gewesen ist. Sie hatte einst ihr eigenes Leben für sein Leben aufs Spiel gesetzt. Doch jetzt ist die Freude seines Herzens die Feindin seiner Seele geworden.

26. September

„Ich will noch geringer werden als diesmal und niedrig sein in meinen Augen."

2. Samuel 6,22

Wie reagierte David auf die Spottrede seiner Frau? Zog er sich zurück und handelte als Feigling, beugte er seinen Rücken der Geißel des Tadels und gab auf? Nein, er sprach freimütig: „Ich will noch geringer werden als diesmal und niedrig sein in meinen Augen."

Gott gebe, daß ihr denselben Entschluß faßt. Wenn immer die Welt euch tadelt, sagt: „Ich danke dir für das Wort, ich will danach streben, es noch besser zu verdienen. Ich will noch fester werden; du sollst noch mehr Mißfallen empfinden, wenn du willst." Geht vorwärts, statt nachzugeben. Zeigt euren Feinden, daß ihr kein Zurückweichen kennt, daß ihr nicht aus dem weichen Holz dieser neuen Zeit geschnitzt seid.

Um euch herum seht ihr eine Menge Personen, die Männer genannt werden, sich aber stets nach der Windrichtung drehen. Ich bitte Gott, wirkliche Männer zu senden, Männer, die konsequent für das eintreten, was sie als das Rechte erkannt haben; Männer, die nur noch beharrlicher werden, wenn Schwierigkeiten im Weg stehen und ausgeräumt werden müssen; die treuer zu ihrem Herrn halten, wenn man sich ihnen widersetzt; die, je mehr sie niedergetreten werden, desto mächtiger in der Verteidigung der Wahrheit gegen den Irrtum werden.

Der Verfolger gleicht einer Brennessel. Berührt ihr sie sanft, dann sticht sie euch, aber greift ihr sie fest an, dann kann sie euch nicht verletzen. Packt die, die euch widerstehen, nicht mit brutaler Rache, sondern mit dem starken Griff ruhiger Entscheidung, und ihr habt den Sieg errungen. Gebt keinen Grundsatz auf. Steht für jedes einzelne Korn der Wahrheit auf; streitet dafür wie für euer Leben; gedenkt eurer Vorväter, an die, die mit Verachtung aus der christlichen Kirche ausgestoßen wurden, weil sie sich nicht den Irrtümern ihrer Zeit beugen wollten. Sollten euch diese weichen Zeiten zu feigen Söhnen heldenmütiger Väter machen? Wenn ihr außer Prüfungen grausamen Spottes nichts zu erdulden habt, nehmt sie geduldig hin, tragt sie freudig, und ihr werdet glücklich sein, die Verachtung unseres Herrn teilen zu dürfen.

27. September

*„Alles Volk des Landes, seid stark, spricht der Herr, und arbeitet!
Denn ich bin mit euch, spricht der Herr der Heerscharen."* Haggai 2,4

Mutlosigkeit raubt unsere Kräfte. Ich schließe das daraus, weil der Prophet dreimal zu Serubbabel sagt: „Sei stark!" Alle waren schwach geworden, alle ließen in ihrer Mutlosigkeit die Hände sinken, ihre Knie wurden matt und strauchelten. Der Glaube umgürtet uns mit Kraft, der Unglaube hingeben macht uns schlaff und müde. Glaube, und es wird dir nach deinem Glauben geschehen! Ein mutloses Heer in den heiligen Krieg zu führen ist nicht weniger schwierig, als die persischen Truppen des Xerxes zum Kampf mit den Griechen zu zwingen. Weil sich die Soldaten des mächtigen Königs vor dem Kampf fürchteten, mußten sie mit Peitschen auf das Schlachtfeld getrieben werden.

Wundert ihr euch, daß sie eine Niederlage erlitten? Eine Gemeinde, die ständig zum Dienst gemahnt und getrieben werden muß, richtet nichts aus. Die Griechen bedurften nicht der Drohungen und Schläge. Sie zogen wie Löwen freudig dem Feind entgegen, wie groß die Schwierigkeiten auch sein mochten. Wir brauchen Männer von derselben Art, die an ihre Grundsätze glauben, die an die Lehre von der Gnade glauben und die an Gott, den Vater, Gott, den Sohn und Gott, den Heiligen Geist glauben! Es fehlt uns an solchen, die eifrig für den Glauben kämpfen, besonders in unseren Tagen, wo die wahre Frömmigkeit von der Kanzel herab verspottet und von berufsmäßigen Predigern verhöhnt wird. Wir brauchen Männer, die die Wahrheit lieb haben, denen sie so lieb ist wie ihr Leben; Männer, in deren Herz die alte Lehre durch die Hand des Heiligen Geistes mit Flammenschrift geschrieben steht. Wir brauchen nicht mehr solche, die nachplappern, was sie gelernt haben. Wir brauchen Männer, die reden, was sie wissen und erfahren haben. Dann würde der Herr der Heerscharen ein Volk haben, das ihm dient, das stark ist in dem Herrn und in der Macht seiner Stärke!

28. September

„Der aber das eine empfangen hatte, ging hin, grub die Erde auf und verbarg das Geld seines Herrn. "
Matthäus 25,18

Es sollte eine Veranlassung zu ernster Selbstprüfung sein, wenn wir bedenken, was dieser unnütze Knecht tat und was er nicht tat. Er brachte das Kapital sicher unter, wo es niemand finden und stehlen konnte, und damit war sein Dienst zu Ende. Er war kein Dieb und mißbrauchte keine ihm anvertrauten Gelder. Er führte kein leichtsinniges Leben wie der verlorene Sohn, der sein Gut verpraßte. Oh nein, er war ein viel besserer Mensch. Er war für das Sparen und setzte sich keiner Gefahr aus. Das Pfund war noch so, wie er es erhalten hatte, nur in ein Tuch gewickelt und in der Erde verborgen. Er hatte keinen Pfennig davon zu einem Fest oder zu einer Schwelgerei verwandt und konnte daher nicht als Verschwender des Geldes seines Herrn angeklagt werden. Er glaubte, treu gewesen zu sein.

Ach, dieses ist nicht, was der Herr Jesus Treue nennt, wenn wir so bleiben, wie wir sind. Wenn du nur bewahrst, was du hast, ohne mehr zu erlangen, dann verbirgst du das Pfund in der Erde und läßt es fruchtlos bleiben. Es ist nicht genug, zu widerstehen, du mußt vorwärtskommen!

Sein Herr nannte diesen Diener einen bösen und faulen Knecht. Setzt denn diese Bezeichnung nicht böse Taten voraus? Nein, nicht recht tun ist böse; nicht für Christus leben, bedeutet böse sein. Ohne Nutzen in der Welt sein, dem Namen des Herrn keine Ehre bringen, träge sein, das heißt böse sein.

Es ist klar, daß viele böse Menschen in der Welt sind, die nicht wünschen, so genannt zu werden. Ein Schuljunge wurde von seinem Lehrer gefragt, was er tue. Er glaubte, ganz im Recht zu sein bei seiner Antwort: „Ich habe nichts getan." Der Lehrer sagte: „Das ist es gerade, weshalb ich dich aufgerufen habe: Du hättest deine Aufgaben machen sollen." Es wird keine Entschuldigung für dich sein, wenn du am letzten Tag sagen wirst: „Ich habe nichts getan." Wer nichts tun, ist ein böser und fauler Knecht.

29. September

„Durch Glauben gedachte Joseph bei seinem Ende des Auszuges der Kinder Israel und gab Befehl wegen seiner Gebeine." Hebräer 11,22

Ich nehme an, daß Joseph wenigstens 60 oder 70 Jahre lang in der hohen Stellung eines Vizekönigs von Ägypten stand, mit allem Reichtum dieses großen Volkes zu seinen Füßen. Dennoch blieb er die ganze Zeit über dem Glauben seiner Väter treu. Möge Gott euch, die ihr in hohen Stellungen seid, die gleiche Treue geben! Vergeßt nicht, daß Joseph während eines großen Teils dieser Zeit keinen Glaubensgenossen hatte, mit dem er verkehren konnte. Welche Prüfung muß das für ihn gewesen sein!

Ich habe Leute gekannt, die ein warmes Herz für Christus hatten, solange sie mit eifrigen Christen zusammen lebten. Sie waren sehr tätig, solange sie einen lebendigen Prediger hatten, erlitten aber Schiffbruch, wenn sie aus der christlichen Gemeinschaft herausgenommen oder gezwungen wurden, unter einer kalten Predigt zu sitzen.

Joseph lebte an einem Ort, wo kein Gebet im Hause war, kein Freund, mit dem er ein Wort sprechen konnte, keiner, der etwas von Gott oder von dem Bund wußte, den er mit seinem Volk gemacht hatte. Er war ganz allein in der Mitte eines götzendienerischen Volkes, mit allen Versuchungen Ägyptens vor sich. Er war im Besitz großer Reichtümer und Schätze und wurde ständig versucht, so zu leben wie alle andern. Dennoch hielt er sich an den, den er nicht sah, als sähe er ihn, und starb zuletzt voll zuversichtlichen Glaubens an den Gott seiner Väter.

Ich möchte euch alle, die ihr den Herrn wirklich liebt, drängen, danach zu streben, daß das Werk der Gnade in euch so tief, so wahr, so gründlich sein möge, daß, wenn Gott Könige aus euch machen würde, ihr nicht stolz würdet, und wenn ihr allen Versuchungen der Welt ausgesetzt würdet, ihr auch allen widerstehen könntet.

Die Macht von Josephs Glauben bewies sich reichlich im Triumph über seine weltlichen Umstände.

30. September

„Den Armen wird das Evangelium gepredigt."   Matthäus 11,5

So war es zur Zeit Jesu, und so wird es mit dem Evangelium bis zum
Ende der Zeit sein. Fast jeder Betrüger, der in dieser Welt auftrat,
hat sich hauptsächlich an die Reichen und Vornehmen gewandt, an
die Mächtigen und Geachteten. Sehr wenige fanden es der Mühe
wert, in ihren Predigten darauf hinzuweisen, daß sie für die Armen
predigten. Sie entwickelten ihre Lehren vor Fürsten, sie suchten die
Schlösser der Adligen auf, um dort ihre sogenannten Offenbarungen auszubreiten.

Unser Herr wendet sich vornehmlich zu den Armen. Es war weise
von ihm, so zu verfahren. Wenn wir ein Haus anzünden wollten, so
würden wir das Feuer unten anlegen; so macht es auch unser Heiland. Als er eine Welt erlösen und Menschen jedes Standes und jedes Ranges bekehren wollte, da fing er bei den Ärmsten an, damit
sich das Feuer aufwärts ausbreite; denn er wußte, daß das, was die
Armen aufnahmen, zuletzt auch bei den Reichen Eingang finden
würde.

Wenn den Armen das Evangelium gepredigt werden soll, dann
müssen wir sie aufsuchen, wo sie zu finden sind: an den Zäunen
und an den Landstraßen. Es ist nutzlos, eine prachtvolle, prunkende
Kapelle für eine auserlesene Gesellschaft aus den höchsten Kreisen
aufzubauen und dort an die Predigt für die Armen zu denken. Sie
werden sich scheuen einzutreten und können so nicht hören. Daher
muß das Evangelium da gepredigt werden, wo die Armen auch
wirklich hinkommen; und wenn sie nicht kommen wollen, so muß
man zu ihnen gehen. Ach, daß doch Gott seinen Kindern solchen
Ernst und Eifer verleihen möchte, daß sie das Evangelium an die
Straßen und Zäune hinaustragen, um das Volk zu nötigen hereinzu-
kommen, bis daß das Haus voll werde!

O Gott, gib uns doch dies Kennzeichen deiner Gnade, daß den
Armen das Evangelium gepredigt wird!

„Den Armen wird das Evangelium gepredigt."   Matthäus 11,5

Das Evangelium muß ansprechend und überzeugend vorgestellt werden, wenn man die Armen erreichen möchte. Wenn ich manchmal richtige Kopfschmerzen habe, die mich nicht schlafen lassen, so wünschte ich beinahe, diesen oder jenen langweiligen Prediger zu hören; denn ich weiß bestimmt, daß mich dann der Schlaf übermannen würde. Es ist nicht wahrscheinlich, daß die Armen solchen Predigern nachgehen. Gewählte Ausdrücke, hochtrabende Gelehrtensprache werden sie nicht verstehen können. Sie müssen etwas haben, das ihrem Bedürfnis angemessen ist. Wir müssen predigen, wie der Herr Jesus predigte; wir müssen uns hinabbeugen und das Evangelium verständlich predigen.

Der Grund, warum die alten Puritaner so große Menschenmengen zusammenbrachten, war der: Sie boten ihren Zuhörern nicht trockene Theologie an, sondern erläuterten das Evangelium mit Beispielen.

Der Herr Jesus war ein guter Prediger; er versuchte vor allem, die köstliche Perle in eine goldene Fassung zu bringen, damit sie die Aufmerksamkeit der Zuhörer fesselte. Er begehrte nicht, in eine Hauptkirche zu gehen und einer unübersehbaren Versammlung von dreizehn Personen zu predigen wie unsere lieben Brüder in großen Städten, sondern er predigte in einer solch gewaltigen Weise, so daß die Räume meist zu klein für die Menschenmassen waren. Ich glaube, daß nur dann den Armen das Evangelium gepredigt wird, wenn man den Heiland zum Vorbild eines Predigers nimmt.

Wir wollen für unseren Herrn Jesus gern zum „Hanswurst" werden; und solange wir feststellen, daß durch solche Predigten Glauben geweckt wird und Seelen errettet werden, wollen wir unseren verachteten Pfad nicht verlassen.

2. Oktober

„Wir lieben, weil er uns zuerst geliebt hat."   1. Johannes 4,19

Ein lieber Bruder erzählte mir vor einiger Zeit eine Geschichte von dem berühmten Prediger Robert Hall. Er riß die Menschen durch die Macht seiner Beredsamkeit mit; aber er war ebenso einfach wie groß und niemals glücklicher, als wenn er mit armen Gläubigen über ihre Erfahrungen im christlichen Leben sprechen konnte.

Er war gewohnt, seine Reisen zu Pferd zu machen und mußte eines Tages eines heftigen Schneefalls wegen in einem kleinen Dorf bleiben. Der Wirt im „Zum schwarzen Schwan" bat den Prediger, in sein Haus zu kommen, und versicherte ihm, es würde ihm eine große Freude bereiten, ihn zu beherbergen. Hall kannte ihn als einen aufrichtigen Christen und folgte der Einladung. Nachdem sich Hall ein wenig am Feuer ausgeruht hatte, sagte der Wirt: „Sie müssen unbedingt die ganze Nacht hierbleiben, und wenn Sie nichts dagegen haben, werde ich ein paar meiner Nachbarn herbeirufen. Und wenn Sie bereit sind, uns in der Schankstube eine Predigt zu halten, werden wir uns alle freuen, Sie zu hören." Die Bauern kamen dann in der Schankstube zusammen und hörten eine Predigt, die sie nie wieder vergaßen.

Nachdem alle gegangen waren, überfiel Hall eine schwere Niedergeschlagenheit, und er sprach zu dem Wirt: „Ich fühle mich sehr niedergedrückt und zweifle an meinem Gnadenstand. Sagen Sie mir, was halten Sie für ein sicheres Zeugnis, daß ein Mensch ein Kind Gottes ist?"

„Nun", erwiderte der Wirt, „wenn ein Mensch Gott liebt, so muß er eines von Gottes Kindern sein."

„Wenn Sie das sagen", sprach der gewaltige Prediger, „dann steht es wohl mit mir." Dann fuhr er fort, von der Liebe und Gnade seines Herrn zu reden, seine Größe und Güte zu rühmen, bis er sagte: „Danke Ihnen, danke Ihnen, mein Freund! Wenn Liebe zu Gott ein Zeichen der Gotteskindschaft ist, so weiß ich, daß ich sie besitze, denn ich kann nicht anders als Gott lieben."

Das, was dieses großen Mannes Herz aufheiterte, mag auch euch vielleicht wieder aufhelfen. Wenn ihr Gott liebt, so seid ihr von ihm geliebt.

3. Oktober

Die Männer Judas konnten die Einwohner des Gebirges austreiben; aber sie vermochten nicht, die Einwohner des Tales auszutreiben, weil sie eiserne Wagen hatten. Soweit ihr Glaube ging, soweit ging Gott mit ihnen, und sie konnten alles und jedes tun. Aber als sie verzagt überlegten, sie könnten die Einwohner der weiten Täler nicht austreiben, gelang es ihnen auch nicht. Sie waren bange vor diesen Wagen, die zwischen den Felgen Stangen hatten, in denen Lanzen befestigt waren, die sich ihren Weg durch die Krieger hindurchschnitten und bei denen die Achsen der Räder mit großen Sicheln versehen waren. Die Erfindungen waren neu und verursachten einen panischen Schrecken. Deshalb verloren die Männer Judas ihren Glauben an Gott und wurden feige. Wenn sie an Gott geglaubt hätten und in seinem Namen vorwärtsgegangen wären, würden die Rosse bald geflohen sein. So taten sie es wirklich, als Gott seinem Volk Glauben gab. Aber ihr Glaube war unvollkommen. Sie behielten zuviel Selbstvertrauen. Hätten sie ihr Vertrauen auf Gott allein gesetzt, wären diese eisernen Wagen nur Nullen in ihren Berechnungen gewesen. Eiserne, feurige Wagen vermögen durchaus nichts gegen einen allmächtigen Gott. Sie dachten offensichtlich, daß in ihnen etwas sei. Ihre Macht ging soweit, daß sie die Männer des Gebirges schlagen konnten, aber nicht soweit, die Kavallerie in der offenen Ebene anzugreifen, wo Raum war, sich hierhin und dahin zu wenden.

Nun, dies ist eure und meine Schwachheit. Wir nehmen stillschweigend an, daß uns Gott bis zu einem gewissen Punkt helfen kann. Heißt das nicht, daß wir uns selbst bis zu diesem Punkt helfen können? Wenn dieser Glaube näher erklärt wird, so birgt er ein gewisses Maß von Selbstvertrauen in sich. Und dem Selbstvertrauen ist das Mißtrauen Gott gegenüber am nächsten verwandt. Oh, daß wir einen Glauben hätten, der alle Verheißungen annimmt und erwartet, daß Gott sie erfüllen wird.

4. Oktober

„Ihr aber, Geliebte, erbauet euch selbst auf euren allerheiligsten Glau-
ben und betet im heiligen Geist; bewahret euch selbst in der Liebe Got-
tes und hoffet auf die Barmherzigkeit unsres Herrn Jesus Christus zum
ewigen Leben."

Judas 20-21

Judas malt ein schreckliches Bild von dem, was in den letzten Tagen geschehen wird. Er beschreibt die Abtrünnigen und malt sie in den schwärzesten Farben. Es ist natürlich, daß er, nachdem er unsere Gegner vorher beschrieben hat, uns nun auch unterweist, wie wir unsere Verteidigung vorzubereiten und unsere Kräfte in Schlachtordnung aufzustellen haben. In Vers 20 und 21 nennt Judas das große christliche Festungsviereck, das sorgfältig bewacht werden muß, wenn wir den anrückenden Feind zurückschlagen wollen.

„Erbauung" ist die große Verteidigung gegen die Angriffe der Zweifler und Irrlehrer. Diese finden ihre Beute unter den Unwissenden und Unbefestigten. Aber es gelingt ihnen nicht, diejenigen zu stürzen, die in der Wahrheit gegründet und gewurzelt sind. Um die Irrlehren dieser letzten Zeit abzuwehren, müssen wir uns bemühen, selbst die Wahrheit kennenzulernen, und versuchen, unsere Brüder darin zu unterweisen.

Das „Beten im Heiligen Geist" ist die Waffe, womit die Heere Gottes die Armeen des Feindes in Verwirrung bringen. Die Gebete der Heiligen sind die mächtige Artillerie, mit der die Mauern unseres Jerusalem geschützt werden. Eine betende Gemeinde prüft die Geister der falschen Propheten und stößt diese als böse hinaus.

„Bewahret euch selbst in der Liebe Gottes" lautet die dritte Empfehlung des Judas. Eine Gemeinschaft von Christen, die den Herrn von ganzem Herzen liebt, wird wahrscheinlich nicht von Spöttern und fleischlich Gesinnten überwunden werden. In schläfrigen, verfallenen Gemeinden wachsen Irrtümer wie das Efeu an den zerbrökkelnden Mauern eines alten Klosters.

Als letztes lenkt Judas unsere Aufmerksamkeit auf die „Barmherzigkeit unsres Herrn Jesus Christus zum ewigen Leben". In der Erwartung der Wiederkunft Christi wird sich die Kirche nicht vor den hohlen, aufgeblasenen Worten der Menschen fürchten.

5. Oktober

„Predige das Wort, tritt dafür ein, es sei gelegen oder ungelegen."

2. Timotheus 4,2

Predige die Liebe Christi, predige das Versöhnungsopfer, predige die neue Geburt, predige den ganzen Ratschluß Gottes. Der alte Hammer des Evangeliums wird immer noch den Felsen in Stücke brechen; das alte Pfingstfeuer wird immer noch unter der Menge brennen. Versuche nichts Neues, fahre fort zu predigen.

Wenn wir alle predigen in dem Heiligen Geist, vom Himmel gesandt, so werden uns die Folgen unserer Predigt in Staunen versetzen. Es gibt doch im Grunde gar keine Grenze für die Macht der Zunge! Blicke auf die Macht einer bösen Zunge – welch großes Unheil kann sie anrichten! Wird Gott nicht noch mehr Macht in eine geheiligte Zunge legen, wenn sie nur richtig gebraucht wird?

Blicke auf die Macht des Feuers: Ein einziger Funke kann eine Stadt in Flammen setzen. Ebenso brauchen wir, wenn der Geist Gottes mit uns ist, nicht zu berechnen, wieviel oder was wir tun können. Man kann das Wirkungsfeld der Flamme nicht berechnen, man kann keine Grenze für die Wirkung der göttlichen Wahrheit ziehen, wenn sie mit der Freudigkeit, die aus dem Geiste Gottes geboren ist, gepredigt wird. Habe große Hoffnung, Bruder, habe große Hoffnung trotz jener schamlosen Mitternachtsstraße, trotz jener glänzenden Branntweinpaläste an jeder Straßenecke, trotz der Gottlosigkeit der Reichen, trotz der Unwissenheit der Armen. Fahre fort, fahre in Gottes Namen fort, denn wenn die Predigt des Evangeliums die Menschen nicht errettet, so wird nichts sie erretten. Wenn des Herrn Jesu eigener Weg, der Weg der Barmherzigkeit, ein verfehlter ist, dann behänge den Himmel mit Trauergewändern und lösche die Sonne aus in ewige Mitternacht. Dann bleibt unserem Geschlecht nichts anderes übrig als das Dunkel der Finsternis. Errettung durch das Opfer Jesu ist Gottes letztes Angebot. Freuen wir uns, daß es nicht trügen kann. Wir wollen es ohne Vorbehalte glauben und dann geradeaus weitergehen.

6. Oktober

„Da sie aber nichts hatten zu bezahlen, schenkte er es beiden. Welcher von ihnen wird ihn nun am meisten lieben? Simon antwortete und sprach: Ich vermute der, dem er am meisten geschenkt hat."

Lukas 7,42-43

Diejenigen, denen am meisten vergeben wurde, sollten am meisten lieben.

Wo die Sünde offenbar, handgreiflich und nicht zu leugnen gewesen ist, bringt die Vergebung eine tiefe Liebe hervor. Du darfst in der ersten Reihe stehen und Jesus am meisten lieben.

Aber ich will euch nicht zu dieser besonderen Dankbarkeit auffordern, ohne für mich selbst darum zu kämpfen.

Einige von uns sehen die Verpflichtung, den Herrn Jesus am meisten zu lieben, aus einem anderen Grund; denn obwohl wir nie offenbare Gottlose oder Trunkenbolde gewesen sind oder unmoralisch gelebt haben, so haben wir doch eine gleich große Schuld zu bekennen. Wir haben wider besseres Wissen gesündigt, gegen frühere Überzeugungen, gegen eine geheiligte Erziehung, gegen besondere Gunsterweisungen Gottes. Darum nehmen wir beschämt den niedrigsten Platz ein, indem wir uns mehr als alle andern verpflichtet fühlen, Gottes Gnade zu preisen.

Ich sagte einmal in einer Predigt, daß ich von allen, die einmal in die Herrlichkeit eingehen, der größte Schuldner der göttlichen Gnade sei und darum auch am lautesten singen würde.

Als ich von der Kanzel herunterkam, sagte eine alte Dame zu mir: „Sie haben in Ihrer Predigt einen großen Fehler gemacht. Sie sagten, daß Sie im Himmel am lautesten singen würden. Aber das wird nicht geschehen, denn ich verdanke der göttlichen Gnade mehr als Sie. Ich war eine große Sünderin, und mir ist viel vergeben worden; und darum werde ich Gott noch mehr preisen als Sie."

Ich wollte es nicht zugeben, aber ich schwieg still. Ich konnte ihr den ersten Platz lassen und ihn gleichzeitig auch für mich beanspruchen. Ihr hoffe, daß ihr alle den Herrn mehr liebt als ich, und doch will ich freiwillig von niemand von euch in der Liebe zu Jesus übertroffen werden.

7. Oktober

„Da er zu sinken anfing, schrie er und sprach: Herr, rette mich!"
Matthäus 14,30

Für die Diener des Herrn sind die Zeiten des Sinkens Zeiten des Betens. Petrus hatte versäumt zu beten, als er die gefährliche Seefahrt antrat. Aber als er anfing zu sinken, machte ihn die Gefahr zu einem Beter, und sein Hilferuf kam zwar spät, aber nicht zu spät.

Schmerzen des Körpers oder Angst der Seele treiben uns zum Gebet, wie die Wellen ein Wrack ans Ufer treiben. Der Fuchs verbirgt sich in seinem Bau, der Vogel sucht Schutz im Wald, und der erprobte Christ eilt zum Gnadenthron, denn dort weiß er sich in Sicherheit. Der große Zufluchtshafen des Himmels ist das Gebet. Schon viele tausend Schiffe haben in Sturmesnöten dort eine Zuflucht gefunden; und wenn wir merken, daß der Sturm kommt, können wir nichts Besseres tun, als alle Segel auszuspannen und den Hafen anzupeilen. Kurze Gebete sind lang genug. Des Petrus Gebet war kaum mehr als ein Seufzer; aber es genügte, es drang in das Ohr und Herz des Herrn. Nicht auf die Länge des Gebets, sondern auf die Kraft kommt es an. Das Gefühl der Not lehrt uns Kürze. Wenn unser Gebet nicht so viele Schwanzfedern des Hochmuts hätte, sondern statt dessen ein recht kräftiges Paar Flügel, so würde es um so besser aufsteigen. Wortschwall ist für die Andacht, was Spreu für den Weizen. Kleinode bedürfen nur eines kleinen Kästchens, und den wirklichen Gebetsinhalt in manchem langen und wortreichen Gebet könnte man, wie die Hilferufe des sinkenden Apostels, in drei Worte fassen.

Wo die Not am größten ist, ist Gottes Hilfe am nächsten. Wenn uns die Gefahr einen Angstschrei auspreßt, so hört uns der Herr Jesus. Was er hört, dringt ihm ins Herz, und seine Hand bleibt nicht untätig. Auch wenn wir erst im Augenblick der höchsten Not unseren Herrn anrufen – seine Hand ist so schnell, daß sie unser Zögern wieder gutmachen kann. Und wenn wir fast verschlungen sind von den Wogen der Trübsal, so wollen wir doch unsere Herzen zu unserem Heiland erheben. Wenn nur seine allmächtige Hilfe auf unserer Seite ist, so steht alles gut.

8. Oktober

„Und es begab sich an einem Tage, daß er lehrte; und es saßen Phari-
säer da und Gesetzeslehrer."

Lukas 5,17

Diese Männer saßen da, wo Jesus predigte, wo die Menge zuhörte,
wo Wunder der Barmherzigkeit gewirkt wurden. Sie kritisierten und
stichelten; aber was bedeutete das für sie?

Zunächst luden sie Verantwortung auf sich. Du kannst nicht das
Evangelium hören und Jesus Christus abweisen und doch bleiben,
wo du bist. Du wirst entweder besser oder schlechter, nachdem du
das Evangelium gehört hast. Es wird dir entweder ein Geruch des
Lebens zum Leben oder des Todes zum Tode sein. Denke daran: Es
wird Sodom und Gomorra am Tage des Gerichts erträglicher ergehen als Bethsaida und Chorazin, die das Evangelium gehört haben.
Das Evangelium abzuweisen ist ein Gipfel des Verbrechens; keine
Sünde kommt dieser gleich.

O ihr, die ihr das Evangelium so oft gehört habt und immer wieder „dabeigesessen" habt, was für ein Berg von Schuld lastet auf
euch!

Außerdem wurden ihre Herzen härter. Jede Stunde, wo du dem
Evangelium zuhörst und dein Herz davor verrammelst, macht es
weniger wahrscheinlich, daß du es jemals einlassen wirst. Der verro-
stete Riegel ist schwer von seinem Platz zu bewegen. Der Pfad, der
so lange im täglichen Verkehr betreten wurde, ist hart geworden, so,
als wenn er mit Steinen gepflastert wäre. Ich fürchte, daß dein Gewissen beim Hören des Evangeliums verhärtet worden ist. Wenn ich
eine Zuhörerschaft haben könnte, die nie vorher das Evangelium
vernommen hat, so würde ich mehr Hoffnung für sie haben, als
wenn ich mit dir spreche, der du es seit Jahren gehört hast. Kann ich
hoffen, jetzt noch die Herzen zu erreichen, auf die schon so viele
Pfeile abgeschossen wurden, die aber alle das Ziel verfehlten?

O Gott, habe Erbarmen mit denen, die so lange „dabeigesessen"
haben!

„Und Joas tat, was recht war in den Augen des Herrn, solange ihn der Priester Jojada unterwies."   2. Könige 12,2

Die Geschichte des Joas ist höchst eigenartig. Wir sehen da einen Mann mit jedem nur denkbaren Vorzug, einen Mann, der jahrelang durch die verheißungsvollsten Charakterzüge leuchtete und den man doch am Ende nicht für würdig hielt, in die Gräber seiner Väter neben andere Könige Judas gelegt zu werden. Leider war er einer königlichen Bestattung nicht wert, da der letzte Teil seines Lebens seinen ganzen Lauf verdunkelt und beschmutzt hatte.

Wie wichtig ist es, bei der Prüfung des moralischen und geistlichen Charakters eines Menschen unter die Oberfläche zu sehen! Dem Anschein nach war Joas alles, was man nur von ihm hätte wünschen können – und doch, wäre er wirklich gewesen, was er zu sein schien, so wäre er nicht davon abgewichen. Joas hatte zwar gottlose Eltern, war aber von einer gottesfürchtigen Tante großgezogen worden, die mit dem Hohenpriester Jojada verheiratet war. Die beiden sorgten für ihren kleinen Neffen, und Joas hatte dadurch das Vorrecht, sechs Jahre lang bei ihnen im Haus Gottes versteckt zu sein. Ich glaube kaum, daß wir den Wert der ersten sechs Lebensjahre eines Kindes genügend zu schätzen wissen. Die in diesem Alter empfangenen Eindrücke haben einen mächtigen Einfluß auf das ganze Leben. Joas befand sich an dem Ort, an dem Tag für Tag Loblieder zur Ehre Gottes gesungen wurden, wo beständig Gebete zu Gott emporstiegen.

In seinem siebten Lebensjahr wurde Joas auf merkwürdige Weise zum König gemacht. Er war ja der Erbe, aber es bedurfte der größten Vorsicht, und der Priester Jojada führte das Ganze mit großem Geschick durch. Er setzte ein Schriftstück auf, das der König zu unterzeichnen hatte. Es enthielt einen Bund mit Gott, in dem Joas gelobte, dem höchsten König gehorsam zu sein, unparteiisch nach Recht und Gerechtigkeit zu regieren und das Volk nicht zu tyrannisieren. Joas herrschte zum großen Glück und Gedeihen über ein Volk, das unter seiner Regierung gesegnet wurde. Jojada war währenddessen der treue Premierminister und Berater seines königlichen Neffen.

10. Oktober

„Aber nach Jojadas Tod kamen die Obersten in Juda und huldigten dem König; da hörte der König auf sie."　　　2. Chronika 24,17

Dieser junge Joas war in der Hand Jojadas außerordentlich geschmeidig – aber Jojada starb. Andere Räte kamen und schmeichelten dem König. Seht ihr nicht, wie diese Herren kommen, sich verneigen und Kratzfüße machen, ehe sie sich ihm nahen? Jojada hatte das selten oder nie getan; er hatte zwar seinen Neffen mit der Achtung behandelt, die ihm als König zukam, hatte aber auch ehrlich und aufrichtig zu ihm gesprochen. Solange Jojada lebte, hatte Joas jemand, zu dem er aufsehen konnte. Jetzt hingegen sah er in sich selbst einen großen Mann, zu dem jedermann emporsah und ihn bewunderte. Die Fürsten Judas, die modernen Leute des Reiches kamen und bückten sich vor dem König. Ich höre, wie sie sagen: „Königliche Hoheit, wir gratulieren, daß Sie von dem Gängelband befreit sind. Jetzt können Sie für sich selbst denken. Es ist herrlich für einen jungen Mann, wenn er endlich von der Macht seines alten Onkels erlöst ist. Er war ohne Zweifel ein ehrenwerter Mann; wir waren bei seiner Beerdigung anwesend und haben ihm alle schuldige Achtung erwiesen. Er hing aber gar zu sehr am alten und war ein Mann, der nie mit der Zeit ging. Jetzt, da der gute, alte Mann im Grab ruht, sind wir überzeugt, daß Sie es mit dem Geist der Zeit halten werden."

Ihr wißt, wie die Schmeichler es anfangen, wie sie durch ihre süßen, schlauen Schmeicheleien einen Gifttropfen nach dem andern ins Herz zu tröpfeln wissen. Sogar ein Mann, der Joas Alter erreicht hat, ist für solche Schmeichelreden nicht unempfindlich. Ich möchte wissen, wie alt der sein müßte, der gar kein Ohr für Schmeicheleien hätte. Der arme Joas, der es ja noch viel ernster meinte als selbst Jojada, dieser Joas läßt sich nun durch die gleißenden Worte der Betrüger irreführen. Mit seinem Onkel begrub er auch seine Frömmigkeit. Ach, er ist nicht der einzige, der so gehandelt hat! Ich habe über manche, die sich ähnlich verhalten haben, bittere Tränen geweint.

11. Oktober

„Und der König Joas gedachte nicht an die Liebe, die sein Vater Joja-
da ihm erwiesen, sondern brachte dessen Sohn um."

2. Chronika 24,22

Es fehlte Joas an festen Grundsätzen; ich möchte ihn deshalb als
warnendes Beispiel hinstellen. Begnüge dich nicht mit äußerem
Schein ohne wahre Herzensfrömmigkeit. Es genügt nicht, ein richti-
ges Glaubensbekenntnis abzulegen; du mußt ein erneuertes Herz
haben. Wenn der Heilige Geist nicht eine neue Geburt in dir gewirkt
hat, so wirst du, der du dich so leicht zum Guten leiten läßt, dich
ebenso leicht vom rechten Weg abbringen lassen. Joas ließ sich
nicht warnen. Gott sandte Propheten, um das Volk zu ermahnen,
aber sie nahmen es nicht zu Ohren. Derselbe Joas, der seine ersten
sechs Jahre im Tempel zugebracht hatte, wollte jetzt dem Propheten
des Herrn nicht einmal mehr das Ohr leihen. Er war ehemals ein
großer Eiferer für die Wiederherstellung des Tempels gewesen, aber
jetzt beachtet er die Boten Gottes nicht. Joas geht jedoch noch weiter. Er tötet Sacharja, den Sohn seines väterlichen Freundes, einer
von denen, die dabei geholfen hatten, dem König die Krone aufzu-
setzen. Sacharja hatte sich vom Geist getrieben gefühlt, hervorzutre-
ten und inmitten des Gottesdienstes im Tempel zum Volk zu reden,
wozu er ja das vollste Recht hatte. Seine Worte lauteten: „Warum
übertretet ihr die Gebote des Herrn? Das bringt euch kein Glück,
denn weil ihr den Herrn verlassen habt, wird er euch auch verlassen!" Joas befiehlt daraufhin, den unerschrockenen Zeugen der
Wahrheit zu töten. Seht, wie hart und grob Joas geworden ist! Ich
habe es oft erlebt, daß sich Menschen derart veränderten. Ich glaube, die schlimmsten Feinde und Verfolger des Christentums sind
aus denen hervorgegangen, die vorher milde und weichherzig waren. Dazu gehört einer, der sechs Jahre im Tempel gewesen ist, der
Mann, der getan hat, was dem Herrn wohlgefiel, solange Jojada lebte. Nur aus einem solchen Menschen kann solch ein Teufel gemacht
werden, der den Sohn seines Wohltäters im Hof des Hauses Gottes
töten läßt. Ach, gäbe es doch eine Charakter-Versicherungsgesell-
schaft! Bei Menschen gibt es keine solche Versicherung; nur bei
Gott sind wir wirklich wohl verwahrt.

12. Oktober

„Und sie brachten alle Kranken zu ihm, die mit mancherlei Krankheiten und Schmerzen behaftet waren, Besessene und Mondsüchtige und Lahme; und er heilte sie. "
Matthäus 4,24

Wenn ihr wünscht, daß Seelen errettet werden, müßt ihr sie zum Herrn Jesus bringen.

„Aber", erwidert ihr, „sie müssen selbst kommen."

„Ja", antworte ich, „das müssen sie; aber ehe sie von selbst kommen, müßt ihr sie bringen." In unserem Text ist davon die Rede, daß die Lahmen nicht zu dem Herrn Jesus gehen konnten, sondern daß andere sie brachten. Viele jener Besessenen wollten nicht kommen; aber man band ihnen Hände und Füße und brachte sie. Ohne Zweifel sträubten sich einige Mondsüchtige sehr zu kommen; aber man brachte sie. Menschen, die der Todespforte schon sehr nahe standen, die weder Hand noch Fuß regen konnten und bewußtlos dalagen, wurden auch gebracht. Der liebevolle Eifer ihrer Freunde ersetzte ihren Mangel an Kräften; sie konnten nicht kommen, aber ihre Freunde konnten sie bringen. Und nun sagt ihr, ihr hättet die Kraft nicht, viel Gutes zu tun. Aber in diesem Punkt, denke ich, habt ihr mehr Kraft, als ihr euch träumen laßt. Ihr könnt kranke Seelen zum Herrn Jesus bringen.

Ihr fragt mich, wie? Ich sage, erstens mit Gebet. Wenn ihr irgendeinen Menschen vor Gott bringt und nicht nachlaßt zu bitten, bis Gott eure Gebete erhört hat, so habt ihr Grund zu bezeugen, daß Gott ein Gott ist, der Gebete erhört.

Oh, ich weiß, wenn ihr an jenem Tage dort gewesen wärt und hättet eine kranke Tochter gehabt, ihr hättet alles aufgeboten, sie zu dem Herrn Jesus zu bringen. Ihr hättet gesagt: „Bringen wir sie zu ihm, so wird er sie heilen." Und so ist es noch heute. Der Herr ist unter uns, und ihr liegt krank auf den Betten eurer Gleichgültigkeit und Sorglosigkeit, ihr seid allerlei Sünden und Leidenschaften unterworfen. Darum sendet eure Gebete empor und tragt auf euren Glaubensarmen die Krüppel, die Lahmen, die tauben, stummen Seelen und ruft: „Jesus, Sohn Davids, erbarme dich ihrer!"

13. Oktober

„Ihr seid meine Freunde, wenn ihr alles tut, was ich euch gebiete."

Johannes 15,14

Sobald ihr den Willen eures Meisters klar seht, beginnt nicht, ihn zu bestreiten oder auf bessere Gelegenheiten zu warten, sondern tut ihn sogleich. Es ist schrecklich, wenn man das Gewissen hart werden läßt. Das gleicht dem Gefrieren eines Teiches. Der erste Überzug von Eis ist kaum wahrnehmbar. Haltet das Wasser in Bewegung, und ihr werdet das Eis hindern, es hart zu machen. Wenn ihr es aber so bleiben laßt, wird die Eisschicht dichter und dichter, bis sie zuletzt so fest ist, daß ein Wagen darüber fahren kann. So ist es mit dem Gewissen. Es überzieht sich allmählich und wird zuletzt so unempfindlich, daß es ein großes Gewicht von Sünden tragen kann.

Ich bin zuweilen erstaunt und stutzig geworden über Christen, die zum Beispiel betreffs der Taufe sagen: „Ich bin überzeugt, daß es meine Pflicht als Gläubiger ist, mich taufen zu lassen. Aber es ist für mich nie eine Gewissensfrage gewesen." Nie eine Gewissensfrage gewesen! Du weißt, daß Gott es befiehlt, und doch wagst du zuzugeben, daß dein Gewissen so schlecht geworden ist, daß du es nicht als deine Pflicht empfindest, zu gehorchen!

„Oh, ich habe aber nicht gefühlt, daß Gott mir diesen Befehl gegeben hat." Gefühlt! Soll das Gefühl der Maßstab deiner Treue gegenüber Gott sein und Gottes Wort zurechtschneiden und -stutzen? Wenn du es für recht erkennst, so bitte ich dich bei der Treue, die du deinem Herrn schuldest: Gehorche!

Oh Christen, diese Welt ist durch die Kunstgriffe, die sich die Menschen mit ihrem Gewissen erlauben, in einen traurigen Zustand geraten. Kein Wunder, daß Geschäftsleute stehlen und betrügen, wenn Männer, die sich als gottesfürchtig bekennen, Worte in einem Sinn gebrauchen, den sie als aufrichtige Gemüter niemals haben können. Wenn Bekenner Christi für die Ehre Gottes eiferten, würde ihr Einfluß in der Welt mehr dem Salz gleichen und weniger dem Sauerteig, der die Masse verdirbt.

14. Oktober

„So schicke dich an, Israel, deinem Gott zu begegnen!"   Amos 4,12

Auch für den besten Menschen der Welt ist das Sterben eine ernste Sache. Obgleich ich mein Anrecht auf die himmlischen Wohnungen klar erkenne und weiß, daß ich unter allen, die geheiligt sind, ein Erbe habe, so läßt es mich doch allezeit erzittern, wenn ich an das Einschiffen nach dem unbekannten Meer denke. Wer über den Tod lachen kann, ist ein Tor. Wer im Blick auf seinen Tod noch Späße macht, wird erfahren, daß die ewige Verdammnis jedenfalls kein Scherz ist.

Ich denke daran, daß ich im Sterben alles, was ich auf Erden besitze, zurücklassen muß. Lebe wohl, du liebes Haus, das ich so gern meine Heimat nannte. Lebt wohl, ihr lieben Kleinen, die ihr euch sonst so gern auf meinen Knien schaukeltet! Lebe wohl, du Geliebte meines Herzens, die mir das Leben versüßt hat. Lebe wohl, Erde! Deine schönste Herrlichkeit schwindet dahin, die lieblichsten Farbtöne verlieren sich in der grauen Ferne. Ich höre nichts mehr und sehe nichts mehr. Kein Glockengeläut wird mich mehr zum Hause Gottes rufen. Wenn ich den Herrn Jesus verschmäht habe, so werde ich von nun an nichts mehr von ihm hören. Der Tod hat nun die Fenster meiner Seele geschlossen. Wenn ich unbußfertig war, so wartet die ewige Finsternis auf mich. Ihr dürft singen, ihr Heiligen Gottes, aber ich muß auf ewig weinen. Ihr dürft euch versammeln, um das Mahl des Herrn zu feiern, aber ich bin auf ewig von Gottes Gegenwart verbannt und befinde mich an dem Ort des Weinens und des Zähneknirschens.

Dem Glaubenden ist der Tod Gewinn. Verlassen wir unsere Freunde im Tod? Wir erwarten bessere Freunde und in größerer Zahl dort oben in der Herrlichkeit. Verlassen wir Haus und Heimat? „Wir haben einen Bau von Gott, ein Haus, nicht mit Händen gemacht, das ewig ist, im Himmel." Verlieren wir unser Leben? O nein, wir gewinnen ein viel besseres, denn wenn wir leben, um zu sterben, so sterben wir, um zu leben.

15. Oktober

„Darauf nimmt ihn der Teufel mit sich in die heilige Stadt und stellt ihn auf die Zinne des Tempels und spricht zu ihm: Bist du Gottes Sohn, so wirf dich hinab."   Matthäus 4,5-6

Ich möchte eure Aufmerksamkeit auf den Ort dieser Versuchung lenken. Es war ein hoher und heiliger Ort; die Gefahr deshalb doppelt groß. Die Versuchung hätte nicht so stark auf den Heiland einwirken können, wenn er in der Wüste gesessen oder im Garten gekniet hätte. Aber in der Höhe, auf der hoch emporragenden Zinne, war der Halt für den Fuß nur schwach. Unter dem Herrn breitete sich ein wundervolles Panorama aus: die Vorhöfe des Tempels, die Straßen der heiligen Stadt und die Städte und Dörfer Judäas.

Brüder, es ist sehr schwer, an „hohen Orten" zu stehen. Die unter euch, die keine hohe Stellung in der Gesellschaft innehaben, sollten sehr dankbar für die Sicherheit sein, die gewöhnlich aus der untergeordneten Stellung erwächst. Kein Zweifel, ihr beneidet die, welche bekannter und wohlhabender sind. Aber wenn ihr alles wüßtet, so würdet ihr, anstatt sie zu beneiden, Gott für das Los danken, das euch zugemessen ist.

Ich würde es nicht wagen, meine Versuchungen mit denen eines anderen zu vertauschen. Dennoch weiß ich, daß ich auch meinen eigenen Versuchungen nicht gewachsen wäre, wenn ich nicht Gottes Verheißung hätte: „Meine Gnade genügt dir."

Es ist schwer, einen vollen Becher zu tragen, ohne etwas von dem Inhalt zu verschütten. Wenn er halbvoll ist, magst du ihn sorgloser tragen, ohne daß etwas überfließt. Wenn aber der goldene Kelch voll bis an den Rand ist, so hüte dich, du Mundschenk des Königs! Du magst die Ebene entlanggehen, du magst hüpfen wie die Kinder bei ihrem Spiel, aber dort auf dem schmalen, messerscharfen Grat in der Höhe, wo furchtbare Abgründe zu beiden Seiten gähnen, da hüte dich, denn ein Fehltritt wird verhängnisvoll sein. Blicke hinab durch den dichten Nebel, der die Tiefen verbirgt, und sei voll inniger Dankbarkeit für die unsichtbare und allmächtige Hand, die dich bisher aufrecht gehalten hat.

16. Oktober

„Bist du Gottes Sohn, so wirf dich hinab."   Matthäus 4,6

Der Teufel war bemüht, Zweifel ins Herz des Heilands zu säen. Er flüsterte ihm zu: „*Wenn* du Gottes Sohn bist . . ."

Der Glaube ist des Christen Stärke. Wer nicht zweifelt, schwankt nicht. Der Unglaube ist die Quelle unserer Schwachheit. Sobald wir beginnen, Mißtrauen gegen Gott zu hegen, beginnen unsere Füße zu gleiten.

Satan weiß: Wenn er in uns Zweifel an der Liebe des himmlischen Vaters, an unserer Wiedergeburt und Kindschaft wecken kann, dann wird er uns sehr bald in seiner Gewalt haben.

Hütet euch vor dem Unglauben! Die, welche den Unglauben rechtfertigen, halten dem Teufel ein Licht.

Nachdem der Teufel die Sohnschaft des Heilands in Frage gestellt hat, folgt die Aufforderung: „Wirf dich hinab."

Dieser Rat sieht aus, als wenn er der törichtste wäre, der gegeben werden könnte. Aber wer das glaubt, zeigt, daß er mit der satanischen List nicht bekannt ist. Der Mensch ist ein seltsames Geschöpf. Es hat Leute gegeben, die sich aus Furcht, arm und hilflos zu werden, zu Tode gehungert haben. Was für eine Zuflucht vor dem Tod der Selbstmord gewähren kann, wäre schwer zu sagen, aber einige haben es versucht. Wenn du am Rande einer Klippe stehst, hast du Angst hinunterzufallen, und dennoch beschleicht dich die wahnwitzige Neigung, dich hinunterzustürzen.

Laßt mich euch eine Form zeigen, in welcher die Versuchung an einige von uns herangetreten ist. Einem Diener Jesu wird ein Amt übertragen, in dem ihn seine Arbeiten und Nöte erdrücken wollen. Da er seine Verantwortung fühlt, fürchtet er, einen Irrtum zu begehen und der Gemeinde zu schaden, der er doch zum Segen sein möchte. Da flüstert ihm der Feind ins Ohr: „Gib es auf! Verlaß deine Stellung!"

Sollte ich zu einem Christen sprechen, der durch diese schreckliche Feuerprobe hindurchgeht, so möchte ich ihn auf den Heiland hinweisen und ihn bitten, Jesus nachzuahmen, der fest und bestimmt dem Feind gegenübertrat.

17. Oktober

„Als nun Daniel erfuhr, daß das Edikt unterschrieben sei, ging er hinauf in sein Haus . . .und er fiel des Tages dreimal auf die Knie nieder, betete und dankte vor seinem Gott, ganz wie er vordem zu tun pflegte. "
Daniel 6,11

Der König Darius ordnete an, daß dreißig Tage lang kein Mensch beten dürfe. Nachdem dieses Gesetz erlassen war, standen Daniel mehrere Wege offen. Er hätte sagen können: „Dies geht mich nichts an; ich habe eine hohe Stellung in der Gesellschaft. Ich bin Aufseher über ein großes Land, und obwohl ich willig bin, für meinen Glauben zu leiden, kann doch Gold zu teuer erkauft werden, und deshalb will ich lieber aufhören zu beten."

Er würde viele Vorgänger und viele Gefährten gefunden haben. Wie viele haben, wenn es zur Entscheidung zwischen Leben und Wahrheit, zwischen Ehre und Christus kam, eine schlechte Wahl getroffen und sind elend umgekommen!

Daniel hätte auch sagen können: „Man muß klug vorgehen. Gott muß selbstverständlich angebetet werden, aber es liegt kein besonderer Grund vor, weshalb ich es da, wo ich wohne, tun sollte. Ich kann mich abends zurückziehen und eine verborgene Stelle aufsuchen. Zumindest kann ich bei geschlossenen Fenstern beten; das wird Gott sicher gefallen."

Daniel machte solche Gründe nicht geltend. Er war ein beherzter Mann und verschmähte es, sein Banner angesichts des Feindes zu senken. Wenn er in seiner Stellung nicht gebetet hätte wie vorher, so wäre er ein Anstoß für die Schwachen und ein Hohn für die Gottlosen geworden. Jeder arme Jude im babylonischen Reich hätte eine Entschuldigung gehabt, seine Grundsätze aufzugeben, und die Gottlosen würden gesagt haben: „Er dient seinem Gott, solange alles gut geht. Aber seht nur, wie er sein Fähnchen nach dem Wind dreht, wenn die Not kommt!" Daniel versteckte seine Gottesfurcht nicht, als die Klugheit es empfahl.

Es hätte ihm der Gedanke kommen können, daß er ja innerlich beten könne. Gebete ohne gesprochene Worte sind ebenso angenehm vor Gott. Aber Daniel empfand, daß er das nicht tun dürfe, weil weder das Gesetz noch des Königs Widerstand innerlich war.

18. Oktober

„Fanget uns die Füchse, die kleinen Füchse, welche die Weinberge verwüsten."   Hohelied 2,15

Liebe junge Freunde, die ihr erst vor kurzem Christus gefunden habt, es sind Füchse rings um euch her. Wir versuchen, was wir können, um die Löcher in der Hecke zu verstopfen, um die Füchse draußen zu halten; aber sie sind sehr listig und dringen doch zuweilen ein. Die Füchse im Morgenland sind viel kleiner als unsere, sie scheinen noch listiger und gieriger zu sein als die, welche wir kennen, und sie richten viel Schaden an.

Im geistlichen Weinberg gibt es Füchse mancherlei Art. Da ist zunächst der Kritiker. Er verdirbt die Weinstöcke, wenn er kann, und besonders die, welche zarte Trauben angesetzt haben. Bei allem, was junge Gläubige tun, findet er irgendwelche Fehler. Manchmal legt er dir auch eine Schlinge und lockt dich hinein, reizt dich zum Zorn, kehrt sich dann um und sagt: „Das ist wohl dein Christentum?" Möge dich Gott vor diesen grausamen Füchsen bewahren!

Ein schlimmerer Fuchs ist jedoch der Schmeichler. Er tritt lächelnd und schmunzelnd an dich heran und beginnt damit, dein Christentum zu loben, und wahrscheinlich sagt er dir, welch prächtiger Mensch du bist. Du bist so gut, daß er meint, du nähmst es zu genau. Er sagt, daß er deinen Glauben für richtig hält, obgleich du nicht so denken wirst, wenn du dein Leben überschaust. Aber er sagt, daß er die Leute nicht leiden kann, die allzu gerecht sind. Er sagt: „Du könntest etwas weltlicher sein, und es wäre nicht nötig, daß du dich von deinen gottlosen Freunden trennst." Ich weiß, was er vorhat: Er will dich zu den Gottlosen zurückführen. Satan vermißt dich und möchte dich gern zurückhaben, und so sendet er Herrn Schmeichler, der dich, wenn möglich, wieder unter seine Knechtschaft bringen soll.

Wenn irgendwelche Zeichen geistlichen Lebens an dir zu erkennen sind, so sei sicher, daß der Teufel und seine Füchse hinter dir her sind. Halte dich ganz zum Herrn und zum Volke Gottes. Das ist die beste Gesellschaft für dich.

„Elisa aber ward von der Krankheit befallen, an der er sterben sollte. Und Joas, der König von Israel, kam zu ihm hinab und weinte vor ihm." 2. Könige 13,14

Diese Sterbebett-Szene ist ein gewaltiges Zeugnis für die Macht der Heiligkeit. Elisa war der Prophet Gottes, ein Mann in einer nicht gerade ehrenvollen Stellung. Joas, der König Israels, der Elisas Ermahnungen oft verworfen und die Verehrung des Baal fortgesetzt hatte, kommt jetzt, da der Prophet im Sterben liegt, um an seinem Bett zu weinen.

Es war schon merkwürdig, daß sich der König überhaupt hier einfand. Könige besuchen nicht oft Sterbende – und am wenigsten sterbende Diener Gottes. Aber es war noch merkwürdiger, daß gerade dieser König da stand und den sterbenden Propheten beweinte.

Seltsam waren auch die Worte, die der König an diesem Sterbebett sprach: „O mein Vater, mein Vater! Wagen Israels und seine Reiter!" Der König hatte das Gefühl, als wenn jetzt all seine Kraft hinweggenommen werde. Ihm erschien sein Staat jetzt als ein Wagen mit wilden Pferden, ohne den Propheten, der vorher aufrecht dastand und die Zügel hielt. So verharrt der König in einer Art selbstsüchtiger Ehrfurcht vor dem Propheten und weint an seinem Totenbett.

Liebe Freunde, laßt uns versuchen, so zu leben, daß selbst ungöttliche Menschen uns vermissen, wenn wir dahingegangen sind. Es ist für uns möglich, in einer ruhigen, nicht aufdringlichen Weise „die Lehre Gottes, unsres Retters, in allen Stücken zu zieren", so daß, wenn wir sterben, die Menschen eine Zeitlang still und ernst sind, wenn sie hören, daß der Knecht des Herrn tot ist.

Sie lachten über ihn, solange er lebte; aber sie weinten um ihn, als er starb.

Ich möchte dies ernstlich von Gott erbitten – nicht um der Ehre und Achtung der Menschen willen, sondern zur Ehre und zum Ruhme Gottes. Selbst die Verächter Christi sollten gezwungen werden zu sehen, daß in dem Wandel eines aufrichtigen Christen eine Würde und etwas Achtunggebietendes liegt.

20. Oktober

„Hättest du fünf- oder sechsmal geschlagen, so würdest du die Syrer
bis zur Vernichtung geschlagen haben; nun aber wirst du die Syrer nur
dreimal schlagen!"   2. Könige 13,19

Der Prophet Elisa gab dem König Joas Pfeile und befahl ihm, damit
auf die Erde zu schlagen. Gott wußte und hatte vorher bestimmt,
wie viele Siege der König erringen sollte. Und es ist wunderbar zu
sehen, wie unsere freien Handlungen genau Gottes Vorherbestim-
mungen entsprechen. Dem König Joas wird befohlen zu schlagen,
und nachdem er dreimal geschlagen und dann die Pfeile aus der
Hand gelegt hat, verkündigt ihm der zornige Prophet, daß er nur
drei Siege über die Syrer davontragen wird.

Wie viele Gläubige besitzen nur wenig Glauben und scheinen mit
dem wenigen ganz zufrieden zu sein! Sie vermögen die Verheißungen Gottes weder zu ergreifen noch gläubig zu hoffen, sie erfüllt zu
sehen. Sie kennen wohl ihren eigenen Anteil an Christus, aber sie
nehmen Gott nicht beim Wort; und deshalb lasten ihre zeitlichen
Leiden und ihre geistlichen Sorgen schwer auf ihnen.

Ich sehe eine andere Klasse von Christen, die ebenso ihrer Erkenntnis gemäß handeln. Sie verstehen nicht die tiefen Dinge Gottes, sondern sind völlig zufrieden zu wissen, was eine Seele vom
Verderben rettet, aber sie kennen nicht die Lehre von Gottes erwäh-
lender Liebe und geben auch nichts darauf, sie kennenzulernen. Sie
lassen die Geheimnisse des Wortes Gottes für starke Männer liegen
und sind damit zufrieden, Kinder in der Erkenntnis zu sein. Welcher Segnungen gehen die verlustig, die das Forschen im Worte
Gottes vernachlässigen!

Andere Christen wiederum sind mit sich und ihrem Lebenswan-
del sehr zufrieden. Sie trinken und fluchen nicht und sind wahrhaftig. Aber damit haben wir auch ungefähr alles von ihnen gesagt, was
gesagt werden kann. Die Hausandacht wird geringgeschätzt, die Bekehrung ihrer Kinder ist ihnen nicht wichtig, und sie haben ein zor-
niges Temperament.

Nun, ich glaube nicht, daß ein Christ in diesem Leben je vollkommen sein wird; aber ich möchte mit Gottes Gnade dieser Vollkommenheit doch nachstreben.

„Welche ich liebhabe, die strafe und züchtige ich. So sei nun fleißig und tue Buße!"   Offenbarung 3,19

Ich möchte klar andeuten, was Gott an den Christen rügt. Sehr oft sucht Gott eine übertriebene Liebe heim. Es ist recht, wenn wir unsere Angehörigen liebhaben; aber es ist Unrecht, wenn wir sie mehr lieben als Gott. Vielleicht seid ihr dieser Sünde schuldig. Liebst du deine Frau, deinen Mann, deine Braut, dein Kind mehr als deinen Herrn? Ach, es sind viele unter uns, die sich einer übermäßigen Liebe gegen ihre Angehörigen schuldig machen. Gott wird uns dafür heimsuchen! Er wird versuchen, uns durch sein Wort zu ermahnen; wenn das aber nicht hilft, so läßt er Krankheit über die kommen, an welchen unser Herz so sehr hängt. Wenn uns das nicht zur Buße bringt, so züchtigt er uns dadurch, daß der Gegenstand unserer abgöttischen Liebe dahingerafft wird. Noch nie hat Gott einen Götzen neben sich geduldet, sondern von seinem Ort vertilgt. Unser Gott ist ein eifernder Gott, und wenn wir jemand, sei er auch noch so gut und vorzüglich, auf Gottes Thron setzen, so ruft Gott: „Weg mit ihm!"

Aber es gibt andere Menschen, die von niedrigerer Gesinnung sind. Man kann noch verstehen, wenn jemand aus Frau, Kind oder Freund viel Wesen macht, obwohl es vor Gottes Augen ein schweres Unrecht ist. Aber ach, es gibt Christen, die zu stumpfsinnig sind, Fleisch und Blut zu lieben; sie hängen ihr Herz an den Mammon. Wie viele nennen sich Christen, die den Reichtum zu ihrem Gott machen! Ihre Güter, ihre Häuser, ihr Warenlager, ihre Zinsen – das sind ihre Götzen.

Christen, die ihr Gold mehr geliebt haben als ihren Gott und den irdischen Reichtum höher geachtet haben als den himmlischen, sollten ernstlich ermahnt werden; oder Gott wird sie züchtigen.

22. Oktober

Brüder und Schwestern, ich bin überzeugt, daß es keinen sichereren Ort für uns gibt als den eines Sünders unter dem Kreuz. Ich habe viel über die Vollkommenheit im Fleisch gelesen und versucht, sie zu erlangen. Ich habe auch versucht, so zu beten, wie nach meiner Annahme ein vollkommener Mensch etwa betet. Als ich in diesem Zustand in den Tempel hinaufging und versuchte zu beten, stellte ich fest, daß ein Pharisäer an meiner Seite stand. Ein wenig weiter sah ich einen armen Sünder, der an seine Brust schlug und sagte: „Gott, sei mir Sünder gnädig!" Ich merkte, daß er gerechtfertigt hinabging, während ich dastand und ihn beneidete. Ich konnte es nicht länger aushalten, lief zu meinem alten Platz zurück, schlug an meine Brust und rief ebenfalls: „Gott, sei mir Sünder gnädig!" Dann fühlte ich mich ruhig und ging gerechtfertigt und fröhlich zurück.

Wenn jemals zwischen mir und dem Satan eine Frage darüber auftaucht, ob ich ein Kind Gottes bin, dann – ach, ich habe es aufgegeben, den Beweis in mir zu suchen oder meine Erfahrung zu Rate zu ziehen, um beweisen zu können, daß ich im Stand der Gnade bin. Denn der listige, alte Gesetzeskundige weiß mehr über meine Schwächen als ich und kann sehr bald gegen jeden Beweis von mir zwei andere vorbringen.

Ich sage dem Ankläger folgendes: „Wohl, wenn ich kein Heiliger bin, so bin ich ein Sünder, und Jesus ist in die Welt gekommen, Sünder selig zu machen. Darum will ich zu Christus gehen und auf ihn blicken." Der Teufel kann dagegen nicht ankommen.

Ihr, die ihr Väter in Christo seid, ich bin gewiß, daß auch ihr Zeiten habt, in denen euch keine Kennzeichen, keine Beweise oder Erfahrungen trösten, sondern nur dieses einzige Hilfsmittel anzunehmen ist, daß ich allen Versuchten empfohlen habe.

23. Oktober

„David aber sprach zu seinem Herzen: Ich werde doch eines Tages
Saul in die Hände fallen!"   1. Samuel 27,1

Der Gedanke in Davids Herzen war falsch. Für diese Befürchtung
lag kein Grund vor. Bei keiner Gelegenheit hatte der Herr seinen
Knecht verlassen. Er stand oft in gefährlichen Situationen, aber niemals hatte ihn Gottes Kraft verlassen. Wenn er auf sein ganzes Leben zurücksah, von der Zeit an, in der er seines Vaters Schafe hütete
und den Löwen und den Bären erschlug, bis zu diesem Augenblick,
wo er eben seinem blutrünstigen Verfolger entgangen war, konnte er
nichts finden, daß Gott seinen Sinn geändert hätte und seinen Ge-
salbten in die Hand seines Feindes fallen lassen wollte.

Nun merkt euch: Wenn ihr und ich an Gottes Wort zweifeln, so
mißtrauen wir ihm ohne Ursache. Ich habe keinen Grund, an meinem Herrn zu zweifeln, und denke, daß auch ihr keine Ursache
habt, euch einzubilden, er würde euch verwerfen. Wir verurteilen
einen Menschen nicht ohne Beweise, und ich fordere Himmel, Erde
und Hölle heraus, einen Beweis zu bringen, daß Gott unwahr ist.
Laßt uns gegen Gott und Menschen gerecht sein. Wenn er noch nie
eines seiner Versprechen gebrochen hat, so sei es ferne von uns, zu
zweifeln oder ungläubig zu sein.

Damals sprach David: „Also hat dein Knecht den Löwen und
den Bären geschlagen. So soll nun dieser Philister, der Unbeschnit-
tene, sein wie derselben einer." Das war eine gute Beweisführung.
Warum jetzt nicht ebenso, David?

„Herr, du hast uns zu keiner Zeit verlassen. Wir haben dunkle
Nächte gehabt, aber der Stern der Liebe hat mitten in der Finsternis
geschienen. Wir sind durch manche Prüfungen hindurchgegangen,
aber wir können aus Erfahrung sagen, daß du, der du in sechs Trüb-
salen bei uns gewesen bist, uns auch in der siebten nicht verlassen
wirst."

24. Oktober

„Laß dir wohlgefallen die Rede meines Mundes und das Gespräch meines Herzens vor dir, Herr." Psalm 19, 15

Ein Sprichwort sagt: „Gedanken sind zollfrei." Aber das ist ein gefährlicher Irrtum. Man kann dich zwar wegen deiner Gedanken nicht vor ein irdisches Gericht laden, aber glaube mir: Vor dem letzten Gericht wirst du für sie Rede stehen müssen. Böse Gedanken sind Zunder, und des Teufels Versuchungen sind Funken, die hineinfallen. Sie sind das Nest, in das alle schlimmen Vögel ihre Eier legen. So gewiß das Feuer nicht nur Holzscheite, sondern auch Reisig verbrennt, so gewiß wird Gott nicht nur sündige Taten, sondern auch sündige Gedanken strafen. Glaube nur ja nicht, deine Gedanken seien Gott unbekannt. Für sein Auge hat das geheimste Kämmerlein der Seele ein Fenster. Gott sieht das Innere des Menschen so gut wie das Äußere. Vor dem Himmel gibt es keine Geheimnisse.

Du sagst vielleicht: „Ich kann nichts dafür, wenn ich böse Gedanken habe." Das ist wohl möglich, aber es kommt darauf an, ob sie dir zuwider sind oder nicht. Du kannst einen Dieb nicht hindern, daß er dir zum Fenster hereinsieht. Aber wenn du ihm die Tür aufmachst und ihn hereinläßt, bist du ebenso schlecht wie er. Eitle Gedanken klopfen an die Tür, aber wir brauchen ihnen nicht aufzumachen. Sündige Gedanken können kommen, aber wir dürfen sie nicht hereinlassen. Wer einen Bissen lange im Mund hin- und herwendet, tut das, weil ihm der Bissen schmeckt. Und wer böse Gedanken in sich verarbeitet, der hat seine Freude daran und wird bald zu bösen Taten fortschreiten. Ein schmutziger Gedanke, dem du einmal nachhängst, hat den Schlüssel zu deinem Innern und kommt gleich wieder herein – du magst wollen oder nicht. Und vielleicht kommt er dann nicht allein, sondern bringt sieben Geister mit sich, die schlimmer sind als er selbst.

Wenn du weise bist, wirst du auf die Gedanken deines Herzens ein wachsames Auge haben. Gute Gedanken sind himmlische Gäste, die wir freundlich aufnehmen, gut bewirten und dringend zum Wiederkommen einladen müssen. Aus heiligen Gedanken entspringen heilige Worte und Taten, und sie sind das Kennzeichen eines erneuerten Herzens.

25. Oktober

„Man zündet auch nicht ein Licht an und setzt es unter den Scheffel, sondern auf den Leuchter, so leuchtet es allen, die im Hause sind.“

Matthäus 5,15

Ein Scheffel ist ein nützliches Gerät, das sich früher in jedem Haus befand, weil die Leute ihr Korn selbst mahlten und den Scheffel als Kornmaß benutzten.

Dieses nützliche Kornmaß scheint mir die Beschäftigung des gewöhnlichen Lebens darzustellen, die gewöhnlichen und natürlichen Arbeiten und Sorgen des Haushalts.

„Aber“, fragt ihr, „soll eine Hausfrau nicht eine Hausfrau sein?“ Allerdings. Aber trotzdem braucht sie ihre Gottseligkeit nicht zu verbergen. Hat ein Geschäftsmann nicht auf sein Geschäft zu achten? Natürlich hat er das. Aber er braucht deshalb nicht seine Seele zu verlieren oder den Seelen anderer zu schaden.

Behalte deinen Scheffel, aber stelle ihn dahin, wohin er gehört. Ordne alle weltlichen Dinge der Ehre Gottes unter. Willst du zu Hause nachsehen, lieber Freund, welchen Raum dein Geschäft und dein Glaube in deinem Leben einnehmen? Was kommt zuerst? Ist der Glaube dein Geschäft oder das Geschäft dein Glaube? Scheint dein Licht auf dem Scheffel, oder wird dein Licht vom Scheffel verdeckt?

Ich weiß, daß auch ein Pastor sein Licht unter den Scheffel stellen kann. Seine Arbeit kann ein reiner Formdienst sein, der ihn zum Schauspieler macht. Man dient dem Evangelium am schlechtesten, wenn man es zu einem Broterwerb macht. Sobald wir sozusagen amtlich predigen, haben wir alle Vollmacht verloren.

Das Licht soll auf den Leuchter gestellt werden, und jeder sollte ein angemessenes Bekenntnis seines Glaubens ablegen. Wenn du nicht freiwillig herauskommst und dein Licht leuchten läßt, so wird dich der Herr des Hauses wahrscheinlich herausholen.

In früheren Jahren ließ der Herr seine Gemeinde durch die Verfolgung in die Öffentlichkeit treten. Welch ein Leuchter wurde für das Evangelium in dem Märtyrertum des Kolosseums, in den Scheiterhaufen der Christen gefunden! Du wirst entdecken, daß Gott auch einen passenden Leuchter für dich bereithält.

26. Oktober

„Und jene Vögte versorgten den König Salomo mit Speise ...Auch die
Gerste und das Stroh für die Rosse und Wagenpferde brachten sie an
den Ort, da er war, ein jeder nach seiner Ordnung." 1. Könige 4,27-28

Die Diener Salomos waren verpflichtet, seinen Vorschriften zu gehorchen. Einige von ihnen hatten fette Rinder für Salomos Tisch zu
liefern, andere hatten darauf zu achten, daß zu demselben Zweck
Rehe gejagt und Vögel gemästet wurden. Andere wiederum waren
beauftragt, Gerste und Stroh für die Rosse zu liefern. Wenn sie nicht
an ihrem Platz geblieben wären, wenn zum Beispiel der Mann, der
Gerste für die Rosse zu liefern hatte, die Küken damit gefüttert hätte, wäre eine große Verwirrung entstanden.

Lieber Freund, wenn du nicht das tun willst, wofür du bestimmt
bist, sondern durchaus etwas versuchen mußt, was außerhalb deines
Aufgabenbereiches liegt, geht alles verkehrt. Das Auge ist sehr nützlich, aber wenn es sich beharrlich weigerte zu sehen und durchaus
hören wollte, würden wir auf der Straße überfahren werden. Lieber
Freund, weißt du, was du tun kannst, wozu dich der Herr begabt hat
und worin er dich gesegnet hat? Dann bleibe dabei und klage niemals über deine Aufgabe! Kritisiere nicht andere, deren Werk von
dem deinigen verschieden ist. Der kleine Finger verrichtet Dienste,
die der Daumen nicht kann, und für den Daumen gibt es Dinge, die
der Zeigefinger nicht zu tun vermag. So sollte es in der Gemeinde
Gottes sein: Jeder sollte seine Aufgabe erkennen und sie in der
Kraft des Heiligen Geistes und aus Liebe zum Herrn Jesus ausführen.

Beachtet, daß einige von uns verpflichtet sind, mehr als andere zu
tun. Manche von uns tragen besondere Verantwortung, und wenn
wir sagten: „Ich will nicht mehr tun als alle anderen auch!", würden
wir nicht für die Stellung taugen, in die Gott uns berufen hat. Mir ist
nicht bange, daß jemand von euch zuviel für Christus tun wird; aber
ich möchte, ihr versuchtet es. Prüft einmal, ob ihr zu aufopfernd, zu
eifrig oder zu hingebend sein könntet. Ich habe nie einen gekannt,
der sich eines so seltenen „Verbrechens" anklagen konnte. Nein, wir
fühlen alle, daß unser Herr alles, was wir tun könnten, verdient –
und weit mehr!

„Und siehe, eine Frau war in der Stadt, eine Sünderin . . .und trat hinten zu seinen Füßen, weinte und fing an, seine Füße mit Tränen zu benetzen, und trocknete sie mit den Haaren ihres Hauptes, küßte seine Füße und salbte sie mit der Salbe." Lukas 7,37-38

Beachtet die Demut dieser Frau! Sie hatte einst eine eherne Stirn besessen und keine Scham gekannt; aber jetzt stand sie hinter dem Heiland. Sie drängte sich nicht vor, sondern war mit dem geringsten Platz zufrieden. Sie wagte es nicht, sein Haupt zu salben, aber achtete es als eine Ehre, seinen Füßen einen Dienst zu tun.

Die, welche dem Herrn Jesus wahrhaft dienen, empfinden tief ihre eigene Unwürdigkeit. Sie sind zufrieden, wenn sie den geringsten Dienst in seinem Haushalt ausüben dürfen.

Das ist kein Dienst für Christus, wenn du durchaus auf dem Roß des Königs reiten, des Königs Kleid tragen und vor dir ausrufen lassen willst: „Dies ist der Mann, den der König ehren will." Das heißt, eher dir selbst dienen als Christus, wenn du gern obenan in der „Synagoge" sitzt und dich von den Menschen „Rabbi„ nennen läßt. Aber das ist wirklicher Dienst für den Herrn, wenn du gern für die Armen sorgst, dich zu Menschen niedrigen Standes hältst und ein Lehrer der Unwissenden und Führer der Kinder wirst.

Der dient gut, der hinter seines Meisters Rücken arbeitet und sich unerkannt, unerwähnt und ohne Beifall für den Herrn abmüht.

Sie ließ sich ihren Dienst etwas kosten.

Der Glaube einiger Christen versagt, sobald es an den Geldbeutel geht. Es ist grobe Heuchelei, Liebe zu bekennen und dann mit Geld zu geizen.

Mögen die, welche schuldig sind, die Rechnung zwischen ihren eigenen Seelen und Gott in Ordnung bringen. Die Frau gab ihre Alabasterflasche aus freien Stücken, und wenn sie mehr gehabt hätte, so hätte sie mehr gegeben.

Wie hat die Gnade diese Frau, die von Natur aus selbstsüchtig war, wunderbar verändert und dahin gebracht, freigebig für die Sache des Erlösers zu sein!

28. Oktober

„Und siehe, eine Frau war in der Stadt, eine Sünderin . . .und trat hin-
ten zu seinen Füßen, weinte und fing an, seine Füße mit Tränen zu be-
netzen, und trocknete sie mit den Haaren ihres Hauptes, küßte seine
Füße und salbte sie mit der Salbe."

Lukas 7,37-38

Von der Hingabe dieser Frau können wir viel lernen. Ihr war eben
erst vergeben worden, und sie war mehr eine Weinende als eine, die
schon gelernt hatte, sich zu freuen. Aber dennoch wollte sie dem
Herrn beim Anbruch ihres geistlichen Lebens dienen.

Nun, ihr Neubekehrten, sprecht nicht länger: „Wir wollen nach
einigen Jahren etwas für Christus tun, wenn wir unsere 'Berufung
und Erwählung festgemacht' haben. Wir wollen warten, bis wir in
der Gnade gewachsen sind, und dann versuchen zu tun, was wir
können."

Nein, nein, sondern sobald ihr gewaschen seid, bringt dem Herrn
eure Gebete dar. Noch am Tag eurer Bekehrung tretet in sein Heer
ein.

Vielleicht hätte diese Frau, wenn sie gezögert hätte, den Herrn
niemals gesalbt; aber sie tat gut daran, in der Wärme ihrer ersten
Liebe zu handeln.

Neubekehrte halten durch Gottes Gnade das Blut, das in den
Adern der Gemeinde kreist, warm. Gemeinden werden gewöhnlich
krank, wenn sie aufhören zu wachsen. Ich kenne keine Gemeinde
ohne Bekehrungen, die in einem guten geistlichen Zustand ist. Die
Neubekehrten regen uns alle an durch ihre Wärme, ihre Einfachheit
und ihre kindliche Zuversicht.

Wir möchten euch ermuntern, es ebenso zu machen. Um unsertwillen, um euer selbst willen und um Jesu willen zögert nicht, etwas
zu tun, auch wenn ihr noch Anfänger in der göttlichen Schule seid.
Laßt die Pharisäer kritisieren – vielleicht bewahrt das ihre Zunge
davor, ärgeren Schaden anzurichten –, der Herr wird euch verteidigen. Ich bitte euch alle, die ihr Jesus liebt: Verbergt nicht das Licht,
das ihr habt, unter einem Scheffel, sondern kommt heraus und zeigt
es. Wenn ihr nur einen kleinen Glauben habt, so gebraucht ihn, und
der Herr wird euch in eurem Werk segnen und euren Glauben und
eure Liebe vermehren.

29. Oktober

„Wenn sie weise wären, so würden sie das beherzigen, sie würden an ihr Ende denken."　　　　　　　　　　5. Mose 32,29

Der Mensch denkt nicht gern an den Tod. Leichentuch, Bahre und Grab sucht er sich stets aus dem Bewußtsein zu verbannen. Wenn er könnte, so würde er am liebsten immer auf der Erde bleiben. Aber weil das nicht möglich ist, so hält er alles, was ihn an das Sterben erinnern könnte, so weit wie möglich von sich fern. Aber es gibt keinen so wichtigen Gegenstand, an den man zugleich so wenig denkt. Ein bekanntes Wort drückt unsere Gedanken in dieser Beziehung sehr treffend aus: „Man muß leben." Wenn wir aber weiser wären, so würden wir sagen: „Man muß sterben."

Die alten Ägypter waren weiser als wir. Wir lesen von ihnen, daß bei jedem ihrer Feste ein ganz ungewöhnlicher Gast den Ehrenplatz an ihrer Tafel einnahm. Er aß nicht, er trank nicht, er redete nicht, er war dicht verhüllt. Es war ein Totengerippe, das sie als Mahnung dort hingesetzt hatten. Sie wollten auch bei ihren Feiern nie vergessen, daß es mit ihnen einmal zu Ende ginge.

Eine ernste Betrachtung über den Tod würde für unsere Seelen sehr heilsam sein. Sie würde jenes Feuer der Habsucht, jenes Fieber des Geizes abkühlen, das sich immer nur nach Reichtümern sehnt und die Hände danach ausstreckt. Vielleicht würde es uns veranlassen, unsere Liebe höheren Gütern zuzuwenden und nicht den verweslichen Scheingütern dieser Welt. Jedenfalls würden uns Gedanken an den Tod bei der Versuchung zur Sünde oft heilsam erschrecken. Wenn wir die Sünde beim Schein der Totengräberlaterne betrachteten, so könnten wir die Hohlheit der sündigen Vergnügungen und die Leere der weltlichen Eitelkeit deutlicher erkennen.

Möge der Heilige Geist eure Gedanken mehr auf das Ende aller Dinge lenken. Möge er euch zum Grab führen, damit ihr dort das Ende aller irdischen Hoffnungen, aller weltlichen Pracht und alles zeitlichen Glanzes erblickt. Gewiß würden wir von manchem Bösen abstehen, wenn wir daran dächten, daß wir alle einst vor dem Richterstuhl Christi erscheinen müssen.

30. Oktober

Unsere sündigen Neigungen müssen sterben, weil wir durch sie unseren Gott verraten. Einst waren auch wir Verräter und räumten den Sünden willig einen Platz in unserem Leben ein. Sie waren unsere Lieblinge, und wir waren in sie vernarrt. Jetzt aber ist die Sache anders geworden. Der Herr ist unser Gott. Wir freuen uns seiner Regierung, und unser Gebet ist: „Die Erde werde voll seiner Ehre!"

Jede Sünde ist dem Wesen nach ein Aufruhr gegen die Regierung des Höchsten. Wer sich gegen die Gebote Gottes empört, sagt gewissermaßen: „Ich will nicht, daß dieser über mich herrsche!" Es geziemt sich nicht, daß Seelen, die durch das Blut Jesu erlöst, mit ewiger Liebe geliebt und endloser Gunst versichert sind, Sünden des Fleisches oder des Geistes beherbergen.

Wir müssen die Sünde auch darum meiden, weil sie schon unendlich viel Böses angerichtet hat. Studiert die Weltgeschichte und seht, ob die Sünde nicht des Menschen schlimmster Feind gewesen ist. Durch welche Pforte kam der Tod in die Welt? War nicht die Sünde die Pförtnerin, die das Tor öffnete?

In der ganzen Welt, wo Dornen und Disteln wachsen, hat die Hand der Sünde sie gesät. Die Spur der Schlange hat die Fußstapfen der Freude verwischt. Vor dem Erscheinen der Sünde sehe ich den blühenden Garten des Herrn und hinterher nichts als eine Wüste. Wer hat jenes schreckliche Feuer in der Hölle entzündet, und woher erhält es stets neue Nahrung? Ist es nicht die Sünde, die das alles bewirkt?

O Sünde, es darf nicht sein, daß irgendein Himmelserbe, der von der Hölle erlöst ist, mit dir Freundschaft schließt. Sollten wir die Natter streicheln oder die tödliche Kobra an unser Herz drücken? Laßt uns diese Feinde unserer Seele ergreifen und töten – laßt keinen von ihnen entrinnen!

31. Oktober

„Elia aber sprach zu ihnen: Fanget die Propheten Baals, daß ihrer keiner entrinne!"   1. Könige 18,40

Brüder und Schwestern, die geistliche Lehre in einem solchen Wort ist umfassend. Es enthält eine Lehre, die auf manches angewandt werden kann, und ich möchte sie heute auf den gegenwärtigen Zustand der Christenheit beziehen.

Für unsere Kathedralen und Kirchen wird es gut sein, wenn man dort die Stimme hört: „Fanget die Propheten Baals, daß ihrer keiner entrinne!" Unheilige Kompromisse sind die Mode des Tages. Die Menschen werden ganz gleichgültig gegen biblische Wahrheiten, weil sie Kinder Gottes und Jünger Baals in einer Kirche verbunden und an denselben Altären anbeten sehen. Aufrichtige Treue gegen Gott kann kein Bündnis mit Götzendienern ertragen. Man duldete in den Volkskirchen Irrtümer um des Friedens willen, und nun sind sie herrschend geworden und drohen, die Anhänger der Wahrheit zu verderben.

Jeder Irrtum in der Lehre ist ebenso schädlich wie ein Baals-Prophet und darf nicht geduldet werden. Christen haben kein Recht, sich mit einer Kirche zu verbinden, die in ihrer Lehre irrt. Wenn wir sehen, daß Irrtum in einer Gemeinde wuchert, der wir als Mitglieder angehören, so sind wir Teilhaber ihrer Sünde, und wir werden am Tage der Heimsuchung auch an ihrer Strafe teilhaben. Es ist ganz und gar falsch zu sagen, es sei gleichgültig, zu welcher Gemeinde wir gehören. Ich darf mich nicht mit Ritualisten und Rationalisten verbinden; treue Untertanen werden sich nie einer Gesellschaft von Verrätern anschließen.

Was für ein Segen wäre es gewesen, wenn zu Luthers Zeit die Reformation vollständig durchgeführt worden wäre! Groß, wie das Werk war, so war es in einigen Punkten doch sehr oberflächlich und ließ tödliche Irrtümer unberührt. Die Bibel, und die Bibel allein, sagt man, ist die Religion der Protestanten. Aber diese Behauptung ist eine schreckliche Lüge.

Möge uns der Herr Propheten senden, erfüllt von dem Geist und der Kraft des Elia, durch welche die unfruchtbaren und giftigen Bäume des Irrtums niedergehauen und ins Feuer geworfen werden.

1. November

„Denn ich habe ihn dafür erkoren, daß er seinen Kindern und seinem Hause nach ihm befehle, des Herrn Weg zu halten und zu tun, was recht und billig ist."

1. Mose 18,19

Es liegt mir am Herzen, über eine Sache ein Wort zu sagen, die mir viel Sorgen bereitet. Ich bitte euch durch die Barmherzigkeit Gottes, nichts zu tun, was den Heiligen Geist betrüben und veranlassen könnte, sich zurückzuziehen. Denkt daran, daß Israel eine Niederlage erleiden mußte, weil *ein* Mann die göttliche Anordnung nicht befolgt hatte; das genügte, um das ganze Lager zu beunruhigen. Wieviel mehr mag ein Volk zu leiden bekommen, wenn die Sünde allgemein wird und sich ungestraft bewegen darf!

Wenn ich mich umsehe, empfinde ich über das, was ich unter bekennenden Christen nicht nur hier und dort, sondern fast überall entdecke, große Traurigkeit. Viele Christen halten in ihren Familien nicht die göttliche Zucht und Ordnung aufrecht, die den Heiligen geziemt. Ich war wie vom Donner getroffen, von Christen zu hören, die ihren Söhnen das Trinken, das späte Ausbleiben und selbst das Fluchen gestatten, während ihre Töchter so auffallend gekleidet sind, wie die putzsüchtigsten es nur sein können. Es schmerzt mich, daß manche Bekenner Christi keine Familienandachten halten und keine Macht über ihre Kinder haben, sondern anzunehmen scheinen, daß es die Pflicht eines Vaters sei, den Kindern in allen Stükken ihren Willen zu lassen und sich zu ihren Sklaven zu machen.

Wir haben nur zu viele von dem Geschlecht Elis, die vielleicht sagen: „Tut nicht also", die aber keine Autorität üben und den Sünden ihrer Söhne keinen Einhalt gebieten. Dies ist eine Quelle vieler Übel. Der Ehemann ist der Herr seines Hauses, und wenn er zuläßt, daß sich alles im Zustand der Anarchie befindet, so muß er sich in gewissem Maß selbst dafür die Schuld geben.

Möge uns Gott Weisheit und Kraft verleihen, unsere Pflicht daheim erfüllen zu können!

„Da kam Amalek und stritt wider Israel."   2. Mose 17,8

Wann kam Amalek? Nachdem Gott das Manna gegeben hatte und
nachdem der Fels geschlagen worden war. Erst Nahrung, dann
Kampf. In früheren Tagen wurde Gottes Volk von Kämpfen verschont. Eine Zeitlang waren seine Widersacher still, nachdem aber
alles geordnet und für die Verpflegung gesorgt war, „da kam Amalek". Auf unserem Pilgerlauf nach dem Himmel mag ein Teil des
Weges ohne Kampf zurückgelegt werden; aber es darf sich niemand
wundern, wenn sich die Dinge bald ändern. Eines Tages werden wir
das Telegramm vom Kriegsschauplatz erhalten: „Da kam Amalek
und stritt wider Israel." Fordere den Angriff nicht heraus und wünsche ihn nicht. Wenn du ältere Leute über ihre inneren Kämpfe reden hörst, dann beklage nicht, daß dein Kriegsbericht sehr kurz ist.
Es kommt eine Zeit, da Könige zum Kampf ausziehen, und diese
Zeit wird früh genug für dich kommen.

Der Herr hat oft seinem Volk Zeiten der Erfrischung gewährt, ehe
er es prüfte. Hinsichtlich des Dienstes für den Herrn gilt dieselbe
Wahrheit. In dem vor uns liegenden Fall war der Kampf ein Dienst.
Manche Jungbekehrte eilen in den Dienst Gottes, ehe ihre Erkenntnis oder ihre Kraft sie zu demselben tüchtig gemacht haben. Ich
möchte mich, da ich mit ihrem Eifer sehr sympathisiere, recht vorsichtig ausdrücken. Aber ich wünsche, ihnen einen besseren Weg zu
zeigen. Nur wenige fangen zu früh an, für Gott zu arbeiten. Manche
Bekenner haben leider nach Jahren noch nicht angefangen. Was
sollen wir mit den alten Faulenzern anfangen, die schon seit 30 Jahren auf ihren Lagern ruhen? Ist es noch der Mühe wert, sie aufzuwecken? Ich fürchte, nein. Möchte der Herr ihnen gnädig sein und
sie retten!

Dennoch ist es möglich, an die Arbeit zu gehen, bevor ihr eure
Werkzeuge geschärft habt. Lernt, und dann lehrt! Ich möchte gern,
daß ihr dem Herrn erfolgreich dient. Wie nun Gott Israel Manna
und Wasser gab, ehe er es veranlaßte, gegen Amalek zu streiten, so
sollte sich jeder Gläubige erst selbst von der Wahrheit nähren und
dann ausgehen, um auch andere zu lehren.

3. November

„Und der Verstorbene kam heraus, an Händen und Füßen mit Grab-
tüchern umwickelt und sein Angesicht mit einem Schweißtuch umhüllt.
Jesus spricht zu ihnen: Bindet ihn los und laßt ihn gehen!"

Johannes 11, 44

Dieser Mann war auferweckt, aber noch nicht befreit. Er war ein lebendiger Mensch in den Gewändern des Todes. Das Schweißtuch
und die anderen Grabtücher waren für den Tod angemessen, aber
sie waren am unrechten Ort, als Lazarus wieder zu leben begann.

Es ist ein jämmerlicher Anblick, einen lebendigen Menschen sein
Leichentuch tragen zu sehen. Trotzdem haben wir Hunderte von
Leuten gesehen, die durch die göttliche Gnade lebendig gemacht
wurden, aber noch immer ihre Grabgewänder trugen. Ihr Zustand
war so, daß man sie noch für tot halten mußte, wenn man sie nicht
sorgfältig beobachtete. Und doch brannte in ihrem Innern die Lampe des göttlichen Lebens. Einige sagten: „Er ist tot; seht seine Gewänder an!" Nur die geistlich Gesinnteren riefen: „Er ist nicht tot,
aber seine Bande müssen gelöst werden!"

Er war ein an Füßen und Händen Gebundener, der sich bewegte.
Wie er sich bewegte, weiß ich nicht. Ebenso habe ich gebundene
Seelen gesehen, die sich nur mit Mühe bewegen konnten. Mit großer Kraftanstrengung bewegten sie sich in eine bestimmte Richtung;
aber sie waren nicht fähig, auch nur einen Zollbreit von dieser Richtung abzuweichen.

Habt ihr nicht einen Menschen so lebendig gesehen, daß er über
seine Sünden trauerte und weinte? Und doch konnte er nicht an
Christus glauben, sondern schien, soweit es den Glauben betraf, an
Füßen und Händen gebunden. Ich habe ihn mit Entschlossenheit
seine Sünde aufgeben sehen und auch erlebt, wie er eine schlechte
Gewohnheit unter die Füße trat. Dennoch war er nicht fähig, eine
einzige Verheißung zu ergreifen.

Lazarus war in einer Beziehung frei, denn er kam aus dem Grab
heraus. Aber sein Kopf war noch mit dem Schweißtuch umhüllt, so
daß er nicht sehen konnte. Ähnlich ist es mit manchen lebendig ge-
machten Sündern. Wenn ihr versucht, ihnen eine ermutigende
Wahrheit zu zeigen, so können sie diese nicht sehen und erfassen.

„Bindet ihn los und laßt ihn gehen!"   Johannes 11,44

Welche Tücher sind es, die oft eben erst wiedergeborene Sünder binden? Einige von ihnen sind durch das Schweißtuch um ihren Kopf gebunden. Sie sind sehr unwissend. Es mangelt ihnen in trauriger Weise an geistlichem Wahrnehmungsvermögen, und außerdem ist das Glaubensauge verdunkelt. Das Auge ist da, und Christus hat es aufgetan. Aber dann ist es die Aufgabe der Diener Gottes, das Schweißtuch dadurch zu entfernen, daß sie die Wahrheit lehren, sie auslegen und die Schwierigkeiten hinwegräumen. Ein einfacher, aber sehr notwendiger Dienst!

Außerdem sind diese Gläubigen an Füßen und Händen gebunden, so daß sie zur Untätigkeit gezwungen sind. Als Diener Gottes sollten wir ihnen zeigen, wie sie für unseren Herrn arbeiten können.

Andere wieder sind durch Sündenschmerz gebunden. Sie empfinden furchtbare Angst wegen ihrer Vergangenheit. Da haben wir sie zu lösen, indem wir ihnen zeigen, daß das Vergangene ausgetilgt ist. Sie sind mit mancher Elle von Zweifel, Mißtrauen, Angst und Gewissensbissen umwickelt. „Bindet sie los und laß sie gehen!"

Ein anderes Hindernis ist das Band der Furcht. „Oh", sagt einer, „ich bin ein solcher Sünder, daß mich Gott für meine Sünden strafen muß." Erklärt ihm die großartige Lehre von der Stellvertretung. Löst diese Binde durch die Versicherung, daß Jesus unsere Sünden auf sich nahm und wir „durch seine Wunden geheilt sind".

Gläubige Seelen sind auch sehr oft noch durch die Grabgewänder des Vorurteils gebunden. Sie pflegten vor ihrer Bekehrung so und so zu denken und sind geneigt, ihre toten Gedanken auf ihr neues Leben zu übertragen. Sagt ihnen: „Das Alte ist vergangen, siehe, es ist alles neu geworden!"

Einige von ihnen tragen noch die Grabtücher schlechter Gewohnheit. Es ist ein gutes Werk, einem Trunkenbold zu helfen, die verfluchten Bande zu lösen, die ihn an dem geringsten Fortschritt auf geistlichem Gebiet hindern.

Laßt uns vor allem alle Grabtücher von uns selbst entfernen, damit wir anderen um so besser helfen können, frei zu werden.

5. November

*„Und ganz Israel wird ihn beklagen, und sie werden ihn begraben;
denn von Jerobeam wird dieser allein in ein Grab kommen, weil an
ihm vor dem Herrn, dem Gott Israels, etwas Gutes gefunden worden
ist im Hause Jerobeams."*

1. Könige 14,13

Alles, was von Abija gesagt werden konnte, ist, daß „etwas Gutes"
in ihm war. Es war nichts besonders Auffallendes an ihm, sonst
wäre es bestimmt genannt worden. Er war kein heldenmütiger
Nachfolger des Herrn, und Taten der Treue gegen Gott sind von
ihm nicht niedergeschrieben worden, weil er wegen seiner Jugend
wohl weder Kraft noch Gelegenheit hatte, viel zu tun.

Weil wir lesen, daß „etwas Gutes" in ihm war, können wir annehmen, daß es nichts Vollkommenes war. Vieles Gute fehlte, aber „etwas Gutes" war deutlich erkennbar. Deshalb wurde das Kind angenommen und durch die göttliche Liebe vor einem traurigen Tod bewahrt.

Viele Christen neigen dazu, wenn sie mit suchenden Seelen sprechen, *alles* Gute in ihnen zu erwarten, anstatt nach *etwas* Gutem
auszuschauen.

Da ist jemand, der das Bekenntnis ablegt, bekehrt zu sein. Er ist
aufrichtig und deshalb behutsam, nicht mehr zu sagen, als er fühlt,
so daß er wenig sagt und dies wenige auch noch zitternd. Ihr stellt
ihm eine Frage, die jeder beantworten könnte; aber dieser Ängstli-
che kann es nicht, und deshalb fällt ihr das strenge Urteil, daß er
unwissend und unerleuchtet sei. Kalte Klugheit erklärt, daß jemand,
der eine solche Frage nicht zu beantworten vermag, kein Kind Gottes sein kann, und auf Schüchternheit und Verlegenheit wird wenig
Rücksicht genommen.

Sollten wir uns nicht scheuen, wenn wir in bezug auf Gott, auf
Christus und auf ewige Dinge etwas Gutes in einem Menschen se-
hen, zu verurteilen, sondern vielmehr loben und Freundlichkeit und
Sorgfalt zeigen?

Ich fürchte, daß in manchem Fall Härte denjenigen, die mit ihrem ganzen Herzen zu Jesus kamen, ernstlichen Schaden verursacht
hat. Laßt uns von einem jungen Herzen nicht mehr fordern, als der
Herr Jesus gesucht haben würde.

6. November

„Lehre mich tun nach deinem Wohlgefallen." Psalm 143,10

Ich hoffe, lieber Freund, daß du dieses Gebet aufrichtig nachsprechen kannst. Wenn du es tust, wirst du nicht wagen zu sündigen. Du kannst nicht sagen: „Lehre mich tun nach deinem Wohlgefallen" und dann Vergnügungen aufsuchen oder deine Abende in gottloser Gesellschaft verbringen, denn das wäre eine unverschämte Verspottung Gottes.

Sprich dieses Gebet auch nicht mit Einschränkungen. Sage oder meine nicht: „Lehre mich tun nach deinem Wohlgefallen bis auf diesen einen Punkt. In diesem einen Stück entschuldige mich." Ich habe Gläubige gekannt, die gewisse Stellen der Schrift nicht gern gelesen haben. Vielleicht paßte ihnen diese oder jene Lehre nicht. Vielleicht sind es die Grundsätze des christlichen Glaubenslebens oder der Zucht der Gemeinde, die ihnen nicht schmackhaft sind. Und deshalb wünschen sie nicht, daß sie ihnen erklärt werden. Sie möchten lieber einen Vers lesen, der mehr nach ihrem Geschmack ist. Aber, lieber Bruder, wenn du mit einem Text Streit hast, so füge dich. Du darfst den Text nicht ändern; ändere dein Glaubensbekenntnis, ändere dein Leben, ändere deine Gedanken. Denn das Wort Gottes ist richtig, aber du bist im Unrecht.

Wenn wir dieses Gebet aufrichtig sprechen, meinen wir: „Ich will in Gottes Wort forschen, um zu erfahren, was ihm wohlgefällig ist." Viele von euch haben sich der Gemeinschaft angeschlossen, in der sie aufgewachsen sind. Ihr gebt euch nicht die Mühe zu prüfen, ob eure Gemeinschaft biblisch ist oder nicht. Das bedeutet, nicht dem Willen Gottes zu gehorchen. Fragt danach, was Gottes Wort lehrt. Sucht in der Schrift. Viele Christen glauben, was ihr Prediger sagt, weil *er* es predigt. Glaube nicht ein Wort von dem, was ich schreibe, wenn du es nicht in dem Wort Gottes findest. Wir sind alle mit Fehlern behaftet; auch wenn wir lehren, so gut wir können, und hoffen, daß Gott durch uns lehrt, so sind wir doch nicht inspiriert und maßen uns nicht an, es zu sein. Forscht selbst im Wort Gottes und bleibt bei dem, was ihr dort findet – und bei nichts anderem!

7. November

In der Sonntagschule fragte man einen Jungen, ob sein Vater ein Christ sei. „Ja", antwortete der Kleine, „aber er strengt sich nicht besonders an."

Das muß man leider von manchem Christen sagen, denn viele haben den Namen, daß sie leben, und sind tot. Und bei vielen anderen ist die Liebe erkaltet. Sie bekennen sich zum Christentum, aber sie leben nicht darin. Wenn aber irgendeine Berufung tatkräftiges Handeln erfordert und ohne Fleiß und Eifer nicht zu verwirklichen ist, dann ist es die Berufung als Christ. Ein Faulpelz erstrebt nichts und hat nichts, was auch sein Beruf sein mag. Was kann aber der erwarten, der sich Christ nennt und doch nicht von Christus als seinem Lehrer lernt, der ihm nicht als seinem Herrn gehorcht, ihm nicht als seinem König dient?

Wir können natürlich die Seligkeit nicht durch unseren Ernst und Eifer erwerben, aber wer diese Tugenden nicht hat, darf sich wohl fragen, ob er überhaupt ein Christ ist. Wer meint, er genüge seiner Christenpflicht, wenn er jeden Sonntag in die Kirche geht; wer weder Zeit noch Geld für das Werk des Herrn daheim und in der Heidenwelt übrig hat; wer keine Hausandacht hält, niemals ein Zeugnis für seinen Herrn ablegt, nicht für die Verlorenen betet, von dem gilt auch, was jener Knabe sagt: „Er strengt sich nicht an." Vielleicht fühlt er, daß mit seinem Christentum wirklich nicht viel anzufangen ist.

Jemand sagte einmal: „Meine Religion kostet mich keine Mark jährlich."

Ein Freund antwortete ihm: „Sie ist auch keine Mark wert."

Unser Herr zeigt uns das Christenleben nicht als ein Leben süßer Ruhe, sondern als Krieg und Kampf.

„Denn wir alle müssen vor dem Richterstuhl Christi offenbar werden, damit ein jeglicher empfange, was er vermittels des Leibes gewirkt hat, es sei gut oder böse." 2. Korinther 5,10

Dieses Wort des Herrn zeigt uns, daß wir nicht erwarten dürfen, unsere Belohnung nach und nach zu empfangen. Wie ein Tagelöhner müssen wir unser Tagewerk erfüllen, und dann, am Abend, werden wir unseren Lohn erhalten.

Zu viele Christen blicken auf eine gegenwärtige Belohnung ihrer Arbeit, und wenn sie Erfolg haben, fangen sie an, auf diesen zu sehen, als hätten sie ihre Belohnung erhalten. Erfolg in seinem Werk ist nicht der wahre Lohn des Christen. Es ist ein Handgeld, aber der Lohn wartet noch. Auf die Anerkennung deiner Mitmenschen mußt du nicht sehen, als sei sie eine Belohnung deiner Tätigkeit, denn oft wirst du das Gegenteil feststellen. Du wirst finden, daß deine besten Taten mißverstanden und deine Beweggründe übel gedeutet werden. Wenn du deine Belohnung hier sehen willst, möchte ich dir das Wort des Apostels Paulus zurufen: „Hoffen wir allein in diesem Leben auf Christus, so sind wir die elendesten unter den Menschen."

Von den Menschen verworfen und verachtet zu werden, ist des Christen Los. Selbst unter seinen Mitchristen wird er nicht immer in gutem Ruf stehen. Es ist nicht immer aufrichtige Güte noch ungetrübte Liebe, die wir von den Heiligen empfangen.

Ich sage euch, wenn ihr eure Krone aus der Hand eurer Mitbrüder, die eure Arbeit kennen und in euren Versuchungen und Prüfungen mit euch fühlen sollen, zu empfangen gedenkt, so seid ihr sehr im Irrtum. Wenn ihr vor dem Richterstuhl des Christus erscheinen werdet, dann ist eure Zeit der Belohnung, aber nicht heute oder morgen, noch zu irgendeiner Zeit in dieser Welt.

Blicke mit Freuden auf die erhabene Person, von deren Hand die Belohnung gegeben wird. Brüder, wir lieben die Knechte des Königs, aber unsere Belohnung wird nicht den Knechten oder Engeln Gottes überlassen. Der Herr selbst, der an unserer Statt ein Fluch geworden ist, wird uns diesen Segen geben.

9. November

„Kaum war ich an ihnen vorübergegangen, da fand ich, den meine Seele liebt."

Hohelied 3,4

Kannst auch du so von dem Herrn Jesus reden? Wenn er jetzt käme und jeden einzelnen fragen würde: „Hast du mich lieb?", was für eine Antwort würdet ihr ihm geben?

Ich freue mich, daß viele, die diese Zeilen lesen, antworten würden: „Herr, du weißt alle Dinge, du weißt, daß ich dich lieb habe."

Ich könnte viele Gründe anführen, weshalb ich den Christus von Golgatha liebe, aber ich kann keinen Grund finden, weshalb ich ihn nicht lieben sollte. Alles, was ich über ihn lese, veranlaßt mich, ihn zu lieben.

Wenn es einen alle anderen Gründe überragenden Grund gibt, weshalb ich den Herrn liebe, so ist es dieser: „Der mich geliebt und sich selbst für mich hingegeben hat." Wenn er uns mit einer ewigen Liebe geliebt hat, wenn er uns geliebt hat, als wir seine Feinde waren, und so geliebt hat, daß er um unseretwillen Mensch wurde und gehorsam bis zum Tod, dann müssen wir ihn doch einfach wiederlieben! Kannst du zusehen, wie er stirbt und vom Kreuz genommen wird, ohne zu wünschen, ihn in reine Leinwand zu hüllen und Spezereien zu bringen, um seinen Leib zu salben? Kannst du seine Stimme hören: „Friede sei mit euch!", ohne dich seiner zu freuen? Nein, das kann nicht sein. Wir müssen dann sagen: „Wir lieben, weil er uns zuerst geliebt hat."

Dann lesen wir von der Braut, daß sie ihn sucht; denn Liebe kann es nicht ertragen, fern von dem Geliebten zu sein. Liebe sehnt sich nach Gemeinschaft und wird alles tun, um dem Gegenstand ihrer Zuneigung nahe zu sein. Wo wahre Liebe zu Jesus Christus ist, da wünscht man, bei ihm zu sein.

Aber dann erklingt eine etwas traurige Melodie; denn der nächste Satz lautet: „Ich suchte ihn, aber ich fand ihn nicht!" Kennst du diese Erfahrung? Wenn wir in irgendeiner Sünde leben, suchen wir ihn natürlich umsonst. Unser Herr will nicht, daß wir gering von seiner Gesellschaft denken, und zuweilen wird uns ihr Wert erst dann so recht bewußt, wenn wir sie entbehren.

10. November

Wenn du vor der Frage stehst, ob du dir eine ungewöhnlich große
Birne kaufen sollst oder nicht, so laß es entweder bleiben oder
mache dich auf eine Enttäuschung gefaßt, denn die Birne ist wahrscheinlich wässrig und mehlig. Übermäßig große, unnatürlich ge-
triebene Früchte haben nie den zarten Wohlgeschmack, der natürlich gewachsenen Früchten eigen ist. Was man an der Menge ge-
winnt, verliert man an der Güte.

Ebenso geht es meistens mit großem Reichtum, großer Ehre und
vornehmer Stellung. Es ist nicht so viel dahinter, wie man bei ober-
flächlicher Betrachtung meint; denn einmal wachsen Sorgen und
Versuchungen im gleichen Maß wie Reichtum und Vornehmheit,
und dann bewirkt alles, was man im Übermaß genießt, bald Über-
sättigung, so daß kein Vergnügen mehr dabei ist. Ein mäßiges Ein-
kommen macht glücklicher als ungeheurer Reichtum. Die Achtung
weniger erfreut mehr als die Huldigung der großen Menge. Das stille Wirken in bescheidenen Verhältnissen befriedigt mehr als eine
hohe, glänzende Stellung. „Genug" schmeckt viel besser als „zuviel". Salomo sagt: „Besser ein Gericht Kraut mit Liebe, als ein ge-
mästeter Ochse mit Haß!" (Sprüche 15,17).

Die Wahrheit dieses Wortes leuchtet uns besonders ein, wenn wir
bedenken, wie oft ein fetter Ochse, das heißt etwas recht Wertvolles,
der Anlaß zu Zank und Streit wird, während man keinen um sein
Gericht Gemüse beneidet.

Wer mit Agur spricht: „Armut und Reichtum gib mir nicht", erwählt die kleinere, aber süßere Birne. Am besten ist es aber, wenn
wir gar nicht selbst wählen, sondern alles unserem himmlischen Vater überlassen. Der die Lilien des Feldes kleidet und die Vögel des
Himmels ernährt, weiß, was ihr nötig habt. „Darum sollt ihr euch
nicht sorgen um den andern Morgen; denn der morgende Tag wird
für das Seine sorgen."

11. November

„Ziehet nicht am gleichen Joch mit Ungläubigen!" 2. Korinther 6,14

Haltet den Unterschied zwischen einem Christen und einem Ungläubigen aufrecht und macht ihn mit jedem Tag deutlicher. Habt ihr nie von dem Prediger gehört, der sich über den Teufel beklagte, weil ihm dieser mit einem seiner Gemeindeglieder davongelaufen war? Der Feind erwiderte ihm: „Ich fand ihn auf meinem Grund und Boden, und darum nahm ich ihn mit." Und so möchte ich dem Erzbetrüger auch ein „Halt" zurufen; aber das wird nichts nützen, wenn er euch auf seinem Gebiet findet. Jeder Vogelsteller beansprucht den Vogel, den er in seinem eigenen Netz findet. „Ich fing ihn in meinem Netz, und darum ist er mein." Wir werden es vergeblich versuchen, Satan dieses Eigentumsrecht streitig zu machen.

„Aber wir dürfen nicht zu streng sein", sagt jemand.

Dazu ist in dieser Zeit keine Gefahr vorhanden. Ihr werdet in der Heiligkeit nie zu weit gehen noch je dem Herrn Jesus zu ähnlich werden. Wenn euch jemand beschuldigen sollte, daß ihr zu streng seid und es zu genau nehmt, so seid nicht darüber traurig, sondern versucht, diese Beschuldigung wirklich zu verdienen. Ich kann mir nicht vorstellen, daß unser Herr Jesus an dem letzten großen Tag sagen wird: „Ihr seid nicht weltlich genug gewesen."

„Gut so", meint jemand, „aber sollten wir denn gar keine Vergnügungen haben?"

Mein lieber Freund, die für Christen bereiteten Genüsse sind reich und mannigfaltig, aber sie sind nicht mit Sünde und Torheit vermischt. Nennst du denn Laster und Torheit Vergnügungen? Dann will ich dich nicht um deine Freude beneiden.

Wenn ich aufs Land hinausgehe, dann sehe ich, wie die Knechte des Bauern große Mengen Futter für die Schweine bereiten; aber ich beneide diese nicht um ihr feines Mahl. Ich habe auch nichts dagegen einzuwenden, wenn ihnen der Trog zweimal vollgegeben wird, aber nehme ich daran teil? Ich nicht! Ich habe dafür keinen Geschmack. Verleugne ich mich nun deshalb? Gewiß nicht! Ich nehme an, daß die Dinge der Welt für Kinder Gottes keinen Reiz haben, wenn sie wirklich die Freuden der Gemeinschaft mit Gott geschmeckt haben.

„Und habt keine Gemeinschaft mit den unfruchtbaren Werken der Finsternis, decket sie vielmehr auf." Epheser 5, 11

Eine andere sehr ernste Sache betrifft die Vergnügungen der bekennenden Christen. Ich höre oft von Männern, die sich Christen nennen, daß es ratsam wäre, wenn Christen das Theater besuchten, damit das Niveau der Stücke verbessert würde. Diese Anregung ist beinahe ebenso verständig, als wenn man uns auffordern würde, eine Flasche Lavendelwasser in den großen Abflußkanal zu gießen, um dessen Gerüche zu verbessern.

Wenn die Gemeinde Jesu die Welt nachahmen soll, um deren Tun zu veredeln, dann haben sich die Dinge seit der Zeit, als unser Herr sagte: „Geht aus von ihnen, mein Volk, und rühret nichts Unreines an!", sehr verschoben. Der moralische Zustand des Theaters ist seit vielen Jahren derart, daß er zu schlecht ist, um aufgebessert werden zu können. Wenn es jemals eine Zeit gab, in der die Christen von ihrer strengen Abgeschiedenheit ablassen durften, so ist sie gewiß jetzt nicht da, wo selbst die Luft befleckt ist und unsere Straßen von den Rufen derer widerhallen, die schmutzige Blätter mit abscheulichen Bildern anbieten. Es ist traurig zu hören, wie heute die Leute über Taten der Sünde sprechen, wie junge Männer und Frauen ohne Erröten von Dingen reden, die nur verderben und zerstören können, als ob es Kleinigkeiten und spaßhafte Dinge wären.

In diesen Tagen müssen wir doppelt streng sein, damit nicht irgendwelche Zuchtlosigkeiten bei uns eindringen. Tatsächliche Sünde muß mit starker Hand unterdrückt werden, aber wir müssen auch selbst den bösen Schein meiden. Meine lieben Brüder und Schwestern, seid rein im Herzen, mit den Lippen und im Leben! Jedes zweifelhafte Wort, jede zweifelhafte Tat muß ernstlich vermieden werden. Irgend etwas und alles, was dem Unkeuschen nahekommt, muß verabscheut werden. Nur die reinen Herzens sind, werden Gott schauen. Wir sind alle den menschlichen Leidenschaften ausgesetzt, und unser elendes Fleisch läßt sich nur zu leicht von denen bezaubern, die seinen Lüsten dienen möchten. Und ehe wir wissen, wo wir uns befinden, wird die Seele gefangengenommen. Bittet Gott, daß er eure Herzen rein und heilig bewahre!

13. November

„So spricht der Herr der Heerscharen: Dies Volk sagt: 'Die Zeit ist noch nicht gekommen, daß das Haus des Herrn gebaut werde!'"

Haggai 1,2

Der Teufel bietet stets das Äußerste auf, um das Werk Gottes aufzuhalten. Damals hinderte er den Tempelbau der Juden, heute sucht er das Volk Gottes an der Ausbreitung des Evangeliums zu hindern. Dem Allerhöchsten soll ein geistlicher Tempel aufgerichtet werden. Wenn aber der Feind durch irgendein Mittel den Aufbau desselben hindern oder hinausschieben kann, schreckt er vor nichts zurück. Wenn er uns vom treuen, glaubensmutigen Wirken zur Verherrlichung Gottes abhalten kann, wird er es sicherlich tun. Er ist sehr schlau und weiß genau, wie er seinen Widerstand ändern muß, ohne jedoch sein Ziel aus dem Auge zu verlieren.

Bei den Juden, die aus der babylonischen Gefangenschaft zurückgekehrt waren, suchte er den Bau des Tempels dadurch zu verhindern, daß er sie selbstsüchtig und weltlich machte. So war ein jeder eifrig darauf aus, sein eigenes Haus zu bauen, während er sich um den Bau des Hauses des Herrn nicht kümmerte. Bei jeder Familie standen die eigenen Bedürfnisse im Vordergrund. Nach der Rückkehr in ein lange wüst gelegenes Land mußte viel geschehen, um das Versäumte wiedergutzumachen. Und um sich selbst zu versorgen, war jede Familie gezwungen, das Äußerste aufzubieten.

Aber dann wußten sie es sogar bis zum Luxus zu bringen, während die schon vor Jahren gelegten Fundamente zum Tempel entweder blieben, wie sie waren, oder mit noch mehr Schutt bedeckt wurden. Die Leute waren nicht zum Bauen des Hauses Gottes zu bewegen, sondern beantworteten jede Mahnung dazu mit der Entschuldigung, die Zeit zum Bauen des Hauses Gottes sei noch nicht gekommen. Eine passendere Zeit lag für sie stets in der Zukunft, aber in Wirklichkeit kam sie nie.

Ähnlich wie die Juden machen es heute auch viele Christen: Indem sie zuerst für sich selbst säen, dauert es lange, bis Gott an die Reihe kommt. Deshalb ruft der Prophet: „Ist es aber für euch an der Zeit, in euren getäfelten Häusern zu wohnen, während dieses Haus in Trümmern liegt?"

14. November

„Und alles übrige Volk hörte auf die Stimme des Herrn, ihres Gottes, und auf die Worte des Propheten Haggai." Haggai 1,12

Durch den Mund des Propheten Haggai ließ der Herr ernste Strafworte verkündigen, und das Volk erwachte. Mit ganzer Kraft wurde gearbeitet, bis den Arbeitern ein neues Hindernis in den Weg gelegt wurde. Die alten Leute stellten fest, daß dieser Bau im Vergleich mit dem Tempel Salomos, von dem ihnen die Väter erzählt hatten, nicht den Namen eines Tempels verdient. Durch den demütigenden Vergleich entmutigt, wurden die Arbeiter wieder müde. Und da ihnen jede Entschuldigung willkommen war, begrüßten sie diesen Vergleich mit Freuden. Wäre nicht der Prophet mit einem anderen Wort des Herrn den listigen Anschlägen des Feindes entgegengetreten, es wäre sicher bald zu einem erneuten Stillstand gekommen. Nichts verwirrt den Bösen so sehr wie die Stimme des Ewigen. Zweimal wird dem Volk zugerufen: „Ich bin mit euch."

Die jetzige Zeit ist in mancher Hinsicht der Zeit Haggais ähnlich. Sowohl innerhalb in der Gemeinde Christi als auch außerhalb derselben wiederholt sich diese Geschichte. Deshalb müssen die Botschaften Gottes ebenfalls wiederholt werden. Wir sind keineswegs von dem Weltsinn frei, der das liebe Ich voranstellt und für Gott keinen Platz hat. Aber wenn diese selbstsichtige Gier besiegt ist, pflegt oft eine bedenkliche Niedergeschlagenheit einzutreten. Unter denen, die der Weltlichkeit entflohen sind, herrscht eine große Neigung zur Niedergeschlagenheit; und man arbeitet nachlässig wie für eine Sache, die allem Anschein nach mißlingen wird. Dieses Übel muß kuriert werden.

Ich bete, daß das Wort aus dem Mund unseres Herrn dieselbe Wirkung hervorruft wie damals zur Zeit Haggais. Mögen schwache Herzen ermutigt und schlaftrunkene Seelen erweckt werden, wenn wir den Herrn sagen hören: „Mein Geist bleibt in eurer Mitte; fürchtet euch nicht!"

15. November

„Laß heute kund werden, daß du Gott in Israel bist und ich dein Knecht und daß ich solches alles nach deinem Wort getan habe!"

1. Könige 18,36

Du bist ein Arbeiter im Werk des Herrn und gehst aus, um unter vielen Tränen und Gebeten das Evangelium zu verkündigen. Du fragst dich: „Darf ich Frucht erwarten?"

Natürlich darfst du das, denn du bist nicht aufgefordert, guten Samen zu säen, der nie aufgehen wird. Aber wenn diese Sorge dein Herz niederdrückt, so gehe mit diesem Wort zum Gnadenthron: „Herr, ich habe nach deinem Wort getan. Laß nun kundwerden, daß es so ist. Ich habe dein Wort gepredigt, und du hast gesagt: 'Es wird nicht leer zu mir zurückkehren.' Ich habe für diese Seelen gebetet, und du hast gesagt: 'Des Gerechten Gebet vermag viel, wenn es ernstlich ist.' Zeige nun, daß du zu deinem Wort stehst!"

Der Herr hat sich gleichsam verpflichtet, dich in deiner Arbeit zu unterstützen. Wenn du mit heiligem Fleiß und großer Sorgfalt alles nach seinem Wort getan hast, dann darfst du mit Gewißheit im Herzen zu ihm kommen und sagen: „Hast du nicht gesagt, die mit Tränen säen, werden mit Jubel ernten? Ich habe das getan, nun gib mir meine Garben."

Ich möchte diese Lehre auf die ganze Gemeinde anwenden. Ich fürchte, daß viele Gemeinden nicht an Gliedern zunehmen. Die Versammlungen sind klein, die Gebetsstunden dürftig besucht, das geistliche Leben ist schwach. Sie haben nicht nach Gottes Wort gehandelt, und deswegen ist keine Frucht zu sehen. Eine Gemeinde wird mit Sicherheit gedeihen, wenn sie nach Christi Grundsätzen wandelt, den Lehren Christi gehorcht und mit dem Geist Christi erfüllt ist. Wenn Gottes Wort in allen Bereichen beachtet wird, dann kann in heiligem Vertrauen hoffnungsvoll gewartet werden. Das Feuer vom Himmel muß kommen, und der Segen wird nicht ausbleiben.

„Da fingen sie an, ihn zu bitten, er möge aus ihren Grenzen weichen."

Markus 5,17

Ich hoffe nicht, daß du zu der Klasse der Menschen gehörst, die Jesus bitten, aus ihrer Gegend wegzuziehen. Warum wünschten die Gadarener, daß er fortginge? Ich denke, weil sie es liebten, ruhig und still zu leben.

Es war ein großes Unglück, das sich zugetragen hatte: Die Schweine hatten sich ins Meer gestürzt. Sie wünschten nicht mehr solcher Unglücksfälle. Dieser Mensch, der zu ihnen gekommen war, besaß augenscheinlich außerordentliche Macht. Hatte er den Besessenen nicht geheilt? Sie wollten ihn nicht; sie wollten überhaupt nichts Außergewöhnliches.

Möglicherweise wünschten diese Leute den Heiland auch fort, weil sie ein Auge auf das Geschäft hatten. Das Schweinehalten war ein schmutziges Geschäft. Als Juden sollten sie gewiß nichts damit zu tun haben. Sie mögen gesagt haben, daß sie die Schweine nicht selbst aßen, sondern sie für andere hielten. Nun war aber die ganze Herde verloren. Ich möchte wissen, was all diese Schweine ihren Besitzern eingebracht hätten. Als die Besitzer erst angefangen hatten zu berechnen, wieviel sie verloren hatten, stand es bei ihnen fest, daß der Heiland aus ihrer Gegend weichen müsse, ehe noch mehr Verluste sie treffen würden.

Ich wundere mich nicht, wenn Menschen, die zum Beispiel berauschende Getränke verkaufen oder irgendein Geschäft haben, bei dem sie kein Geld verdienen können, ohne ihren Mitmenschen zu schaden, nicht wünschen, daß Christus zu ihnen kommt. Vielleicht würden es einige von euch nicht gern haben, wenn der Herr hörte, wie ihr eure Angestellten bezahlt. Ich fürchte, wenn der Herr käme und in dieses oder jenes Geschäftshaus ginge, der Mann zu seiner Frau sagen würde: „Nimm das Lohnbuch und verbirg es. Ich möchte nicht, daß er es sieht."

Oh, liebe Freunde, wenn irgendein solcher Grund vorhanden ist, weshalb ihr es nicht wünscht, daß euch der Herr Jesus überrasche, bete ich, daß euch sein Heiliger Geist davon überzeuge, wie nötig es ist, daß er gerade zu euch kommt.

17. November

„Da fingen sie an, ihn zu bitten, er möge aus ihren Grenzen weichen."

Markus 5,17

Die Bitte der Menschen: „Verlasse unsere Gegend!" erhört der Herr. Aber die Bitte des ehemals Besessenen: „Herr, laß mich bei dir bleiben!", wird nicht gewährt. Ist das seine Weise, die Gebete der Feinde zu erhören und die Bitten seiner Freunde abzuschlagen? Ja, zuweilen schon.

Im ersten Fall, als sie ihn zu gehen baten, ging er. – Oh, liebe Freunde, wenn Christus euch nahekommt und euer Gewissen angerührt wird und ihr etwas wie geistliches Leben fühlt, so bittet ihn nicht fortzugehen; denn wenn er geht und ihr euch selbst überlassen bleibt, ist euer Los besiegelt. Eure einzige Hoffnung liegt in seiner Gegenwart.

Jesus ging von diesem Volk fort, weil es nutzlos war zu bleiben. Wenn sie wünschten, daß er ging, was konnte er dann für sie tun? Wenn er redete, würden sie doch nicht auf ihn hören. Wenn seine Botschaft zu ihnen kam, würden sie sie nicht beachten. Er konnte seine Zeit anderswo besser verwenden. Der Herr Jesus wußte, daß, wenn ihn die Gadarener abwiesen, er auf der anderen Seite des Meeres willkommen geheißen würde.

Warum wurde das gute Gebet nicht erhört? Der Hauptgrund lag darin, daß der Geheilte zu Hause nützlich sein konnte. Er konnte Gott dadurch, daß er seinen Familienmitgliedern und den Gadarenern erzählte, was Gott an ihm getan hatte, besser verherrlichen, als er je durch einen persönlichen Dienst, den er dem Herrn erwiesen hätte, tun konnte.

Es ist zu beachten, daß der Herr Jesus während seiner Zeit auf Erden niemand als seinen persönlichen Diener annahm. Er war nicht gekommen, um sich bedienen zu lassen, sondern um zu dienen. Er hatte nicht den Wunsch, daß dieser Mensch zu seiner Bequemlichkeit beitrage, sondern er befahl ihm, zu seiner Familie zurückzukehren, die Macht Christi zu verkündigen und die Menschen für Gott zu gewinnen zu suchen.

18. November

„Und siehe, da war ein Mensch, der hatte eine verdorrte Hand."
Matthäus 12,10

Der Herr Jesus kam in eine Synagoge, wo sich ein Mensch befand, der eine verdorrte Hand hatte. Ein Wort in dem Bericht deutet an, daß dies eine beachtenswerte Tatsache war. Das Wort „siehe" ist eine Art Ausrufungszeichen, das die Aufmerksamkeit erhöhen möchte. Es gab gelehrte Personen, die gekommen waren, um Jesus zu hören, aber es steht kein „Siehe" da, wenn von ihnen berichtet wird. Doch in dieser Synagoge war ein armer Mann mit einer verdorrten Hand, und wir werden aufgefordert, diese Tatsache zu beachten.

Wenn seine rechte Hand verdorrt war, konnte er kein Handwerk betreiben und sein Brot nicht verdienen. Seine beste Hand war unbrauchbar. Ich nehme an, daß er ein einfacher, unbedeutender Mensch war, der in großer Armut lebte, weil er nicht arbeiten konnte. Ich denke, er war gewohnt, in die Synagoge zu gehen wie jeder andere seiner Mitbürger; doch der Heilige Geist betont mit dem Wort „siehe", daß ein Krüppel anwesend war.

Der Herr wollte an diesem Sabbatmorgen jemand haben, an dem er wirken konnte; jemand, den er heilen konnte, an welchem er seine Macht offenbaren wollte.

Wenn du reich und satt bist, so wünscht mein Meister dich nicht. Er ist ein Arzt, und diejenigen, die sich mit der Heilkunst beschäftigen, suchen nach Kranken als dem Kreis ihrer Wirksamkeit. Wenn wir einem geschickten Arzt von einer Stadt sagen würden, in der niemand krank sei, sondern sich jeder einer vollkommenen Gesundheit erfreue, so würde er sich dort gewiß nicht niederlassen. Mein Meister kommt nicht in die Versammlung, in der jeder ganz mit sich zufrieden ist, wo keine blinden Augen, keine tauben Ohren, keine gebrochenen Herzen, keine verdorrten Hände sind; denn wozu brauchen solche Leute einen Heiland? Er blickt umher, und sein Auge richtet sich auf Leid, Not, Unvermögen, Sündhaftigkeit – auf alles, wo er Gutes tun kann.

19. November

„Und siehe, da war ein Mensch, der hatte eine verdorrte Hand ...
Dann sprach er zu dem Menschen: Strecke deine Hand aus!"

Matthäus 12,10.13

Der Befehl war an eine Person gerichtet, die völlig unfähig war zu gehorchen. Hier lag keine Scheinkrankheit vor. Der Kranke hatte nicht vorgelogen, eine lahme Hand zu haben, sondern seine Hand war wirklich gelähmt.

Manche unter euch mögen denken, daß der Herr Jesus keine wirklichen Sünder errettet, daß die Leute, die er errettet, nicht so schlecht sind wie ihr, daß bei ihnen nicht eine solche Hoffnungslosigkeit und Hilflosigkeit vorliegt wie bei euch. Ihr fühlt euch völlig kraftlos. Aber gerade für solche ist der Herr Jesus gestorben.

Uns ist befohlen, euch zu predigen: „Glaubet! Glaube an den Herrn Jesus Christus, so wirst du errettet werden!" Diese Befehle werden an Sünder gerichtet, die, soweit es die moralische Fähigkeit betrifft, dem Befehl gar nicht gehorchen können. Wie diesem Kranken hier ist ihnen etwas befohlen, wozu sie in sich keine Kraft besitzen. Der Kranke konnte seine Hand nicht bewegen, und doch redet ihn der Heiland so an, als ob er es könnte; und ich sehe hier ein Symbol für das Evangelium, wie es zu den Sündern spricht. Gerade in deiner Unfähigkeit kann sich die göttliche Macht entfalten. Weil du so unfähig bist, kommt das Evangelium zu dir, damit gesehen wird, daß die verwandelnde Kraft des Evangeliums einzig und allein im Heiland selbst liegt und ganz und gar nicht in demjenigen, der errettet wird.

Aber beachtet, daß der Befehl zu jemand kam, der willig und vorbereitet war, das zu tun, was ihm der Herr befehlen würde. Wenn ihr ihn gefragt hättet, so hätte er sicher nicht den Wunsch geäußert, die verdorrte Hand zu behalten. Nein, er wünschte von ganzem Herzen, geheilt zu werden.

Genauso ist es mit der Errettung. Sobald ein Mensch wirklich danach verlangt, wird sie ihm zuteil.

20. November

„Als er solches vernahm, machte er sich auf und ging fort um seines Lebens willen und kam nach Beerseba in Juda."   1. Könige 19,3

Elia erwartete ohne Zweifel, daß nach der wunderbaren Offenbarung der Macht Gottes auf dem Berg Karmel das Volk seine Götzen aufgeben und sich zu dem allein lebendigen und wahren Gott bekehren würde. Hatte es nicht wie mit einer Donnerstimme bekannt: „Der Herr ist Gott!"? Der Prophet hoffte, daß Ahabs Herz vielleicht gerührt werden könnte und möglicherweise durch ihn das Herz Isebels. Wenn sie nicht bekehrt würde, so könnte doch wenigstens das offenbare Handeln Gottes ihre Hand von weiteren Verfolgungen abhalten. Er hoffte, daß durch diesen Einfluß das ganze Land rasch zur Treue gegen seinen Herrn zurückkehren würde. Dann wäre sein ernstes Herz froh vor dem Herrn gewesen.

Als er die Entdeckung machte, daß es nicht so war, sank ihm der Mut. Die Botschaft Isebels, daß er am nächsten Tag erschlagen werden sollte, war ihm wahrscheinlich nicht so schrecklich wie die Wahrnehmung, daß seine große Demonstration gegen Baal zum Fehlschlag verurteilt war. Die stolze Königin würde immer noch über den wankelmütigen Ahab herrschen und durch Ahab weiterhin die Macht über das Volk behalten. Die Götzen würden sicher auf ihren Thronen sitzen bleiben!

Dieser Gedanke war Wermut und Galle für den götzenhassenden Propheten. Er wurde so verzagt, daß er bereit war, den Kampf aufzugeben und das Schlachtfeld zu verlassen. Er kann es nicht ertragen, in dem Land zu leben, in dem das Volk so blind ist, Baal zu ehren und den Herrn zu verachten. Er wandert in größter Eile durch das Land, flieht in die Wüste. Er will sich nicht mehr niederlegen, bis er die Einsamkeit erreicht hat.

Ist dies der Mann, der in Israels Geschichte hineinzuspringen schien wie ein Löwe? Ja, er ist es. Es ist gut für uns, die wir immer schwach sind, daß wir klar sehen, daß die Starken nur stark sind, weil Gott sie stark macht. Ihre zeitweilige Schwäche beweist, daß sie von Natur aus ebenso schwach sind wie wir. Es ist nur die göttliche Kraft, die sie mächtig macht. Und diese Kraft ist bereit, auch uns für den Kampf zu gürten.

21. November

„Und nach dem Feuer kam die Stimme eines sanften Säuselns. Als Elia dieses hörte, verhüllte er sein Angesicht mit seinem Mantel."

1. Könige 19,12-13

Beachtet, wie sorgfältig und freundlich Gott mit seinem niedergeschlagenen Knecht handelt! Er wußte, daß Elia im Herzen treu war. Er sah, daß er ein aufrichtiger Mann war, der seinen Gott liebte und eifersüchtig auf seine Ehre war. Deshalb verstieß er seinen Knecht nicht im Zorn, sondern beschloß, ihn wieder zu beleben und wiederherzustellen.

Der Herr begann damit, daß er seine Körperkräfte stärkte und ihn in einen Schlaf fallen ließ, um ihn anschließend mit geröstetem Brot und einer Kanne Wasser zu stärken. Dann gestattete ihm der Herr, wiederum zu schlafen, denn dies hatte Elia nötig. Wir können es nicht Zeitverlust nennen, wenn wir vor Anstrengung ermattet sind und Schlaf nötig haben. Gott gab seinem Knecht nach seinem zweiten Schlaf auch eine zweite Mahlzeit; und so gestärkt war er imstande, die Dinge in einem anderen Licht zu sehen.

Nachdem der Mann Gottes von dem großen Arzt erfrischt worden war, wurde er von dem Herrn nach dem Horeb geleitet, wo er ganz allein sein konnte. Als die Stille dort sein Gemüt besänftigt hatte, begann der Herr, mit ihm zu sprechen. Kaum war der Prophet an die Öffnung der Höhle getreten, als ein furchtbarer Orkan mit solcher Kraft durch die Spalten der Täler daherfegte, daß er Berge zerbrach. Der Prophet war durchaus nicht erschrocken. Er war das Kind des Sturmes, ein Eiferer für das Gesetz. Kaum hatte diese Erschütterung aufgehört, als das Feuer seinen Glanz entfaltete. Auch jetzt finden wir nicht, daß der Prophet im geringsten eingeschüchtert war. Dann schwiegen die Elemente. Es gibt nichts Schrecklicheres als eine tiefe Stille nach einem entsetzlichen Aufruhr. Da verhüllte der Prophet sein Antlitz, ging in den Eingang der Höhle und stand, um zu horchen. Das leise Säuseln hatte die volle Aufmerksamkeit seiner Seele geweckt. Es hatte getan, was alles übrige nicht tun konnte, und er war bereit zu hören, was Gott ihm sagen würde.

22. November

„Und nach dem Feuer kam die Stimme eines sanften Säuselns. Als Elia dieses hörte, verhüllte er sein Angesicht mit seinem Mantel."

1. Könige 19,12-13

Das stille, sanfte Säuseln hatte Erfolg, wo Donner und Blitze nichts ausrichteten. Wir bilden uns häufig ein, daß der Schrecken des Herrn die Menschen überzeugen und zwingen würde, Ruhe in Gott zu suchen. Wir hängen immer noch an der Vorstellung, daß der äußere Eindruck entsetzlicher Macht das Reich Gottes fördern würde. Wir sind nicht so leicht bereit wie unser Meister, auf zwölf Legionen Engel zu verzichten. Wir verlassen uns gern auf fleischliche Kraft und Energie. Wir sind hoffnungsvoll, wenn wir Lärm machen und Aufregung, Unruhe und Bewegung schaffen können. Unser Zeitalter der neuen Dinge scheint geistliche Kraft in Blechinstrumenten und Schlagzeugen entdeckt zu haben, und man hofft, Seelen durch solche und ähnliche Mittel anzuziehen. Eine einfache, schlichte Verkündigung wird gering geschätzt, und es werden sensationelle Methoden gesucht. Die Tendenz der Zeit geht auf Schaustellung der Macht, als ob diese zustande bringen könnte, was geistliche Mittel nicht zu bewirken vermochten.

Unser himmlischer Vater gebraucht gewöhnlich das, was sanft, ruhig, gelassen und friedlich ist. In dem Werk wirklicher Bekehrung, welche die Seele zur Entscheidung und zum völligen Gehorsam gegen Gott bringt, ist die rufende Stimme oft so leise, daß sie von anderen nicht wahrgenommen wird. Es ist wenig Entfaltung von leiblicher und geistiger Gewalt, und doch ist mehr wirkliche Macht da, als wenn Gewalt gebraucht würde. Hier sehen wir also die Schwäche der Kraft, aber wir lernen auch die Kraft der Schwäche, wie Gott oft Dinge, denen – nach dem Augenschein zu urteilen – leicht widerstanden werden kann, unwiderstehlich macht. Satan kann die Seele durch Angst, Zweifel und Schrecken unter Druck setzen. Aber der Geist Gottes kommt in zarter Liebe, offenbart Christus als den Sanftmütigen, richtet das Kreuz des Heilandes vor des Sünders Augen auf und spricht ihm Frieden, Vergebung und Heil zu. Brüder, dies ist, was uns fehlt: das Werk des Geistes Gottes in seiner eigenen Art der lebendigen Liebe.

23. November

„Liebe ist stark wie der Tod, und Eifersucht hart wie das Totenreich; ihre Glut ist Feuerglut, eine Flamme des Herrn."   Hohelied 8,6

Welch wunderbare Sache ist es, daß uns der Sohn Gottes liebt! Ich staune nicht so sehr darüber, daß er jemand von euch liebt, aber ich verliere mich in Bewunderung im Gedanken daran, daß er Liebe zu mir empfindet. Fühlt nicht jeder Gläubige, daß es ein Wunder der Wunder ist, daß der Herr Jesus ihn liebt? Er war in der Herrlichkeit, im Schoße des Vaters und genoß unaussprechliche Wonne. Wenn er es nötig fand, seinen Liebesblick einem seiner Geschöpfe zuzuwenden, so gab es Millionen Engel vor seinem Thron. Aber nein, er mußte auf die Erde hinabblicken und uns ausfindig machen, die wir seiner Beachtung gänzlich unwürdig waren. Er hätte uns bemitleiden und uns in unserem verlorenen Zustand lassen können, aber das war bei einem, der ein solches Herz hatte wie unser teurer Heiland, nicht möglich. Er mußte uns lieben.

Was es für Gott ist zu lieben, das weiß Gott allein. Nach der Liebe, die wir zu empfinden vermögen, können wir uns nur eine schwache Vorstellung von der Liebe Gottes machen. Die Liebe Gottes muß eine gewaltige Leidenschaft sein. Ich gebrauche dieses Wort, weil ich kein besseres finde. Ich bin mir bewußt, daß es nicht das richtige ist, denn die menschliche Sprache ist zu schwach, um die göttliche Liebe zu beschreiben.

Es war unverdiente Liebe, die ihren Grund nicht in uns hatte. Er liebte uns, weil er uns lieben wollte. Es war die Souveränität seiner Liebe, die ihn veranlaßte, alle Menschen in seinen Erlösungsplan einzubeziehen. Er liebte sie ohne Rücksicht auf das, was sie je tun würden, um seine Liebe zu verdienen. Er liebte sie ebenso völlig wie freiwillig; er liebte göttlich, unermeßlich. Du kennst deine Liebe zu deinem Kind; sie ist im Vergleich zu der großen Sonne der Liebe Christi zu dir nur ein schwacher Funken.

24. November

*„Da sprach der Herr zum Satan: Hast du meinen Knecht Hiob beach-
tet?"* Hiob 1,8

Satan hat acht auf die Heiligen. Wir zweifeln nicht, daß er das Volk
Gottes und besonders die Hervorragenden und Trefflichen darunter
als ein großes Hindernis für den Fortschritt seines Reiches betrachtet.

Wie der Ingenieur, der eine Eisenbahn anlegen will, seine Augen
auf die Hügel und Flüsse richtet, die ihm jahrelang Arbeit verursachen werden, so hat Satan, wenn er die verschiedenen Pläne betrachtet, um die Herrschaft der Welt fortzuführen, am meisten acht
auf Männer wie Hiob. Satan muß viel an Martin Luther gedacht haben. „Ich könnte die ganze Welt unter meine Füße treten", sagte er,
„wenn dieser Mönch nicht wäre. Er steht mir im Weg. Dieser Starr-
kopf haßt meinen Vielgeliebten, den Papst, und bläut ihn durch.
Wenn ich ihn los werden könnte, so würde ich mich nicht um fünf-
zigtausend kleinere Heilige kümmern, die mir im Weg ständen." Er
hat sicher acht auf Gottes Knecht, wenn „seinesgleichen nicht ist",
wenn er deutlich und von seinen Gefährten geschieden eine hervorragende Stellung einnimmt.

Wenn jener schreckliche Krieger das Glas ans Auge hält, so sucht
er sicher nach denen, die an ihrer Uniform als Offiziere erkannt
werden, und befiehlt seinen Scharfschützen, auf diese zu zielen.

Wenn ihr freigebiger als andere Heilige seid, wenn ihr mehr in
Gottes Nähe lebt als andere, so könnt ihr erwarten, daß Satan seine
Aktivität auf euch konzentrieren wird. Er würde Gottes Juwelen aus
seiner Krone reißen, wenn er könnte, und versuchen, des Erlösers
Edelsteine aus seinem Brustschild wegzunehmen. Er hat also acht
auf die Kinder Gottes, und da er sie als Hindernis für seine Herrschaft betrachtet, ersinnt er Methoden, wie er sie aus dem Weg räumen oder zu seinem Vorteil benutzen kann. Bedenkt, daß der
Widersacher eine fast sechstausend Jahre lange Erfahrung mit der
gefallenen Menschheit hat, und laßt euch von dem bewahren, der
der Schlange den Kopf zertreten hat.

25. November

„Und man bringt einen Blinden zu ihm und bittet ihn, daß er ihn an-rühre."
Markus 8,22

Freunde brachten den Blinden zu Jesus. Wie viele gibt es, welche die Grundlehren des Evangeliums nicht recht verstehen und darin die Hilfe der Gläubigen brauchen! Sie sind sehr aufgeschlossen, aber sie wissen nicht, was sie tun müssen, um selig zu werden. Die große Wahrheit der Stellvertretung, die das Wesentliche im Evangelium ist, haben sie noch nicht begriffen. Sie wissen kaum, was es ist, völlig in dem Herrn Jesus zur Ruhe zu kommen, der die Sühne für ihre Sünden gebracht hat. Solche Menschen würden gesegnet werden, wenn reifere Christen es versuchen würden, sie zu einer klaren Erkenntnis des Heilandes zu führen. Warum kannst du solche Seelen nicht unter den Schall des Wortes bringen, das dir doch selbst ein Wegweiser gewesen ist?

Als dieser Blinde zum Heiland gebracht worden war, bekam er sofort Kontakt zu ihm; denn der Herr nahm ihn bei der Hand. Es ist ein glücklicher Tag für eine Seele, wenn sie in persönliche Verbindung zu dem Herrn Jesus kommt.

Als nächstes führt der Heiland den Blinden in die Einsamkeit – hinaus aus dem Dorf. Wenn Personen bekehrt werden, die mehr geistlich blind als absichtlich boshaft, mehr unwissend als feindlich eingestellt gewesen sind, da ist eins der ersten Zeichen für ihr Christentum, daß sie sich in die Stille zurückziehen und ihre persönliche Verantwortlichkeit fühlen. Ich habe immer Hoffnung für einen Menschen, der anfängt, darüber nachzudenken, wie er zu Gott steht; denn es gibt Tausende in unserem Land, die sich als Teil eines christlichen Volkes und Glieder einer Kirche ansehen und sich doch nie ihrer persönlichen Verantwortung vor Gott bewußt werden. Es ist ein gutes Zeichen, wenn dich der Herr „aus dem Dorf" wegnimmt, wenn du alle anderen vergißt und nur um dein Heil bekümmert bist. Wenn du dann errettet bist, hast du nicht mehr nötig, an dich selbst zu denken, sondern wirst um die Seelen anderer besorgt sein. Vorher aber ist es die höchste Weisheit, an dich selbst zu denken und auf den Heiland zu blicken, damit du das ewige Leben erlangst.

*„Und er nahm den Blinden bei der Hand und führte ihn vor das Dorf
hinaus, spie ihm in die Augen, legte ihm die Hände auf und fragte ihn,
ob er etwas sähe."*   Markus 8,23

Der Herr wandte ein verächtliches Heilmittel an: Er spuckte auf seine Augen. Der Heiland benutzte den Speichel seines Mundes oft als
Heilmittel. Es scheint mir, daß der Gebrauch des Speichels das Öffnen der Augen mit dem Mund des Herrn verband, das heißt, es verband die Erleuchtung des Verstandes mit der Wahrheit, die Jesus
Christus ausspricht. Das geistliche Auge wird durch die Lehre geöffnet, die Jesus Christus spricht. Es war nichts als Speichel, und es ist
möglich, daß Gott euch gerade durch die Wahrheit segnet, die ihr
früher verachtet habt, und es würde mich nicht wundern, wenn er
gerade den Mann benutzt, gegen den ihr am bittersten gekämpft
habt. Du nennst es „Speichel", aber nichts anderes wird deine
Augen öffnen. Du sagst: „Das Evangelium ist eine sehr gewöhnliche
Sache." Gerade durch solch eine gewöhnliche Sache sollst du das
ewige Leben erhalten.

Ich denke, daß viele von uns bei der eigenen Bekehrung erfahren
haben, daß der Herr unseren Stolz damit züchtigt, daß er sagt:
„Diese armen Leute, von denen du so gering gedacht hast, werden
dir zum Segen werden, und mein Diener, gegen den du so viele Vor-
urteile hattest, soll der Mann sein, der dir den vollkommenen Frieden bringt."

Du denkst daran, daß der Herr keine Myrrhe oder Weihrauch,
keine teuren Medikamente, sondern nur gewöhnlichen Speichel zur
Heilung des Blinden benutzte. Wenn du geöffnete Augen hättest, so
würdest du sehen, daß dir die tiefen, göttlichen Wahrheiten nicht
durch die Philosophen und Denker unserer Tage nahegebracht werden und daß derjenige, der dich auffordert, dem Herrn Jesus zu vertrauen und dadurch zu leben, dir eine bessere Wahrheit vorlegt als
Philosophen. Du würdest erkennen, daß derjenige, der dir sagt, daß
im Herrn Jesus alle Schätze der Weisheit verborgen liegen, dir mit
dieser einfachen Darlegung mehr sagt, als du von Sokrates und Pla-
to lernen könntest, wenn sie wieder von den Toten auferständen.

27. November

„Und er blickte auf und sprach: Ich sehe die Leute, als sähe ich wandelnde Bäume!"

Markus 8,24

Der Herr hatte den Augen des Mannes die Kraft zum Sehen gegeben, aber er hatte noch nicht die Fähigkeit, alles klar zu unterscheiden. Jesus fragte ihn, ob er etwas sähe. Er blickte auf, und sein erstes Freudenwort war: „Ich sehe!" Welch ein Segen!

Einige von euch können sagen: „Eines weiß ich: daß ich blind war und nun sehe. Ich sehe nicht soviel, wie ich vielleicht sollte, noch wie ich hoffe, einmal zu sehen, aber ich sehe. Ich weiß es genau. Ich sehe meine Nöte und Bedürfnisse, und wenn ich auch nichts anderes sehe, so sehe ich doch diese."

Nun, wenn ein Mensch irgend etwas sehen kann, so macht es nichts, was es ist; immerhin: Er kann sehen. Ob es ein schöner Gegenstand ist oder ein häßlicher, den er sieht, tut nichts zur Sache. So ist das geistliche Verständnis von irgend etwas ein Beweis dafür, daß du geistliches Leben hast.

Aber höre den Mann weiter. Er sagt: „Ich sehe die Leute." Das ist noch besser. Es gibt viele, die genug Sehkraft haben, um bestimmte Dinge zu unterscheiden. Obwohl du so blind gewesen bist wie eine Fledermaus, kann dich jetzt niemand mehr davon überzeugen, daß die Wiedergeburt durch die Taufe dasselbe sei wie die Wiedergeburt durch das Wort Gottes. Man sollte meinen, daß das allen klar ist; aber leider ist es nicht so. Du kannst genug sehen, um zu erkennen, daß es einen Heiland gibt, daß der Weg der Erlösung in dem Glauben an Jesus Christus besteht, daß die Erlösung, die Jesus Christus vollbracht hat, eine vollkommene ist, und diejenigen, welche sie erlangen, sicher in die ewige Herrlichkeit bringt.

Aber hört weiter auf den Mann, denn er sagt: „Ich sehe die Leute, als sähe ich wandelnde Bäume!" Er sah alles nur verschwommen.

So ist es mit dem ersten Licht, das vielen geistlich Blinden gegeben wird. Sie können nicht zwischen Rechtfertigung und Heiligung, dem Werk des Heilandes und dem des Heiligen Geistes unterscheiden. Aber es ist eine große Gnade, daß sie überhaupt sehen, und Gott wird ihnen nach und nach immer mehr Licht geben.

28. November

„Hierauf legte er noch einmal die Hände auf seine Augen und ließ ihn aufblicken; und er wurde wiederhergestellt und sah alles deutlich."

Markus 8,25

Ich nehme an, daß die erste Person, die der Blinde sah, der Herr Jesus war, denn er war ja aus der Menge weggeführt worden und konnte die Menschen nur aus der Entfernung sehen. Gesegneter Blick auf dieses Angesicht! Der Blinde hätte zufrieden sein können, immer blind zu bleiben, wenn er nicht den Herrn Jesus hätte erblikken können. Aber wenn man ihn sieht – welche Freude, aus der Blindheit befreit worden zu sein!

Lieber Freund, bitte vor allem darum, daß du den Herrn Jesus erkennst und verstehst. Halte die Lehre Christi für wertvoll, weil sie ein Thron ist, auf dem er sitzt. „Wachset in der Gnade", sagt der Apostel Petrus, aber er fügt hinzu: „und Erkenntnis unsres Herrn und Retters Jesus Christus!"

Wir lesen, daß der Herr dem Blinden befahl aufzusehen. Wenn wir sehen wollen, dürfen wir nicht *vor uns* hinblicken; kein Licht kommt von der staubigen Erde. Wenn wir sehen wollen, dürfen wir auch nicht *in uns* blicken; denn da ist eine dunkle Höhle voll von allem Bösen. Wir müssen aufblicken. Indem wir über den Herrn Jesus nachdenken und in ihm ruhen, müssen wir zu unserem Gott aufblicken. Unsere Seele muß ihres Herrn Vollkommenheit betrachten und nicht von ihrer eigenen träumen. Sie muß über seine Größe nachdenken, nicht über irgendeine eingebildete eigene Größe.

Es wird erzählt, daß der Blinde zuletzt alles scharf sehen konnte. Ja, wenn der große Arzt den Kranken heimsendet, so könnt ihr versichert sein, daß die Heilung vollständig ist.

Seid nicht damit zufrieden, meine lieben Freunde, daß ihr errettet seid. Wünscht zu erfahren, wie ihr errettet, warum ihr errettet, durch welches Mittel ihr errettet und wozu ihr errettet worden seid. Versucht den Unterschied zwischen der alten und der neuen Natur zu verstehen. Erwartet nie, daß sich die alte Natur zur neuen verbessern wird, denn das wird nie geschehen. Trachtet danach, das ganze Wort Gottes zu verstehen, und sucht die Wahrheit zu ergreifen, wie sie im Herrn Jesus in all ihrer Festigkeit und Einheit ist.

29. November

„Denn Herodes fürchtete den Johannes, weil er wußte, daß er ein gerechter und heiliger Mann war, und er bewachte ihn und gehorchte ihm in manchem und hörte ihn gern."

Markus 6,20

Bei all diesen guten Charakterzügen nahm Herodes ein trauriges Ende. Johannes, den er einst geachtet und gern gehört hatte, erschlug er. Er war es, der den Befehl gab, Johannes zu enthaupten und sein Haupt der Herodias zu bringen.

So ist es mit vielen Hörern gegangen, die zuerst Hoffnung gaben; sie sind Verleumder und Verfolger derselben Prediger geworden, vor denen sie einst Achtung hatten. Nach einer Weile mißfällt es den Leuten, getadelt zu werden, und ihr Mißfallen entwickelt sich so weit, daß sie das verhöhnen, was sie einst ehrten, und den Namen Christi zum Spielball für ihre Scherze machen.

Herodes fürchtete Johannes, und doch enthauptete er ihn. Jemand mag evangelisch oder reformiert sein, unter dem Druck der Verhältnisse kann er jedoch zu einem Hasser und Verfolger der Wahrheit werden, die er einst bekannte.

Herodes fiel allerdings noch eine Stufe tiefer; denn er war es, der später den Heiland verspottete. Er, der unter dem Einfluß von Johannes „in manchem gehorchte", beschimpfte nun den Sohn Gottes.

Einige der ärgsten Lästerer des Evangeliums waren ursprünglich Schüler und Lehrer in der Sonntagschule. Es waren junge Männer, die „fast überredet" waren. Doch hinkten und zauderten sie, bis es zum Fall kam und es viel schlimmer mit ihnen wurde, als wenn sie nie das Licht der Wahrheit gesehen hätten.

Wenn der Teufel einen Judas, den Sohn des Verderbens, braucht, so nimmt er einen Apostel und wirkt auf ihn ein.

Grenzbewohner sind die schlimmsten Feinde und richten am meisten Schaden an, bis wir sie auf unsere Seite der Grenze bringen.

Oh, daß die Gnade Gottes all die zur Entscheidung brächte, die jetzt noch zaudern!

„Als aber der König hineinging, die Gäste zu besehen, sah er daselbst einen Menschen, der kein hochzeitliches Kleid anhatte; und er sprach zu ihm: Freund, wie bist du hereingekommen und hast doch kein hochzeitliches Kleid an? Er aber verstummte."   Matthäus 22,11-12

Warum war der Mann sprachlos? Wir treffen nicht oft Leute, die nicht sofort eine Entschuldigung finden. Aber hier sehen wir einen Menschen, der nicht antworten konnte. Warum nicht? Ich denke, weil der Vorwurf so ernst war. „Freund, wie bist du hereingekommen?" fragte der König. Der ungebetene Gast mußte von dem Diener an der Tür zurückgehalten worden sein, aber der Bursche war mit Gewalt eingedrungen. Als der König sagte: „Bindet ihm Hände und Füße", so sollte dieses, denke ich, geschehen, weil er Hände und Füße gebraucht hatte, um einzudringen. Er hatte gesagt: „Ich will eintreten! Ich will dem König Trotz bieten und unter seinen Gästen sitzen auch ohne ein hochzeitliches Kleid." So konnte er jetzt nicht sagen: „Herr, das habe ich nicht gewußt." Er hatte gesehen, wie alle anderen mit hochzeitlichen Kleidern bekleidet wurden. Es wäre eine Lüge gewesen zu sagen: „Herr, ich konnte kein hochzeitliches Kleid bekommen." Jeder hatte umsonst ein hochzeitliches Kleid erhalten, und er hätte es ebenfalls haben können. Er konnte auch nicht entgegnen: „Herr, ich bin von jemand hereingedrängt worden." Nein, er war freiwillig hereingekommen und hatte der Ordnung Trotz geboten.

Unser Herr Jesus sagt sehr ernste Dinge über die Zukunft der Bösen. Es ist mir der Vorwurf gemacht worden, daß ich die Zukunft der Verlorenen zu schrecklich darstelle. Ich bin jedoch nie weitergegangen als unser Herr selbst. Besinnt euch und nehmt die Frage der Ewigkeit ernst.

Ich denke gerade an all die vielen anderen Gäste bei dem Hochzeitsfest. Alle haben ein hochzeitliches Kleid an. Welche Freude herrschte dort! Viele waren Sünder gewesen und alle arm, aber sie hatten alle ein hochzeitliches Kleid an, und niemand wurde hinausgeworfen.

Setze dein Vertrauen einzig und allein auf Jesus, und dir wird zugerufen: „Wer zu mir kommt, den werde ich nicht hinausstoßen!"

1. Dezember

„Simon Jona, hast du mich lieb?"   Johannes 21, 17

Petrus war ein fleißiger Jünger. Wie spontan rief er, als er auf dem galiläischen Meer war: „Herr, bist du es, so heiße mich zu dir auf das Wasser kommen!" Welcher Mut! Welcher Glaube! Welch ein Eifer! Auch bei der Begebenheit, die dieser Frage des Herrn vorausgeht, kann Petrus in seinem Eifer nicht warten, bis das Boot ans Ufer stößt, sondern umgürtet sich und wirft sich ins Meer, um zu dem Meister zu kommen, den er liebt. Und doch stellt der Herr, der diesen Eifer sieht, die herausfordernde Frage: „Hast du mich lieb?"

Ja, junger Mann, du nimmst es mit deiner Sonntagschule ernst, du hast die Bekehrung der Kinder gesucht, spornst andere an und gibst jeder Bewegung, an der du teilnimmst, mehr Leben. Dennoch ist es nötig zu fragen, ob du in Wirklichkeit den Herrn liebst oder nicht. Vielleicht, mein lieber Bruder, stehst du an den Straßenecken den Menschen gegenüber, und es ist dir eine Freude, von deinem Herrn zu reden, ob die Menschen darüber spotten oder nicht; und doch, bist du überzeugt, daß du den Herrn Jesus liebst? Meine Schwester, du besuchst die Armen und sorgst für die Schwachen, du strengst dich an, der Jugend Gutes zu tun und bist in allen Dingen, die des Herrn Sache betreffen, voll Wärme. Wir freuen uns über dich und hoffen, daß dein Eifer nicht abkühlt. Dennoch muß ich dir die Frage vorlegen: „Hast du den Herrn Jesus lieb?" Es gibt einen Eifer, der sich von der Rücksicht auf die Meinungen anderer nährt und durch den Wunsch erhalten wird, für ernst und nützlich angesehen zu werden. Es gibt einen Eifer, der mehr von der Wärme der Natur als von dem heiligen Feuer der Gnade herrührt. Dieser Eifer hat viele fähig gemacht, große Dinge zu tun. Und doch, wenn sie alles getan haben, sind sie nur ein tönendes Erz und eine schallende Zimbel gewesen, weil sie den Herrn nicht liebten.

„Simon Jona, hast du mich lieb? . . .Herr, du weißt alle Dinge, du weißt, daß ich dich lieb habe." Johannes 21,17

Unser Herr fragt Petrus, ob er ihn lieb habe. Er fragt nicht nach seiner Liebe zum Reich oder Volk Gottes, sondern zu ihm selbst. Er nennt Petrus bei seinem alten Namen – „Simon Jonas" –, um ihn daran zu erinnern, was die Gnade für ihn getan hat. Danach fragt unser liebevoller Heiland in schlichten, deutlichen Worten nach seiner Liebe zu ihm. Das war kein „auf-den-Busch-Klopfen", er kam sogleich zur Sache; denn hierbei kann weder Zweideutigkeit noch Zweifel geduldet werden. Wie der Arzt den Puls seines Patienten fühlt, um sein Herz zu beurteilen, so prüft Jesus den Puls der Seele des Petrus. Er fragt nicht: „Simon, Sohn Jonas, bereust du deine Torheit?" Reue ist eine wertvolle Gnadengabe und sehr wichtig. Aber es war weiser, nach der Liebe des Petrus zu forschen, weil ein Jünger, der seinen Meister liebt, tief bekümmert sein wird, wenn er ihn verleugnet hat. Der Herr fragt Petrus auch nicht nach seinem Glauben, den man wohl in Frage hätte stellen können; denn er hatte geschworen: „Ich kenne diesen Menschen nicht!" Es wäre eine wichtige Frage gewesen, aber sie wurde beantwortet, als Petrus seine Liebe bekannte. Denn wer liebt, der glaubt. Und niemand kann einen Heiland lieben, an den er nicht glaubt. Der Herr faßt alle anderen Punkte in dieser einen Frage zusammen: „Hast du mich lieb?"

Dreimal stellt der Herr diese Frage, und wir erkennen daran ihre Wichtigkeit. Wenn ihr euch selbst prüft, dann untersucht besonders eure Liebe zum Herrn. Die Liebe zu dem Herrn Jesus ist der Lebensnerv, nach dem ihr vor allem zu sehen habt.

Achtet nun aber auch darauf, wie bescheiden Petrus antwortete. Er brachte keine Gefühle zum Ausdruck und suchte auch nicht irgendwelche Beweise. Er sprach gleichsam: „Herr, ich berufe mich auf deine Allwissenheit. Du kannst ja in mein Herz sehen, und darum brauche ich dir eigentlich gar nichts zu sagen. Du weißt, daß ich dich lieb habe."

Könnten wir dem Herrn dieselbe Antwort geben, wenn er uns heute nach unserer Liebe zu ihm fragen würde?

3. Dezember

„Er spricht zu Philippus: Woher kaufen wir Brot, daß diese essen können? (Das sagte er aber, um ihn auf die Probe zu stellen, denn er selbst wußte wohl, was er tun wollte.)"   Johannes 6,5-6

Jesus stellte Philippus diese Frage mit der Absicht, ihn in mehreren Punkten zu prüfen. Er wollte damit seinen Glauben auf die Probe stellen. Was wird Philippus sagen? Wenn er starken Glauben hat, wird er antworten: „Großer Meister, es ist nicht nötig, Brot zu kaufen. Du bist größer als Mose, und unter Mose wurde das Volk in der Wüste mit Manna gespeist. Sprich nur ein Wort, so wird es Brot regnen, und alle werden satt werden."

Wenn Philippus großen Glauben besessen hätte, so hätte er vielleicht geantwortet: „Du bist größer als Elisa, und Elisa nahm ein paar Gerstenbrote und Kornähren und speiste damit die Söhne der Propheten. Herr, du kannst das gleiche tun."

Wäre in Philippus noch größerer Glaube gewesen, so hätte er sagen können: „Herr, ich weiß nicht, wo Brot zu kaufen ist, aber es steht geschrieben: 'Der Mensch lebt nicht vom Brot allein.' Du kannst diese Menge ohne sichtbares Brot völlig sättigen, ohne daß sie einen einzigen Bissen essen."

Die Frage des Herrn offenbarte, wie klein der Glaube des Philippus war, denn er begann, seine Pfennige zu zählen. Er begann zu rechnen, anstatt auf die Allmacht Gottes zu blicken.

Ich fürchte, wenige von uns können sich von diesem Fehler freisprechen, da sogar Mose einst in ungläubige Berechnungen verfiel. „Sechshunderttausend Mann Fußvolk sind es, darunter ich bin, und du sprichst: Ich will ihnen Fleisch geben, daß sie einen Monat lang zu essen haben!"

Gedenket der Antwort, die Gott seinem verzagten Knecht gab: „Ist denn die Hand des Herrn verkürzt? Jetzt sollst du sehen, ob mein Wort eintreffen wird vor dir oder nicht!"

Ebenso sollen wir an die Treue Gottes glauben. Aber wenn wir zweifeln, wird er sich uns auf eine Weise offenbaren, die uns schmerzlich unsere Sünde des Mißtrauens gegen unseren Herrn empfinden lassen wird.

4. Dezember

„Das sagte er aber, um ihn auf die Probe zu stellen, denn er selbst wußte wohl, was er tun wollte."   Johannes 6,6

Laßt uns diese Worte einen Augenblick untersuchen: „Er wußte." Er weiß immer.

„Ach", sagt jemand, „ich weiß nicht, was ich tun soll." Ja, das ist unser chronischer Zustand, wenn wir uns den Kopf über etwas zerbrechen.

Aber Jesus wußte, was er tun wollte. Das ist ein süßer Trost. Er wußte, wie viele Leute da waren. Er wußte, wieviel Brot sie essen würden. Er wußte, wie viele Fische er gebrauchen würde und wie er die Menge speisen wollte. Er wußte alles, ehe es geschah.

Versuchtes Kind Gottes, Jesus weiß alles von deinem Fall und wie er dich wieder aufrichten will. Denke nicht, daß du ihn über irgend etwas informieren könntest. „Denn euer Vater weiß, was ihr bedürft, ehe ihr ihn bittet." Das Gebet soll nicht dazu dienen, den Herrn von etwas in Kenntnis zu setzen. Er wird euch durch euer jetziges Leiden hindurchbringen, ohne daß er nötig hat, eure armselige Weisheit seinem unbeschränkten Wissen hinzuzufügen. Er weiß. Der Heiland wußte, daß etwas getan werden mußte, aber er hatte keine Eile. Unser teurer Herr hat glorreiche Muße, weil er immer pünktlich ist. Späte Leute haben Eile; aber er, der nie spät ist, eilt nie! Jesus weiß nicht nur, was du tun willst, sondern auch, was er tun wird. Er beabsichtigt, etwas Großes für dich zu tun und dir zu helfen. Am Ende werden wir sagen: „Gelobt sei der Herr! Wir waren in großen Ängsten, aber unser Herr hat gründlich geholfen. Er hat es nicht zufällig und mit Hilfe glücklicher Umstände getan. Er wußte vielmehr, was er tun wollte, und hat alles vom Anfang bis zum Ende so geplant, daß die Fürstentümer und Gewalten im Himmel auf ewig von der Gnade und Liebe, von der Weisheit, Macht und Vorsorge singen werden, die er seinem Volk so reichlich erwiesen hat."

Könnten wir bereits das Ende sehen, so würden wir schon jetzt beginnen, den Namen unseres Herrn zu erheben, der sein ganzes Werk vorher weiß und nie von seinem Plan abweicht.

5. Dezember

„Sollen wir hingehen und für zweihundert Denare Brot kaufen und ih-
nen zu essen geben?"   Markus 6,37

Zweihundert Denare war die Berechnung eines Schnellrechners unter den Jüngern. Einige Leute sind immer schnell dabei, die Pfennige zu zählen, die sie nicht haben. Wenn irgendein heiliges Werk getan werden soll, so sind unsere kleingläubigen Rechenkünstler
pünktlich da mit ihrem Kostenüberschlag und ihrer klugen Anfüh-
rung von ernsten Mängeln.

Wir sind groß im Rechnen, wenn wir klein im Glauben sind. Wie
kann die nötige Summe aufgebracht werden? Woher nehmen wir
hier in dieser Wüste Brot? Es schien den Jüngern eine verrückte
Idee zu sein, daß sie mit nichts anderem um sich als Sand und Steinen ein Fest für fünftausend Menschen bereiten sollten.

Scheint es nicht noch viel absurder, daß die Gemeinde Jesu eine
Stadt wie London evangelisieren soll? Es mag einigen von euch
nicht so scheinen, aber wenn ihr inmitten der äußersten Armut in
Ost-London leben würdet, so würdet ihr denken, es sei die aller-
schwierigste Frage, wie diese verlorene Menge zu erreichen sei.

Der Befehl lautet: „Gehet hin in alle Welt und prediget das Evangelium der ganzen Schöpfung!" Gottes Vorsatz ist es, daß die Erkenntnis des Herrn die Erde bedecken soll, wie das Wasser den
Grund des Meeres. Das ist ein kühner Plan, bestürzend für die
Nachdenkenden, unmöglich für die Rechner, schwierig selbst für
die Gläubigen.

Wenn die Menge nicht gespeist worden wäre, würde unserem
Herrn eine große Gelegenheit, seine Gnade zu offenbaren, entgangen sein. Die Gnade ist unumschränkt, und wenn sie die passende
Gelegenheit findet, offenbart sie ihre Macht. Eine hungernde, ver-
schmachtende Menge! Welch ein Raum für Mitleid! Es konnte
nicht sein, daß der Herr der Liebe eine solche Gelegenheit vorübergehen ließ; seine Liebe war zu eifrig, um in einer solchen Stunde untätig zu sein.

Liebe Brüder, welch eine Gelegenheit, den Glanz der göttlichen
Gnade zu offenbaren, gibt das gegenwärtige Zeitalter! Welch einen
Marmorblock liefert die große Welt dem unendlichen Bildhauer!

„Als er aber noch fern war, sah ihn sein Vater und hatte Erbarmen, lief, fiel ihm um den Hals und küßte ihn."   Lukas 15,20

Wenn der verlorene Sohn gewußt hätte, was der ältere Bruder von ihm dachte und sagte, so würde ich mich nicht gewundert haben, wenn er davongelaufen und nie wiedergekommen wäre. Er wäre vielleicht in die Nähe des Hauses gekommen und hätte sich dann, wenn er den älteren Bruder gehört hätte, wieder fortgeschlichen. Aber ehe es soweit kam, hatte ihm der Vater die vielen Küsse gegeben.

Junger Mann, vielleicht hast du vor kurzem den Heiland gefunden. Es mag sein, daß du mit einem älteren Bruder sprechen möchtest und er sich fürchtet, mit dir zu reden. Ich wundere mich nicht, wenn er vorsichtig ist, denn du bist noch nicht jemand, mit dem man gern spricht. Aber wenn du deines Vaters viele Küsse empfangen hast, wird es dich nicht umwerfen, wenn dein älterer Bruder etwas hart gegen dich auftritt.

Gelegentlich hörte ich von jemand, der sich einer Gemeinde anschließen wollte, sagen: „Ich wandte mich an die älteren Brüder, und einer von ihnen ging ziemlich grob mit mir um. Dahin werde ich nicht noch einmal gehen."

Ist es nicht die Pflicht der Brüder, einige von euch etwas hart anzufassen, damit ihr euch nicht über euren wahren Zustand täuscht? Wir wünschten nichts mehr, als euch in Liebe zu Christus zu bringen; aber wenn wir befürchten müssen, daß ihr nicht wahrhaft zu Gott zurückgekehrt seid, so müssen wir es euch als ehrliche Menschen doch sagen.

Junge Christen werden oft erschreckt, wenn sie mit jemand zusammentreffen, der wegen eines natürlichen Geistes der Vorsicht oder vielleicht auch aus Mangel an geistlichem Leben diejenigen nur kalt aufnimmt, denen der Vater so viel Liebe erwiesen hat. Beachte solche strengen älteren Brüder gar nicht. Vielleicht wird uns gerade deshalb mitgeteilt, daß der Vater den verlorenen Sohn oftmals küßte, weil ihn der ältere Bruder so kalt behandelte und es ablehnte, an der Feier teilzunehmen.

7. Dezember

„Bringet eilends das beste Feierkleid her und ziehet es ihm an, und gebet ihm einen Ring an die Hand und Schuhe an die Füße."

Lukas 15, 22

Habt ihr beachtet, wie das Kleid zu dem Bekenntnis des verlorenen Sohnes paßte? Der Sohn sprach: „Vater, ich habe gesündigt." Der Vater antwortet: „Bringet eilends das beste Feierkleid her – bedeckt all seine Sünden mit der Gerechtigkeit Christi." Er war in Lumpen gekleidet, darum sagte der Vater: „Bringet eilends das beste Feierkleid her – und ihr werdet nichts mehr von seinen Lumpen sehen." Er sollte ein Gewand tragen, das zu seiner Stellung als Sohn paßte. „Zieht ihm das beste Kleid an, damit er vorbereitet ist, seinen Platz beim Festmahl einzunehmen."

So ist es, wenn der reuige Sünder zu Gott kommt. Er wird nicht nur von der Gerechtigkeit Christi bedeckt, was die Vergangenheit betrifft, sondern er wird auch für künftige Segnungen vorbereitet, die für den Begnadigten bereitet sind.

Wie herrlich beantwortet der Vater den zweiten Teil seines Bekenntnisses! Der Sohn sagt: „Ich bin nicht mehr wert, dein Sohn zu heißen!" Der Vater antwortet: „Gebet ihm einen Ring an die Hand." Diese Gabe trifft genau mit dem Bekenntnis zusammen. Wie wunderbar, daß dieselbe Hand, welche die Schweine gefüttert hatte, nun einen Ring tragen sollte! Er war jetzt kein Schweinehirte mehr, sondern der geehrte Sohn eines reichen Vaters.

Dieser Ring an deinem Finger zeigt deine enge Verbindung mit Christus, beweist die ewige Liebe des Vaters und ist das Pfand des Heiligen Geistes.

Dann zogen sie Schuhe an seine Füße. Früher trugen nur die Herren Sandalen, so daß dieser Befehl eine Antwort auf die unausgesprochene Bitte des Sohnes war. Der Sohn wünschte, ein Tagelöhner des Vaters zu werden, aber der Vater befiehlt: „Gebet ihm Schuhe an die Füße." Auf diese Weise wurde der verlorene Sohn als Sohn des Vaters ausgezeichnet. Er hatte nun das Kleid, das ihn deckte, den Ring, der ihn schmückte, und Schuhe, die ihn zum Wandel und zur Arbeit fähig machten.

8. Dezember

„Als er solches gesagt, spie er auf die Erde und machte einen Teig mit dem Speichel und strich ihm den Teig auf die Augen und sprach zu ihm: Gehe hin, wasche dich im Teiche Siloah."   Johannes 9,6-7

Dieser Mann konnte nicht sehen, aber er konnte hören. Das Heil kommt nicht durch den Anblick von Zeremonien zu uns, sondern durch das Hören der Worte Gottes. Die Ohren sind die besten Freunde, die dem Sünder noch geblieben sind.

Das Gebot war sehr genau: „Gehe hin, wasche dich im Teiche Siloah." Das Evangelium ist ebenso genau: „Glaube an den Herrn Jesus, so wirst du errettet werden!" Es wird nicht gesagt: „Tue dies oder das!", sondern: „Glaube!" Glaube nicht an einen Priester oder an irgendein menschliches Wesen, sondern an Jesus.

Wenn dieser Mann gesagt hätte: „Ich will zum Jordan gehen und mich dort waschen, denn dort hat Naeman seinen Aussatz verloren", so wäre sein Waschen nutzlos gewesen.

Warum mußte er sich in diesem kleinen, unbedeutenden Teich Siloah waschen? Er fragte nicht nach dem Warum, sondern gehorchte sogleich. Und im Gehorsam fand er den Segen.

Lieber Leser, du mußt an Jesus Christus glauben, und du wirst errettet werden. Es sind nicht zwanzig Dinge zu tun, sondern nur dies eine; denn es heißt: „Wer an den Sohn glaubt, der hat ewiges Leben."

Der Befehl war auch äußerst einfach. „Gehe hin, wasche dich im Teiche." Jeder Knabe kann seine Augen waschen. Die Aufgabe war sehr einfach.

Ebenso ist es mit dem Evangelium. Du brauchst keine Kniebeugen zu machen, du brauchst auch nicht zur Schule zu gehen, um ein Dutzend Sprachen zu lernen. Nein, dir wird zugerufen: „Glaube und lebe!" Vertraue auf Jesus Christus. Nimm sein Werk am Kreuz als die Sühne für deine Sünden an, seine Gerechtigkeit als deine Annahme vor Gott und seine Person als die Freude deiner Seele.

Das Gebot war auch sehr persönlich. Er konnte nicht einen Nachbarn oder Freund senden; und auch seine Eltern konnten nicht für ihn gehen. Er mußte selbst gehen und sich waschen.

Und so muß auch der Sünder persönlich an Jesus glauben.

9. Dezember

„Und als die Gefäße voll waren, sprach sie zu ihrem Sohn: Reiche mir noch ein Gefäß her! Er sprach zu ihr: Es ist kein Gefäß mehr hier! Da stockte das Öl."
2. Könige 4,6

Die arme Witwe wurde in ihrer Versorgung nicht von Gott, sondern durch den Mangel an leeren Gefäßen eingeschränkt. Solange noch Gefäße zum Füllen da waren, floß das Öl. Der Prophet sprach kein Wort, diesen Prozeß aufzuhalten, und auch der Herr setzte diesem Wunder keine Grenze.

Solange wir Bedürfnisse haben, werden wir auch versorgt werden und werden feststellen, daß unsere Bedürfnisse viel schneller gestillt sind, als die göttliche Freigebigkeit erschöpft ist. In der Wüste fiel mehr Manna, als die Israeliten verzehren konnten, und es floß mehr Wasser, als die Menge zu trinken vermochte. In derselben Weise wird der Herr sein Volk versorgen, bis es keinen Mangel mehr hat. Die Quelle der Versorgung der Witwe war nur ein Ölkrug, aber er wurde nicht leer. So wird sich auch das Wenige, womit der Herr sein armes Volk versieht, von Tag zu Tag als genug erweisen, bis der letzte Tag des Lebens, gleich dem letzten Gefäß, gefüllt sein wird. Manche sind damit nicht zufrieden, sondern möchten, daß das Öl noch über das letzte Gefäß hinausfließe, selbst nach ihrem Tod. Sie können nicht ruhen, bis sie ihre Tausende aufgehäuft und ihre Herzen im Goldstaub begraben haben. Wenn das Öl nur fließt, bis das letzte Gefäß gefüllt ist, was brauchen wir dann mehr? Wenn uns die göttliche Vorsehung Nahrung und Kleidung bis an das Ende dieses Lebens sichert, was können wir dann mehr erwarten? In der Geschichte vor uns wurde bei keinem Gefäß eine Ausnahme gemacht, solange es leer war. Nur diese Voraussetzung war erforderlich, um Kraft zu empfangen. Kommt denn, ihr bedürftigen Seelen, kommt zu der ewigen Quelle und nehmt die Fülle des Segens, die euch frei und umsonst gegeben wird. In unseren Familien sind noch viele unbekehrt, und wir können nicht sagen: „Es ist kein Gefäß mehr hier!" Wir haben auch nicht darum zu fürchten, daß das Öl stehen werde. Laßt uns getrost die leeren Gefäße herbeibringen, damit sie gefüllt werden.

10. Dezember

„Ich schlafe, aber mein Herz wacht." Hohelied 5,2

Die Braut hatte keine Recht zu schlafen, denn ihr Bräutigam ruhte nicht. Er stand draußen auf der kalten Straße, das Haupt voll Tau, die Locken voller Nachttropfen – warum wollte sie da ruhen? Er war so um sie besorgt und suchte sie, wie konnte sie so grausam sein, sich dem Schlummer hinzugeben?

Es ist unschicklich für jeden unter uns, gleichgültig zu sein, wenn wir bekannt haben, dem Bräutigam entgegenzugehen; und es ist schmachvoll für uns zu schlafen, weil er ein wenig verzieht. Die da schlafen, schlafen des Nachts. Da für uns die Nacht vergangen ist, so ist es höchst ungeziemend, daß wir uns auf dem Lager der Trägheit herumwälzen.

Es scheint mir, daß es für den Christen keine unpassendere Zeit zum Schlafen gibt als die jetzige; denn die Welt ist voll Gottlosigkeit und Aberglauben. Jeder, der nur halb wach ist, kann sehen, wie ernstlich der Feind bemüht ist, Unkraut zwischen den Weizen zu säen. Können die Wächter Zions auf ihren Wachtürmen schlafen, während der Feind ihre Bollwerke unterminiert? Können die Hirten schlafen, während der Wolf in die Herde eingebrochen ist? Soweit es unsere Herzen betrifft, haben wir keine Veranlassung zu schlafen; denn unsere täglichen Sorgen erfordern Wachsamkeit. Die Versuchungen um uns her machen es erforderlich, daß wir mit umgürteten Lenden dastehen. Wenn wir schlafen müssen, so mag es in einer weniger gefährlichen Lage sein und nicht in diesen feindlichen Ländern, durch die wir heute ziehen. Jenseits des Jordans, wo wir unsere Schwerter mit der gut gestimmten Harfe vertauschen werden, wird es noch genug Ruhe geben. Aber jetzt sorglos sein heißt, mitten im blutigen Kampf zu schlafen, heißt, am Rand des Abgrundes zu träumen und im Rachen des Todes zu spielen.

Möge uns des Meisters Stimme von unserem Lager aufwecken; denn er ruft laut: „Was ich aber euch sage, das sage ich allen: Wachet!"

11. Dezember

Welch ein Rätsel ist doch der Gläubige! Er schläft, und doch wacht er. Das Ich des Gläubigen schläft, doch sein Herz, seine Liebe ist wach. Bedeutet die Wachsamkeit des Herzens nicht: „Ich schlafe, aber ich bin nicht damit zufrieden, daß ich schlafe!"?

Der wahre Gläubige kann sich nicht mit einem falschen und faulen Frieden abfinden. Das göttliche Leben in ihm kämpft gegen die abscheuliche Schlange der Sünde, die versucht, ihn einzuschläfern. Kein erneuertes Herz kann vollkommene Ruhe genießen, solange es sich sagen muß, daß es ein Faulenzer im Weinberg ist.

Abgewichener Christ, wacht dein Herz? Wenn ja, so fordert es von dir, daß du dich dessen würdig verhältst, dem du angehörst. Kannst du von Gott erwählt sein und doch schlafen, während der Herr Jesus entehrt wird? Du bist durch Christi Blut erlöst und kannst doch die Zeit verschwenden, die deinem Heiland gehört? Wie ist das möglich? Schäme dich und zeige dein Angesicht nicht mehr, denn dies ist Undankbarkeit und schwärzeste Farbe.

Es ist ein hoffnungsvolles Zeichen, wenn ein Christ in Wahrheit diese Worte der Braut nachsprechen kann. Aber beachte, daß damit noch nicht viel gesagt ist. Rühme dich dessen nicht, daß dein Herz wach ist. Sei dankbar dafür, daß dir die unendliche Liebe Gnade genug gewährt, dein Herz lebendig zu erhalten. Aber Klagen und Sehnsucht allein sind ein so geringes Werk der Gnade, daß du, anstatt dich damit zufriedenzugeben, erzittern solltest.

Ich fürchte, daß es Tausende von Gotteskindern gibt, die wach genug sind, um zu bemerken, daß sie schlafen. Aber ach, sie verharren in diesem traurigen Zustand.

Ich möchte jeden Gläubigen ermahnen, eine strenge Untersuchung seines geistlichen Zustandes vorzunehmen. Wenn dein Herz heute wach genug ist, um dir zu sagen, daß deine Liebe zu Jesus nachgelassen hat, daß deine Wärme und dein Eifer für Christus erloschen sind, dann bitte ich dich, auf die Stimme des Herrn Jesus zu hören: „Tue Buße und tue die ersten Werke!"

12. Dezember

„Ich habe mein Kleid ausgezogen, wie soll ich es anziehen? Ich habe meine Füße gewaschen, wie soll ich sie besudeln?"   Hohelied 5,3

Eine faule Entschuldigung war in diesem Fall schlechter als gar keine, weil es so scheint, als würde man mit einer Sünde die andere verteidigen. Warum zog sie denn ihr Kleid aus? Sie hätte mit umgürteten Lenden und mit geschmückter Lampe dastehen und auf ihren Bräutigam warten sollen. Warum hatte sie ihre Füße gewaschen? Es wäre ganz in Ordnung gewesen, das zu tun, wenn diese Handlung Reinheit angezeigt hätte; aber sie deutet nur fleischliche Ruhe an. Sie hatte heilige Arbeit mit fleischlicher Ruhe vertauscht. Warum hatte sie das getan? So machte sie ihren gottlosen Schlummer und ihre Untätigkeit zu einer Entschuldigung, während sie ihren Bräutigam draußen ließ.

Das ist eine sehr listige Versuchung Satans, und vielleicht wendet er sie heute bei einigen von uns an. Während du diese Zeilen liest, sagst du: „Ja, so steht es mit mir; der Text zeigt mir meine Erfahrung." Der Teufel wird dann sagen: „Du kannst ganz ruhig sein. Du siehst, daß du genau in dem Zustand bist, in welchem sich die Braut befand. Es ist alles in Ordnung!" Kann es größere Torheit geben, als daß ich, weil ein anderer gesündigt hat, ganz zufrieden sein kann, wenn ich ebenso handle?

Manche sagen: „Ich habe nicht das Bedürfnis, eine Selbstprüfung vorzunehmen. Sie könnte mir viele unangenehme Wahrheiten enthüllen. Ich schlafe, und es ist ganz angenehm zu schlafen. Ich wünsche nicht, aus dieser Behaglichkeit vertrieben zu werden." Ich schäme mich, die Sünden einiger unter euch so schildern zu müssen, aber meine Worte sind buchstäbliche Wahrheit. Leben nicht viele wie solche, die nur den Namen haben, daß sie leben, und doch tot sind?

Der Herr Jesus kommt und klopft heute morgen an und erinnert euch daran, daß das glücklichste Leben in seiner Nähe gelebt wird, daß die heiligsten und schönsten Stunden, die ihr je verlebt habt, diejenigen waren, in welchen ihr euch allein mit ihm beschäftigt und alles andere aufgegeben habt.

353

13. Dezember

„ Und sie steinigten den Stephanus, welcher ausrief und sprach: Herr Jesus, nimm meinen Geist auf!"   Apostelgeschichte 7,59

Es ist wünschenswert, daß Leben und Tod eines Christen aus einem Guß sind. Stephanus war von Glauben und voll Heiligen Geistes im Leben und im Tod erfüllt. Er war kühn, tapfer, ruhig und gelassen im Leben, und in seiner Todesstunde verhält er sich nicht anders. Es ist sehr traurig, wenn der Bericht über den Tod eines Menschen nicht zu seinem Leben paßt. Ich fürchte, daß viele Traueransprachen durch ihre Unwahrhaftigkeit großen Schaden angerichtet haben, denn die Zuhörer sagten natürlich: „Höchst sonderbar; ich wußte nie, daß der Abgeschiedene ein Heiliger war, bis ich diesen Bericht von seinem Ende hörte." Der Tod mag die Franse oder Borde des Lebens sein, aber er sollte aus demselben Stück Stoff wie das ganze Gewand bestehen. Wir können nicht hoffen, mit der Welt zu Mittag und mit Gott zu Abend zu essen. Wir sollten jeden Tag im Haus des Herrn wohnen.

Ferner ist es sehr wünschenswert, daß der Tod die Vollendung unserer ganzen Laufbahn sei, so daß der Christ dann entschläft, wenn nichts mehr erforderlich ist, um sein Lebenswerk vollständig zu machen.

Liebe Brüder, ist es so mit euch? Wenn du heute morgen abgerufen würdest, würde dann dein Leben vollendet sein? Manche Christen halten ihre Angelegenheiten nicht in Ordnung, sondern sind unordentlich und nachlässig, so daß, falls es mit ihnen zum Sterben ginge, manches ungeordnet bliebe. Whitefield pflegte zu sagen, wenn er abends zu Bett ging: „Ich habe nicht einmal ein paar Handschuhe am unrechten Platz gelassen; wenn ich in dieser Nacht sterbe, so sind alle meine Sachen in Zeit und Ewigkeit geordnet." Lebt so, daß der Tod, wenn er kommt, ein wünschenswertes Ende von einem Buch ist, von dem wir dann die letzte Zeile geschrieben haben. Wir haben unseren Lauf beendet und unsere Arbeit getan, und unser Heimgang ist dann der passende Schluß unseres Lebens.

14. Dezember

„Und als Jesus ihren Glauben sah, sprach er zu dem Gelähmten: Sei getrost, mein Sohn, deine Sünden sind dir vergeben!" Matthäus 9,2

Die Träger des Gichtbrüchigen hatten das Dach durchbrochen, um ihn zum Heiland zu bringen. Sie hatten ihn über den Köpfen der Volksmenge hinabgelassen, und da lag er nun auf seinem Bett vor dem Herrn Jesus, unfähig, Hand oder Fuß zu bewegen, aber mit einem Blick der Erwartung, den der Herr Jesus wohl verstand. Der Herr wartete nicht auf ihre Anrede, sondern sah ihren Glauben. Matthäus schreibt: „Als Jesus ihren Glauben sah..."

Wer kann Glauben sehen? Wir können nur seine Wirkungen erkennen, und die waren in diesem Fall vorzüglich, denn das Dach aufzubrechen und den Mann in einer so sonderbaren Weise zu Christus zu bringen waren Beweise ihres Glaubens, daß Jesus ihn heilen würde.

Doch sahen die Augen des Herrn Jesus nicht nur die Beweise ihres Glaubens, sondern den Glauben selbst. Dort standen die vier Männer, in deren Augen der Herr Jesus las: „Meister, sieh, was wir getan haben. Wir sind überzeugt, daß es das Rechte war und du ihn heilen wirst."

Ach, Freunde, wir können den Glauben eines anderen Christen nicht sehen, wohl aber seine Früchte. Manchmal glauben wir, einen Mangel an Glauben wahrnehmen zu können; aber um den Glauben selbst sehen zu können, bedarf es einer göttlichen Erleuchtung. Jesus sah ihren Glauben, und heute schaut dasselbe Auge nach eurem Glauben aus. Einige von euch mögen sich ihrer Sünde bewußt sein, und der ganze Glaube, den ihr habt, ist nur eine schwache Hoffnung, ein schwacher Glaube, daß ihr Vergebung empfangen werdet, wenn der Herr Jesus nur ein Wort zu euch spricht. Wenn euer Glaube auch noch so klein ist, mein Meister sieht auf den winzigsten Glaubensfunken, um aus ihm eine Flamme des geistlichen Lebens zu machen. Er ist der Sohn Gottes. Glaubt an ihn und seine Fähigkeit, euch zu erretten; denn er kann es und ist auch dazu bereit.

15. Dezember

„Sei getrost, mein Sohn, deine Sünden sind dir vergeben!"

Matthäus 9,2

Der Herr Jesus behandelte zuerst das Hauptübel, das diesen Menschen befallen hatte. Er fing nicht damit an, ihn von seiner Lähmung zu heilen. Sie war schlimm genug; aber die Sünde ist viel ärger, als es die Lähmung irgendeines Muskels sein kann. Die Sünde ist noch schlimmer als der Tod; deshalb sagt der Herr Jesus am Anfang des Wunders: „Sei getrost, mein Sohn, deine Sünden sind dir vergeben!"

Das war die Jagd auf den Löwen, das größte aller Raubtiere, das im dichtesten Wald des menschlichen Wesens lauert. Christi Worte trieben das unreine Tier aus seinem Versteck, und durch seine allmächtige Kraft zerriß er es.

Du magst in diesem Augenblick viel Trübsal haben; vielleicht bist du bestrebt, sie vor dem Herrn auszubreiten. Dein krankes Kind, dein lieber Mann, der zu Hause dahinsiecht, das Geschäft, das zurückgeht und wahrscheinlich geschlossen werden muß, deine eigene Krankheit, die dich so niederdrückt, daß du kaum fähig bist, den Gottesdienst zu besuchen. Nun, laß all diese Sachen; denn so schwerwiegend sie auch sind, so sind sie doch im Vergleich zur Sünde unbedeutend. Kein Gift ist so giftig wie das Gift der Sünde. Sie ist der tödliche Biß der Schlange, deren Stich unser ganzes Leben vergiftet und entzündet. Wenn dieses Übel fortgenommen wird, ist jedes Übel entfernt. Deswegen beginnt der Herr das Wunder mit dem Wort: „Deine Sünden sind dir vergeben!"

Beachtet auch, daß Jesus diesem Mann alle Sünden vergab. Er sagte nicht: „Sie sollen vergeben werden!", sondern: „Sie *sind* vergeben! Ich spreche dich von allen Sünden frei. Was für Sünden es auch sind: deine Jugendsünden, deine Sünden als Mann, deine Sünden vor der Lähmung, deine Sünden des Murrens, seitdem du auf dem Krankenlager liegst. Lege sie zusammen, und obgleich sie so zahlreich sind wie die Sterne am Himmel und wie der Sand am Ufer des Meeres – deine Sünden sind dir vergeben."

16. Dezember

„Wer glaubt und getauft wird, soll gerettet werden; wer aber nicht glaubt, der wird verdammt werden. "   Markus 16,16

Eine schwere Last drückt mich nieder, und ich möchte gern mein Herz erleichtern. Lange genug habe ich damit zurückgehalten, aber das überwältigende Gefühl meiner heiligen Pflicht zwingt mich jetzt dazu. Da ich bald vor meinem Herrn erscheinen muß, will ich heute auf jede Gefahr hin mein Zeugnis für die Wahrheit ablegen. Wenn es sein muß, will ich mich damit zufriedengeben, als böse verworfen zu werden, aber ich kann und darf nicht schweigen. Der Herr weiß, daß nichts anderes mein Herz erfüllt als die Liebe zu den Seelen derer, die ich in des Herrn Namen anreden möchte. Wahrscheinlich werden mich viele Leser tadeln, wenn nicht verurteilen, aber ich kann nicht anders. Wenn ich um der Wahrheit willen eure Liebe verscherze, so tut es mir leid um euch, aber ich kann und darf nicht anders handeln. Jeder wünscht Beifall, aber wenn irgendein christlicher Prediger um der Behaglichkeit oder um seines Ansehens oder um das Lächeln der Menschen willen einen Teil seines Zeugnisses zurückhält, so wird sein Herr dies schließlich von seinen Händen fordern.

Ich finde, daß der große Irrtum, mit welchem wir im ganzen Land zu kämpfen haben, einer ist, der im direkten Gegensatz zum Lehrtext steht; er ist euch als die Lehre von der Taufwiedergeburt wohlbekannt. Wir wollen dieses Dogma der Behauptung gegenüberstellen, daß die Taufe ohne den Glauben niemand selig macht. Der Text sagt: „Wer glaubt und getauft wird, soll gerettet werden." Und weiter: „Wer aber nicht glaubt, der wird verdammt werden" – ob er nun getauft ist oder nicht. Hieraus erkennen wir, daß die Taufe den Ungläubigen nicht vor der Verdammnis bewahrt und daß sie ihn auch nicht im geringsten von dem Urteil, das einst über Gottlose gesprochen wird, ausnimmt. Möge er als Säugling oder als Erwachsener getauft werden – wenn er sein Vertrauen nicht auf den Herrn Jesus setzt, wenn er nicht an ihn glaubt, dann gilt ihm dieses schreckliche Urteil: „Wer aber nicht glaubt, der wird verdammt werden."

17. Dezember

„Wer glaubt und getauft wird, soll gerettet werden; wer aber nicht glaubt, der wird verdammt werden." Markus 16,16

Hier ist eine sich protestantisch nennende Kirche, die jedesmal, wenn ihr Diener ans Taufbecken tritt, erklärt, daß jede Person, welche die Taufe empfängt, wiedergeboren und in den Leib der Kirche Christi eingepflanzt worden ist.

„Aber", höre ich manche liebe Leute ausrufen, „es gibt viele gläubige Geistliche in der Kirche, die nicht an die Taufwiedergeburt glauben."

Darauf antworte ich sofort: „Warum gehören sie denn nicht einer Kirche an, welche diese Lehre in den deutlichsten Ausdrücken verurteilt?" Einen Eid darauf zu leisten, daß ich aufrichtig einer Lehre zustimme, die ich nicht billige, müßte meinem Gewissen wie ein Meineid erscheinen, wenn es nicht sogar wirklich ein Meineid ist. Wenn ich Geld dafür nehme, daß ich das verteidige, was ich nicht glaube, wenn ich Geld von einer Kirche nehme und doch nicht das predige, was offenbar ihre Lehre ist – wenn ich das täte, oder wenn ein anderer ehrlicher Mann das täte, so wäre das eine große Abscheulichkeit.

Ich weiß nicht, was mehr geeignet ist, das Sittlichkeitsgefühl im Volk zu verderben, als der Mangel an Geradheit bei Predigern; und wenn die Weltmenschen hören, daß Prediger gerade das leugnen, was ihr Bekenntnis lehrt, dann bilden sie sich ein, daß Worte bei den Geistlichen keinen Sinn haben, daß wesentliche Unterschiede in der Religion nur Bagatellen sind und daß es gar nicht darauf ankommt, was ein Mensch glaubt, solange er sich nur wohlwollend gegen andere Menschen verhält.

Wenn durch die Taufe Menschen wiedergeboren werden können, dann sollte man diese Tatsache mit Trompeten verkündigen, und keiner sollte sich des Glaubens daran schämen. Aber wenn jemand in seinem Herzen das nicht glaubt und doch die Worte unterschreibt, die es behaupten, so suche er sich Verwandte, Genossen und Freunde unter den Menschen, die sich auf Zweideutigkeiten und auf allerlei Schiebungen verstehen; denn ehrliche Männer werden seine Freundschaft weder suchen noch annehmen.

18. Dezember

„. . .unter welchem ihr scheinet als Lichter in der Welt, indem ihr das Wort des Lebens darbietet." Philipper 2,15-16

Der Text sagt, daß wir Lichter sein sollen. Wie können wir aber Lichter sein, ohne gesehen zu werden? Und von welchem Nutzen wären wir, wenn wir unsichtbare Lichter wären? Wo sollen wir scheinen? In unseren Häusern? „In der Welt!" Gewiß müssen wir auch in unseren Familien scheinen; aber wenn wir sind, was wir sein sollen, müssen wir Lichter „in der Welt" sein.

Manche schüchterne Herzen scheuen sich, ihren Glauben zu bekennen, und trösten sich gern mit Nikodemus, bedenken aber nicht, daß Nikodemus mehr eine Warnung als ein Beispiel darstellt.

Ich kann die Worte Jesu: „So soll euer Licht leuchten vor den Leuten", nur so verstehen, daß ihr euren Glauben bekennen sollt und euer Christentum nicht im Verborgenen bewahrt und verstohlen zum Himmel pilgert. Der Christ sollte ein öffentliches Bekenntnis seines Glaubens ablegen. Er sollte sich von der Welt trennen und erklären, daß er dem Herrn gehört.

Es gibt eine Vorschrift, die Gott selbst verordnet hat, durch die der Christ in geeigneter Weise dieses Bekenntnis ablegen kann, indem er in dem Namen des Vaters, des Sohnes und des Heiligen Geistes in Wasser untergetaucht wird. Er muß sozusagen öffentlich im Wasser begraben werden, um zu zeigen, daß er der Welt gestorben ist, um nun in Neuheit des Lebens zu wandeln. Auf die Aufforderung des Herrn: „Her zu mir, wer dem Herrn gehört!", sollten wir hervortreten und sagen: „Hier bin ich, Herr. Ich bin dein Knecht und möchte dir bis ans Ende dienen."

Außerdem sollten wir uns denen anschließen, die auch mit Christus verbunden sind, und uns nicht nur zu einem verworfenen Christus, sondern auch zu seiner Braut bekennen. Aber um als Lichter zu scheinen, müssen wir auch das offene Zeugnis unserer Worte hinzufügen. Ich gebe nicht einen verrosteten Nagel für euren Glauben, wenn ihr darüber schweigen könnt. Ihr werdet viele Gelegenheiten zum Zeugnis haben; nützt sie alle aus. So werdet ihr wie Lichter in der Welt leuchten. Denn wir leben in einer Zeit, in der wir ohne ein klares und offenes Bekenntnis zu Christus nicht scheinen können.

19. Dezember

„Siehe, das Lamm Gottes, welches die Sünde der Welt hinwegnimmt!"
Johannes 1,29

Johannes des Täufers einzige Aufgabe war es, von Christus zu zeugen. Er war der Morgenstern, der die aufgehende Sonne verkündete. Als die Sonne erschien, war sein Dienst getan. Der einzige Grund für seine Existenz ist wirklich der Herr Jesus.

Ich wünschte, wir alle könnten mit Paulus sagen: „Für mich ist Christus das Leben." Möchte unser Leben so sein, daß es ohne den Herrn Jesus nicht verstanden werden kann! Nehmt ihr ihn weg, wird unser ganzes Wesen und Sein ein unerklärliches Geheimnis.

Johannes wußte viel von dem Herrn Jesus und hätte ihn in seinen verschiedenen Eigenschaften beschreiben können. Er hätte besonders auf ihn als das große Vorbild, den großen Lehrer der Heiligkeit und Liebe hinweisen können. Dies erschien dem Täufer jedoch nicht als das Erste und Wichtigste an dem Herrn, sondern er verkündigte ihn als einen, der in die Welt gekommen war, um das große Opfer für die Sünde zu sein. Er hob die Hand empor, zeigte auf Jesus und rief: „Siehe, das Lamm Gottes." Er sagte nicht: „Siehe, das ist euer wahres Vorbild." Ohne Zweifel hätte er das mit Recht sagen können. Er sprach nicht einmal: „Siehe, das ist der König und Führer einer neuen Zeit." Diese Tatsache würde Johannes nicht geleugnet, sondern sich darüber gefreut haben. Dennoch ist der erste Punkt, bei dem er verweilt und der seine Freude erregt: „Siehe, das Lamm Gottes."

Meine Brüder, wir können uns darauf verlassen, daß dies eine sehr praktische Wahrheit sein muß; denn Johannes war äußerst praktisch. Wenn Buße gepredigt wird, muß der Herr Jesus Text und Inhalt der Rede sein. Er bringt Leben, Kraft und Energie in das, was sonst eine tote moralische Abhandlung wäre.

O ihr, die ihr Menschen von der Sünde erretten wollt, seht zu, daß das große Opfer des Herrn Jesus für die Sünde der Gegenstand eurer Predigt ist.

„Siehe, das Lamm Gottes, welches die Sünde der Welt hinwegnimmt!"
Johannes 1,29

Johannes zeigt mit diesem Ausspruch auf den Herrn Jesus hin um derer willen, die um ihn her sind. Wir wünschen nicht, daß andere mit uns glauben, nur weil wir sie nötig haben, um uns zu unterstützen. Die Wahrheit wird in dieser bösen Welt gewöhnlich von der Minderheit vertreten.

Ich habe für mich selbst Glauben an den Herrn Jesus, einen Glauben, der wie mit einem heißen Eisen in mich hineingebrannt ist. Dafür danke ich Gott; und was ich glaube, werde ich glauben, selbst wenn ich allein es glaubte. Wenn ich der letzte bin, der sich des stellvertretenden Sterbens des Herrn Jesus rühmt, so will ich mich für geehrt halten, sein Kreuz allein hochzuhalten.

Diese große Tat der Liebe läßt den, der sie anschaut, wünschen, daß alle Menschen sie für sich in Anspruch nehmen und leben möchten. Hast du jemals gehungert und fandest dann Brot? Dann weiß ich, daß du Mitleid mit deinem hungernden Bruder hast. Es treibt uns dazu, das Gute zu verbreiten, was wir empfangen haben. Selbst Hunde handeln so. Einem armen Hund wurde sein Bein in einem Krankenhaus geheilt, und vier Wochen später brachte er einen anderen lahmen Hund zu demselben Haus der Barmherzigkeit. Auch wir wünschen, Menschen zu Christus zu bringen, weil unsere zerbrochenen Herzen durch seine sanfte Hand geheilt worden sind. Wir lieben, weil er uns zuerst geliebt hat.

Brüder, ich war nahe daran, unter dem Bewußtsein der Sünde umzukommen; ich fühlte den Zorn Gottes in meiner Seele wie ein Feuer, ich fand keine Erleichterung, keinen Trost. Selbst das Wort Gottes ermutigte mich nicht. Man sagte mir vom Glauben an Jesus. Aber bis ich lernte, daß der Herr Jesus das große, von Gott verordnete Opfer für die Sünde ist, sah ich nichts in ihm, was mich ermutigen konnte. Als ich gelernt hatte, daß er meine Strafe getragen und der Gerechtigkeit Gottes Genüge getan hat, fand ich das Geheimnis, und meine Seele fand Ruhe.

Die Gläubigen blicken auf Jesus als auf den, der alle ihre Schuld bezahlt hat, und fürchten sich nicht vor dem letzten Gericht.

21. Dezember

„So überwand David den Philister mit der Schleuder und mit dem Stein und schlug ihn und tötete ihn."   1. Samuel 17,50

David steht als ein Beispiel vor uns, daß wir uns nicht nach Aufgaben zu drängen brauchen. Er geriet wie zufällig in den Kampf mit Goliath. Als er mit einer Ladung Käse seinen Vater verließ, ahnte er nicht, daß er sich nach wenigen Tagen vor allen Männern Israels auszeichnen würde. Wir sollten daraus lernen, nicht zu eilig nach einem Wirkungskreis Ausschau zu halten. Seid lieber für jedes Werk bereit, als daß ihr euch nach einer besonderen Aufgabe ausstreckt. Gott hat seine Nischen für euch, und eure Aufgabe ist, bereit zu sein. Sonst werdet ihr zu Boden fallen. Habt eure Werkzeuge gut geschliffen und wißt sie zu gebrauchen!

Ferner entnehme ich aus der Geschichte Davids, daß wir, wenn wir den Auftrag fühlen, etwas für den Herrn zu tun, es nicht nötig haben, auf die Zustimmung der anderen zu warten. Hätte David gesagt: „Ich will auf die Zustimmung meiner älteren Brüder warten, daß ich der rechte Mann bin, mit Goliath zu streiten", so hätte, fürchte ich, der Kampf niemals stattgefunden. Wir sind dem Urteil älterer Brüder Ehrerbietung schuldig, aber größere Ehrfurcht gebührt dem Befehl des Geistes Gottes. Wenn Gott dir einen Auftrag gibt, dann gehorche, auch wenn dich sonst keiner dazu ermuntert. Sollten wir mit der Furcht Gottes in unseren Herzen und mit dem Auftrag Gottes in unseren Händen zögern und Knechte der Menschen werden? Ich wollte eher sterben, als daß ich euch um Erlaubnis bitten müßte, bevor ich das Wort Gottes verkündigte! Möge diese Zunge eher verstummen, als daß sie Dienerin der Menschen wird!

Geh du an deines Meisters Werk mit unerschrockenem Mut – aber bescheidenem Verhalten. Das wäre ein böser Knecht, der, nachdem er einmal seines Meisters Befehl empfangen, ihn unausgeführt lassen wollte mit der Entschuldigung: „Ich traf einen meiner Mitknechte, der meinte, ich wäre zu kühn in meinem Wagnis. Es wäre besser, ich versuchte es nicht." Ihr steht und fallt eurem Herrn. Habt acht, daß ihr wohl mit ihm steht!

22. Dezember

„Jesus aber, der an sich selbst bemerkt hatte, daß eine Kraft von ihm ausgegangen war, wandte sich alsbald unter dem Volke um und sprach: Wer hat meine Kleider angerührt?" Markus 5,30

Ich wünsche, daß jeder von euch, der die Macht Christi erfahren hat, von dieser Tatsache Zeugnis ablegt. Ihr steht auf Christi Seite, aber ihr tragt seine Uniform noch nicht und bekennt euch noch nicht zu seiner Sache. Ihr bekennt ihn noch nicht, obgleich er verheißen hat, daß er die, welche es tun, auch vor dem himmlischen Vater bekennen wird. Wir lieben alle zu sehr die Bequemlichkeit, und deshalb kommt es vor, daß viele Kraft zum Guten unbenutzt bleibt. Wer begehrt an der Spitze des Heeres zu kämpfen? Nur ein mutiger, tapferer Mann, dessen Herz Gott angerührt hat. Ein solcher tritt hervor und bleibt die Zielscheibe des Widerstandes, obgleich die Vorsicht ihm den Rat gibt, sich vor Schaden zu hüten.Oh, meine lieben Freunde, wenn ihr Jesum Christum, meinen Meister, liebt, so fordere ich euch auf, euch seiner auch nicht zu schämen.

Das Berühren Christi, das uns Kraft verleiht, kann von unseren Mitmenschen nicht bemerkt werden. Diese Tat geschieht im Verborgenen und ist dem Betreffenden oft selbst ein Geheimnis. Er wagt es kaum zu denken, daß er so mutig gewesen ist. Die arme Frau zittert, weil sie weiß, daß sie geheilt ist. Aber sie fürchtet sich, an das zu denken, was sie getan hatte.

Ich habe viele Seelen gekannt, die an Christus glauben und doch das Gefühl haben, es sei Vermessenheit, es zu tun. Einem wahrhaft demütigen Gewissen erscheint die Vergebung als eine zu große Gnade, so daß sich diese Menschen kaum berechtigt fühlen zu glauben, der Herr habe ihre Sünden wirklich hinweggetan.

Raube dem Herrn durch deine Furcht nicht die Ehre. Du mußt deinen Glauben bekennen, denn der Herr liebt es, daß diejenigen, die er heilt, davon Zeugnis ablegen. Darum drehte er sich um und fragte: „Wer hat meine Kleider angerührt?" Er freut sich über das zarte Bekenntnis, das von Tränen begleitet wird. Er liebt es, das Blöken der Schafe zu hören, die er auf seinen Schultern zur Herde zurückgetragen hat. Er hat es gern, wenn diejenigen viel lieben, denen viel vergeben ist. Schweige daher nicht!

23. Dezember

„Und Gott sprach zu Jakob: Mache dich auf, ziehe hinauf nach Bethel und wohne daselbst und baue dort einen Altar dem Gott, der dir erschienen ist, da du vor deinem Bruder Esau flohest!"   1. Mose 35,1

Gott forderte von Jakob eine entschiedene Umkehr. Er sollte Sichem mit seinen fruchtbaren Ebenen verlassen und nach Bethel zurückkehren, um dort zu wohnen. Die Freundschaft mit der Welt hatte viel Not in seinem Hause bewirkt, und Gott verlangte nun, daß er die Verbindungen, die er dort angeknüpft hatte, völlig aufgeben sollte.

Liebe Brüder und Schwestern, es wird Zeiten geben, wo es nötig ist, zu uns und unserer Familie zu sagen: „Wir müssen uns von der Welt trennen. Wir schließen Verbindungen, die uns schädlich sind, und wir geraten in Gewohnheiten, die nicht so sind, daß Gott sie gutheißen kann." Möge der Herr uns allen helfen, wenn wir klar sehen, daß so etwas zu tun ist! Mögen wir Gnade haben, sündiges Zögern zu beenden und auf alle Gefahr hin aufzubrechen!

„Ziehe hinauf nach Bethel." Eine Neubelebung alter Erinnerungen ist uns oft sehr nützlich. Die Erinnerung an die Zeit der ersten Liebe, in der wir zufrieden waren, auch wenn wir von allen anderen verleugnet und verkannt wurden, wenn wir nur in seiner Nähe weilen durften – diese Erinnerung wird sehr nützlich sein. Es ist gut, jener Stunde zu gedenken, wo wir zum erstenmal einen Hausaltar errichteten und uns mit unseren Lieben vor dem Herrn beugten. Damals fühlten wir, daß der abgesonderte Ort ein glücklicher Ort ist, und wir waren froh, getrennt von der Welt, mit Christus, in Christus, für Christus und wie Christus zu leben.

Wo ihr eure Freude verloren habt, werdet ihr sie finden, denn sie bleibt da, wo ihr sie verlassen habt. Wenn ihr das Betkämmerlein vernachlässigt habt; wenn ihr aufgehört habt, im Wort Gottes zu forschen; wenn ihr von der Nachfolge Christi abgewichen seid, dann geht nach Bethel zurück!

„Die Königin von Mittag wird auftreten im Gerichte wider dieses Geschlecht und wird es verurteilen; denn sie kam vom Ende der Erde, um Salomos Weisheit zu hören. " Matthäus 12,42

Die Königin ging zuallererst zu Salomo. Der Glaubensweg beginnt damit, daß wir zu Jesus Christus gehen. Einige Leute wollen mit der Lehre von der Erwählung anfangen und fallen so über den Stein des Anstoßes. Andere wollen die Schwierigkeiten der fünf Bücher Mose aus dem Weg räumen oder die Rätsel der Geologie lösen. Aber wenn sie weise wären, würden sie sogleich zum Meister selbst gehen. Ich lese nicht, daß sie die Mundschenken fragt oder des Königs mächtige Männer, sondern sie sucht Salomo auf. Von seinen eigenen Lippen will sie die Lösung ihrer schwierigen Fragen hören, um seine Weisheit zu verstehen. Geh zu Gott in Christus Jesus, der am Kreuz hing, sinne über das Geheimnis seiner Versöhnung nach, gib dich im Glauben ihm hin, und du wirst beginnen, die Weisheit unseres mächtigen Salomo zu verstehen. Wenn du nicht alle Lehren begreifen kannst, so möge dich der Heilige Geist doch befähigen, seine Person zu ergreifen, und das ist genug.

Als sie beim König war, „sagte sie ihm alles, was sie auf dem Herzen hatte". Dies ist der Weg, den Herrn zu erkennen. Sagt ihm alles, was in euren Herzen ist, eure Zweifel, eure Furcht, eure Herzenshärtigkeit und Unbußfertigkeit. Der ist nahe daran, Christum zu erkennen, der beginnt, sich selbst zu erkennen.

Darüber hinaus legte sie Salomo schwere Fragen vor. Ich weiß nicht, was für welche es damals waren. Aber ich weiß, wenn ihr zu Christus kommt, so werden dies eure schweren Fragen sein: „Mein Herr, wie können Gnade und Gerechtigkeit sich vereinen? Wie kann Gott Sünde vergeben und doch bestrafen?" Der Herr Jesus wird auf seine verwundeten Hände und Füße hinweisen. Er wird euch von seiner großen Versöhnung sagen, wie Gott sich in der Stellvertretung Christi furchtbar in seiner Gerechtigkeit und grenzenlos in seiner Liebe zeigt. Wenn ihr ihm alles sagt, was in euren Herzen ist, und willig seid, von ihm zu lernen, so wird euch Jesus Christus alle Fragen beantworten.

25. Dezember

„Und sie gab dem König hundertundzwanzig Talente Gold und sehr viel Gewürz und Edelsteine; nie wieder kam so viel Gewürz, wie die Königin von Saba dem König Salomo gab."   1. Könige 10,10

Seelen, die den Wert Jesu Christi erkennen, geben ihm alles, was sie haben. Nichts macht Christus größere Freude als die Liebe seines Volkes. Wir halten unsere Liebe für etwas sehr Armseliges und Geringes, aber er denkt nicht so – er hat uns so hoch geschätzt, daß er sein Leben gab, um uns zu erlösen. Er denkt nie, daß er „einen schlechten Kauf gemacht" hat, und freut sich deshalb über jeden Funken unserer Liebe.

Aber was tun wir für Christus? Bringen wir ihm unser Gold? Vielleicht hast du keine 120 Talente, aber bringe einfach, was du hast: deine Gebete, dein Leben, deine Worte, die du für Christus sprichst, die Erziehung deiner Kinder, das Besuchen der Kranken, das Gewinnen der Irrenden, das Wiederbringen der Rückfälligen. All dieses wird den Spezereien der Königin gleichen und eine annehmbare Gabe vor dem Höchsten sein.

Als sie dies getan hatte, machte ihr Salomo in seiner königlichen Freigebigkeit ein Geschenk. Sie verlor nichts. Sie gab alles, was sie hatte. Aber dann gab ihr Salomo ebensoviel wieder, und ich darf wohl sagen, daß der König Salomo nicht an Großmut übertroffen sein wollte.

Ich sage euch, Jesus Christus wird nie euer Schuldner sein. Oh, es ist ein großer Gewinn, Christus etwas zu geben. Wir geben ihm Pfennige, aber er gibt uns Markstücke. Wir geben ihm Jahre der Arbeit, und er gibt uns eine Ewigkeit der Ruhe. Wir geben ihm ein wenig Leiden, und er gibt uns große Freuden. Welch großer König ist unser Heiland, der nicht will, daß die Seinen einen unerfüllten Wunsch haben, wenn dieser Wunsch gut ist! Klopfet an, und die Tür wird euch aufgetan. „Tu deinen Mund weit auf, so will ich ihn füllen." – „Euch geschehe nach eurem Glauben." Was für köstliche Verheißungen sind denen gegeben, die mit demütigem Forschen kommen, die willig sind, erst Christus zu empfangen und dann die Segnungen, die er gibt.

26. Dezember

„Wenn ein Mensch allen Reichtum seines Hauses um die Liebe gäbe, so würde man ihn nur verachten."   Hohelied 8,7

Verkaufen die Christen ihren Herrn auf diese Weise? Nein, die so etwas tun, sind nur Bekenner, die sich unter die Heiligen gemischt haben.

Ihr erinnert euch, wie Satan den Herrn auf einen hohen Berg führte, ihm alle Reiche der Welt und ihre Herrlichkeit zeigte und dann sagte: „Dieses alles will ich dir geben, wenn du niederfällst und mich anbetest." Aber der Herr Jesus antwortete: „Hebe dich weg von mir, Satan! Denn es steht geschrieben: 'Du sollst den Herrn, deinen Gott, anbeten und ihm allein dienen!'"

Wenn jemand von Christi Nachfolgern in solcher Weise versucht wird, so gebe er dieselbe Antwort. Aller Reichtum des Teufels vermag nicht die Liebe desjenigen zu gewinnen, der seine Liebe Jesus zugewandt hat. „Wer will uns scheiden von der Liebe Christi?"

In alten Zeiten sind Märtyrer auf eine Weise gefoltert worden, daß es uns wehtut, von dem, was sie erdulden mußten, auch nur zu lesen oder zu hören. Aber gaben sie Christus auf? Nein, sie wollten es nie.

Zu anderen Zeiten haben die Feinde Christi Christen in einen Palast geführt und gesagt: „Wir wollen euch in Purpur und köstliche Leinwand kleiden; ihr sollt alle Tage herrlich und in Freuden leben, wenn ihr nur Christus aufgebt." Doch sie wollten nicht.

Aller Reichtum dieser Welt ist den Heiligen zu Füßen gelegt worden, und sie haben den Preis mit Spott verworfen. Gebe Gott, daß auch wir sagen können: „Wir wollen alles andere fahren lassen, nur den Herrn Jesus nicht. Gib mir einen Blick auf den Gekreuzigten; laß mich die dornengekrönte Stirn sehen und in seine liebenden Augen blicken, so will ich sagen: Mein Herr, ich will dir folgen, wohin du gehst. Ich will nicht mehr an den Goldbarren hängen, sondern sie ohne Reue ins Meer werfen. Wenn du nur im Schiff bleibst, so ist meine Seele zufrieden. Binde mich an deinen Altar, wirf die Ketten deiner Liebe um mich, laß mich der Welt gestorben sein, denn dann mag die Welt, die dich verworfen hat, auch mich ablehnen und mit mir fertig sein."

27. Dezember

„Wer weiß, Gott könnte andern Sinnes werden, es sich gereuen lassen und abstehen von seinem grimmigen Zorn, so daß wir nicht untergehen!"   Jona 3,9

Ihr werdet festgestellt haben, daß Jonas Botschaft keine Verkündigung der Gnade enthielt; sie war nur ein kurzer Richterspruch. Sie glich dem Geläut der großen Glocke, die nur bei der Hinrichtung eines Verbrechers erklingt. Es war nicht ein Ton von Barmherzigkeit darin. Es war die Trompete des Richters, nicht die silberne Trompete, die das Jubeljahr ankündigt. Keine Gnade leuchtete aus Jonas Augen, kein Mitleid war in seinem Herzen. Er war mit einer niederschmetternden Botschaft gesandt und entledigte sich ihrer in niederschmetternder Weise. „Noch vierzig Tage, und Ninive wird zerstört!" Ich sehe den König von Ninive, wie er mit seinem Stadtrat eine Sondersitzung abhält, und höre einen von ihnen sagen: „Wir haben wenig Hoffnung auf Barmherzigkeit; denn es ist klar, daß Jona keine anbot. Wie schrecklich er redete! Nicht eine einzige Träne hat er vergossen! Ich bin überzeugt, daß Jonas Gott sehr gerecht und streng ist. Er wird uns nicht schonen; wir werden umkommen." Doch des Königs Antwort war: „Wer weiß? Du denkst so, aber vielleicht können wir Gott besänftigen. Laß uns die Hoffnung nicht aufgeben, denn 'wer weiß?'!"

Lieber Leser, willst nicht auch du mit Ninives König sagen: „Wer weiß?" Willst du nicht nach Hause in deine Kammer gehen und beten, denn „wer weiß?" Willst du nicht deine Bibel nehmen und nach einem Wort der Verheißung suchen, denn „wer weiß?" Du kannst noch begnadigt, noch angenommen werden und hast die Möglichkeit, einst in der Ewigkeit Gottes Lob zu singen. Die Tatsache, daß die Niniviten nichts von Gott wußten, außer daß sie sein gerechtes Urteil über sich vernommen hatten, mußte ihnen jede Hoffnung rauben. Wieviel glücklicher sind wir dran, die wir wissen, daß Gott barmherzig ist. Wie manches Mal haben wir schon aus dem Munde Gottes gehört, daß er Gedanken des Friedens hat. So gehe jetzt zu dem Herrn Jesus; glaube an sein rettendes Blut, und noch heute können deine Sünden getilgt werden.

28. Dezember

„Wer weiß, Gott könnte andern Sinnes werden, es sich gereuen lassen und abstehen von seinem grimmigen Zorn, so daß wir nicht untergehen!"

Jona 3,9

Ich möchte einige Gründe hervorheben, die uns bewegen sollten, das Beispiel der Leute von Ninive nachzuahmen.

Unter früheren Regenten gab es die abscheuliche Sitte, daß, wenn ein Mensch wegen Mordes hingerichtet wurde, man ihn hängen ließ, damit jeder, der an der Richtstätte vorüberging, die Strenge der Gerechtigkeit erkennen konnte. Während jene am Galgen nur zur Abschreckung hängen blieben, möchte ich von diesem schauerlichen Bild zu einem frohmachenden und ermutigenden übergehen. Es hat Gott gefallen, Beispiele seiner Barmherzigkeit vor uns aufzurichten, damit wir, sooft wir sie sehen, denken sollen: Wenn solch ein schwerer Sünder errettet worden ist, warum nicht auch ich? Ihr werdet ja wohl die Gnade kennen, mit der Gott David begegnete. Gewiß habt ihr nicht die Barmherzigkeit vergessen, welche Gott einem der größten Sünder, Manasse, zuwandte. Auf die begandigten Sünder des Neuen Testamentes – vom Schächer am Kreuz bis zu Saulus von Tarsus – brauche ich wohl nur kurz hinzuweisen. Die zahllosen Beispiele von Gottes Barmherzigkeit sollen uns ermutigen zu rufen: „Wer weiß?" Wenn ein Mensch weiß, daß ihm nur eine einzige Hoffnung bleibt, wie ängstlich klammert er sich dann daran fest! Wenn ein Schwerkranker jedes Mittel ausprobiert hat und es mit ihm zu Ende geht, so versucht er es auch noch mit der letzten Arznei. Wenn die nicht hilft, muß er sterben. Könnt ihr euch vorstellen, mit welcher Sorgfalt der Kranke die Vorschriften des Arztes beachtet?

Nun, bei dir heißt es Christus oder die Hölle. Wenn dich Christus nicht rettet, so bist du des Todes. Wenn das Kreuz nicht dein Heil ist, so wird sich der Rachen der Hölle bald über dir schließen. Entweder Christus oder die Verdammnis! So ergreife den Herrn Jesus, erfasse ihn; er ist deine letzte, deine einzige Hoffnung.

29. Dezember

„Da nahm Samuel einen Stein und setzte ihn zwischen Mizpa und Schen und hieß ihn Eben-Eser, und sprach: Bis hierher hat der Herr uns geholfen!"

1. Samuel 7,12

Zwanzig Jahre früher wurde Israel auf dem gleichen Feld in die Flucht geschlagen. Damals wurden hier Hophni und Pinehas, die Priester des Herrn, getötet; die Lade des Herrn wurde genommen, und die Philister hatten triumphiert. Es war gut, daß die Israeliten der erlittenen Niederlage gedachten und sich inmitten des freudigen Sieges daran erinnerten, daß auch diese Schlacht mit einer Niederlage geendet hätte, wenn der Herr nicht auf ihrer Seite gewesen wäre.

Brüder, laßt uns an unsere Niederlagen denken! Habt ihr vergessen, wie ihr von euren Sünden geschlagen wurdet und keinen Zufluchtsort vor euren Gegnern fandet? Jetzt, wo ich auf diesen Hügeln der Freude stehe, denke ich an die vielen Fehler meines Lebens. Ich zweifle nicht, daß auf diesem Feld von Eben-Eser die Gräber von Tausenden waren, die im Kampf erschlagen worden waren. Laßt die Gräber unserer früheren stolzen Gedanken, die Gräber unseres Selbstvertrauens, die Gräber unserer natürlichen Stärke und unseres Prahlens dazu dienen, uns anzutreiben, den Herrn zu preisen, der uns bis hierher geholfen hat. Vielleicht stand auf diesem Platz ein Siegeszeichen, das höhnende Philister aufgerichtet hatten. Oh, laßt das Prahlen des Gegners in unser Ohr tönen, um das Jauchzen des Triumphes zu versüßen, während wir den Gott Israels verherrlichen!

Habt ihr etwas für Gott getan? Kommt ihr siegreich zurück? Ihr wärt mit zerrissenen Gewändern und mit entehrtem Schild gekommen, wenn Gott nicht auf eurer Seite gewesen wäre. Habt ihr eure Schwäche erfahren, vielleicht durch einen schrecklichen Fall oder durch eine traurige Enttäuschung? Dann laßt die Erinnerung an den Ort, wo ihr überwunden wurdet, euch um so mehr drängen, den Herrn zu preisen, der euch bis auf diesen Tag geholfen hat, über eure Feinde zu triumphieren. Brüder, laßt uns unserer Sünden gedenken. Sie werden als ein schwarzer Hintergrund dienen, auf dem die Gnade Gottes um so heller glänzt.

30. Dezember

„Da nahm Samuel einen Stein und setzte ihn zwischen Mizpa und Schen und hieß ihn Eben-Eser. Und sprach: Bis hierher hat der Herr uns geholfen!"   1. Samuel 7,12

Denkt daran, daß die Israeliten nicht stillstanden und sich weigerten, ihre Waffen zu gebrauchen, sondern sie stritten, während Gott donnerte, und während die Blitze in die Augen der Feinde Gottes leuchteten, ließen sie diese die Kraft ihrer Schwerter fühlen. Wir müssen streiten, weil Gott für uns streitet. Wir müssen schlagen, aber die Kraft zu schlagen und der Erfolg kommen ganz von ihm. Sie sagten nicht: „Bis hierher hat uns unser Schwert geholfen!" Oder: „Bis hierher hat uns Samuel ermutigt!" Nein, „bis hierher hat der Herr uns geholfen!"

Nun, ihr müßt zugeben, daß alles wahrhaft Große nur von dem Herrn sein kann. Ihr könnt nicht annehmen, daß etwas so Großes wie die Bekehrung von Sündern, die Wiederbelebung der Kirche das Werk eines Menschen sein könnte. Wenn Petrus an der Seite des Schiffes geangelt und einen schönen Fisch gefangen hätte, hätte er sagen können: „Gut gemacht, Petrus!" Aber als das Boot voller Fische war, so daß es zu sinken begann, da konnte er nicht an sich selbst denken. Nein, er fällt nieder mit den Worten: „Gehe von mir hinaus, denn ich bin ein sündiger Mensch.". Die Größe unseres Werkes zwingt uns zu bekennen, daß es von Gott sein muß, von ihm allein. Jakob sagte, als er über den Jordan kam: „Denn ich hatte nur einen Stab, als ich über diesen Jordan ging, und nun bin ich zu zwei Heeren geworden." Ehre sei Gott, dies kann nicht des Menschen Werk sein! Deshalb soll der Name des Herrn auf unseren Gedenkstein geschrieben werden. Ich bin in dieser Sache stets sehr eifersüchtig für Gott.

Wenn wir als Gemeinde oder als einzelne nicht stets Gott die Ehre geben, ist es unmöglich, daß Gott durch uns wirkt. Ich habe viele Wunder gesehen, aber noch nie sah ich einen Mann, der sich selbst die Ehre seines Werkes beilegte, den Gott nicht früher oder später verließ. Wir sollten mit allen Gnaden und Ehren, die Gott uns verliehen hat, kommen und sagen: „Was bin ich, und was ist meines Vaters Haus, daß du an mich denkst?"

31. Dezember

„Keiner ist, den seine Bosheit gereue, der da spräche: Was habe ich getan!"

Jeremia 8,6

Wie ernst ist der Gedanke an die Schnelligkeit, mit der die Jahre dahinrollen! Ich habe noch nie in meinem Leben ein kürzeres Jahr erlebt als das nun zu Ende gehende; und je älter ich werde, desto kürzer werden die Jahre. Ihr Alten blickt heute auf eure sechzig oder siebzig Jahre zurück und sagt: „Bald, junger Mann, werden dir die Jahre noch kürzer vorkommen." Ich glaube es wohl. Aber ist es nicht eine sehr ernste Sache, wenn wieder ein Jahr verstrichen ist und sich doch viele von euch noch nicht bekehrt haben? Ihr seid genausoweit, wie ihr im vorigen Jahr wart. O nein, ihr seid schon dem Tod und der Hölle nähergekommen, wenn ihr nicht Buße tut. Ihr seid noch nicht ganz verhärtet, denn ihr habt manche ernste Eindrücke empfangen. Ich bitte euch, beantwortet diese Frage: „Was habe ich getan?" Es wird bald eine Zeit geben, in der ihr euch diese Frage werdet stellen müssen; aber dann wird es zu spät sein.

Vielleicht fragst du: „Wird das auf meinem Totenbett sein?"

Nein, dann ist es noch nicht zu spät; solange die Lampe des Lebens brennt, kann sich der elendeste Sünder noch zu Gott wenden. Aber wenn euer Lebenshauch entflohen ist, wird es zu spät sein zu fragen: „Was habe ich getan?"

So wahr Gott lebt, vor dem ich stehe, einst werde ich vor euren Gewissen gerechtfertigt dastehen. Einst wird es offenbar werden, daß ich an diesem Tag ein treuer Zeuge wider euch gewesen bin. Ihr seid gewarnt worden. Ich habe euch so ernst gewarnt, wie ich es vermochte. Ich bin nun mit meiner Überredungskunst am Ende. Ich kann euch nur noch einmal bitten: Flieht zu Jesus! Ich bitte euch dringend: Flieht zu Christus. Sucht seine Gnade und schaut auf ihn. Oder aber – verwerft meine ernste Warnung auf eure eigene Gefahr hin.

NACHWORT

Charles Haddon Spurgeon wurde am 19. Juni 1834 in Kelvedon, einem kleinen Dorf der Grafschaft Essex, geboren. Er war der Älteste einer siebzehnköpfigen Kinderschar, die in einem bescheidenen, aber gottesfürchtigen Elternhaus aufwuchs. Seine Vorfahren waren aus Glaubensgründen aus den Niederlanden ausgewandert und bildeten eine Kette überzeugter Prediger nach puritanischem Muster. Im Alter von 16 Jahren erlebte Spurgeon seine Bekehrung, nachdem er sechs Monate im Bewußtsein seiner Verlorenheit und unter großer Angst Frieden mit Gott gesucht hatte. Er geriet in ein starkes Schneetreiben und suchte in einer ihm bisher unbekannten Kapelle der „Primitiv-Methodisten" Schutz. Gott benutzte die Ansprache eines schlichten Predigers über die Worte: „Blicket auf mich, aller Welt Enden, so werdet ihr selig!", um Spurgeons Blicke von sich weg auf das stellvertretende Opfer Jesu Christi zu lenken. Von dieser Stunde an war er sich seines Heils gewiß und hatte nur noch diesen einen Wunsch für sein Leben: Menschen auf das Lamm Gottes aufmerksam zu machen.

Wenige Wochen später hielt er bereits seine erste Predigt und kam in den Ruf eines „Knabenpredigers". Mit 18 Jahren wurde er Prediger der Baptistengemeinde in Waterbeach. In dieser Zeit bedrängten ihn seine Verwandten und Freunde, ein Theologiestudium in London zu beginnen. Jedoch wurde das Vorstellungsgespräch mit dem Direktor dieser Schule durch ein Mißverständnis verhindert, und Spurgeon kehrte unverrichteter Dinge in sein stilles Dorf zurück. Er war überzeugt, daß Gott einen anderen Weg und ein anderes Ziel für ihn habe. Er studierte nun in seinen freien Stunden vor allem Griechisch und Hebräisch und vertiefte sich in die Werke der Puritaner und in Calvins Kommentar zum Neuen Testament. 1853 wurde Spurgeon als Prediger in die ehrwürdige, aber leblose New-Park-Street-Church in London berufen. Hier bekam der jugendliche Prediger einen solchen Zulauf, daß in wenigen Monaten die Besucherzahl von 200 auf über 1000 anstieg. Der Saal mußte umgebaut werden, aber der Umbau erwies sich auch als zu klein, so daß man zunächst die Surrey-Garden-Music-Hall mietete. Inzwischen hatte man den Bau des „Metropolitan Tabernacle" begonnen, welches etwa 7 000 Menschen Platz bot und außerdem noch einen Betsaal für 900 Personen und einen Sonntagschulraum für 1000 Kinder umfaßte. Dieses gewaltige Bauwerk wurde nicht nur bei der Einweihung im Jahre 1856, sondern 36 Jahre lang, bis an das Lebensende Spurgeons, gefüllt. Oft mußten Tausende wegen Überfüllung abgewiesen werden, so daß Spurgeon in Abständen Predigten hielt, zu welchen die Gemeindeglieder nicht erscheinen durften, um dem Zulauf der Außenstehenden Platz zu machen. Unter seiner Kanzel sammelte sich arm und reich, Proletarier und Aristokraten, jung und alt.

Die Zuhörer wurden von der Vollmacht dieses außergewöhnlichen Predigers gebannt, und viele erlebten unter dieser Verkündigung ihre Bekehrung. Seine Predigten wurden 37 Jahre lang wöchentlich in einer Riesenauflage gedruckt und wie eine Zeitschrift verkauft. Seine Predigten wurden in viele Sprachen übersetzt und erleben bis heute Neuauflagen. Es wird wohl keinen Erweckungsprediger des 19. Jahrhunderts geben, dessen Predigten eine solche Verbreitung gefunden haben.

Spurgeon unterhielt außerdem ein Waisenhaus mit etwa 500 Kindern und eine Predigerschule. Am 31. Januar 1892, im Alter von 58 Jahren, wurde Spurgeon aus seiner reich gesegneten Arbeit heimgerufen.

Spurgeon predigte ein unverkürztes, kompromißloses Evangelium. Die völlige Verlorenheit des natürlichen Menschen, die unwiderrufliche Rechtfertigung durch den Glauben an das stellvertretende Opfer Jesu, der Glaubensgehorsam des Christen dem Wort Gottes gegenüber, diese Wahrheiten predigte er mit einer beispiellosen Schlagkraft und Eindringlichkeit. Spurgeon richtete seine Botschaft im Gegensatz zur heutigen Evangelisationspraxis nicht an die Emotionen, sondern an das Gewissen der Zuhörer. Er vertraute auf die Kraft der Wahrheit und hielt nichts von den Stimulanzen, ohne welche heute kaum noch eine Evangelisation denkbar ist.

„Eine echte Erweckung fiel immer mit einer klaren, evangelischen Unterweisung in den Kardinalfragen der Wahrheit zusammen. Was war das Rückgrat der Reformation? War es nicht die klare Verkündigung der Wahrheit des Evangeliums? Die Kraft lag nicht im Hammer und in den Nägeln Luthers, sondern in der Wahrheit seiner Thesen, die er vor aller Augen anheftete."*

Kompromißlos wie seine Verkündigung war auch sein Leben. Was Gottes Wort ihm deutlich machte, versuchte er in die Tat umzusetzen. Als 16jähriger folgte er seiner Überzeugung und ließ sich, entgegen der Gewohnheit seiner Vorfahren, taufen, und fünf Jahre vor seinem Heimgang trat er aus der Baptistenunion aus, weil dort liberale Auffassungen über die wörtliche Inspiration der Bibel und über die Person und das Werk Jesu toleriert wurden. Einigkeit auf Kosten der Wahrheit hielt er für Verrat an seinem Herrn.

In den letzten Jahrzehnten war es vor allem der Essener Pfarrer Wilhelm Busch, der in seinen Büchern und in seiner Monatsschrift „Licht und Leben" immer wieder auf Spurgeon aufmerksam machte. Lange Zeit konnte man Werke Spurgeons in deutscher Sprache nur antiquarisch bekommen, und erst nachdem Helmut Thielicke 1961 Auszüge aus Spurgeons Vorträgen unter dem Titel „Vom geistlichen Reden" herausgegeben hat, wurden im Laufe der letzten Jahre einzelne Bücher Spurgeons neu aufgelegt.

Wolfgang Bühne

*An dieser Stelle möchte ich auf die empfehlenswerte Untersuchung von Eric W. Hayden „Die Kraft liegt in der Wahrheit – Spurgeon über Erweckung" (Oncken-Verlag) hinweisen.

Bibelstellen-Nachweis

1. Mose

8,21	208
12,1	136
12,5-6	192
15,1	229
15,9	158
18,19	312
19,20	33
19,20	34
19,26	70
22,3	131
28,13	119
35,1	364
35,4	38

2. Mose

8,25	271
8,28	272
10,11	273
10,24	274
12,23	18
17,8	313
33,14	209

4. Mose

11,23	7
21,5	47
21,6	62
21,8	64
21,9	63
23,22	23

5. Mose

32,29	309

Josua

2,12-13	55
7,3	195
24,15	48
24,15	49
24,15	50

Richter

1,1	267
1,19	283
2,4	19
2,4	20
2,4	21
5,12	210
5,12	211
14,5	98

Ruth

2,12	219

1. Samuel

1,15	172
7,12	370
7,12	371
17,50	362
20,3	61
27,1	303
27,7	204

2. Samuel

6,20	275
6,22	276
11,1	106
11,2-3	105
15,21	82
23,9	215

378

5,17	288		1,46	122
6,46	132		1,47	123
7,37-38	307		2,7	112
7,37-38	308		2,7	113
7,42-43	286		3,14	133
8,12	58		3,14-15	102
8,28	261		5,6	96
8,28	262		6,5-6	344
8,28	263		6,6	345
13,7	159		7,38	31
13,8	160		7,38	170
14,20	193		8,24	83
14,20	194		9,6-7	349
14,31	233		10,14-15	27
14,31	234		10,27	107
14,31	235		10,28	183
14,32	236		11,3	79
14,32	237		11,3	80
15,4	203		11,44	314
15,8	238		11,44	315
15,20	347		13,7	75
15,22	348		13,21	85
17,10	111		14,2-3	57
17,15	94		15,2	65
17,15	95		15,5	59
17,32	69		15,14	293
18,13	302		16,14	140
22,19	189		16,14	141
22,44	84		16,14	142
22,61	152		16,14	143
22,61-62	151		18,18	150
22,62	153		19,19	92
23,42	115		19,38	93
			21,12	52
Johannes			21,17	342
1,29	360		21,17	343
1,29	361			
1,45	121			

C.H. Spurgeon
Die Schatzkammer Davids

Hardcover

Betrachtungen zu den Psalmen
gebunden, 4 Bände, 3220 Seiten,
in Frakturschrift.
Zusätzlich auf CD: alle Texte als pdf-Datein
in lateinischer Schrift.

ISBN 3-89397-305-9

Über 20 Jahre hat Spurgeon an dieser
vollständigen Auslegung aller Psalmen
gearbeitet. Hunderte von Kommentaren
der Kirchenväter, Reformatoren, Puritaner
und zeitgenössischer Ausleger hat er zu
diesem Zweck durchgearbeitet, um nicht
nur seine eigenen Funde, sondern auch
die Ergebnisse anderer Ausleger in dieser
»Schatzkammer Davids« dem Leser nutzbar
zu machen.
Eine gründliche, tiefschürfende Vers-für-
Vers-Auslegung, eine Fülle ausgewählter
Erläuterungen und Kernworte anderer
Bibelausleger sowie zur Predigt- und
Bibelarbeitvorbereitung nützliche
»Homiletische Winke« zeichnen dieses
einmalige, gewaltige Werk aus.
Bitte beachten Sie, dass die Bücher als
Reprint in »alter deutscher Schrift« gedruckt
sind!

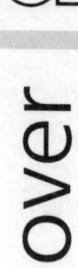

C.H. Spurgeon
Alles zur Ehre Gottes

Hardcover

Autobiografie
gebunden, 376 Seiten

ISBN 3-89397-335-4

Auch in dieser Autobiographie versteht es
Spurgeon, seine Leser sowohl durch seine
praktische und humorvolle Erzählweise, als
auch durch seine Konzentration auf das,
was ihm allein wesentlich war, zu fesseln:
»Gottes Ehre ist unser Ziel. Wir suchen
Sie, indem wir uns bemühen, die Heiligen
zu erbauen und die Sünder zu retten.« Das
schärfte der »Fürst der Prediger« seinen
Studenten ein und lebte es selbst. Wir lernen Spurgeon als den Erweckungsprediger
kennen, dem die Massen zuströmten, als
Gründer eines Predigerseminars und eines
Waisenhauses sowie als kämpferischen
Theologen und Schriftsteller, dessen Bücher
längst zu den Klassikern christlicher Literatur
gehören.